내부 혁신과 비전 제시, 효율적인 관리를 위한 새로운 스타일의 기법과 강력한 도구들

이비드 시베트

싱킹

David Sibbet Visual Thinking

리더는 큰 그림으로 이끈다.

http://Visualthinking.kr

저자
데이비드 시베트

역자
박준

디자인
아르고나인

생각정리 연구소

내부 혁신과 비전 제시, 효율적인 관리를 위한 새로운 스타일의 기법과 강력한 도구들
비주얼씽킹
David Sibbet
Visual
Thinking
리더는 큰그림으로 이끈다.

이 책을 자신들이 속한 조직에서 수많은 도전을 겪어야 하는 젊은 리더들과
향후 이 작업을 이어가 줄 그로브사의 리더십 팀에게 바친다.

Contents

시작하며

제1부:

비주얼 리더의 장점

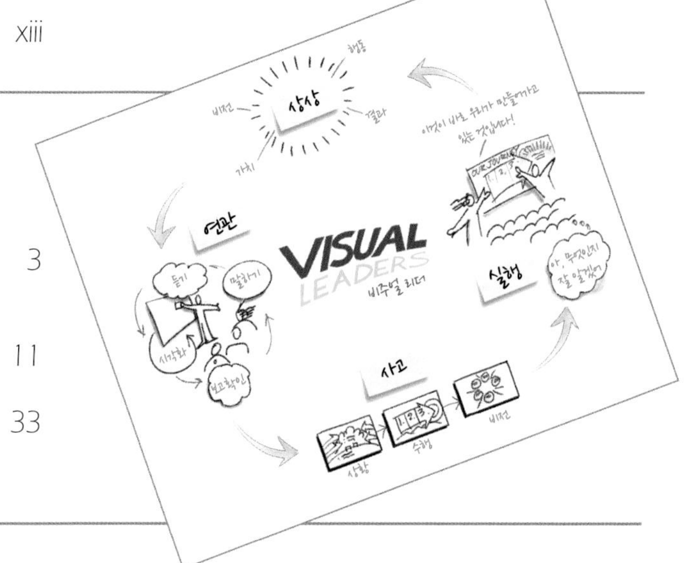

제2부:

자신의 리더십 돌아보기

제3부:
비주얼 리더를 위한 강력한 도구들

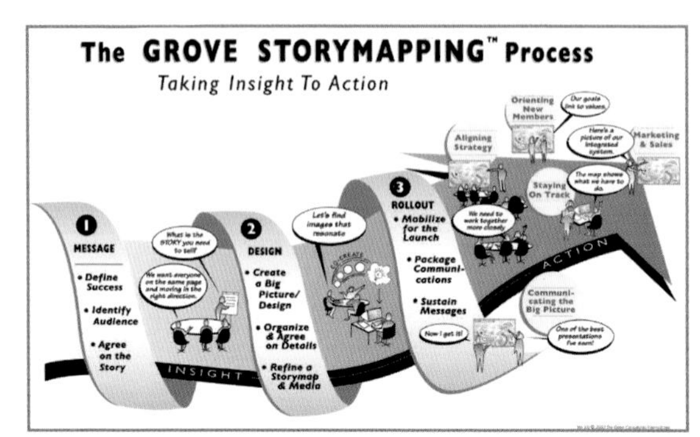

제4부:
뉴 미디어

제5부:
조직 변화 이끌기

제6부:
참고 자료

한눈에 보는 책의 구성

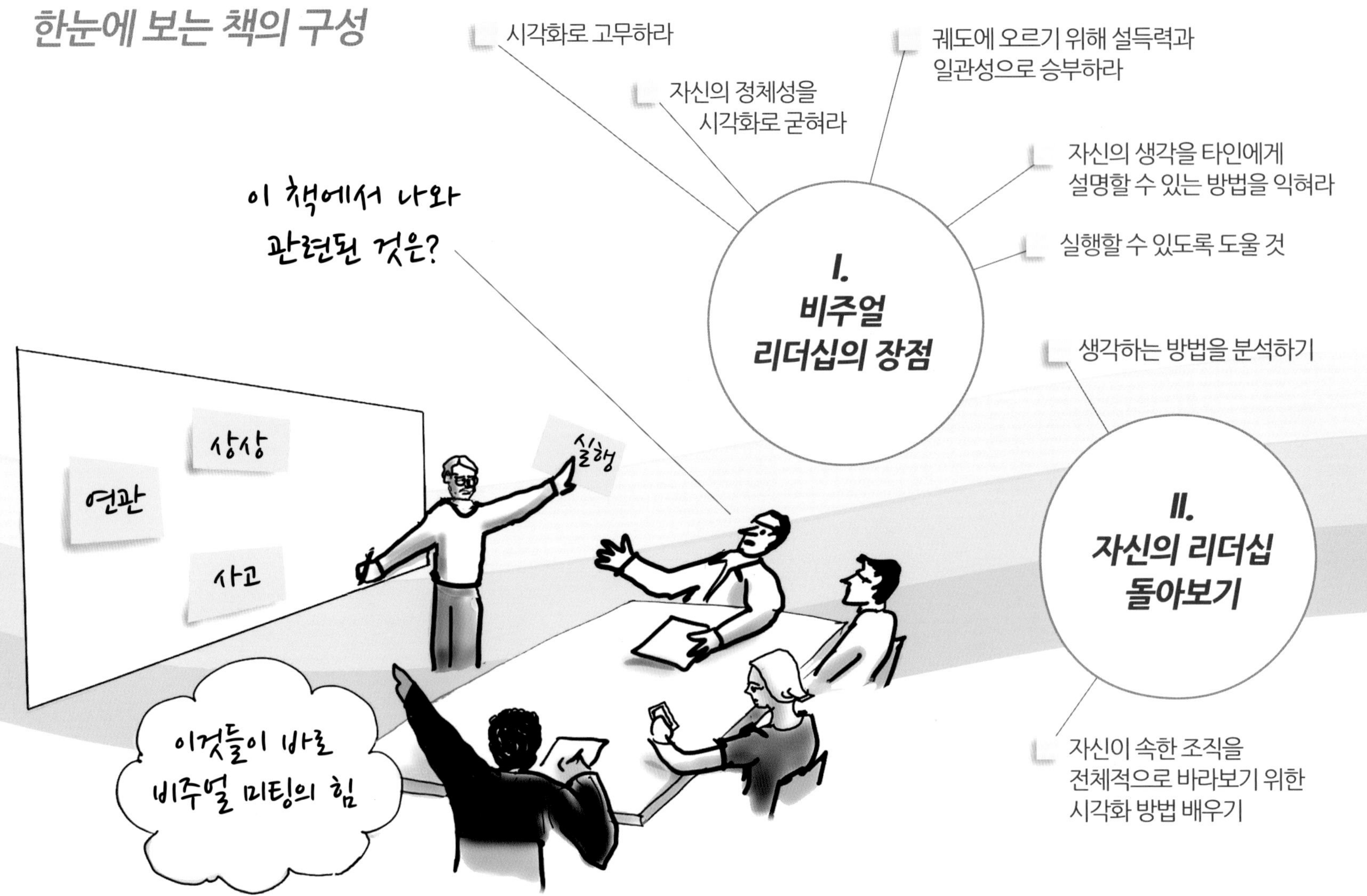

시각화로 고무하라
자신의 정체성을 시각화로 굳혀라
궤도에 오르기 위해 설득력과 일관성으로 승부하라
자신의 생각을 타인에게 설명할 수 있는 방법을 익혀라
실행할 수 있도록 도울 것
I. 비주얼 리더십의 장점
생각하는 방법을 분석하기
II. 자신의 리더십 돌아보기
자신이 속한 조직을 전체적으로 바라보기 위한 시각화 방법 배우기
이 책에서 나와 관련된 것은?
상상
실행
연관
사고
이것들이 바로 비주얼 미팅의 힘

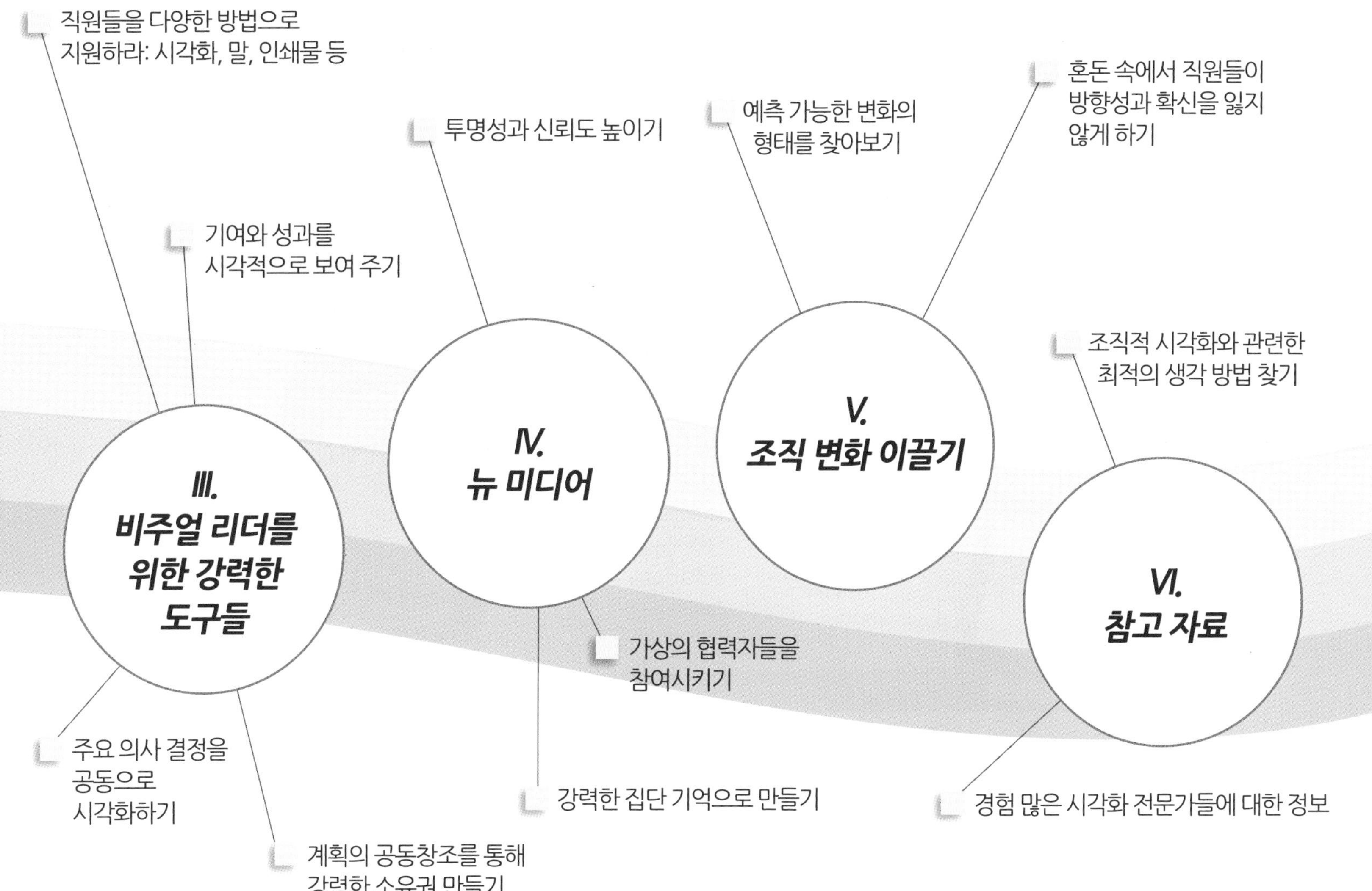
직원들을 다양한 방법으로
지원하라: 시각화, 말, 인쇄물 등
기여와 성과를
시각적으로 보여 주기
III.
비주얼 리더를
위한 강력한
도구들
주요 의사 결정을
공동으로
시각화하기
계획의 공동창조를 통해
강력한 소유권 만들기
투명성과 신뢰도 높이기
IV.
뉴 미디어
가상의 협력자들을
참여시키기
강력한 집단 기억으로 만들기
예측 가능한 변화의
형태를 찾아보기
혼돈 속에서 직원들이
방향성과 확신을 잃지
않게 하기
V.
조직 변화 이끌기
조직적 시각화와 관련한
최적의 생각 방법 찾기
VI.
참고 자료
경험 많은 시각화 전문가들에 대한 정보

FUTURIST
Harvard Business Review
How Strategists Really Think
EVOLUTION AND REVOLUTION AS ORGANIZATIONS GROW
The Machine and the Garden
MINTZBERG ON MANAGEMENT
INSIDE OUR STRANGE WORLD OF ORGANIZATIONS
HENRY MINTZBERG
GOVERNMENT AGENCIES
FUNCTION
Gareth Morgan
IMAGES OF ORGANIZATION
The Launching Pad
ASTD VISION 2000

시작하며

비주얼 혁명 따라가기

이 책을 선택한 독자라면 시각화 및 리더십에 관심이 많은 사람일 것이다. 아마 퍼실리테이터가 커다란 그래픽들을 사용해서 대화를 기록하는 비주얼 미팅을 경험해 본 독자들도 있을 것이다. 어쩌면 여러분은 신규 사업 계획을 마련하거나 회사의 협력업체를 설득하라는 지시를 받고 비주얼한 것들이 도움이 될지도 모르겠다는 생각을 해봤을지도 모른다. 혹은 여러분이 관리자의 위치로 막 승진해서 부하 직원들이 목표 달성을 위한 지시에 따르게끔 해야 하는 상황일 수도 있다. 아니면 생각을 정리하고 관리하는 데에 포스트잇 같은 붙임쪽지를 즐겨 활용하는 사람일 수도 있고 말이다.

한편 우리 주변의 젊은 세대들은 아무 주저 없이 시각적인 것들을 활용하고 있다. 영상, 디지털 사진, 그래프, 상호작용하는 맵, 게임, 영화 및 웹 사이트 등과 같은 것들을 아주 당연하게 여긴다. 이러한 변화들은 데이터 시각화, 그래픽 디자인 및 비주얼 퍼실리테이션 등을 포함하는 커다란 비주얼(시각화) 혁명과 맥락을 같이한다고 볼 수 있다. 이제 독자 여러분도 시각적인 부분들을 맡게 되었다고 가정하자.

나는 그림 그릴 줄 모르는데 왜 이 책을 읽어야 하는 거야?

1. 일의 방향성과 주체를 명확하게 하기 위해
2. 큰 그림을 그리기 위해
3. 계획 전체를 다 기억하기 위해
4. 목표 완수를 위해 다른 사람들이 무엇을 도울지 알려 주기 위해

그림 그릴 줄 알아야 하는 거야?

"나는 그림 그릴 줄 몰라. 이런 도구들을 사용할 줄 모른다고. 이건 퍼실리테이터들을 위한 책이야."라고 생각하는 독자에게 이 책은 바로 당신을 위한 도서임을 명확히 밝혀 둔다. 시각화 기술에 능란하지 않은 리더들도 시각화 도구들을 다루는 방법이나 시각화 전문가 및 그들과 함께하는 작업을 관리하는 방법, 시각화된 표현들을 통해 조직 전체가 잘 이해할 수 있게 하는 방법들을 과거보다도 더 많이 알아야만 하는 시기가 되었다. 자, 이제부터 독자 여러분이 생각하는 것을 별로 좋아하지 않는다는 생각과 달리 이미 비주얼한 것에 충분히 익숙한 사람임을 확인해 보도록 하자. 우리는 그림 그리기나 디자인을 하지 않는 사람이라도 어떻게 하면 창조적인 방식으로 비주얼 혁명의 장점을 잘 이용할 수 있을지, 최선의 결과를 얻기 위해 시각화 전문가들과 어떻게 일을 해야 하는지 살펴볼 것이다. 여러분은 명확한 소통을 위해 은유와 모델에 자신의 생각을 잘 반영하는 '업그레이드' 방법을 배우게 될 것이다. 시각화는 우리 시대 리더십의 중요한 요소다. 이 책은 독자 여러분이 비주얼 혁명을 충분히 이해하고 그 이점을 현업에 적용할 수 있도록 돕는 것을 목표로 꾸며졌다.

이 책은 누구를 위한 책인가?

신임 관리자

파트장, 팀장, 실장

부문장, 본부장, 그룹장

이사, 임원, 경영진

단체나 기관의 책임자 및 운영진

창업가, 기업인

임원 또는 VIP 코치

이사회 의장

인사 및 인력 개발 부서

경영 컨설턴트

그리고 다양한 리더들과 함께 일하는

비주얼 전문가들

이 책은 리더와 관리자들을 위한 것이다

자신이 과연 리더인지, 이 책이 여러분의 문제들을 해결해 줄 수 있는지 궁금할 것이다. 나의 멘토는 리더십과 경영(또는 관리)은 늘 함께해야 하는 것이며, 리더는 방향성이나 목표를 명확히 하는 데 그치지 않고 그것이 실행을 통해 이뤄지도록 관리자로서의 역할에도 힘써야 한다고 말했다. 그러한 점에서 이 책은 리더의 주된 역할인 비전과 전략에 관련한 도구들뿐 아니라 실행에 중요한 도구도 함께 소개할 것이다. 이 책은 일반적인 리더십이 아닌 비주얼 리더십을 다루고 있다. 세상에는 이미 리더십 일반에 대한 좋은 책들이 무척 많이 출간되어 있고, 관련된 정보 일부는 이 책의 마지막에서도 찾아볼 수 있다. 비주얼 리더십을 직접적으로 다루는 자료는 이 책 외에는 거의 없다.

숨은 영웅들을 만나 보자

여러분은 이 책을 통해 종종 숨은 영웅처럼 협력자로서 활동하는 비주얼 리더들을 접하게 될 것이다. 미네소타주 세인트폴의 헬스이스트 케어 시스템에 근무하는 베시 스타이츠와 팸 헐, 빅토리아대학의 행정학과 교수인 에버트 린퀴스트, 산타크루즈 지역의 TEDx 컨설턴트인 데이비드 워렌, 이노베이션 게임스의 루크 호맨, 요세미티 국립공원의 지도 감독관인 돈 노이바허, 오티스 스펑크마이어의 대표이사였던 존 스키아보 등이 그들이다. 이들 중 어느 누구도 마커 펜을 많이 쓰는 사람은 없다. 하지만 자신이 속한 조직의 목표를 이루기 위해 비주얼(혁명)이 얼마나 중요한지를 인식하고, 동료들로 하여금 비주얼커뮤니케이션을 받아들여 꾸준히 발전적인 방향으로 이용하게 한 사람들이다. 또한 이들은 모두 비주얼 퍼실리테이션의 장점을 잘 활용한 사람들이기도 하다. 비주얼 퍼실리테이션이란 그룹 커뮤니케이션, 의사 결정 및 조직 개발 등을 원활하게 하기 위해 사용하는 시각화의 넓은 분야다.

여러분은 비주얼 씽커인가?

댄 로암이 쓴 〈생각을 쇼(SHOW)하라: 아이디어를 시각화하는 6가지 방법〉은 필자도 추천하는 유명한 책이다. 그는 공동 연수에서 "우리들 중에 누가 각각 검은 펜, 노란 펜, 빨간 펜 인간형인가요?"와 같은 질문을 던져 즉석 투표를 종종 했다. 물론 이 질문에 대답하기 위해서는 각각 다른 색깔의 펜이 지닌 의미를 우선 알아야 한다. 댄 로암에 따르면, 검은 펜 인간형은 자신의 아이디어를 설명하려 할 때에 화이트보드나 플립 차트를 이용할 수 있다면 주저하지 않고 활용할 사람들인데 약 25%의 사람이 이에 해당한다고 한다. 약 50%의 사람이 속하는 노란 펜 인간형은 다른 사람이 만들어 놓은 그림이나 도표를 가지고 특정한 것을 강조하거나 첨언 또는 논평을 즐기는 성향이 있다. 대다수의 리더가 노란 펜 인간형에 속하고, 퍼실리테이터나 유능한 간부들이 검은 펜 인간형에 속한다. 반면 빨간 펜 인간형의 사람들은 시각화를 하면 모든 것이 지나치게 단순하게 돼버린다고 여기는 성향이 있으며, 이 중에는 타인들과 함께 협업하는 것을 싫어하는 전문가들이 포함되기도 하며 일부는 시각화에 대해 짜증을 내기도 한다. 댄 로암에 따르면 20~25% 가량의 사람이 빨간 펜 인간형에 속한다고 한다. 여러분은 어떤 펜의 인간형에 속하는가?

이 책은 검은 펜 인간형 및 노란 펜 인간형을 위해 쓰였다. 하지만 만일 여러분이 빨간 펜 인간형의 사람이더라도 인생을 살아가면서 시각화의 가치를 경험해 봤으리라 생각한다. 여러분들이 가진 생각의 특성들을 시각화 훈련을 통해 찾아보는 것은 어떨까? 그림으로 표현하는 행위 그 자체를, 결과물로 만드는 것만큼 가치를 지닌 '의미 있는 사고의 과정'이라고 여겨야 한다. 무언가를 시각화하는 훈련은 꽤나 복잡 미묘하다. 특히 엔드 투 엔드 프로세스, 시나리오 또는 기반 구조 등과 같은 체계적인 것들은 더욱 어렵다. 여러분이 어떤 빛깔 인간형의 리더이든 간에 최소한 시각화는 알고 있어야 한다.

시각화의 큰 그림

필자는 무척 다양한 현상의 첨단을 다루고 있는 이 책을 읽기 시작한 독자에게 찬사를 보낸다. 어떤 사람에게는 시각화란 용어가 단지 대용량 데이터 스트림을 컴퓨터로 분석한 결과 중 하나로 해석될 수 있고, 다른 사람에게는 도식화한 실험 결과를 의미하기도 한다. 또 다른 사람에게 시각화는 스마트폰 사진 공유를 의미하기도 하며, 일부에게는 회의 등의 퍼실리테이션을 위한 비주얼 활용을 뜻하기도 한다. 시각화에는 어떤 것들이 있는지 이해하는 데에 도움을 주기 위해 커다란 지도를 하나 제시하겠다. 이것은 정책 입안자에게 어떻게 시각화를 사용할 수 있는지 이해시키고 행정 분석가들이 조언하는 데에 도움을 주기 위해 브리티시 콜롬비아의 빅토리아대학 행정학과 교수인 에버트 린퀴스트가 만들었다. 이 그림은 현장과 현황의 조사 및 분석을 통해 시각화를 다음과 같이 총 세 가지 분야로 구분하고 있다.

당신은 검은 펜, 노란 펜, 빨간 펜 중 어떤 인간형인가?

- **검은 펜 인간형** : 플립 차트나 화이트보드를 활용할 수 있다면 주저하지 않고 그림이나 도표를 그릴 수 있는 사람들
- **노란 펜 인간형** : 다른 사람이 그린 도표에 대해 강조하거나 평가, 첨언을 주로 하는 사람들
- **빨간 펜 인간형** : 복잡한 주제를 단순하게 도식화하면 화가 나는 사람들

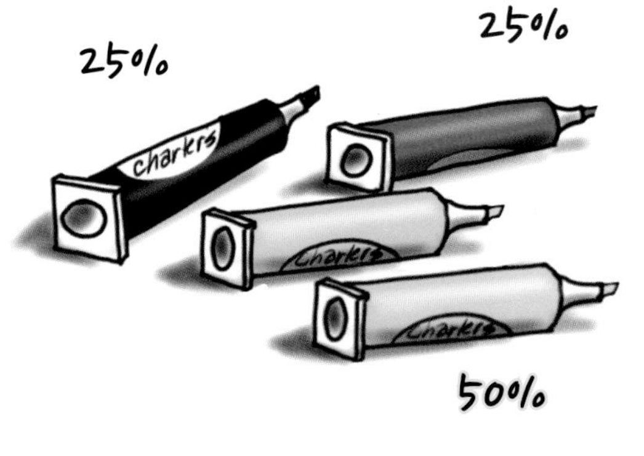

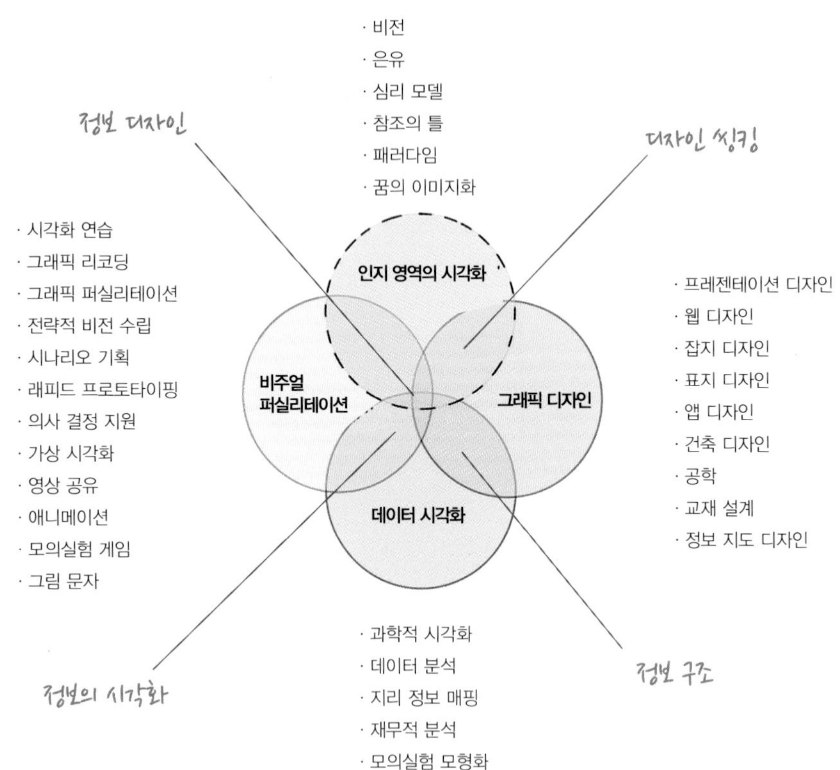

1. 데이터 시각화

이 영역은 모든 종류의 과학적(학문적) 시각화, 재무적 시각화, 데이터 분석, 데이터 모델링, 지리 정보 구조화 및 기타 시각화 소프트웨어를 이용해서 생성하는 모든 종류의 것들을 포함한다. 분석 결과를 의사 결정자와 효율적으로 소통하는 것은 이 책과 관련이 있지만, 이 책이 데이터 시각화와 관련하여 저술된 도서는 아니다.

2. 그래픽 디자인

현실 세계나 매체에서 모든 것은 누군가에 의해 디자인되고 설계된다. 건축가, 엔지니어, 소프트웨어 설계자, 웹 디자이너, 그래픽 디자이너를 비롯한 많은 전문가들은 전문 영역에서 가장 중요한 스킬로 시각화를 손꼽으며, 그 결과물도 가시적인 모습을 띄게 된다. 이러한 시각화 기술이나 방법론들은 오랜 세월 동안 전문적인 교육기관을 통해 시각화 전문가들 간에 전해져 왔으나, 1970년대 이후부터는 그 범위를 더 넓혀서 '디자인 씽킹'처럼 리더들이 갖춰야 할 기술로까지 확장하게 되었다.

3. 비주얼 퍼실리테이션

이것은 점점 늘어나고 있는 전략 기획, 전략의 구현, 팀 빌딩, 그룹 문제 해결 및 기타 다양한 유형의 그룹 작업을 시각적으로 퍼실리테이션하는 행위에 관한 용어다. 그래픽 리코딩이나 퍼실리테이션을 전업으로 활동하는 전문가들의 모임인 국제 시각화 전문가 포럼은 결성 이후 지금까지 수천 명의 전문가 회원들이 가입되어 있다. 최근 거의 대부분의 컨설팅 회사는 시각화 기법을 전략적 의사 결정 지원, 혁신, 전략 개발 및 각종 기획 등에 적극적으로 활용하고 있다. 혁신 센터나 연구소 등을 갖춘 대기업의 대부분도 이런 시각화 도구들을 항상 활용한다. 비주얼 퍼실리테이션에서 사용하는 도구들은 비주얼 리디들이 이해력을 높이는 데에 가장 중요하기 때문에, 이 책은 비주얼 퍼실리테이션을 가장 중점적으로 다루고 있다.

에버트가 내게 처음 그의 도표를 보여 줬을 때에, 나는 일반적인 아키타입들에 비해 뭔가 하나 부족한 느낌을 받았다. 그것은 데이터 시각화의 반대쪽 끝단 쪽에 자리 잡고 있었으며, 이러한 도구를 사용하는 사람들의 상상력이나 머릿속에 관한 것이었다. 그것은 은유와 모델 등을 통해 체계화된 개념들을 가지고 시각화한 것이 인지 영역에 어떠한 영향을 끼치는지도 포함한다. 자, 이제 여기에 네 번째 영역으로 인지과학의 한 갈래이기도 한 '인지 영역의 시각화'를 추가해 보자.

4. 인지 영역의 시각화

이 영역은 우리의 행동에 영향을 주고 기준을 형성하는 개인의 비전, 은유, 모델 및 생각과 참조의 틀 등을 포함하고 있다. 이것은 차트와 매체를 통해 나타나는 것과 외부로 표현되는 것을 의미 있게 연결해 주며, 반드시 포함되어야 할 영역이기도 하다. 피터 센지는 그의 유명한 저서 〈다섯 번째 분야: 학습하는 조직의 기술과 실행〉에서 비전 구축과 모델, 체계화된 사고방식을 팀워크 및 개인의 책임과 더불어 가장 중요한 다섯 가지로 꼽았다. 이것들은 모두 시각적인 것에 기반을 두고 있으며 우리가 정보를 받아들이고 해석하는 체계에서 활용된다. 비전을 가짐으로써 우리는 기회와 미래상을 꿈꾸게 되며, 은유를 이용해서 구축한 모델로 정보들을 분류한다. 이러한 방법들을 통해서 우리가 속한 조직이나 일하는 방식 등을 이해하고 해석하게 된다.

여러분이 알 수 있듯이 이것은 엄청나게 큰 우주와 같다. 이 책은 능동적인 리더십과 관련이 깊은 분야인 인지 영역의 시각화 및 비주얼 퍼실리테이션, 그리고 필자의 사십여 년간에 걸친 시각화 경험을 통해 리더들이 이해해야 하는 가장 중요한 것들로 확인한 일곱 가지 핵심적인 도구들에 대해 중점적으로 다루게 된다. 이러한 범위 안에서 우리는 어떠한 리더라도 활용할 수 있는 통찰력과 사례, 그리고 도구들을 살펴보게 될 것이다.

시각화는 복잡한 문제의 해결을 도와주는가?

이 책에서 쓰인 '시각화 세계의 지도'를 구성하는 데에 공헌한 빅토리아대학 행정학과 교수인 에버트는 시각화 혁명을 전파하기 위해 애쓰는 대표적인 사람들 중 한 명이다. 그는 이와 같은 주제의 논문에서 다음과 같이 밝혔다.

"복잡성은 이십일 세기 공공 정책 개발에 필연적인 도전 과제라고 널리 받아들여지고 있다. 대용량 데이터들을 가지고 찾아낸 결과들을 비춰 보고, 정보를 표시하는 창조적인 방법들을 찾아내며, 복잡성을 인식하고 방향성을 식별하기 위해 관계자와 기관들을 참여하게 하는 등 복잡성과 씨름하기 위한 한 가지 방법은 바로 시각화 기술이다."

그는 정책 자문들이 더 나은 제안을 할 수 있게끔 노력했다. 그가 도울 수 있는 사람들 중에는 데이터 스트림들을 가지고 이해시키려는 구글의 전문가나 비주얼 모의실험을 통해 암 세포의 내부 작용을 증명하려는 세포생물학자들, 또는 동시에 수천 명이 참여하고 사방에서 정보를 입력하는 〈미국은 말한다〉 프로그램에서 시각화 방법을 찾는 사람이 있을 수도 있다. 복잡성이란 조직적인 삶의 모든 수준에서 무척 필연적인 도전 과제이며, 그것과 씨름하기 위한 방법은 시각화 기술이다.

이 책은 당신이 두 가지 영역을 이해하는 데에 도움을 주며 다른 영역들과의 연관성을 찾아낼 수 있는 통찰력을 자극할 것이다.

(이 책에서 사용된 '붉은 상자'는 시각화와 관련한 설명을 주로 다루게 된다)

이 책은 리더십과 가장 관련이 깊은 두 가지 영역(인지 영역의 시각화 및 비주얼 퍼실리테이션)과 사십 년에 걸친 필자의 시각화 경력을 통해 리더가 반드시 이해하고 있어야 하는 것이라 판단한 일곱 가지 필수 도구에 대해 중점적으로 다룬다.

여러분은 이 책을 세 가지 방법으로 사용할 수 있다

1. 여러분의 개인적인 관점과 사고방식을 업그레이드하기 위해

리더십의 관점에서 자신이 먼저 실행해 보는 것은 무척 좋은 습관이다. 시각화는 여러분 자신의 비전, 전략 및 실행 방법 등에 대한 통찰력을 찾을 수 있는 방법이며, 사물의 연관 관계와 전체적인 면을 바라볼 수 있는 방법이기도 하다. 이 책은 여러분이 어떤 종류의 조직을 이끌고 있는지 파악하게 하고, 어떠한 인식 및 생각의 틀이 도움이 될지 알려 줄 것이다. 또한 그것이 팀이든 큰 조직 내의 부문이든 또는 전체 조직이든 간에 이끄는 조직에 대한 여러분의 인식을 탐구할 수 있도록 무척 강력한 설명 프레임워크를 몇 가지 제시할 것이다.

2. 방향성 및 계획을 소통하기 위해

시각화는 다른 사람들에게 어떠한 일을 어떻게 해야 하는지 설명할 때나 조직 내에서 각자의 역할이 무엇인지 설명할 때, 그리고 각각의 일들이 어떠한 결과를 가져오게 될지 설명하는 데 무척 강력한 도구로 자리매김하고 있다. 여러분은 개별적으로 계획을 수립할 때에나 직, 간접적으로 대면해서 소통할 때에도 활용할 수 있는 시각화 아이디어를 많이 얻게 될 것이다. 또한 비주얼 퍼실리테이션에서 사용하는 수많은 도구와 플랫폼에 대해 생각해 볼 수 있는 기회를 가지게 될 것이다.

3. 조직 학습과 창의력에 힘을 싣기 위해

조직 전체에 걸쳐 비주얼 미팅 및 비주얼 팀 방법론을 사용하도록 격려하면 조직의 창의성, 혁신성 및 운영 효율성이 높아진다. 사람들은 상호작용이 있고 발견 지향적이며 적응을 필요로 하는 일련의 과정에 관여하게 될 때 가장 많이 배우고 많이 바뀌게 된다. 여러분은 직접 보고를 받는 방법을 배우게 될 것이고, 다른 주요 리더들이 시각 언어를 받아들여 이해와 협력이 증진되게 하는 방법을 배우게 될 것이다.

이 책의 구성

제1부 비주얼 리더십의 장점에서는 시각화가 주는 커다란 장점과, 비주얼 리더십의 효과를 높이기 위해 필수적으로 사용하게 되는 일곱 가지 도구들을 소개할 것이다.

제2부 자신의 리더십 돌아보기에서는 주요 핵심 개념, 은유, 모델 및 운영 방식들을 정의하게 된다. 또한 지속 가능 조직 모델을 소개해서 여러분이 이끄는 조직이 어떠한 종류인지 파악하고 비주얼 리더십이 어떻게 도움이 될지를 알려 줄 것이다. 제2부는 여러분의 비주얼 지능지수를 높일 수 있는 일곱 가지 연습을 소개하며 마무리된다.

이 책의 가장 중요한 부분은 **제3부 비주얼 리더를 위한 강력한 도구들**이다. 제3부는 각각의 도구에 대해 사례와 연습, 적용 등까지 살펴볼 것이다. 이러한 도구들은 전략의 수립뿐 아니라 실행을 위해서도 필요한 것이다. 이 내용들은 여러분이 모든 것을 직접 활용하는 것뿐만 아니라 다른 직원이나 리더들에게 이러한 것들을 알려 주는 데에 점점 익숙해지는 것을 전제로 쓰였다.

제4부 뉴 미디어는 신기술과 관련한 리더의 역할에 관해 다룬다. 미디어는 모든 사람의 인식을 형성하며, 생각하는 방법이나 운영하는 방법, 다른 것들을 방지하는 방법 등에서 이점을 제공한다. 우리는 여러분이 조직의 관심을 모으기 위한 조직의 커서로서 온라인 존재를 활용해 이 새로운 세계에 부표나 등대가 되기 위한 방법들과, 다른 사람들이 이용할 플랫폼 결정에 도움이 될 방법 등을 살펴볼 것이다.

제5부 조직 변화 이끌기는 여러분이 조직의 변화를 위해 앞에서 다룬 모든 도구들의 사용법을 알려 준다. 잘 설계되고 실용적인 변화 단계의 맵과 변화를 위한 도구는 맨 앞장에서 다룰 것이다. 마지막 장에서는 비주얼 프레임워크와 시각적 기획을 활용하는 방법에 대해서 다룬다.
필자의 다른 저서인 〈비주얼 미팅〉이나 〈비주얼 팀〉과 마찬가지로 이 책에서도 마지막은 제6부 참고 자료 – 링크, 도서 및 기타로 이뤄져 있으며, 이 책을 구성하는 데에 기여를 한 리더십 및 시각화 관련된 문헌 자료 정보를 수록했다.

〈비주얼 리더〉는 독자 자신과 여러분의 조직이 비주얼 혁명의 장점을 활용할 수 있도록 도울 것이다

시각화는 글로벌 커뮤니케이션과 복잡성 증가로 대변되는 이 시대의 직업 세계와 리더의 역할을 탈바꿈시킨다. 이 책은 자신의 시각화 능력을 증대시키고 주변 사람들의 시각화 능력을 길러 주기 위한 안내서다. 이 책에는 이미 그 결과가 입증된 도구들이 잔뜩 있다.

〈비주얼 미팅〉은 그룹의 학습 주기를 유지하도록 도와준다

〈비주얼 미팅〉은 회의를 하며 상상, 연관 맺기, 생각하기 및 시행하기를 할 때에 그래픽 리코딩, 붙임쪽지 및 아이디어 매핑을 잘 활용할 수 있는 방법을 설명해 주는 책이다.
이 책은 서로 다른 시각화 활동을 수행하는 데에 무척 실용적이고 구체적인 방법들로 가득 차 있는데, 그룹 그래픽스 키보드 및 표현한 것을 정돈하기 위한 일곱 가지 아키타입 등을 다루고 있다.

비주얼 도구들에 대한 추가 배경 설명

이 책이 〈비주얼 미팅〉 및 〈비주얼 팀〉 다음에 나온 것이기는 하지만 앞의 두 책을 읽지 않고 이 책만 읽어도 되도록 구성되었다. 만일 독자 여러분이 비주얼 미팅이나 비주얼 팀과 관련해서 조직을 지원할 도구나 기술, 방법론 등에 대해 더 많이 알고 싶다면 각각 그 책들을 별도로 읽어 보는 것이 이해의 정도를 한층 깊게 해줄 것이다.
〈비주얼 미팅: 그림과 붙임쪽지 및 아이디어 매핑이 어떻게 조직의 생산성을 변화시키는가〉는 회의를 통해 학습과 적용의 순환 구조가 잘 이뤄지도록 시각화를 활용하는 방법에 대해 다루고 있다. 학습의 구조를 간략히 표현하면 상상(혹은 연상), 연관 맺기, 생각하기 및 시행하기의 단계를 따른다. 이 책은 전문적인 그래픽 퍼실리테이터뿐만 아니라 회의를 진행하는 사람 모두를 대상으로 쓰였으며, 그림을 잘 그리지 못하는 사람들까지도 비주얼 미팅에 익숙해질 수 있는 기술들을 집중적으로 다루고 있다. 이 책에서는 차트나 화면에 정보를 표시하기 위한 일곱 가지 기본 아키타입을 묶어 놓은 그룹 그래픽스 키보드에 대한 설명도 담겨져 있다.
〈비주얼 팀: 헌신, 혁신의 자세와 높은 성과를 가져다주는 그래픽 도구들〉은 팀에서 회의 때뿐 아니라 모든 업무에서 비주얼 미팅을 활용할 수 있는 방법에 대한 책이다. 이 책은 디자이너처럼 일하는 법을 배워서 프로토타입을 만들고 상호작용과 지속적인 시각화가 이룰 수 있는 뉴 미디어, 가상 작업, 이동의 필요성 등에 대해 설명하고 있다. 이 책에서는 드렉슬러/시벳의 팀 성과 모델(Drexler/Sibbet Team Performance Model, TPM)을 설명하기 위해 시각 언어도 사용한다. TPM은 널리 통용되는 도구인데, 팀 성과의 창출 및 유지와 관련해서 예측 가능한 과제나 도전들을 생각해 보기 위한 그래픽 유저 인터페이스를 제공한다. 이 책은 성과를 내려는 팀을 위해 필요한 것들을 많은 일러스트와 함께 제공하는 기초 교본이라 할 수 있다. 또한 이 책에는 저자의 책 세 권에 모두 나오는 프로세스 이론에 대한 정보가 담겨져 있다.
이 책은 앞서 나온 두 책을 보완하고 있으며, 팀의 업적이나 미팅의 효율성만 신경 쓸 것이 아니라 조직 전체의 성과에 대해 직접적인 책임감을 가질 것을 강조하고 있다. 세 책 모두를 다 읽고 나면 이 책에서 제안하는 비주얼 씽킹이 조직의 역동성을 미시적 관점 및 거시적 관점에서 통합하여 생각하게 하는 좋은 수단임을 이해할 수 있게 될 것이다. 리더십 개발 영역에서 심리 모델 및 도구를 찾아내는 것과 그것들이 혼재된 것을 통합하고 정리하는 것은 필자와 그로브사가 수년간 열정을 바친 영역이다. 이에 대한 해답으로서 시각화는 무척 중요한 자리를 차지하고 있다.

비주얼 리더십을 다루는 나의 기반

이 책은 필자 자신이 겪은 사십여 년간의 현장 경험과 전 세계에 있는 동료들의 결과물이다. 이 책은 학술적인 연구 보고서가 아니며, 사용된 예제들은 미국 및 다른 나라에 위치한 조직에서 쌓은 방대한 경험들을 바탕으로 만들어졌다. 필자는 샌프란시스코 지역의 코로 시민 리더십 센터에서 경험 기반의 리더십 개발을 8년간 맡으며 운 좋게도 리더십과 시각화를 골고루 배울 수 있었다. 또한 정부, 정당, 기업, 노무, 매체 및 단체에서 인턴 활동을 통해 주요 핵심 요소를 배울 수 있었다. 이런 영역의 리더들은 다방면에서 우리의 현장 지도 교수가 되어 주었다. 코로 센터에서 경험한 것들과 방향성은 1977년에 필자가 설립한 그로브사의 컨설팅에서도 이어졌다. 우리는 아메리카 대륙과 유럽, 아프리카 및 아시아에 걸쳐 비영리 기관이나 정부 기관 및 동호인 그룹도 포함하는 모든 종류의 조직 및 사람들과 함께 일해 왔다. 비주얼 퍼실리테이션에 관여했던 사람들이라면 그 임무를 수행하는 전 과정에 걸쳐 이해한 것과 알게 된 것을 모든 진행 단계마다 공개적으로 검사를 받게 되는 독특한 경험을 해봤을 것이다. 우리는 그래픽 퍼실리테이터로서 관리자들이 환경이나 경쟁, 노동력 등 각종 가설과 함께 그들의 비전, 전략 및 계획을 시각적으로 이해할 수 있게 도와준다.

이러한 것들은 모두 기록되고, 이에 대한 피드백은 즉각적으로 나타난다. 대충 생각하거나 어설프게 이해한 것은 오래 지속될 수 없다. 조직 개발 영역의 리더이자 혁신가로서 필자는 자신이 터득한 것을 다음 세대와 함께 나눠야 한다고 생각한다.

진짜로 일어났던 이야기를 전달하면, 많은 비즈니스 관련 도서들이 사실이란 미명 하에 감추는 조직과 리더십의 본질적으로 모호하고 상황에 따라 달라지는 위험을 피할 수 있다. 필자는 조직의 전략 및 변화와 관련해 직접 현장에서 겪은 경험과 직관적인 통찰력 등에서 나온 지식을 공유하는 것이 무척 중요하다고 생각한다. 또 하나의 의견이 이 책에 담겨 있다. 그것은 바로 '지식이란 개념만 익히고 반복하면서 얻을 수 있는 것이 아니라 직접적인 경험을 통해서 얻을 수 있게 된다'는 전제다. 지식의 근본 개념은 '노하우'이기 때문이다.

노하우는 아이디어를 실현시킬 방법에 대한 이해다. 이러한 방향성은 이 책의 성격을 여러분들이 조금이라도 해볼 수 있는 것이라면 무엇이든 직접 해보도록 유도하고 그 기회를 제공하는 쪽으로 잡게 했다. 여러분은 이 책에서 다루는 아이디어들을 직접 시행하고 적용해 보기 전까지는 사실상 그것을 진정으로 '알고 있다'고 할 수 없다.

기술의 발전은 시각화를 진정한 개척자로 거듭나게 했다. 여러분은 시각화를 시작하기 위해 조직을 변화시킬 필요가 없다. 일단 여러분 자신부터 시작하면 되고, 그 다음에 주변부터 차근차근 장려해 나가면 된다. 이러한

〈비주얼 팀〉은 비주얼한 방법들을 이용해 팀 성과를 어떻게 만들고 유지할지 알려 준다

〈비주얼 미팅〉을 기반으로 한 〈비주얼 팀〉은 팀에서 회의 때뿐만 아니라 업무 전반에서 비주얼한 방법을 사용하는 기법들을 알려 준다.
이 책은 드렉슬러/시벳의 팀 성과 모델을 이용해서 팀의 역동성에 대해 생각해 보도록 하는 그래픽 유저 인터페이스도 다룬다. 아울러 다양한 성과를 올린 비주얼 팀들의 상세한 이야기를 통해 뛰어난 성과를 내는 팀들이 겪게 되는 일곱 가지 도전 과제들을 풀이해 준다.

방식으로 조직을 이끌어 가는 사람들이 늘어나기 시작한다면 우리의 손자들 세대에서는 일정한 부분에서 일을 하더라도 전체를 충분히 이끌어 갈 수 있는 사람들에 의해 각각의 경쟁 우위뿐 아니라 상호 간의 연결까지 신경 쓰는 조직 운영을 경험할 수 있을 것이다.

무법 영역에서 모든 개선들은 만들어진다

벅민스터 풀러는 우리 시대의 가장 창의적인 사상가 중 한 명으로서 오랜 세월 동안 귀감이 되어 왔다. 내가 회사를 차리고 컨설턴트로서 일하기 시작한 사무실에는 그의 유명한 격언이 걸려 있었다. 정확한 출처는 기억할 수 없지만, 다음과 같은 내용이었다.

"모든 개선은 무법 영역에서 생겨난다. 현재 그대로 놔둔 상태로는 다른 사람을 변화시키거나 상황을 개선할 수 없다. 하지만 익숙한 것을 없애고 혼돈스러울 만큼 무법 천지에 놓여 있게 한다면 서서히 변화하고 동화될 것이다."

이러한 일은 팀에서나 미팅에서 시각화를 하면서도 마찬가지로 일어난다. 리더들을 위한 새로운 무법 영역은 시각화와 가시화를 통해 나타날 수 있다. 만일 당신이 젊거나 덜 고리타분한 리더, 또는 변화를 맞이할 준비가 되어 있는 완숙한 리더라면 시각화와 가시화를 시작해야 한다.

감사의 글

이 책의 아이디어에 공헌해 주신 분들은 한정된 지면 안에 다 담을 수 없을 정도로 많다. 〈비주얼 미팅〉과 〈비주얼 팀〉을 저술하면서, 필자는 수많은 사람들을 통해 전문 영역으로서의 시각화 작업들을 배웠고 회의와 팀에 대해서 배울 수 있었다. 나의 동료들, 친구들, 파트너, 그로브사의 팀들이 기여해 준 무한한 가치에 다시 한 번 감사를 드린다.

리더십과 조직에 관한 이 책이 있을 수 있게 한, 특별히 감사드려야 할 분들이 있다. 무려 아흔둘의 나이로 퇴직할 때까지 다섯 곳의 교회에서 왕성하게 목회를 하신 나의 아버지, 보편적인 의학과 사고를 믿으셨던 우리 고장의 의사 선생님이자 나의 대부이시기도 한 로버트 덴튼 박사님, 간호사이자 연구원이었고 나중에 우리 고장(미국 캘리포니아 주 비숍 시)의 시장님이 되신 로버트 박사님의 부인 베티 덴튼, 창의적인 리더십을 보이며 내 눈에서 반짝이는 불빛을 보셨다는, 내 고등학생 시절 예술 교사였고 광산 채굴자, 발라드 가수, 예술가이셨던 에임 모하트 선생님. 이분들은 나의 리더십과 공공 서비스의 방향성을 형성하는 데에 도움을 주신 분들이다.

리더십에 관한 나의 전문적 업무는 코로 시민 리더십 센터의 전신인 코로 재단에서 시작되었다. 1942년에 설립된 코로 재단은 경험 기반의 리더십 교육을 개척한 곳이다. 내가 이룬 업적 중 많은 부분이 코로 재단에서 보낸 1970년대의 8년 중에 이뤄졌다. 코로 재단의 설립자인 도널드 플레처는 소크라테스식 학습법을 만든 분이며, 내가 1965년에 로스앤젤레스 센터에서 일하던 당시 이사였던 윌리엄 화이트사이드는 가정 자활 프로그램을 표방한 리더십 훈련 기관인 '이웃에 재투자하는 기업'을 만든 분이다. 이 기관은 여섯 분의 이사장을 거치며 수많은 도시로 퍼지게 되었으며, 아직도 이웃의 역할이란 이름으로 활동하고 있다. 나는 코로 재단의 방대한 리더 네트워크를 통해 도시 행정 및 리더십에 관해서 체계적으로 생각할 수 있는 기회를 가졌기에, 이분들께 큰 감사를 표한다.

인터랙션 어소시에이츠의 마이클 도일과 데이비스 스트라우스는 나를 퍼실리테이션의 세계로 인도했다. 그들은 점차 증대하는 전문 영역의 리더로서 내게 큰 귀감이 되었다. 나는 사회생활 초기에 캘리포니아 주 버클리 대학의 의식 연구소에 있는 아서 영의 스터디 그룹에서 프로세스 이론을 배울 수 있었다. 아서의 이론은 현대 과학과 전통적인 형이상학을 집대성한 것이었으며, 존 와일리 출판사에서 출간된 시각화 관련 도서 세 권을 포함한 나의 모든 일들에서 근본적인 운영 체계 중 하나가 되었다.

1980년대에 만난 마틴 페일리는 지역사회 재단에서 가장 혁신적인 박애주의자 중 한 사람이었는데, 시각화 전문가로서가 아니라 그래픽 퍼실리테이션을 폭넓게 지원하는 사람의 입장에서 놀라운 사례를 보여 주었다. 우리는 함께 재단 협의회를 비롯해서 여러 기관의 변화를 위해 일을 했다. 나는 전략과 변화 관리를 여러 선배 컨설턴트들께 배웠는데, 그분들은 모두 시각화가 리더십에 무척 필요하다고 강조하셨다. 밴쿠버의 데이비드 커우드, 남부 캘리포니아에 위치한 성장 경영 연구소의 롭 에스크리지, 애나폴리스의 앨런 드렉슬러, 샌프란시스코 지역의 후아니타와 래니 라일리가 바로 그들이다. 롭은 아직도 친밀한 협력자이자 동료이며, 앨런은 팀 퍼포먼스 시스템의 개발 담당 파트너가 되었다. 래니는 존 스컬리가 대표이사를 맡던 시절에 애플 유니버시티와 애플 리더십 체험의 구축을 지원하기 위한 팀에 나를 불러 주었다. 임원급 컨설턴트였던 짐 에윙과 코비전의 설립자인 레니 린드, 그리고 리더들의 주된 습관을 정리한 또 다른 짐 쿠제스는 모두 이 애플팀에 소속되어 있었고, 아직도 가까운 관계를 맺고 있다.

미국에서 가장 큰 국립공원 중 하나인 골든게이트 국립 휴양 구역의 감독관인 브라이언 오닐은 일찍부터 시각화 훈련을 지지해 왔으며 프레시디오 지역을 국립공원으로 탈바꿈하기 위해 그로브사를 불러 주었고 이 업무 이후에도 그로브는 국립공원과 다양한 일을 할 수 있었다. 1990년대 초반 내셔널 세미컨덕터의 변화 경영팀은 거의 파산에 가까웠던 상태의 회사를 제 궤도로 돌려놓는 데에 시각화가 중요한 역할을 할 수 있게 했는데, 대표이사인 길 아멜리오와 그의 컨설턴트인 밥 마일즈는 변화 경영팀을 능숙한 시각화 전문가 집단이 될 수 있도록 했고 더 나아가 이를 조직 전반의 개발 및 전략 프로세스까지 확대될 수 있게 했다. 그로브의 공동 연수에 참석했던 내셔널 대학의 총장인 케빈 휠러는 시각적인 방법이 업무를 수행하는 데에 무척 도움이 될 것이라고 해 주셨다. 1990년대에 휴렛팩커드(HP)에서 인사 및 전략 업무를 이끌었던 바바라 워와 스리니바스 사쿠마르는 우리와 함께 다년간에 걸쳐 비전 수립과 조직 변화 과정에 관한 일을 했는데, 이 업무들은 오늘날 관련 분야에서 표준화된 도구들이 나타날 수 있게 한 씨앗이 되었다. 바바라는 비주얼 리스닝의 위력에 대해 잘 이해하고 있었고, 스리니바스는 여기에서 얻은 교훈들을 인도의 다양한 문화와 연결해서 샌디에고 지역에 거주하는 인도계 사람들에게 큰 도움을 주었다. HP의 다른 부서에 있던 비비안 라이트는 공부를 무척 많이 하고 유능한 관리자였는데, 가상 근무의 개척자가 되어 비주얼한 것으로 가능한 사례들을 많이 알려 주었다. 그녀는 이러한 방식을 통해 가상적이고 국제적인 업무 수행에 대해 많은 영감을 주고 있다.

1990년대에 그로브는 미래 연구소(IFTF)의 전략적 파트너로서 그룹웨어 이용자 프로젝트를 함께 진행하며 협업 중심의 소프트웨어 영역을 정의할 수 있었고, 마흔여 개의 대형 단체와 정부 기관들과 함께 매년 예닐곱 건의 다양한 프로젝트를 수행했다(우리가 얻은 소중한 경험은 〈비주얼 팀〉의 제17장을 보면 개략적으로 알 수 있다). 나는 우리의 리더이자 프로젝트 챔피언이며 비주얼 리더십의 모범이 되어 준 밥 요한센에게 큰 신세를 졌다. 그의 큰 영향력은 그로브의 뒷받침을 받아 시각화가 IFTF의 상징이 될 수 있게 만들었다.

일본 도쿄에 위치한 광고 회사 하쿠호도의 커뮤니케이션 담당 이사인 나카노 타미오는 일본 내에서 클라이언트와 함께 작업하는 새로운 방식의 공동 연수를 주창했고, 1990년대 후반에 시각화를 도입했다. 그와 그의 팀원들은 내게 문화를 넘나드는 시각화에 대해 큰 깨달음을 주었다. 스캇 크리엔스는 2000년대 초반의 중요한 시기에 주니퍼 네트웍스의 대표이사를 맡았는데, 비주얼 리더십을 발휘해서 회사가 성장을 위해 나아갈 방향을 보여 주었다. 그의 후임이자 최근에는 오티스 스펑크마이어의 대표이사로서 퇴임한 존 스키아보는 초기에는 인사 전담 직원마저 없는 상황이었지만 비주얼 리더십이 중견 기업이 성장할 수 있는 뿌리가 될 수 있다는 것을 보여줬다. 우리가 최근에 나이키에서 경험한 광범위한 과업들은 대기업에서도 시각화 훈련이 무척 효과적이라는 것을 확인할 수 있게 했다. 글로벌 프로큐어먼트의 이사인 수잔 커로스키는 모범적이며 가능성을 이끌어 내는 비주얼 리더의 모습을 보여 줬다. 미네소타 주의 세인트폴 시에 위치한 헬스이스트 케어 시스템의 베시와 팸에게 특별히 감사한다. 그녀들은 2000년대 초반에 수행한 비전 및 방향성 수립 대형 프로젝트의 핵심 리더였으며 스토리매핑의 전개와 그녀들이 주도해서 변모시킨 일반적인 시각화 사례에 대해 좋은 예를 보여 주었다. 그녀들과 함께 진행한 퀄리티 저니 프로젝트의 전반적인 이야기들은 이 책 곳곳에 나뉘어 비주얼 리더십의 무척 좋은 사례들로 소개되고 있다. 헬스이스트 케어 시스템의 의료 품질 담당 최고 임원인 크레이그 스벤센은 시각화 훈련들이 얼마나 유용했는지에 대해서 그의 '좌뇌 분석'을 통해 인정해 주었다.

마지막으로 나와 프랑스 파리에서부터 오랜 기간을 함께 해온 동료 메리엠 르사지에게 감사를 표한다. 메리엠은 내가 지속 가능 조직 모델을 개발하던 초기에 나를 도와주었는데, 그녀는 프랑스에서 경영과 리더십에 관한 저술로 유명하며 그녀의 전문 영역과 관련해서 훌륭한 아이디어를 발견해 내고 공유하는 데에 무척 열정적인 사람이다. 그녀의 지원 및 지식적 동반 관계에 대해 무한히 감사한다.

이 책은 와일리 출판사와 함께한 세 번째 책인데, 편집자인 리처드 네어모어와 그의 조수인 리디아 디미트리아디스에게 깊은 감사를 표한다. 리처드의 인내심 있는 조언과 전반적인 구조에 대한 상세한 작업, 그리고 큰 그림과 관련된 나의 생각이 균형을 유지할 수 있도록 꾸준히 도와준 점을 결코 빼놓을 수 없다. 그는 새로운 관리자들이 실제 사용할 도구들에 대해 다루기를 좋아했으며 무척 열정적인 사람이었다. 여기서 다룬 상세한 부분들이 다 책으로 출간될 수 있기까지 리디아와 같은 사람의 도움 없이는 어려웠을 것이다.

이 책을 포함해서 총 세 권이 되는 시각화 관련 시리즈의 도서들은 그로브의 팀원들인 메간 힝클리프, 바비 파르디니, 로리 더넬, 티파니 포너, 레이첼 스미스, 토미 나가이-로스, 도나 라피엣, 노엘 스노우, 앤드류 언더우드, 에드 파머와 1985년부터 나의 사업 동료로 함께 일하는 큰아들 톰, 그리고 프로덕션을 도와준 나의 딸 젤다가 없었으면 불가능했을 것이다. 이들은 모두 비주얼 훈련을 현실화했다.

나의 아내이자 지식의 동반자이고 시인이며 교사인 수잔에게 더할 나위 없이 깊은 감사를 표한다. 나는 그녀와 함께 대가족, 정원, 그리고 예술 등 정신적으로 풍족한 삶을 공유하고 있다.

제1부.

비주얼 리더의 장점

제1부. 비주얼 리더의 장점

제1장. 일곱 가지 필수 도구

이 책은 리더가 자신의 개발 환경에 반드시 가지고 있어야 할, 시각화를 위해 가장 중요한 도구를 검토하는 것으로 시작한다. 제3부에서 이것들을 좀 더 상세히 살펴볼 것이다. 이 장에서는 은유와 모델, 그래픽 퍼실리테이션, 그래픽 템플릿, 의사 결정의 방, 로드맵, 스토리맵, 비디오, 그리고 당신이 가상적으로 시각화할 수 있는 것들의 개괄적인 내용을 담고 있다.

제2장. 실행된 것을 살펴보기

이 장에서는 여기서 다루고 있는 중요한 도구의 사용법을 배운 의료 조직의 비주얼 리더에 관한 이야기들을 접할 수 있다. 그들은 그림 그리기에 능숙하지 않고 시각화 경험도 많지는 않지만 훌륭한 결과를 얻었고, 시각화를 조직 내에서 일하는 표준 방법으로 자리 잡게 했다. 이 사례는 당신이 바로 사용할 수 있는 방법들과 관련이 깊다.

제3장. 비주얼 미팅 운영하기

이 장에서는 모든 관리자가 비주얼 미팅 및 시각화 전문가들과 함께 업무를 진행하는 방법에 대해 알아야 할 것들을 다룬다. 리더는 회의와 관련하여 모든 사람에 대한 기준을 설정한다. 만일 당신이 이루고자 하는 결과에 대해 명확한 생각을 가지고 있다면 참여자들에게 기대와 기회 요인을 형성할 수 있는 창조적인 여지가 마련될 것이다.

제1장. 일곱 가지 필수 도구

은유와 모델, 비주얼 미팅, 그래픽 템플릿, 의사 결정의 방, 로드맵, 스토리맵, 비디오

여러분은 성인이 된 이후에 무언가를 배우려고 결심해 본 적이 있는가? 예컨대 특정한 운동이나 악기 연주 같은 것 말이다. 어쩌면 여러분이 뭔가를 배워야 하는 것 중에는 이미 알고 있거나 전혀 흥미 없는 것도 있었을지 모른다. 배울 기회가 있다고 하더라도 몸에 밸 만큼 완성하기까지는 쉽지 않을 것이다. 운이 좋아야 경험 많은 선생님을 만나서 적합한 기반 요소를 능숙하게 선택하는 비법을 배울 수 있을지도 모른다. 일단은 하나하나 단계별로 차근차근 해나가 보자. 여러분이 젊고 비주얼 미디어에 친숙하다면 필자처럼 경험 많은 사람들이 다양한 조직과 리더들을 거치며 이뤄 놓은 결과들을 살펴보는 것만으로도 큰 도움을 받을 수 있다. 여러분은 자신의 기반 기술이 얼마나 잘 갖춰져 있는지 확인할 수 있다. 좀 더 경험이 많아서 여러분 고유의 리더십에 대해 이야기할 수 있는 수준이라면, 현재 여러분의 조직이나 상황과 다른 경우에도 즉시 적용해볼 수 있는 이론과 방법들을 배워서 여러분의 레퍼토리를 더 넓힐 수 있을 것이다.

검증된 것으로 시작하라

음악을 예로 들자면, 음악을 하는 사람들이라면 누구나 알고 있는 단순한 것부터 단계별로 필요한 기본 요소들만 가지고도 각각 다른 모습을 가지게 된다. 만일 여러분이 재즈를 배운다면 자유롭게 즉흥 연주를 하는 것이 그 목적일 수도 있다. 하지만 흥미롭게도 훌륭한 선생님은 악보 전체를 가르치는 것부터 시작하지 않고 기본적인 멜로디나 키, 코드 등 각종 요소들을 가르치는 것부터 시작한다. 악보 자체는 여러분에게 음악이란 것이 어떤 것이고 어떤 변주나 변형이 가능한지를 알려 주지 못한다. 만일 여러분이 그 기초가 되는 것들을 잘 익히고 나면 짧은 시간 안에 연주의 수준이 달라질 것이다. 음악에서 어떤 멜로디들(비즈니스라면 전략과 실행)은 기본이 잘 갖춰져야 더 훌륭한 소리를 낼 수 있음은 물론이다. 우리가 비주얼 리더십에서 배워가는 과정과 방법들도 이와 유사하다. 처음부터 끝까지 '음악'에 대해서 이야기하지만, 연습하라고 가르치는 것은 가장 기본적인 것들이다. 이 기본적인 것들을 책에서 일러주는 대로 열심히 연습한다면 여러분은 좋은 결과를 얻을 수 있을 것이다. 왜냐하면 이 책은 리더와 관리자들을 위해 쓰였고, 여러분의 비주얼 지능지수를 높이기 위해 기본적인 것들을 많이 넣었으며, 여러분이 직접 실행하지 않아도 되는 것들을 팀원들이 시각적으로 수행할 수 있도록 지

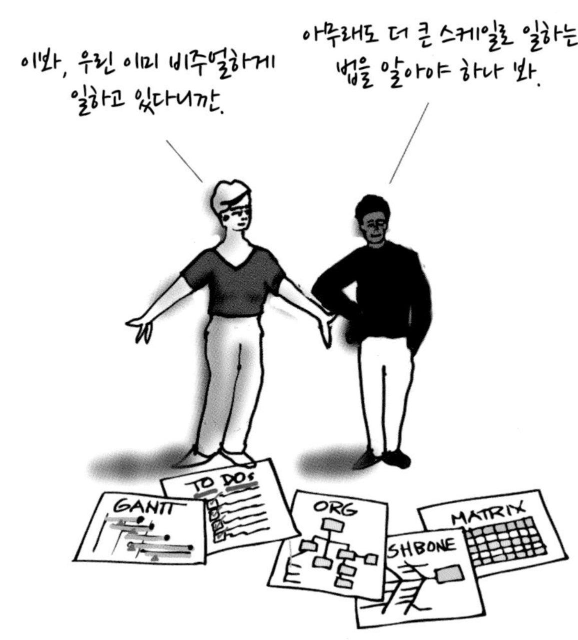

4단계 플로 사고법

4단계 플로 프레임워크는 퍼실리테이터가 가지고 있어야 할 중요한 도구이며 리더십과도 관련이 있다. 여러분은 이 책 및 필자의 이전 책 표지에서 네 단계 색조를 가진 띠 그림이 있었음을 발견했을지 모른다. 그것은 인간이 사물에 대해 받아들이게 되는 네 가지 방법을 그래픽으로 표현한 것이다. 이를 일반적인 용어로 영과 혼, 마음 및 육체라고 부르기도 한다. 칼 융은 이것을 이해의 네 단계(직관, 감정, 사고, 감각 단계)로 구분했다. 여기에서는 각각 주목, 에너지, 정보 및 운영으로 부르겠다. 리더십과 경영의 모든 도구는 복잡하게 얽힌 이 요소들을 다루는 것을 목적으로 한다.

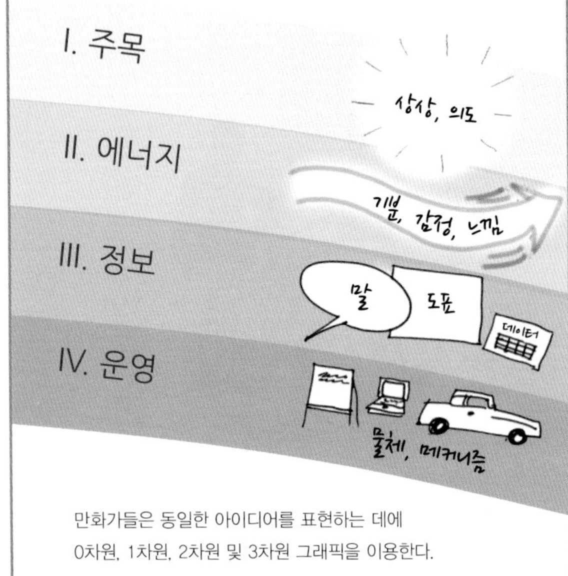

만화가들은 동일한 아이디어를 표현하는 데에
0차원, 1차원, 2차원 및 3차원 그래픽을 이용한다.

도하고 안내하는 방법도 포함했다. 이 장은 기본적인 소개의 목적으로 쓰였으며, 각각의 도구는 제3부에서 개별적인 장으로 나뉘어 상세히 설명될 것이다. 여러분이 기본적인 개념들을 파악하기 시작하면 점점 바탕이 갖춰지게 되고, 결국에는 여러분들을 맞이하기 위해 기다리는 시각화의 넓은 세계를 느낄 수 있게 될 것이다. 그 세계는 음악의 세계처럼 방대하다.

시각화 도구란 무엇인가?

도구란 것도 사실 무척 명확한 은유다. 도구란 여러분들이 바라는 결과를 얻기 위해 이용하는 가시적인 것들을 일컫는다. 모든 도구는 무언가를 해야 할 목적에 맞춘 의도를 담고 있다. 반복해서 사용하면서 도구는 진화하고 세련되게 발전한다. 좋은 도구는 그것의 원래 목적을 잘 만족시킴과 동시에 그것의 원래 용도가 아닌 것에도 상당히 쓸모 있는 쓰임새를 제공한다. 예를 들어 잘 만든 망치는 문을 여는 데에도 잘 쓸 수 있다. 이 책에서 '도구'란 것은 명확하고 학습이 가능한 과정이나 행위로서 여기에 있는 4단계 플로 프레임워크와 같이 효과를 얻기 위해 설명되고 반복될 수 있는 것들을 상징한다.

비주얼 리더들이 사용할 수 있는 모든 도구들을 살펴보면 리더들이 어떠한 상황에서라도 폭넓게 충족시켜야 하는 반복적인 도전들을 이해하는 데에 도움이 된다. 넓은 관점에서 본다면 여러분의 도전 과제는 조직 전반의 관심을 집중시키고 사람들의 참여를 지원하며 바른 일들이 이뤄질 수 있도록 통찰력으로 명확하게 하고 프로젝트의 주도권 등을 구축하는 것이다. 리더십 모델의 간략한 목표는 다음 쪽에(즉흥적으로 4단계 플로 프레임워크에 그려진 듯이) 묘사되어 있다. 일곱 가지 핵심적인 도구는 여러분이 이러한 목표를 이루기 위해 사용할 수 있는 것들이다.

이러한 종류의 일반화는 마치 음악에서와 같이 변화의 요소가 아니라 가장 근간이 되는 기본 요소들을 하나하나 일깨워 준다. 여러분은 본 장을 읽으면서 여기에 나온 사례를 여러분의 경험에 비춰 보고 이 프레임워크를 여러분의 것으로 만드는 연습을 해보도록 하자.

리더십의 목표

대단히 성공한 대형 건축 설계 회사인 젠슬러사의 대표이사를 맡았던 에드 프레드릭스는 다음과 같이 말했다. "리더는 올바른 일을 하는 데에 집중하고, 매니저는 일을 올바르게 하는 데에 집중한다. 비록 사람은 종종 둘 중 어느 한 편으로 치우치는 경향이 있지만, 조직 내에서는 이러한 두 가지가 모두 필요하다."

여러분은 여기에 묘사된 다섯 가지의 목표를 살펴볼 때에 이 책이 리더와 관리자 모두를 위해 꾸며졌다는 것을 염두에 두었으면 한다. 일반적으로 논하자면, 리더나 매니저는 모두 어떠한 사람들과 함께 어떠한 기간 내에 일정 수준의 품질을 만족하는 무엇인가를 이뤄내야 하는 사람이다.
이 모든 것은 여러분의 조직 내부에 가능한 넓게 퍼져서 올바른 일들이 이뤄지는 것에 대한 이해를 키우게 된다. 생명체는 세포마다 모든 DNA 명령들을 담고 있다.

기억술에 관한 이야기

기억 전문가들은 마술사들이 무대에서 보여 주는 놀랄 만한 암기력의 비밀이 시각화에 있음을 잘 알고 있다. 전직 백악관 비서실장 중의 한 명은 아침마다 그날의 일과와 업무를 주방의 스토브 위에 놓인 그릇들에 연관을 맺는 연상을 했다고 한다. 그는 하루의 일정이나 업무를 어떤 그릇이 앞쪽에 놓여 있는지, 어떤 그릇이 뒤쪽에 놓여 있는지, 어떤 그릇이 옆에서 준비 중인지 등에 대한 연상과 함께 기억했고 이러한 이미지는 그가 모든 것을 또렷이 기억할 수 있도록 도와주었다. 아래의 그림처럼 기억하기 쉬운 약자를 써서 만든 비주얼 모델은 중요한 정보를 따로 적어 놓지 않아도 기억하기 쉽도록 하는 방법이다. 단, 그것을 현실 세계의 실체와 혼동하면 안 된다. 그것들은 어떤 것이 여러분의 상황에 적당하거나 적당치 않은지 모두를 들여다보기 위한 렌즈처럼 이용해야 한다.

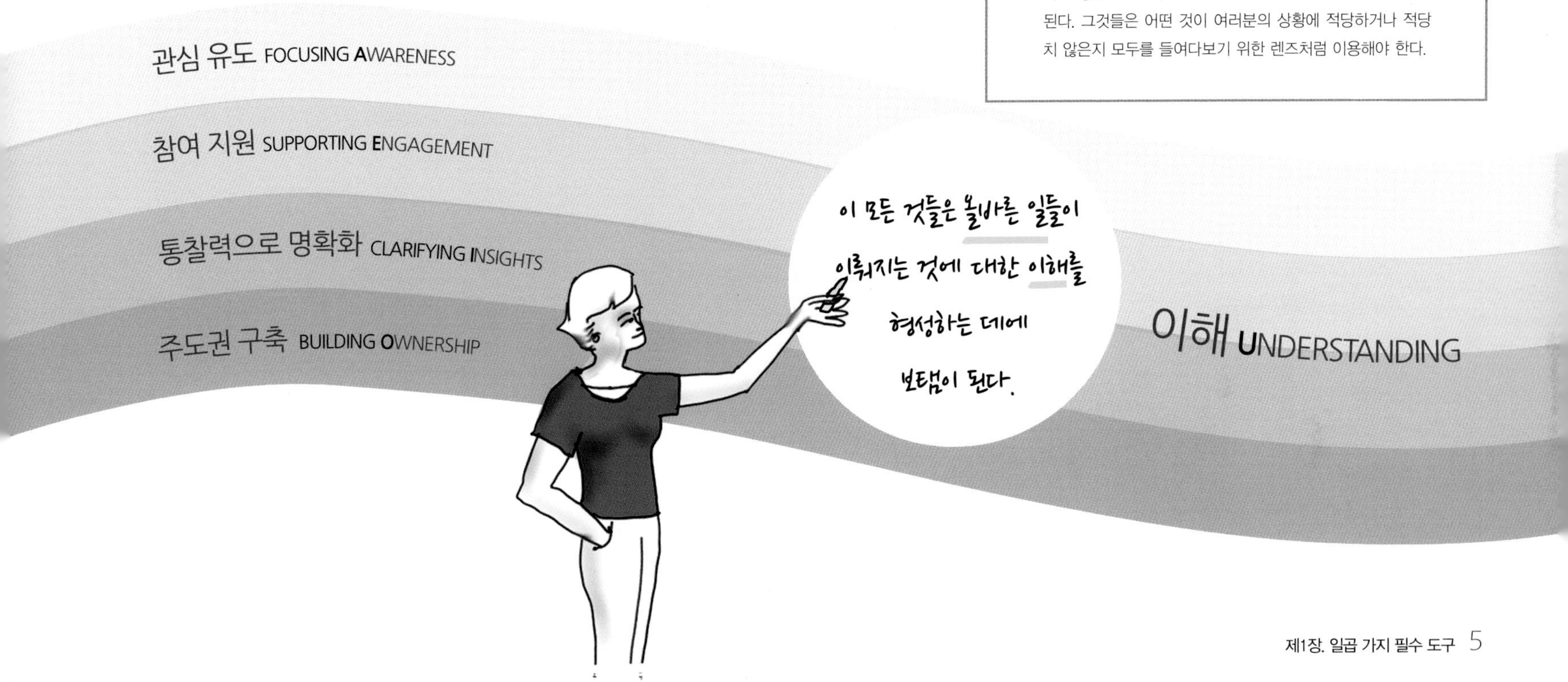

핵심 도구들은 플로가 제대로 흘러갈 수 있게 한다

일곱 가지의 핵심 도구들은 여러분이 전개하게 될 순서에 따라 배치되었다. 이 도구들은 마치 음악에서 화음이 그러하듯 서로 각자의 일부분을 담고 있다. 도구들이 중점적으로 삼는 것에 따라 시각적으로 배열한 것을 아래에 보여 줬지만, 화음을 전개하듯 이것들도 다양한 방법으로 운용할 수 있다. 각각의 도구는 사실상 도구들의 집합이다. 제3부에서는 각각의 도구를 성공적으로 이용한 리더의 이야기를 따라 여러분들이 그것을 제대로 활용할 수 있게 하는 사례가 제공된다. 이 과정을 잘 마치면 여러분은 각각의 도구를 어떻게 잘 쓸 수 있을지 알게 될 것이다. 이 책은 여러분이 리더로서 부하 직원 및 컨설턴트들을 충분히 이끌 수 있게 하기 위해 쓰였기 때문에 후반부에서도 기술적으로 상세한 내용들보다는 그것들을 활용했을 때에 이끌어 낼 수 있는 결과와 목적성 등에 집중할 예정이다.

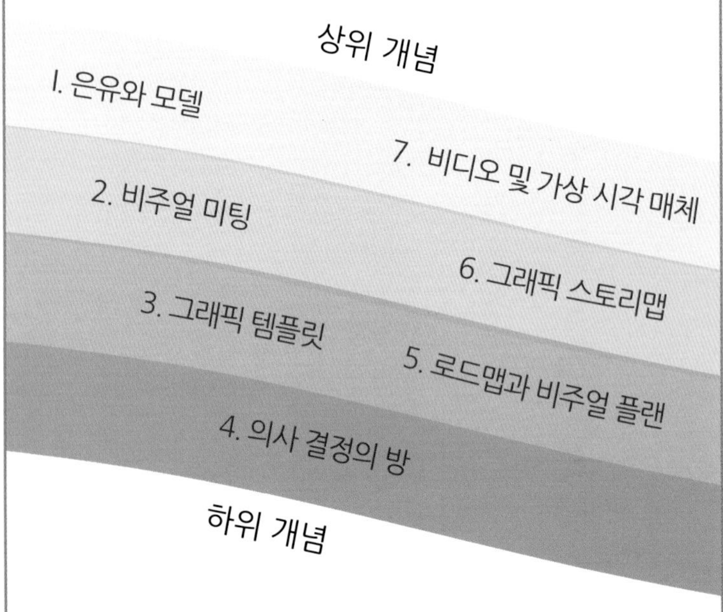

'이해하다'의 의미

여러분은 앞에서 언급한 DNA 비유에 따라 조직을 살아 있는 생명체(기계적인 체계와 반대되는 개념에서)로 상상해 봤을지도 모른다. 생명체 속의 DNA에는 각각의 서로 다른 부분과 기관들이 어떻게 성장하고 작동하는지에 대한 모든 정보가 다 담겨져 있다. 만일 식물의 세포가 땅 밑에 묻혀 있다면 그 세포는 뿌리가 될 것이고, 그것이 가지 끝에 달려 있다면 잎이 될 것이다. 식물 어디에도 '중앙에서 지시하는 명령'은 존재하지 않는다.

이 비유를 통해 설명하고자 하는 것은 사람들이 자신의 업무를 큰 목표와 연관시키고 그들이 목표를 이루기 위해 무엇을 해야 하는지를 충분히 이해한다면 그 조직은 훨씬 효율적으로 돌아갈 것이라는 점이다. 해야 할 바른 일에 대한 일반적인 이해도를 높이는 것은 리더가 해야 할 중요한 몫이며 비주얼 리더십이 큰 역할을 할 수 있는 부분이다.

이 책에 소개하는 도구들은 조직 내의 결재선 및 업무 수행 방법에 대해 관여하는 다른 사람들이 여러분의 보고나 발표에 대해 실제로 그것을 이해할 수 있게 만드는 무척 효과적인 방법이다. 이 도구들 중 일부는 관리자의 역할이기도 한 '바른 방법으로 일을 할 수 있게 하는' 데에도 도움이 된다.

여러분은 도구의 선택에 따라 어떠한 비주얼 도구는 사람들의 관심을 더 많이 모으는 쪽에 집중하는 대신에 참여하게 하는 데에는 덜 효과적이거나, 깊이 이해를 시키는 것보다는 추진할 수 있는 힘을 실어 주는 쪽에 효과적임을 발견하게 될 것이다. 사람은 새로운 아이디어를 실질적인 지식으로 만들기 위해 직접 그것에 참여하고 경험을 해볼 필요가 있다. 슬라이드 프레젠테이션을 본다고 그런 지식이 저절로 생기지는 않는다. 여러분이 키우고자 하는 관심, 참여, 통찰력, 주도권 등의 측면에서도 양방향으로 실제 겪어 본 것들이 이해도를 높이는 데에 큰 기여를 한다.

비주얼 리더를 위한 일곱 가지 필수 도구

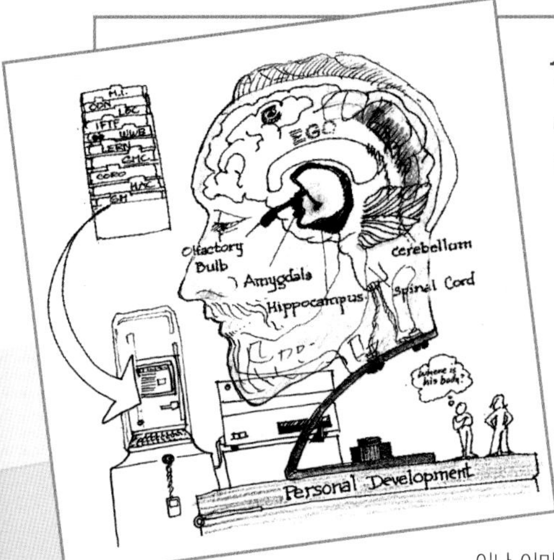

1. 은유와 모델

비주얼 리더를 위한 첫 번째 도구는 시각적 은유와 모델인데, 무엇이 어떻게 작동하는지 등을 이해하기 위해 여러분이 이미 익숙하게 써온 방법이다. 여러분의 두뇌는 한 번도 머리 밖으로 나와 본 적이 없다. 여러분이 생각하는 그림, 사진, 소리, 냄새, 기억 등에 대한 자료는 모두 여러분이 뇌에 입력해 준 원시 자료들이 모여서 이뤄진 것이고, 그것들은 세상의 것들을 표현한 것이지 실제 세상에 존재하는 그 자체를 의미하는 것은 아니다. 사람은 우리가 모르는 것에 대해 우리가 하고 있는 것들이나 이미 학습한 특정 모델과 비교해서 이해하게 되며, 이것을 은유적 사고라고 한다. 시각적 은유는 우리가 확실히 시각화할 수 있도록 이해하는 방법이다. 제7장은 이에 대해 더 깊이 다룰 것이다.

스스로에게 물어 볼 주요 질문

□ 자신이 은유적 사고를 언제 하는지 인지할 수 있는가?

□ 나에게 유의미한 은유와 심리적 모델은 나의 팀이나 조직에게도 의미가 있는가?

□ 내가 생각하는 바를 비주얼커뮤니케이션을 통해 표현과 묘사가 가능한 그림 또는 이야기로 연결할 수 있는가?

□ 나의 은유와 심리적 모델은 컴퓨터의 운영 체계처럼 작동하고 널리 공유될 수 있는가?

□ 내가 강조하고자 하는 은유나 모델의 시각화를 배우면 나의 비주얼 지능지수를 높일 수 있는가?

2. 비주얼 미팅

비주얼 미팅은 사람들이 영감을 얻고 참여하며 생각하고 실행할 수 있도록 적극적으로 시각화를 사용할 수 있는 영역이다. 비주얼 미팅은 리더로서 여러분이 비주얼하게 행할 부분들과 다른 사람들에게 도움받을 비주얼한 부분들을 다 포함한다. 비록 여러분이 차트를 그리는 데에 익숙하지 않더라도, 비주얼 미팅을 통해 여러분은 네 가지의 강력한 힘을 얻을 수 있다.

비주얼 미팅의 힘

상상 : 시각적인 요인들은 새로운 생각을 촉발한다.

참여 : 즉각적인 참여가 늘어난다.

큰 그림 사고 : 표현하여 보여 주게 되면 체계적인 생각과 서로의 상관관계를 이해하는 데에 도움이 되고, 집단 전체가 같은 방향으로 이해할 수 있도록 한다.

집단 기억 : 시각화는 참여한 모든 사람들이 그것이 만들어지는 과정을 봤기 때문에 기억에 남을 만한 결과를 만들어 낸다. 그 기억은 오랫동안 유지되고, 더 강력히 실행된다.

상세한 내용은 제8장에서 다루게 될 것이다.

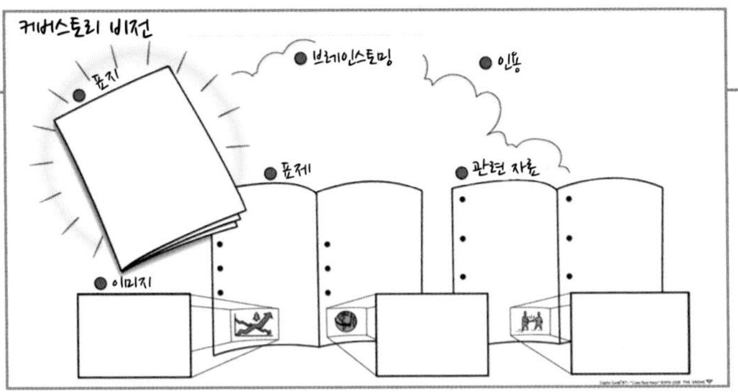

3. 그래픽 템플릿

퍼실리테이터나 컨설턴트의 도움을 받지 않고 사용할 수 있는 효과적인 시각화 방법은 간단한 그래픽 템플릿을 직원이나 다른 사람들이 정보의 수집 및 보고 · 공유 과정에서 이용하게 하는 것이다. 위에 예로 든 그림은 그로브에서 비전 수립을 위해 많이 쓰는 커버스토리 비전 그래픽 가이드란 템플릿이다. 제9장에서 더 많은 것들을 살펴볼 수 있다. 그래픽 템플릿은 정보를 넣기 위해 미리 짜인 영역이 있고 모든 사람이 중요한 연관 관계에 대해 쉽게 이해할 수 있도록 최적화되어 있다.

그래픽 템플릿의 장점

통찰력 : 그래픽 템플릿을 이용하려면 여러분과 동료들이 공유하고자 하는 가장 적절한 정보를 선정할 수밖에 없다.

파노라마 : 방 안에 놓인 템플릿(을 이용한 자료)들은 전체 정보를 한눈에 들여다볼 수 있게 하고, 이것은 모든 사람이 각 정보들 간의 중요한 연관 관계를 이해할 수 있게 한다.

유지 : 템플릿은 돌돌 말아 이곳저곳에 들고 가서 다시 펼쳐 놓으면 되기 때문에 기억이 나지 않아서 고생할 필요가 없고 다른 곳과 소통할 때 눈에 잘 띄며, 디지털 카메라 같은 것으로 촬영해서 쉽게 공유할 수 있다.

4. 의사 결정의 방

의사 결정 과정에서 무척 중요한 것은 '숲'도 보고 '나무'도 봐야 하는 것이다. 여러분은 리더로서 배워야 할 것이 있는데, 그것은 간부들이나 다른 직원들에게 의사 결정을 원활히 하기 위해 중요한 정보들을 시각화해서 보여 주는 것을 누가 도와줄지(또는 참여할지), 그리고 누가 그것을 지지하는지 물어보는 방법이다. 이 과정은 한 가지와 또 다른 것들을 어떻게 비교해서 생각해야 하는지 알 수 있게 하는 데에 큰 도움이 된다. 가장 적절한 도구로 커다란 비교표와 붙임쪽지가 많이 쓰인다. 제10장에서는 여러분들이 어떻게 의사 결정의 방을 잘 만들고 많은 사람에게 복잡한 것들을 잘 보여 줄지에 대해 알려 줄 것이다. 의사 결정의 방을 설계하면 여러분이 비주얼 미팅과 그래픽 템플릿들을 잘 쓸 수 있도록 도움이 된다. 아래 그림은 세컨드 라이프에 가상적으로 만들어 본, 경영진을 위한 의사 결정의 방이다. 이 방은 프레시디오에 있는 그로브의 설계실 공간을 참조해서 만들었다. 프록터 앤 갬블(P&G)과 같은 회사는 비주얼한 것이 심화된 특별한 회의를 위해 체육관처럼 넓은 공간을 사용하기도 한다.

5. 로드맵과 비주얼 플랜

일정(timeline)과 주요 시점(milestone)이 없는 프로젝트 관리를 상상해 본 적이 있는가? 그런데 무척 많은 프로젝트 매니지먼트 도구들은 리더가 일이 제대로 제때에 굴러가는지 파악하고자 사용하기에는 너무나 상세하고 복잡하다. 비주얼 리더를 위한 필수 도구로 소개하는 로드맵과 비주얼 액션 플랜은 그런 것이 아니라 개괄적으로 묘사되어 여러분과 다른 리더들이 큰 그림과 계획에 대해 일관된 이야기를 할 수 있도록 도와주는 것을 의미한다. 이것을 고속도로에서 이정표로 행선지와 경로를 대략적으로 알아 목표한 곳에 도달하는 것에 비유해서 고속도로 이정표라고 부르기도 한다. 아래에 인용한 그림은 미국 국립공원 관리 공단에서 프레시디오 육군 기지였던 곳을 국립공원(이 공원의 현재 이름은 Presidio Trust)으로 만들기 위해 대중에게 설명할 목적으로 제작한 로드맵이다. 제11장에서는 이 로드맵이 어떻게 만들어졌으며 수준 높은 로드맵을 만들기 위해 사람들을 어떻게 모았고 이것의 실행을 위해 다른 비주얼 플랜들을 어떻게 사용했는지 설명하겠다.

로드맵의 주된 용도

실행에 대한 약속 : 구성원들과 함께 로드맵과 계획을 만들면서 리더가 그것을 수행하려는 의지를 보일 수 있다.

프로젝트 보조 맞추기 : 조직의 모든 것을 주요 시점에 맞춰 집중하게 한다.

이해관계자 참여도 높이기 : 직접적으로 연관되지 않은 사람들에게도 좀 더 쉽게 설명이 가능하다.

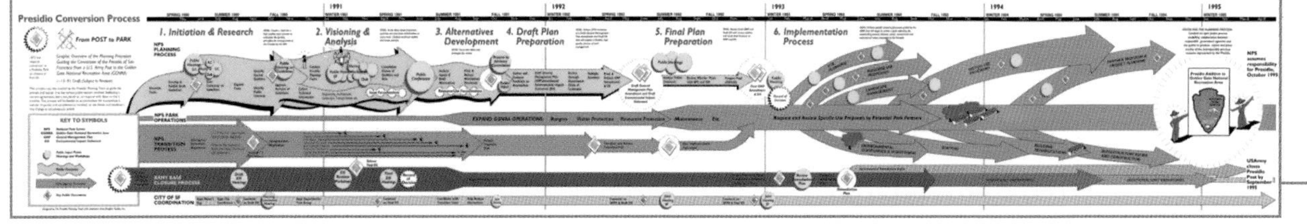

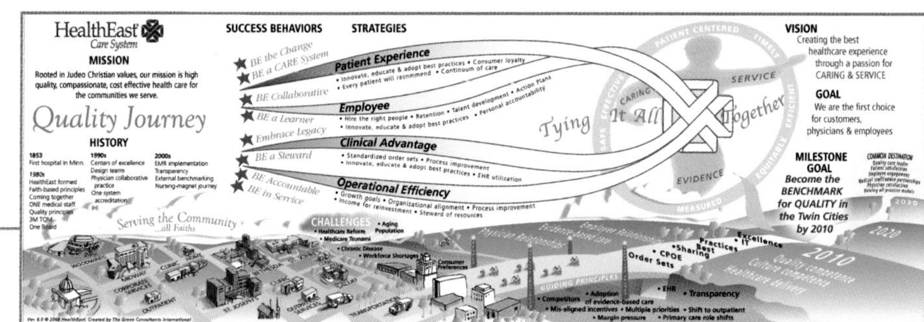

6. 그래픽 스토리맵

역사, 비전, 도전 과제, 가치, 주요 행동 및 기타 아이디어 등을 하나의 그림으로 모아서 꾸민 커다란 벽화나 포스터를 혹자는 벽화라고 부르며, 이것을 그로브에서는 스토리맵이라고 부른다. 스토리맵은 문화의 변화 또는 효율적인 조직의 변화를 진행하는 동안, 비전이나 목표를 사람들이 매일 경험하게 되는 일상 속의 문화와 연결지을 수 있도록 도와주는 도구다. 일반적으로 여러분은 내부 또는 외부의 정보 디자이너들의 도움을 받아서 커다란 로드맵을 만들게 될 것이다. 여러분의 역할은 여러분의 이야기가 어떤 것인지 알려 주는 것과 각각을 생성하는 절차를 여러분이 이끄는 팀에게 잘 맞게 이용하는 것이다. 예로 든 퀄리티 저니 맵이 바로 그러한 것인데, 제1장에서 다루고 있는 해당 과정은 정보 디자이너는 아니지만 누가 어떤 일을 맡아야 하는지 잘 알고 있는 두 명의 내부 관리자가 이끌었다.

스토리맵의 주된 용도

정렬 : 주요 언어와 목표를 정렬해서 한 방향을 향하게 할 때에 사용한다.

문화의 변화 : 비전과 목표를 이루기 위해 행동이 변화해야 하는 점을 모든 사람이 이해할 수 있게 한다.

확실성 : 여러분과 다른 리더들이 명확하게 직접적으로 소통하고 여러분의 이야기를 다양한 방법으로 풀어 나갈 수 있는 방법을 제공한다.

조직적 대화 : 스토리맵을 여러 차례 반복하면 여러분이 듣고 있음을 알릴 수 있다.

7. 비디오 및 가상 시각 매체

비디오, 스마트폰 및 태블릿은 모든 사람의 일하는 방식을 바꾸고 있다. 여러분은 이러한 도구들을 효율적으로 다루는 법과 그것들을 이용하면 얻을 수 있는 장점, 그리고 원격으로 떨어져 있는 사람들과 시각적 업무를 할 때에 사용할 수 있는 바른 기반 환경을 갖추기 위해 어떻게 해야 하는지에 대해 리더로서 잘 알고 있어야 한다. 이 책이 소셜 미디어에 대한 책은 아니지만, 다른 여섯 가지 필수 도구들을 웨비나(webinar)나 콘퍼런스에서 가상적으로 어떻게 활용할 수 있는지는 다루고 있다. 또한 여러분이 조직의 관심을 집중시킬 의식의 커서(conscious cursor)가 되기 위해 어떻게 해야 하는지도 살펴볼 것이다. 비디오는 점점 더 이러한 목적을 달성하기 위한 강력한 수단이 되고 있다. 고가의 전문적인 비디오 제작 외에 훨씬 깔끔한 최신 방법들도 있다. 제13장에서는 이러한 것들을 알아볼 것이다.

가상 시각 매체의 힘

관심을 집중시키기 : 다량의 디지털 커뮤니케이션으로 생기는 결과 중 하나는 사람들에게 도달하려면 많은 것들을 뚫고 접근해야 하지만 그들의 이목을 중요한 곳에 집중시킬 수 있다는 점이다. 뉴 미디어를 잘 활용하는 법을 알게 된다면 큰 도움이 될 것이다.

감성적 접근 : 비디오는 다른 매체들에 비해 동작뿐 아니라 감성까지도 담을 수 있다. 비디오와 다른 도구들을 함께 결합해서 이용하는 다양한 방법들이 있다.

이동 가능한 기억 : 만일 여러분의 직원이 주요 문서를 쉽고 가상적인 방법으로 참조할 수 있다면 그들이 그 내용들을 기억하게 하는 데에 도움이 될 것이다.

새로운 비주얼 리더에게 하는 질문들

이 장의 앞부분에서는 시각화를 배우는 것을 피아노 연주에 비유해서 설명했다. 비주얼 리더를 위한 주요 도구들은 여러분이 연주할 수 있는 다양한 화음과 비슷하다. 모든 것들은 목표를 이루기 위해 필요한 것을 말하려고 시각적인 음표들(단어 아이콘, 그래픽적인 형태 등)을 이용한다. 이 책을 읽어 가면서 아래의 질문들을 마음속에 담아 두기 바란다.

1. 나는 리더로서 어떻게 시각화를 이용할 것인가?
2. 일단 어떤 도구로 시작해야 하는가?
3. 시각 언어는 어떤 것이고 그것들은 어떻게 작용하는가?
4. 즉흥적인 것들에 대한 기본 규칙으로 어떤 것을 세워야 하는가?
5. 어떻게 다른 사람들이 내가 시각화하는 것을 돕게 만들 수 있을까?

비주얼 리더십을 일상화하기

원색 인쇄를 한 이 책의 도움으로 여러분은 시각화 관련 작업의 다양한 예들을 볼 수 있지만, 그렇다고 이 책이 여러분과 실시간으로 공동 작업하는 절차를 통해 비주얼한 능력과 경험을 심어 주는 것은 아니다. 여러분은 이 책을 읽는 동안 어떤 이미지를 떠올리게 될 것인데, 다음 장에서는 다양한 도구들을 무척 효과적으로 사용한 실제 사례를 살펴볼 것이고 이것은 여러분에게 어떠한 것들이 가능한지에 대한 이미지를 떠올리는 데에 도움을 줄 것이다. 이미지를 가질 수 있는 또 다른 방법은 이 책에서 다뤄진 것들을 직접 연습해 보는 것이다. 시각화의 진정한 힘은 그것을 실행하는 데에서 나온다. 그림이나 도표를 그리는 것은 사실상 생각의 방법이며, 이것은 다른 사람들에게 말로 표현하는 것이 생각의 한 방법인 것과 마찬가지다. 제5장에서는 스스로를 시각화하는 중요한 측면에서 여러분이 직접 경험할 수 있는 특별한 연습을 해 보도록 하겠다. 실질적인 지식으로 만들기 위해 직접 그것에 참여하고 경험을 해볼 필요가 있다. 슬라이드 프레젠테이션을 본다고 그런 지식이 저절로 생기지는 않는다. 여러분이 키우고자 하는 관심, 참여, 통찰력, 주도권 등의 측면에서도 양방향으로 실제 겪어 본 것들이 이해도를 높이는 데에 큰 기여를 한다.

제2장. 실행된 것을 살펴보기

왜 리더들은 비주얼한 것을 원하는가?

베시와 팸에게는 해결해야 할 과제가 있었다. 그들은 자신이 소속된 회사인 헬스이스트 케어 시스템에서 이를 해결하기 위한 집중적인 전략 기획을 마쳤고, '그 지역에서 서비스 품질의 모범 기준이 되자'는 큰 목표도 세웠다. 헬스이스트 케어 시스템 내의 대형 병원 다섯 곳과 수많은 개인 의원들은 상당히 좋은 평판을 받고는 있지만 늘어나는 비용과 의료보험, 사람들의 늘어나는 기대치 등은 그들로 하여금 더 많은 무언가를 해야만 하게끔 만들고 있었다. 그들에게는 그러한 것을 '어떻게 하느냐'가 바로 그 과제고 문제였다. "불확실한 것이 너무 많았어요. 품질이란 건 공기처럼 눈으로 볼 수 있는 게 아니잖아요. 우리는 조직적 측면과 문화적 측면에서 이것들을 집약하는 어떠한 방법을 찾아야만 했어요."라고 베시는 회상하며 이야기했다. 아마 여러분도 이와 비슷한 일을 겪어 봤으리라 생각한다.

헬스이스트의 이야기는 여러분이 다양한 상황에서 비주얼 리더십을 발휘하려 할 때에 어떻게 해야 하는지 보여 주는 많은

사례들을 담고 있다. 리더인 당신은 목표를 받거나 또는 스스로 세운 뒤, 조직을 자극해서 그것을 어떻게 달성할지 찾아내게 해야 한다. 초보 리더라면 헬스이스트의 이야기들은 그다지 많지 않은 경험을 가지고도 어떻게 해야 하는지 알 수 있게 해줄 것이다. 경험이 많은 리더라면 실제로 어떤 것들이 효력을 미치는지 파악하고 새로운 아이디어를 찾아볼 수 있게 될 것이다.

베시와 팸은 헬스이스트의 중간급 관리자인데, 자신의 조직에서 성과를 이루는 경험을 해본 사람들이다. 베시는 2007년에 리더십 개발을 담당하는 기업 내부의 컨설턴트였는데, 기업 조직과 문화를 강화하기 위한 체계를 만드는 활동을 했다.

"우리 조직은 무척 특이했어요. 우리 재단은 미국에서 가장 세계교회주의적인 성격을 띠었는데, 1980년대부터 서로 다른 다섯 개 교단 소속의 기관이 함께 모인 것이었거든요."라고 베시는 알려 줬다.

하지만 헬스이스트는 거의 파산 직전이었고, 원상태로 회복되는 것은 정말 힘든 일이었지만 그들은 그것을 이뤄 냈다. 대표이사의 지속적이고 안정적인 리더십과 부사장들의 많은 경험, 그리고 조직 구성원들의 헌신이 있었기에 가능한 일이었다. 그들이 조직 개발에 투자한 덕분에 노련한 간호사이자 헬스이스트의 간부였던 베시는 기업 문화에 관심을 가질 수밖에 없었다.

베시는 주변 사람들에게까지 넘치는 에너지와 활력을 전해 줄 수 있는 사람이며 무척 끈기 있고 영민한 사람이지만 모든 사람들이 즐겁게 참여하게 만드는 것은 정말 힘든 일이었다. 베시의 동료로는 전략 개발 시스템 실장인 팸이 있었으며, 팸은 무척 전략 중심적인 사람이었다. 베시와 팸 두 사람은 1990년대 내내 기업의 전략과 문화에 집중하며 함께 일했다. 하지만 팸은 사람들을 계획에 맞추도록 하는 데 버거울 만큼 너무 일이 많았다. 의료 관련 조직은 원래부터 관리직과 의료진들 간의 어쩔 수 없는 마찰과 이로 인한 전문 간호 인력들의 긴장 등 복잡한 이유로 인해 관리하기 힘들기로 악명이 높다. 게다가 이들은 모두 사업상의 이해관계자나 정부, 기관 및 지역사회 등에서 압박을 받고 있는 입장이기도 했다.

베시에게 아이디어가 떠오르다

베시는 미네소타 주에서 조앤 매킨토시가 주관한 소규모 공동 연수에서 비주얼 활동에 관한 것들을 처음 접했다. 그 연수에서 베시는 조앤이 마치 마술을 부리듯 그래픽 퍼실리테이션(기본적으로 모든 사람들의 이야기를 듣고 실시간으로 그 아이디어를 대화식 표현으로 그려내는 것)을 보았다. 조앤은 그로브에서 그래픽 퍼실리테이션 영역의 리더로 훈련된 전문가다. 팸은 미네소타 주 세인트폴에서 개최된 기획 연수에 참관하여 시각

그래픽 템플릿

헬스이스트의 리더십 개발팀장인 베시와 전략 개발실장인 팸은 그로브에서 주최한 공동 연수에서 그래픽 템플릿에 대해 배운 뒤 곧장 회사에서도 그것을 적용하기 시작했다. 제9장에서는 그들이 행한 일들을 상세하게 설명할 것이다. 아래의 그림은 베시와 팸이 자주 사용했던 그래픽 템플릿이다.

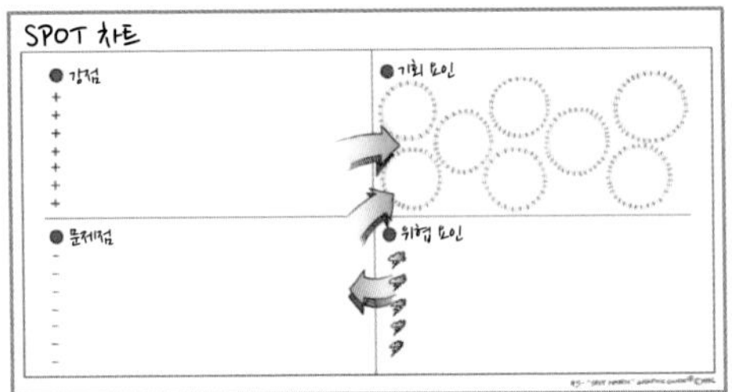

이 SPOT 템플릿은 무척 오래된 전략 프레임워크이며, 종종 SWOT(역자 주: Problem 대신에 Weakness를 씀)으로 불리는 것이다. 이 프레임워크는 사람들에게 강점 · 문제점 · 기회 요인 및 위협 요인을 따로따로 바라보고 생각하게 하는 것이 아니라 한꺼번에 살펴볼 수 있게 하는 이점을 가지고 있다.

화에 대해 알게 되었다. 팸과 베시는 목표를 설계하기 위해 앞에 소개된 SPOT 차트처럼 간략한 그래픽 템플릿을 이용하기 시작했다.

"우리가 이 그래픽 템플릿을 정말 좋아했기 때문에 무척 많은 사람들이 이 방법을 접할 수 있었어요. 저는 그림을 잘 그리진 못했지만 마인드맵과 시각화를 무척 좋아했어요. 그리고 우리는 그것들로 결과를 만들어 냈죠." 라고 베시는 말했다.

베시는 그로브가 행하는 다른 일들에 어떤 것이 있는지 궁금해 했으며, 2007년에 캘리포니아에서 열린 조직 개발 영역의 리더십 과정에 참가하게 되었다. 그녀는 그 행사를 통해 큰 규모의 히스토리 맵과 비전을 어떻게 다루는 것이 효과적인지 배울 수 있었고 크게 느낀 바가 있었다.

"우리는 헬스이스트의 역사를 시각적으로 보여 주고 우리의 서비스 품질 프로그램이 어떻게 나아갈지에 대한 비전도 보여 줄 필요가 있습니다. 이곳에 와서 우리들과 만나보고 그러한 것이 가능할지 살펴봐 주시겠습니까?" 라고 그녀는 2007년 말에 보낸 전자 우편에서 밝히고 있다.

돌이켜 보면 그녀는 그들의 계획을 시각화해서 보여 줌으로써 모든 사람들이 공감하고 굳건히 실행하게 할 수 있을 것이라 여겼고 그녀가 추구해 온 핵심 가치가 꾸준히 하나의 이야기로 공유될 수 있을 것이라 기대한다고 말했던 것 같다. 하지만 어느 누구도 그때까지 그런 것을 경험해 본 사람은 없었다.

헬스이스트를 시각화된 조직 문화를 가진 곳으로 만들고 그것을 이루는 길을 보여 줄 수 있도록 하는 일련의 작업이 시작되었다. 이 이야기에는 우리가 생각해야 할 많은 교훈, 그리고 이 책의 뒤쪽에서 상세히 다루게 될 많은 도구들을 어떻게 썼는지 보여 주는 사례가 담겨 있다. 그것들 중 많은 사례는 개별적인 큰 과정으로써 독립적으로 쓰일 수 있다.

그들은 무엇을 이야기 했는가?

베시와 팸은 퀄리티 저니를 시각화하고 그것을 전략 전반에 연결할 팀이 필요하다는 것에 동의했다. 그들은 그것을 이루기 위한 방법과 목표들에 대한 설명을 적어서 간호 · 전략 · 소통 등 의료 분야의 임원들을 설득하기 시작했고 퀄리티 연구소를 설득해서 어떤 것들을 이룰 수 있는지 살펴볼 수 있도록 프로젝트 팀을 구성하게 했다. 그들이 도출한 목표 목록은 다음 쪽에서 볼 수 있다. 이 그룹이 시각화에 대해 긍정적인 시각을 가지긴 했지만, 그것이 큰 스케일의 변화 정도로 표현되진 못했다. 팸과 베시는 팀원 모두를 각각 개별적으로 만나서 그들이 해야 할 것에 대해 상세히 설명하고 다른 기관에서 만든 사례들도 함께 공유했다.

일을 할 때에 달랑 도구 하나만 가지고 하는가? 아니면 도구함을 이용하는가?

비주얼 리더십에 관련한 도구들은 무척 많다. 그중에는 여러분이 선호하는 것도 있을 것이다. 본 장을 통해 '도구함' 또는 '공구함'에 대한 감을 여러분이 가질 수 있기를 바란다. 초보 리더든 경험이 많은 리더든 간에 다양하게 선택할 수 있다면 여러분이 가진 것이 단지 망치 하나라서 그걸 이용하려고 못만 찾아다니는 그런 불상사를 막을 수 있다. 이 책 전반에 걸쳐, 이곳과 같은 각 쪽의 본문 옆 공간은 전문적인 퍼실리테이터를 고용하지 않더라도 여러분이 도구함에 챙겨 넣고 즉시 유용하게 활용할 수 있는 도구나 비주얼 아이디어 등을 설명해 놓을 예정이다.

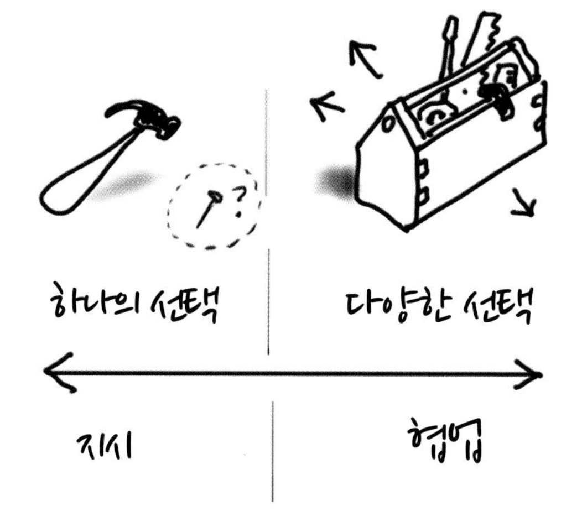

퀄리티 저니 프로젝트 팀의 목표

2007년 후반, 헬스이스트의 몇몇 관리자들은 경영진이 의욕적으로 정해 놓은 2010년 목표를 조직이 달성할 수 있는 방법이 무엇일까 궁리하기 시작했다. 이들은 이메일을 통해 그들이 이루고자 하는 것을 목록으로 만들어서 주고받으며 논의를 했다. 이들이 시각화의 장점에 대해 잘 알고 있다는 점은 확실했다(아래 목록의 표시된 요소들은 명백하게 시각적인 것들이다).

- 비전 프레임워(vision framework)을 구축하고 임원들을 그에 맞춰 정렬한다.
- 헬스이스트가 수행하는 모든 것은 목적성을 가지고 있고 그것은 조직이 모든 면에서 최고 수준으로 제공하는 간호와 관련이 있음을 알린다.
- 헬스이스트의 2010 품질경영목표를 설명하기 위해 시각적인 자료, 그래픽 디스플레이, 각종 도구 및 언어를 제공한다.
- 현재 환경의 상호 연관 관계를 포괄적으로 묘사한 한 장의 그림으로 나타내도록 한다.
- 지도자 육성에 도움이 될 수 있는 확실한 수단을 마련한다.
- 미래를 위한 조직의 배치 : 단지 특정한 병원 한 곳에 대한 응급조치만이 아니라 조직 전반에 걸쳐 모든 사람들이 성공을 이룰 수 있도록 유념한다.
- 미네소타에서 의사 결정과 우선순위를 설정하기 위한 플랫폼으로 맵을 이용한다.

이렇게 이메일을 주고받는 것도 비주얼커뮤니케이션의 한 형태라 할 수 있다. 글머리를 잘 활용하여 알아보기 쉽게 목표에 관해 의사소통을 하는 것은 모든 사람들이 집중하는 데에 도움이 되며 진정으로 정렬에 필요한 대화를 시작하게 도와준다.

"의료진과 서비스 품질 관련 담당자들이 가장 염려를 많이 했어요. 그들은 서비스 품질과 관련한 목표와 주요 시점들이 헬스이스트를 나아가게 하는 데 가장 중요한 요인이 되리란 점을 사람들에게 설득하는 것에 무척 힘들어 했거든요. 그들은 하고 싶은 이야기를 펼쳐 놓고 설명할 수 있는 방법이 필요했어요."라고 베시는 회상했다. 우리가 그녀에게 어떻게 사람들이 그 프로젝트에 참여하게 했냐고 묻자 베시는 "우리는 조직 내에서 평판이 좋았어요. 그런 점에서 사람들로부터 신뢰를 얻었던 것 같아요."라고 답했다.

그들은 대표이사인 팀 핸슨을 찾아갔는데, 그는 보건 의료 시스템이 그러하듯 마치 대학 조직의 훌륭한 리더처럼 무척 신중한 모습을 보였다. 팀은 만일 모든 부사장들이 그 프로젝트를 지지하면 그도 지지하겠다고 밝혔고, 이제 대표이사의 지지 여부는 베시와 팸에게 달린 문제가 되었다.

여러분이 새로운 아이디어를 제안하려고 할 때에 그것에 직접적으로 관련된 주요 이해관계자들과 대면하게 되는 상황을 상상해 보자. 흔히 있을 법한 일이다. 여러분은 간단명료하게 소통하고 구체적인 기회에 대한 제안을 하면 모든 사람이 다 동의하리라고 여기는가? 사실 늘 그렇지는 않다. 리더는 무엇보다 중요한 비전이나 목표, 기대하는 점 등에 대해서 꾸준히 되풀이해서 이야기해야 한다. 사람들은 자기 자신만의 안건과 염려 등으로 가득 차 있기 때문에, 사람들을 실제로 움직이게 하려면 소통을 되풀이해야 함은 물론이고 그들에게 성공적이고 몰입될 수 있는 특별한 경험을 제공해야 한다. 이것이 베시와 팸이 내린 결론이었다. 프로젝트 팀 또한 시각화 작업이 이뤄지는 것과 그것을 통해 목표가 이뤄지는 것을 볼 수 있어야만 했다(리더라면 이 같은 상황을 잘 연상할 수 있어야 하기 때문에, 우리가 결과를 이뤄 냈던 실제 사례를 들어 이야기하고 있는 것이다).

최초의 프로젝트 팀 미팅

진짜 경험을 만들 수 있는 기회는 2007년 말 미네소타 주에서 열린 퀄리티 저니 팀의 첫 미팅에서 찾아왔다. 베시는 휴가 중이었고, 전략 기획 부문의 임원인 팸의 상사가 팸 대신 참석했다. 크레이그는 최고 의료 품질 임원이자 퀄리티 연구소의 소장이었으므로 명백한 이해관계자였고, 그의 보좌관인 카렌 맥도날드도 함께 회의에 참석했다. 베시와 팸이 참석하지 못했으므로 품질 관련 조직을 효율적으로 이끌어가고 있는 리더인 수잔 넬슨이 회의의 진행을 맡았다.

여기에 소개된 두 장의 플립 차트는 바로 그 첫 회의에서의 안건과 참석자들을 묘사한 것이다. 이 플립 차트가 만들어지는 것을 보면서 참석한 사람 중 일부는 시각화를 통해 무엇을 이룰 수 있는지 처음으로 경험하게 되었을 것이다.

은유와 맵

이 차트들은 비주얼 리더십을 시행하는 데에 필요한 일곱 가지 주요 도구들 중 일부를 활용한 예다. 가장 먼저 비주얼 퍼실리테이션이 이뤄진 것을 볼 수 있으며, 그 다음에는 은유와 맵의 활용을 찾아볼 수 있다.

이 프로젝트의 이름인 '퀄리티 저니'부터 한번 자세히 보자. 뭔가 은유가 있는 것을 발견할 수 있는가? 프로젝트 이름에 여행(journey)이란 단어가 들어간 것은 우연이 아니다. 앞서 행해진 전략 기획 세션과 퀄리티 연구소의 조직 등을 통해 사람들은 큰 조직이 한 방향에 집중해서 추진할 수 있는 유일한 방법은 기간 동안 모두가 깊이 참여하는 것임을 잘 알고 있었고, 그것은 당연히 내내 몰입해야 하는 과정이다. 사람들은 정말로 필요하다고 느끼기 전에는 쉽사리 자신의 행태를 바꾸지 않는다.

매킨토시 컴퓨터가 나오던 시기의 애플에서는 스티브 잡스가 '여정이 즉 보상이다'란 표어가 인쇄된 티셔츠를 입고 다녔다. 그리고 그들은 훗날 많은 재산을 얻을 수 있었다. 이 말은 일종의 은유인데, 사람들이 당장 해야 하는 것들에 집중하게 하고 비전은 그것이 다 이뤄진 뒤에 달성될 것으로 여기게 해준다. 내가 이 책에서 강조하고 싶은 것은, 비주얼 리더란 자기 자신만의 은유와 심리 모델을 형성하며 여과할 줄 알아야 하고 조직의 중요한 소통에서 그것을 신중하게 사용할 줄 알아야 한다는 점이다.

맵은 또 다른 필수 도구다. 좌석 배치도처럼 간단하고 작은 것은 쉬워 보인다. 하지만 참석자들을 좌석 배치도에 묘사할 때에는 대단히 명확해야 한다.

"우리는 여기 함께 모여 있다. 우리는 종이 한 장에 다 명기된 사람들이다. 우리는 하나의 팀이다."

맵은 사람들에게 다양한 연관 관계를 볼 수 있게 해준다. 우리는 여행할 때 방문지의 지도에 큰 가치를 둔다. 왜냐하면 그 지도는 우리에게 어느 곳으로 가라고 알려 주는 것이 아니라 어느 방향으로 가면 어떠한 곳이 나온다는 것을 알려 주기 때문이다(어쩌면 퀄리티 저니 팀은 좌석 배치에서 뭔가 찾아낼 수 있을지 모른다. 하지만 그것은 그들이 실제로 거기에 앉았을 경우에만 가능하다). 회의를 통해서 그들은 목표를 이루기 위해서는 큰 규모의 시각화가 필요하다는 것을 느끼게 되었다.

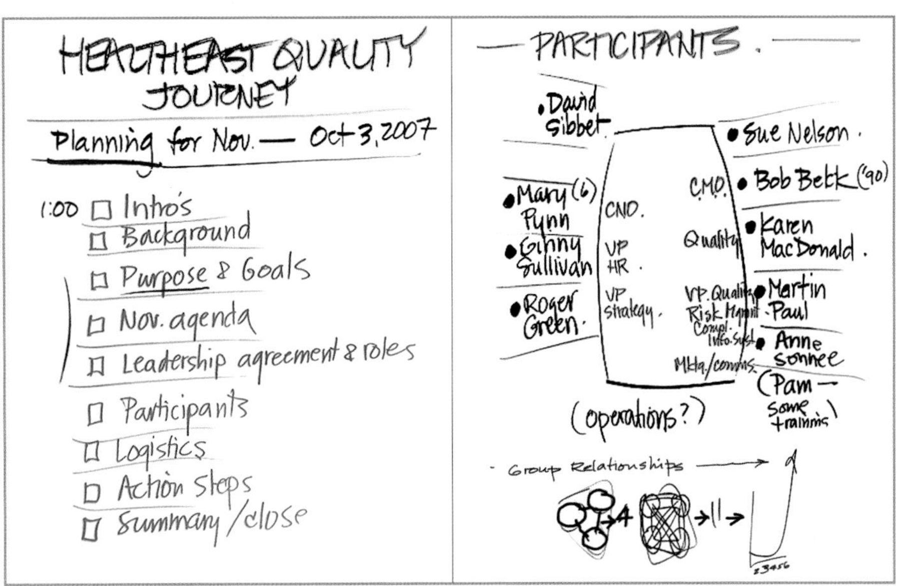

회의 안건과 좌석 배치도

어떠한 회의에서도 참석자들이 미팅에 집중하게 하기 위해 시각화를 할 수 있다. 회의 안건과 좌석 배치도를 플립 차트에 적어 놓으면 대단히 유용하다. 헬스이스트의 해당 팀처럼 구성된 지 얼마 안 된 팀은 서로에 대해 잘 알 수 있다. 하지만 그중에 한두 명 정도(이 경우에는 컨설턴트)는 그들이 누구인지 명확히 모를 수 있다. 좌석 배치도 하단의 조그만 그림들은 작은 그룹의 복잡도와 가능한 관계의 수를 간략히 그림으로 나타낸 것이다. 이 두 장의 차트는 세 가지의 비주얼 미팅 방법론을 보여 주고 있다. 그것은 비주얼 회의 안건, 좌석 배치도, 그리고 플립 차트 토크다.

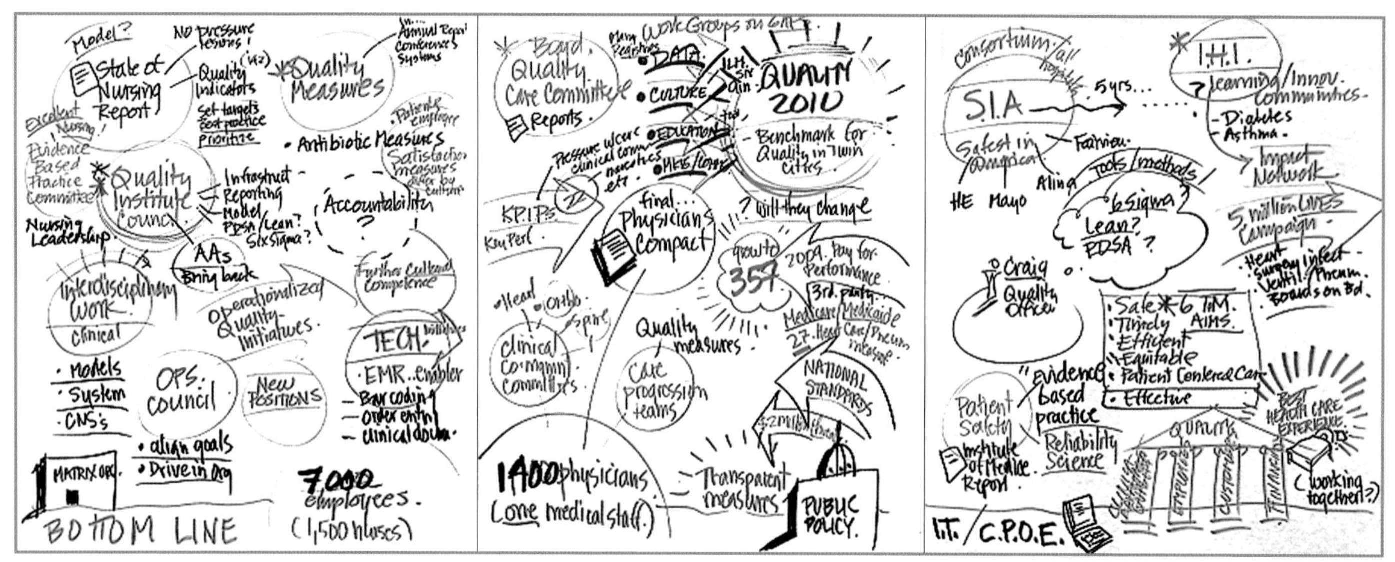

헬스이스트 퀄리티 프로그램의 군집 맵

이 군집 맵은 헬스이스트 퀄리티 저니 팀이 회의 참석자들에게 때마다 서로 달랐던 품질 관련 프로그램들에 대해 보고하는 동안 플립 차트 석 장으로 만든 것이다. 각각을 평가하거나 서로 연결을 맺는 부가적인 작업 없이, 단순히 모든 정보들을 병렬적으로 늘어놓기만 했다. 이 방법은 무척 간단하기 때문에 손으로 바르게 글씨를 쓸 수 있는 사람이라면 누구나 할 수 있는 회의의 기록 방식이다. 하지만 이것들이 쌓이자 경영진에게 그 복잡성에 대해 설명하며 그것을 정돈하려면 시간이 필요하다는 것도 설득할 수 있게 되었다. 회의에 모인 사람들은 이러한 차트들을 보며 거기에 서술된 것들의 복잡함과 다양함에 고개를 설레설레 흔들기까지 했다.

퀄리티 프로그램 매핑하기

퀄리티 저니 팀은 현재에도 운영 중인 몇 가지 서로 다른 품질 프로그램들에 대해 설명했다. 플립 차트 석 장은 군집 형식으로 점점 채워지기 시작했고, 다른 것들과 무관한 새로운 아이템들이 나타날 수 있기 때문에 간격을 두었다. 군집 형식은 맵으로 보여 줄 수 있는 아주 단순한 형식 중 하나이며, 이때 만든 군집 맵은 위의 사진으로 볼 수 있다.

비록 작은 회의실에서 석 장의 플립 차트에 두루 적어 본 것이었지만, 이 맵은 실로 극적인 영향을 주었다. 여러분이 그 회의실에 함께해서 사람들의 호응이 증가하고 아이템들이 계속 추가되는 장면을 봤으면 정말 동감할 수 있었을 것이다.

어느 누구도 이렇게 복잡하고 많은 프로그램들이 정렬되고 정돈될 수 있는 방안이 필요하다는 데에 반론을 제기할 수가 없었다. 백문이 불여일견! 그렇다. 이 경우처럼, 눈으로 보니까 직접 알 수 있게 된 것이다. 프로젝트의 필요성에 의해 퀄리티 저니 팀은 그래픽 퍼실리테이션을 경험하게 되었다. 팀 구성원 중 대다수는 그래픽 퍼실리테이션을 처음 겪어 보는 사람들이었고, 모두 무척 흥분했다. '그래픽 리스닝'이 가진 뛰어난 장점은 이러한 방식으로 발언하는 사람이 이야기하는 것을 들은 대로 명확히 기록했는지 아닌지를 확실히 알 수 있다는 점이다. 이러한 점은 다른 방식들로는 이뤄 내기 어려운 것이며, 사람들이 깊이 관여해야 하는 목적이 제대로 이해하기 위함임을 보여 준다. 이것은 경청하면서 업무를 주도할 수 있는 한 가지 방법이다.

어떻게 하면 전체 조직을 다 참여하게 할 수 있을까?

퀄리티 저니 팀 미팅의 다음 고려 사항은 큰 규모의 시각화 전략이 더 많은 사람들에게 작용할지에 대한 확신을 갖는 것이었다. 이 팀은 좋은 뜻에서 생긴 여러 프로그램들 간에 협력을 위해서 어떤 변화가 필요하다는 결론을 모든 이해관계자들이 내려 주길 바랐다. 하지만 종래의 대규모 회의에서 경험한 바로는 이 같은 기대를 할 자신이 없었다. 이 시점에서 퀄리티 저니 팀은 일종의 지침이 필요했다.

사람들은 시각적으로 업무하는 것을 좋아하게 되면 회의가 어떻게 이뤄질지 확실히 알고 싶어 하게 되고, 더 나아가 그 회의가 성공적으로 이뤄질 것이라고 믿고 싶어 한다. 여러분은 비주얼 미팅이 어떤 방식으로 이뤄지며 그것이 비주얼 미팅에 참여한 다른 사람들과 어떻게 작용하는지 충분히 설명할 수 있을 만큼 이해하고 있어야만 할지도 모른다. 이 사례에서는 베시와 팸이 퀄리티 저니 팀을 이끌기 위한 방법에 대해 자문을 받았으며, 수잔은 모든 사람들이 현실에서 벗어나지 않으면서 방향성을 유지하게 하는 방법에 대해 자문을 받았다. 만일 여러분이 스스로가 충분히 알지도 못하고 전문가들을 초빙할 만큼 여력도 없다고 생각한다면, 조직 내부의 경험 많은 사람에게 달려가서 조언을 청하는 수밖에 없다. 이 책은 바람직한 파트너를 선택하는 능력이나 그들을 통해 원하는 것을 이루려면 어떻게 해야 하는지 알 수 있는 능력을 키워 줄 것이다.

비주얼 도구 상자에서 선택하기

여기와 다음 쪽에 있는 스케치들은 헬스이스트의 팀 구성원들에게 그들이 준비 중인 약 65~70명가량의 이해관계자들이 모일 더 큰 회의에서 어떠한 것들이 가능할지 상상하는 데에 도움을 주었다.

리더가 설명하는 계획을 들으며 사람들이 반복적으로 가지게 되는 관심으로부터 콘셉트들이 만들어졌다. 조직 및 리더가 여러분에게 뭔가 새로운 일을 해보기를 바라는 때를 생각해 보라. 여러분을 성공적으로 설득하기 위해 그들은 아마도 다음에 나열한 네 가지 요소들로 이뤄진 이야기를 하게 될 것이다.

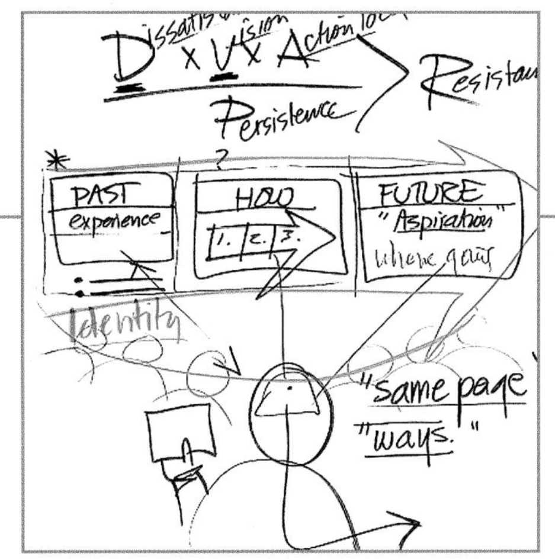

플립 차트 토크
D x V x A 〉 R

DVA 〉 R 모델은 조직적인 변화를 계획할 때에 사용할 수 있는 도구 중 하나다. 이것은 리더에게 무척 중요한 심리 모델로서, 변화를 시작하게 하기 위해서는 어떠한 요인들이 필요한지 생각하게 해준다. 인용된 스케치는 헬스이스트에서 설명을 하기 위해 사용했던 것이다.

불만(Dissatisfaction) : 현실에서 변해야 한다는 느낌, 생각

비전(Vision) : 미래 기회에 대한 설득력 있는 이미지

실행안(Action Idea) : 비전을 향해 나아가기 위해서 즉각적으로 취할 수 있는 명확한 아이디어들

저항(Resistance) : DV&A는 R보다 강력하고 커야 한다. 저항이나 타성은 변화가 일어날 때에 늘 발생한다.

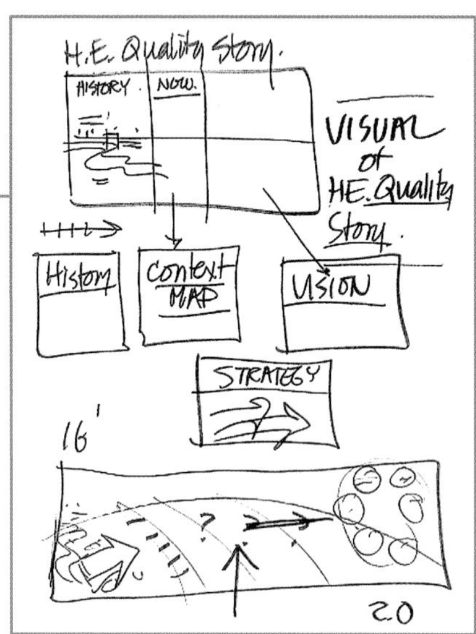

변화를 위한 스토리맵

헬스이스트의 경우, 베시와 팀원들이 어떻게 하면 그들의 목표를 이룰 수 있는지를 명확하게 질문했다. 이 그림은 변화를 위한 스토리텔링에서 DVA와 관련된 부분을 어떻게 시각화할지에 대한 두 가지 방법을 보여 준다.

1. 각각 개별적인 맵으로 표현한다.

2. 그것들을 합해서 하나의 집약된 그림으로 표현한다.

그림에서 볼 수 있는 것처럼 간략한 스케치는 리더들이 개발해야 할 중요한 기술이다. 그림은 복잡하거나 상세하거나 깔끔할 필요도 없다. 그것은 모든 사람들에게 함께한 대화를 기억하게끔 도와주는 도구다.

1. **연혁:** 사람들은 현재 상황이 있기까지 어떤 일들이 있었는지 알고 싶어 한다. 이것은 특히 변화가 이뤄지는 상황에서 자신이 무시당할까 봐 염려하는 사람들에겐 더욱 중요하다. 이것은 단지 연혁이나 경과를 이야기해 주는 것이며, 변화의 필요성에 대해 논할 때에 누구나 맨 처음 이야기하는 것이다.

2. **상황, 왜 변화해야 하는가?:** 사람들은 왜 자신들이 변해야 하는지에 대한 이야기를 듣고 싶어 한다. 제3부에서는 이 부분을 더 깊이 살펴보면서 사람들이 변화를 만들 수 있는 요인과 핵심 이슈 등을 찾아낼 수 있도록 리더로서 어떻게 하면 되는지 알아본다.

3. **비전:** 바라는 미래상과 변화에 따르는 혜택들을 상상하게 하는 것은 무척 중요하다. 단지 어떤 것이 문제라고 이야기하는 것은 상황을 변화시킬 수 없다. 새로운 목표를 위해 앞에서 당겨 줄 수 있는 무언가가 필요하다.

4. **실행 계획:** 실제로 변화할 필요성이 있고 변화를 하면 향후에 밝은 미래와 가능성이 있는 아이디어가 있다고 하더라도 사람들은 당장 다음 단계에 무엇을 해야 하는지 명확하게 알 수 없으면 실행에 옮기지 않는다. 실행 계획에 관한 이야기에는 확실히 앞으로 나아갈 수 있음을 보여 주는 전략, 단기 주요 목표 및 기대 결과 등이 포함된다.

이 사진을 자세히 들여다보면 앞에서 이야기한 요소들이 무척 단순하게 표현되었음을 발견할 수 있다. 그 사진은 이러한 이야기를 각각 나누어서 전개하거나, 또는 커다란 벽화 한 장에 표현할 수 있음을 보여 준다. 프로젝트의 리더들은 대규모 회의를 마친 뒤에야 결정할 수 있게 될 것이다. 우리는 회의를 어떻게 구조화하면 모든 사람의 아이디어를 이 같은 네 개의 요인들로 그릴 수 있을지 살펴보았다. 회의를 하기 전에 퀄리티 저니 팀은 다른 기관이 만들었던 비전 관련 가시화 사례들을 살펴보았기에, 이렇게 간단히 스케치가 완전한 맵으로 발전될 수 있음에 자신이 있었다. 최종 결과를 알아보기 전에, 이 사례의 다음 단계를 살펴보자.

대규모 매핑 회의

베시, 팸, 그리고 수잔은 모든 부사장급과 그들의 보좌관이 참석하는 큰 회의의 개최를 승인받았다. 그 회의에는 다섯 곳의 병원 및 관련 의원들에서 온 사람을 포함해서 무려 예순다섯 명이 참석하게 된다. 부사장들의 협력과 지원을 보고, CEO도 전적으로 이 프로젝트를 지원해 주기로 했다.

회의는 '헬스이스트 퀄리티 저니 매핑 회의'라는 명확한 이름을 가지게 되었고, 2008년 1월에 개최되었다. 해당 회의의 결과 및 주요 의제 등은 차트 사진에서 살펴볼 수 있다.

효과를 높이기 위한 사전 활동

큰 규모의 시각화 이벤트를 하려면 미리 해둬야 할 중요한 준비 작업들이 있다. 사실 이런 비공식적인 자리에서 지원을 위한 작업들이 많이 이뤄진다(사전에 준비해야 할 주요 사항들은 다음 쪽의 옆 부분에 나열해 놓았다). 베시와 팸은 모든 사람들이 이 기회를 잘 이용할 수 있도록 철저히 준비했다. 이러한 일은 회의 당일을 제외하면 모두 컨설턴트가 개입하지 않은 상황에서 이뤄졌다. 베시와 팸이 참여와 동의를 얻기 위해 수행한 것들을 요약하면 다음과 같다.

1. 템플릿을 이용해서 그들이 지금까지 했던 일들에 대해 이야기하기
2. 다른 기관에서 만든 비주얼 스토리맵의 예제들을 공유하기
3. 모든 사람들을 각각 개별적으로 만나기
4. CEO와 개별적으로 만나기
5. 운영 관련 부사장급들과 개별적으로 만나기
6. 아이디어를 설명하기 위해 부사장급 및 리더급들이 다 모이는 연합 회의를 주재하기

준비 팀이 갖는 기회 요인

위 사진에서 보이는 사람은 맨 왼쪽부터 수잔, 베시, 팸 그리고 다른 참여자다. 그들은 리더십을 발휘해서 모든 것이 확실히 마련되고 고위 임원들이 사전에 설명을 들을 수 있게 했다. 또한 사람들이 체험에 의해 깨달음을 얻을 수 있도록 가능한 많은 사람들이 컨설턴트를 도울 수 있게 했다. 왼쪽에 보이는 사진은 운영진들 중 한 명이 미팅 스타트업 그래픽 가이드를 참여자들로부터 취합해서 채워 넣는 모습이다. 아래의 사진은 수잔과 베시가 다른 사람들보다 먼저 차트에 역사 관련된 주요 요소들을 제안하는 장면이다. 이것의 상세 결과는 뒤의 연혁 이야기하기에 사용되었으며, 그것을 사용해서 회의를 시작했다.

사전 회의 기회 요인 체크리스트

다음에 나열한 것은 주요 인사들이 참여하게 되는 이벤트를 성공적으로 이끌어 가기 위해 고려해야 할 사항들이다.

☐ **고위층에 보고하기** : 회의가 열리기 전에 고위층이 회의를 대비해서 더 많은 지지를 해줄 수 있도록 그들에게 진행 경과나 주된 내용들을 알리는 것이 좋다.

☐ **환경 조성** : 회의 내내 특정한 내용을 사람들에게 보여 주고 싶을 때가 있다. 핵심이 있는 벽보나 벽화들은 여러분의 목표를 강조하고 사람들이 집중하게 한다.

☐ **퍼실리테이션 훈련** : 주요 인물에게 퍼실리테이션을 돕게 하면 그들의 이해도를 높이고 협력하기 위한 리더십을 강화해 준다.

☐ **컨설턴트 훈련** : 여러분은 리더이기 때문에 컨설턴트들을 어떻게 다루는지 알고 있어야 한다. 이런 종류의 행사를 하는 것은 여러분의 조직에 이롭기 때문이라는 점을 명확히 형성하는 것이 중요하다. 대형 컨설팅 회사는 그들의 시간당 요금을 받는 것에 주로 관심을 가지며, 역량 강화 및 지원의 측면에는 관심을 덜 보인다. 여러분과 같이 있는 사람들은 충분한 관련 경험을 가지고 있음을 명확히 강조하고, 여러분이 직접 할 수 없는 것들을 컨설턴트가 수행하게 해야 한다.

☐ **이벤트 중심의 행동** : 큰 규모의 조직에서는 많은 것이 타인의 시간을 얻기 위해 경쟁한다. 큰 규모의 행사를 열기로 확정한 것은 이것이 무척 긴급한 사안임을 알려 주며, 참석하는 사람에게 관련된 일에 대해 미리 생각해 오도록 할 뿐만 아니라 회의가 진행되는 도중에 그들과 관련한 일이 거론될 때를 대비해서 미리 정리하고 준비할 수 있게 한다. 수많은 첨단기술 기업에서 신제품 출시를 중심으로 관리하는 것은 일상적인 방식이다.

CEO	리더십 개발실장	의료 품질 최고 임원	의료 부문 최고 임원
Tim Hanson	Betsy Stites	Craig Svendsen	Bob Beck

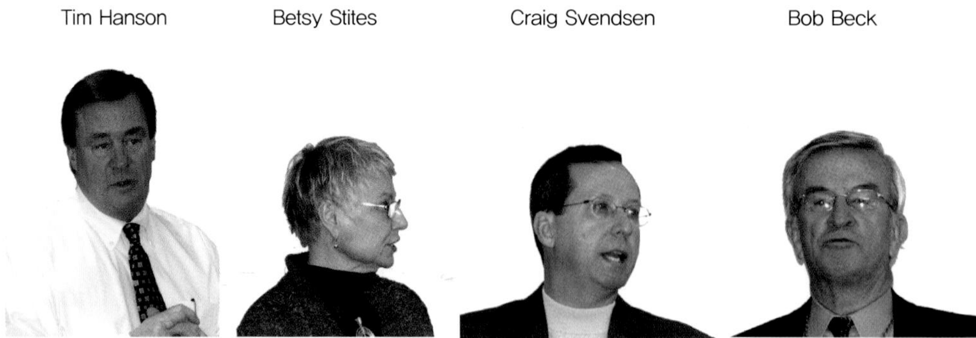

리더들이 기회의 틀을 짜다

리더들이 행하게 되는 가장 중요한 일들 중 하나는 각종 이벤트와 기회의 틀을 짜는 것(Framing)이다. 이것은 물론 화랑이나 집에서 그림 또는 사진을 액자에 끼워 넣는 행동을 연상하게 하는 일종의 은유다. 헬스이스트 팀은 이와 관련해서 아주 모범적인 결과를 만들었다. 틀 짜기는 여러분이 비주얼 도구 상자에 당장 챙겨 둬야 할 기술이다.

1. CEO: CEO인 팀은 행사의 개최를 선언하고 축사를 했다. 이 부분은 무척 중요한 지지 선언의 의미를 지닌다. 또한 그는 다른 이사회 임원들과 마찬가지로 맵을 이용하 여 이미지를 구축하는 과정에 내내 참여했다.

2. 리더십 개발실장: 모든 사람은 베시가 이 일을 이끌어 가고 있음을 잘 알고 있으며, 베시가 과거에 진행했던 많은 프로젝트들이 뛰어난 성과를 이뤘다는 것도 알고 있었다. 그녀는 사람들에게 왜 이 프로젝트를 추진하게 되었는지, 그동안 어떻게 진행 했는지 등을 설명했다.

3. 의료 품질 최고 임원: 주요 이해관계자이자 이 프로젝트 팀의 핵심 멤버인 크레이그는 회의를 통해 이뤄 내야 할 성과와 목표 등에 대해 이야기했다.

4. 의료 부문 최고 임원: 밥이 이 프로젝트를 지지하는 것은 그뿐이 아니라 그의 휘하에 있는 의사들과 간호사들 모두가 이 프로젝트를 지지함을 알려 주는 중요한 상징성을 가졌다. 밥은 해당 회의를 완벽하고 깔끔하게 도와줄 퍼실리테이터로 나를 소개하였다. 밥은 프로젝트 팀의 일원으로서, 이 회의가 어떻게 하면 기대하던 바를 충족시키고 잘 이뤄질지에 대해 회의 내내 관심을 기울였다.

5. 퍼실리테이터: 이 회의는 필자가 퍼실리테이션을 맡았다. 이런 회의에서 나 같은 외부 인물이 가질 수 있는 장점은 내가 회의의 결과를 얻게 하는 위치에 있는 것이 아니라 회의가 잘 돌아가게 하는 것임을 모두가 인지하고 있다는 점이다. 회의를 잘 운영되게 하기 위한 전문가로서 퍼실리테이터를 두고 회의를 진행하면, 주요 인원들은 그 회의 자체에만 집중할 수 있다는 장점이 있다.

외부 전문가들과 일을 하게 될 때, 여러분 자신이 그 회의를 통해 기대하는 부분과 각종 결과들에 대해서 완전히 제어할 수 있도록 신경을 써야 하는 것이 무척 중요하다. 이를 위한 가장 좋은 방법은 여러분과 다른 리더들이 이 회의가 어떤 것이고 무엇을 위해 하는 것인지를 한목소리로 자주 이야기해 주는 것이다.

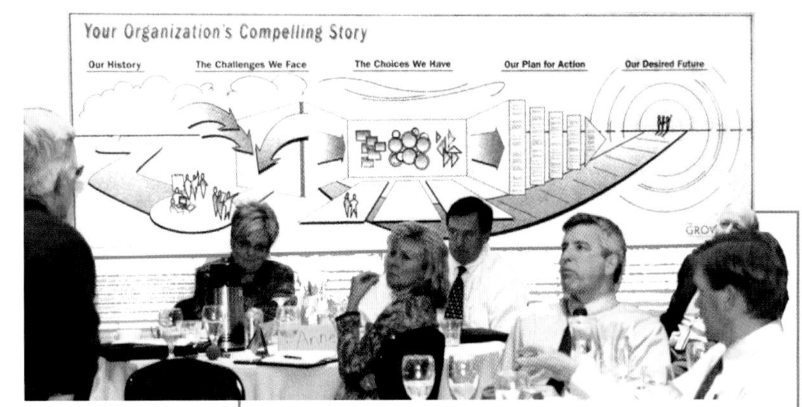

프로세스 프레임워크 제공하기

여러분은 외부 컨설턴트나 내부 퍼실리테이너, 또는 다양한 HR 전문가들에 의해 '프로세스'에 대한 교육을 무척 많이 받았을 것이다. 하지만 기업의 리더는 과정보다는 최종 결과를 위주로 생각하고 시각화를 할 때도 마찬가지로 최종 결과에 대한 부분을 다룬다. 위의 사진은 내가 스토리맵 내의 주요 요인들을 알려 주기 위해 그래픽 프레임워크를 보여 주고 있는 사진이다(그로브의 회사명도 큰 벽화 구석에 살짝 보인다). 이 그래픽 프레임워크는 DVA 〉 R 프레임워크를 시각적으로 축약해서 설명하는 것이다. 그것은 직접적이며 결과 중심이어서 다음의 것들에 대해 명쾌함을 가져다준다.

1. 현재 우리는 어떠하며, 왜 변화가 필요한가?

2. 앞으로 우리가 지향하는 바는 무엇인가?

3. 그 목표를 달성하기 위해 어떻게 해야 하는가?

이 프레임워크의 명확하고 결과 중심적인 방식은 시각화를 통한 장점을 시사한다.

헬스이스트 품질 연혁

두 쪽에 걸쳐 볼 수 있는 것이 바로 헬스이스트 리더십 미팅을 개최하며 초반에 만들었던 전체 히스토리 맵의 사진이다. 그 안에 적힌 상세 내용은 헬스이스트의 임직원이 아닌 여러분에게는 별 의미가 없을 것이다. 하지만 이것들을 만들면서 이와 관련한 모든 이야기를 들을 수 있는 상황을 상상해 보자. 헬스이스트 내에서뿐만 아니라 미네소타주에서도 가장 오래된 세인트 조셉 병원은 1853년에 개원했다. 많은 세월 동안 서로 다른 다섯 개의 기관이 합병되었다. 가끔 경영진에서는 일부 연혁을 이야기하며 그 상황을 기쁘게 회상하는 일도 일어났다. 내가 이 이야기를 저서에 담겠다고 베시에게 말하자 베시는 다음과 같이 알려 줬다. "그 회의는 정말 즐거웠어요. 연혁을 함께 만들어 가며 우리의 현재 모습에 대해 축하할 수 있는 기회를 가졌거든요."

여러분의 연혁을 어떻게 하면 시각화할 수 있나

여러분의 연혁을 시각화하기 위한 단계는 다음과 같다.

1. 벽에 아주 길게 종이를 붙여 놓고 수평선을 하나 그린다.
2. 접착식 노트를 사용해서 연도나 월을 써 붙이고 각각 간격을 둔다. 최근 시점일수록 더 많은 공간을 할애한다.
3. 참가자들의 기억을 돕기 위해 주요 사건 · 행사 · 인물 프로젝트 등을 적어 놓는다.
4. 참가한 사람들이 여러분의 조직에 합류하게 된 시점에 맞춰 참가자들의 스티커를 붙이도록 한다.
5. 근무 경력이 오래된 사람들에게 그들이 이 기관에 합류할 때에 조직은 어땠는지 이야기하게 하고 그것의 표제와 요점을 적는다. 주요 회의나 행사는 테두리로 원을 이용하고 프로젝트에는 화살표를 그리며 단순한 이미지를 사용한다.
6. '이것은 언제 일어났나요?'라는 질문을 던지고 계속 마찬가지 활동을 한다.

파노라마 시각화

회의의 다음 순서는 비전 수립을 중점으로 한 세 가지의 대규모 비주얼 미팅 활동이었다. 이 활동들은 앞에서 이야기한 DVA 〉R 을 세 부분으로 나눠서 살펴보게 되는데, 사람들이 무척 활동적이며 집중적으로 참여할 수 있는 과정이다.

퀄리티의 역사

기본 준비를 마친 다음, 역사적 관점에서 퀄리티의 이야기를 나누는 첫 번째 큰 세션이 펼쳐지면서 회의는 활력을 띠기 시작했다. 거기서 나온 모든 역사는 위의 그림에 있으며, 이런 경험이 얼마나 큰 영향을 미칠 수 있는지 본능적으로 알 수 있게 해줄 것이다. 독자 여러분에게 그 그림 속에 적힌 상세한 내용은 의미가 없을 수 있

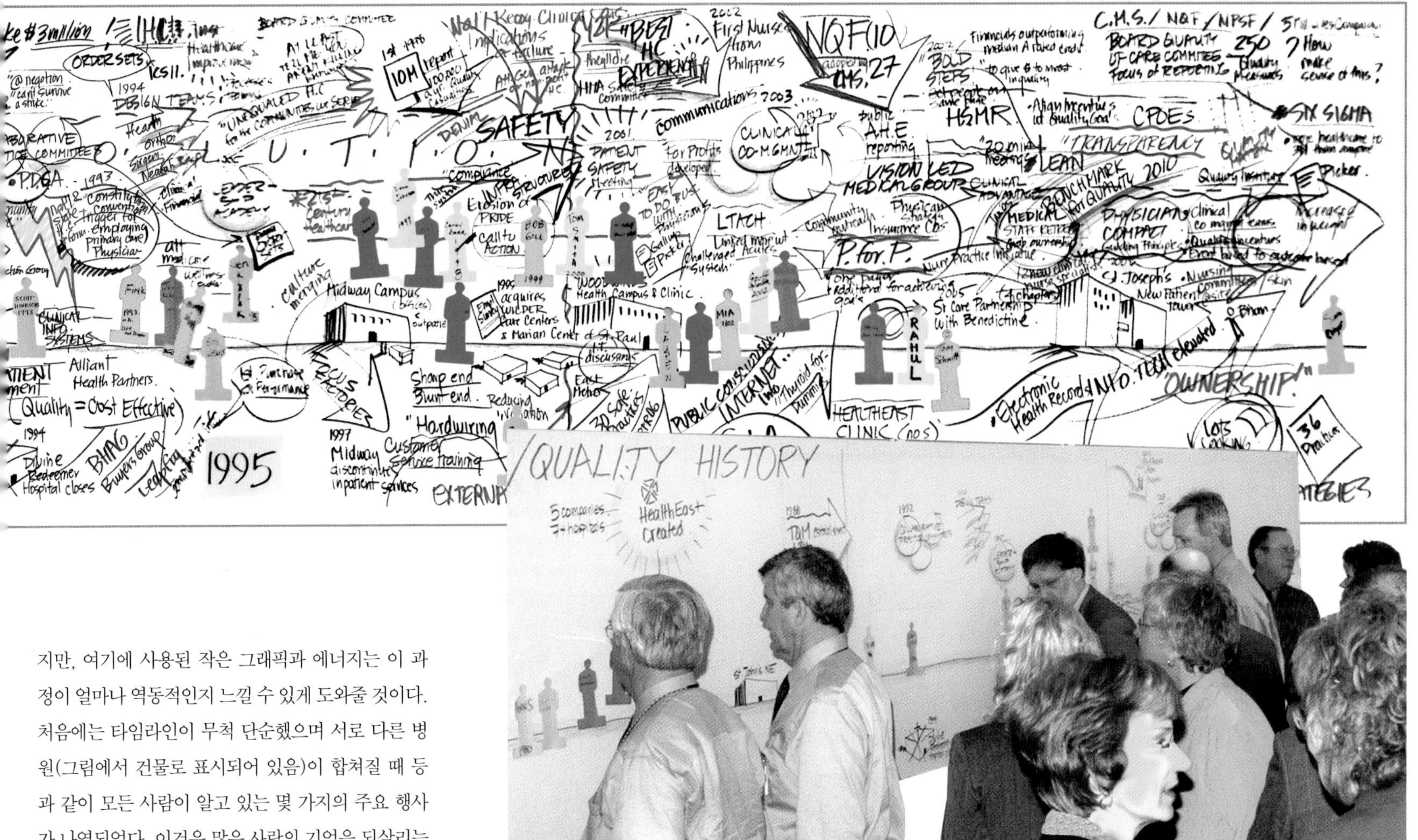

지만, 여기에 사용된 작은 그래픽과 에너지는 이 과정이 얼마나 역동적인지 느낄 수 있게 도와줄 것이다. 처음에는 타임라인이 무척 단순했으며 서로 다른 병원(그림에서 건물로 표시되어 있음)이 합쳐질 때 등과 같이 모든 사람이 알고 있는 몇 가지의 주요 행사가 나열되었다. 이것은 많은 사람의 기억을 되살리는 데에 큰 역할을 했다. 그 다음에는 모든 사람이 일어나서 자신이 조직에 합류하게 된 시기에 맞춰 본인들

시작하기 헬스이스트의 리더들이 스토리맵 미팅의 시작 시점에서 각자 이름을 해당 타임라인에 붙이고 있다.

그래픽 히스토리 세션에서 지켜야 할 것들

조직의 그래픽 히스토리를 만들고자 한다면 다음의 것들은 여러분을 도와서 해당 세션을 퍼실리테이션해 줄 사람과 확실하게 공유하고 확인해야 할 점검표다.

□ **넉넉하게 시간을 확보하라** : 일단 이야기가 시작되면 붙게 되는 가속도를 일부러 늦추거나 대화의 흐름을 끊기는 매우 어렵다. 통상적으로 비주얼하게 연혁 검토를 할 경우, 대략 2시간 이상이 필요하므로 시간을 넉넉히 잡아 놓는 것이 좋다.

□ **단순한 프레임워크를 구축하라** : 이미 추가된 사건들 중 일부나 특정한 해 또는 달 등의 시기를 기준으로 이야기들이 전개될 수 있게 퍼실리테이터를 도와준다.

□ **참여를 북돋기 위해 접착식 노트를 활용하라** : 모든 참가자들이 자리에서 일어나 그들이 기억하는 행사, 사건, 추억, 일들을 접착식 노트로 붙이는 그 자체는 많은 사람에게 에너지를 준다. 접착식 노트에 적을 수 있는 것은 이름이나 주요 상품 · 서비스 또는 참가자들이 붙이고 싶은 그 어떤 것도 좋다.

□ **퍼실리테이터는 각 사항들에 대해 빠르고 간략하게 적는 것에 집중하라** : 각 사항들에 대한 상호 인정이나 승인이 가장 중요하다. 그래픽 히스토리를 더 정갈하게 만들고자 한다면 일단 다 진행을 한 뒤에 다시 여러 차례에 걸쳐 새로운 버전들을 만들면 된다.

□ **여러분이 알고 있는 사람들이 이야기를 나누며 참여하게 하라** : 그룹이 만들어지면 언제나 그중에는 부끄럼이 많은 사람이 섞여 있게 마련이다. 앞에 나와서 그림을 그리며 히스토리 맵을 채우는 사람들에 대해 퍼실리테이터는 여러분보다도 잘 모를 것이다.

□ **짬짬이 쉬어가며 계속 진행하라** : 사람들이 계속 이야기를 할 수 있도록 하라. 언제나 이야깃감은 계속 존재한다.

□ **디지털 사진을 촬영하라** : 사람들은 결과물을 기록하여 나눠 갖기를 좋아한다.

을 상징하는 조그만 사람 모양의 접착식 노트를 붙였다. 사람들은 서서히 이야기를 시작했고, 금세 다양한 기억들이 넘치게 되었으며, 그들이 조직에 합류할 때 즈음에 함께했던 사람들끼리 어깨를 나란히 하며 모여 보기도 했다. 이것은 즉각적으로 사람들의 역할에 따라 다양한 경험들을 나누고 보여 줄 수 있는 그래픽 방법이다. 실제 있었던 일들을 이야기하는 것은 초기에 들어온 사람부터 시작해서 참석자 모두에 의해 수행되고 마무리되었다. 이것은 그들에게 영예로운 일이었고, 헬스이스트의 문화를 만들게 된 초창기 요인 중 일부에 대해 알 수 있는 계기가 되었다. 그 이야기는 점점 역동적이고 활기차게 바뀌어 갔다. 퍼실리테이터로서 여러분은 그저 차트의 특정 부분을 기록하며 '그때에 어떤 일이 있었나요?'라고만 계속 물어보면 된다. 퍼실리테이터 입장에서는 빠르게 진행하는 것이 가장 중요한 핵심이었고, 그 다음은 차트를 깔끔하게 정리하는 것이었다. 자, 도대체 어떠한 일이 있어났고, 이것이 왜 대단한 경과라고 평가할 수 있는지 이제부터 알아보자.

상호작용이 중요하다

연혁을 이야기하며 나누는 혼란스러운 과정은 훌륭한 의미로 자리 잡게 되고 헬스이스트 사람들도 잘 받아들였다. 조직에 속한 모든 사람은 언젠가는 지나간 이야기를 만드는 사람이 되어 왜 그것이 그렇게 될 수밖에 없었는지, 그리고 왜 어떤 것들은 가치를 인정받고 또 다른 것들은 그렇지 못했는지 등에 대해 이야기할 수 있게 된다. 그들은 결국에는 새로운 논의가 이뤄질 때 반드시 거쳐야 할 여과지 같은 역할을 하게 된다. 여러분은 논의 도중에 '우리는 그걸 할 수 없어요. 예전에도 해봤지만 실패했어요.'란 이야기를 하며 알려 주는 사람이 있는 회의에 참석해 본 적이 몇 번이나 되는가?

헬스이스트에서 했던 것 같은 집단 이야기하기 세션은 어떤 사람의 이야기라도 한 사람이 특정한 일에 대한 모든 것들을 다 담고 있다거나 모든 중요한 부분들을 다 다루고 있지 않다는 점을 무척 빠르고 명확히 알 수 있게 해준다. 사람들은 '모든 것'을 다 기억하지 못함을 새삼 알아차릴 수 있다. 이러한 과정은 틀에 박힌 듯 변하지 않았던 이야기를 흔들어서 새로 그 내용을 고칠 수 있는 기회를 만들어 준다. 어느 누구도 체면을 잃지 않고, 개인들이 기억하고 있는 이야기에 대해 시비가 생기지도 않는다. 이렇게 수집되고 공유된 이야기의 조각들은 사람들에게 알려지게 되고 누구나 다 볼 수 있도록 기록된다.

회의에는 원, 대형 프로젝트에는 화살표, 나머지에는 대부분 말머리표 등의 단순하고 간략한 그래픽을 사용한 이유는 그 그래픽의 의미가 사실 중요한 것이 아니라는 점을 시사하기 위해서다. 하지만 그것을 사용함으로써 사람들이 상호 간에 경청할 수 있는 기회를 만들 수 있다. 그 상징을 무엇으로 하든, 모든 사람은 이야기하고 있는 사람을 바라보고 있어야만 한다.

여기에서 사용된 그래픽은 복잡다단하고 방대한 조직의 연혁에 대해 사람들이 함께 만드는 대규모의 증거로서 대단히 중요한 역할을 해주며, 그림 전체를 바라보며 패턴을 찾아내기에 충분한 상세 내용을 제공하는 데에 도움을 준다. 이런 활동을 하면서 추구해야 하는 우선 가치는 사람들을 모아서 축하할 수 있는 점이며 그 다음의 가치로는 시스템 수준의 통찰력을 얻을 수 있게 한다는 점이다. 핵심 운영 지침이나 주요 전환점 같이 중요한 가치를 돌아보는 분석적인 활동들을 이러한 역사 세션 뒤에 이어서 진행할 수도 있다.

"왜 변화해야 하지?"라는 질문을 가지고 지속적인 상호작용 수행하기

매핑 회의의 다음 차례는 연혁 세션의 분위기를 그대로 이어서 헬스이스트가 현재 진행하는 서비스 품질 관련 프로그램의 현황을 살펴보는 세션이었다. 이 단계는 '왜 변화해야 하는가?'에 대한 대답을 찾을 수 있게 한다. 우리는 퀄리티 저니 팀이 이미 경험한 것과 마찬가지의 매핑 방법을 되풀이했지만, 그 규모는 훨씬 더 크고 참여자들이 자발적으로 수행하는 방식을 택했다. 사진에서 볼 수 있는 것처럼, 이전보다 두 배나 길어진 플립 차트에는 본격적인 시작을 위해 여러 가지의 표식(우측 상단의 글상자 참조)들을 갖춰 놓았다. 소규모 그룹에게 육각형 모양의 붙임쪽지를 이용하여 현재 진행 중이거나 운영 중인 서비스 품질 관련 프로그램들을 표시하고, 계획 중인 것은 원형 붙임쪽지에 표시해 달라고 요청하였으며, 각각 적합한 갈래에 맞춰 붙여 달라고 하였다.

그 그룹은 열렬한 토의를 했다. 각각의 데이터를 읽는 것보다 이 단계에서 중요한 것은 모든 사람을 참여하게 하고 절차에 맞춰 나아가게 했던 대화 그 자체, 그리고 논란의 여지마저 없는 증거가 된 굉장한 디스플레이 차트다. 통상적으로 퍼실리테이션을 행하는 리더가 아니더라도 이런 활동은 종래에 경험해 본 적 있는 사람이라면 누구나 이 단계를 이끌어 갈 수 있다는 장점을 기억하고 잘 활용할 필요가 있다.

만일 여러분이 어느 사람이든 그를 추천해서 이러한 활동을 통한 대규모 미팅을 이끌 수 있게 하더라도 위와 비슷한 결과를 얻을 수 있다는 의미다. 이렇게 파노라마처럼 사람들이 볼 수 있도록 펼쳐 놓는 것은 큰 차이를 만든다. 모든 사람은 제시된 정보에 대해 생각할 뿐 아니라 여러 가지를 느낄 수 있게 된다.

붙임쪽지를 사용하면 퍼실리테이터가 모든 것을 받아 적거나 새로 옮겨 적지 않아도 된다는 이점도 있다. 퍼실리테이터는 사람들이 붙임쪽지에 깔끔하게 적을 수 있도록 독려할 필요가 있다.

현재 상황을 매핑하기

아래 보이는 차트는 간략히 구조화된 상황의 맵이다. 소수의 그룹은 육각형 붙임쪽지를 이용해서 현재의 모든 서비스 품질 관련 프로그램을 표기한다. 그리고 제안되었거나 계획된 프로그램들은 원형 붙임쪽지로 표시한다. 붙임쪽지의 색상은 좀 더 화려한 겉보기를 위해서 이용할 뿐이지 별도의 의미를 지니지는 않는다. 일단 편안하게 붙여서 늘어놓고 난 뒤, 사람들은 아래 조직과 관련 있는 것들을 찾아서 붙임쪽지를 옮겨 붙인다. 해당 조직은 다음과 같다.

고객, 직원, 기반 환경, 의사,
문화, 운영, 의료 관련, 병원 관련.

(제9장을 보면 어떻게 해야 하는지 더욱 상세하게 알 수 있다)

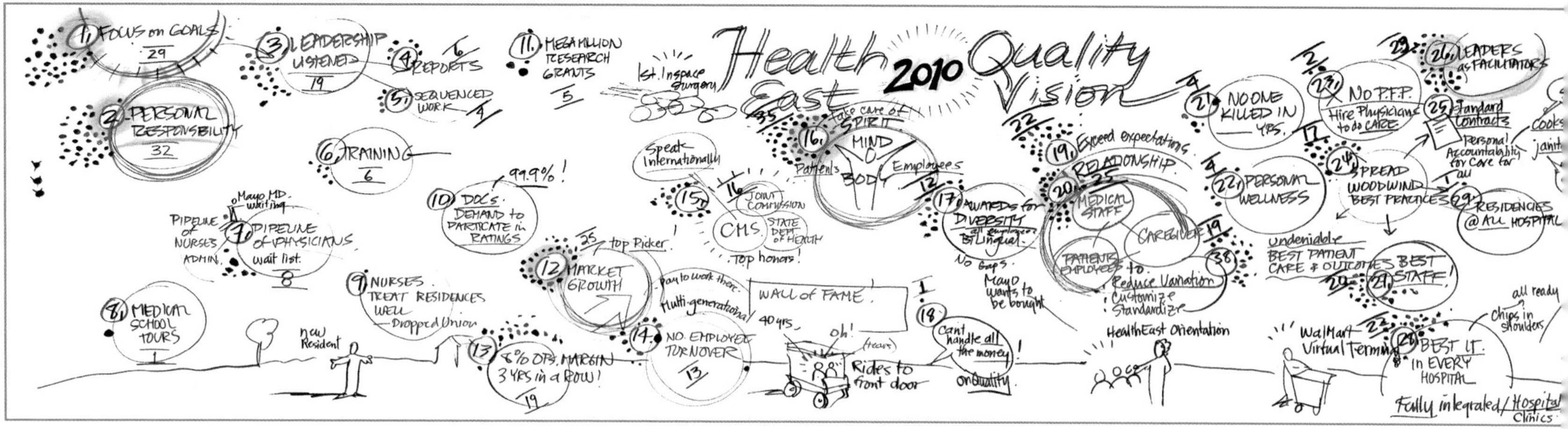

퀄리티 비전에 대한 동의

매핑 회의의 다음 순서는 가장 재미있고 활력 있는 차례였다. 소그룹들마다 어떤 미래상을 기대하는지 생각해 보게 하고, 각 테이블마다 한 사람씩은 주요 아이디어에 대해 기록하게 했다. 이것을 비전 요소라고 한다.

각 그룹마다 차례대로 아이디어를 공유하기 위해 발표하는 시간을 가졌으며, 차트 위에 각각 테두리로 원을 그려 놓고 정리했다. 한 그룹에서 공

헬스이스트 퀄리티 비전

대형 군집 맵에서 주요 비전 요소를 찾아낸 뒤, 리더십 관계자들이 회사의 비전을 나아가게 할 수 있는 요소들에 점을 찍어 표시했다.

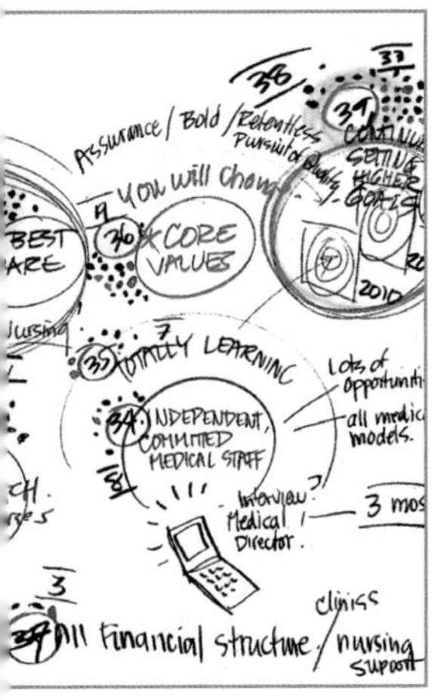

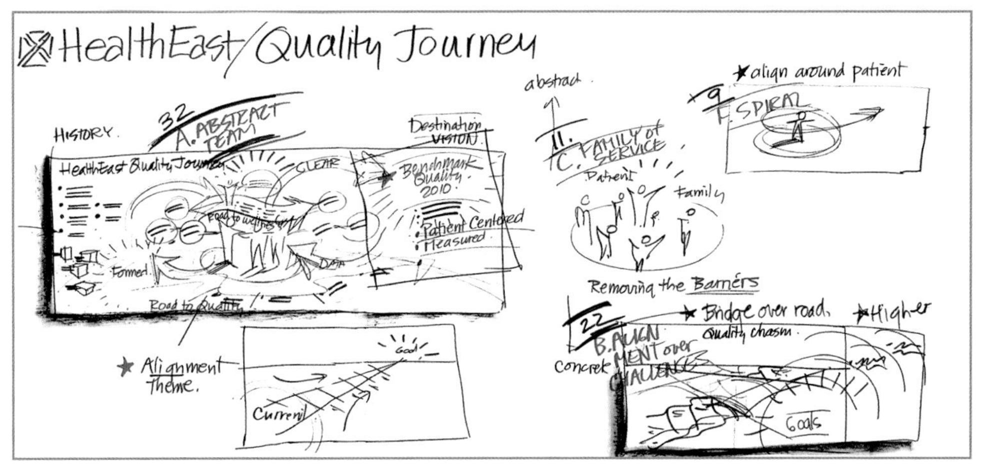

유를 마치고 나면 다른 그룹에게 이와 같거나 유사한 아이디어를 생각했는지, 또는 이에 관한 부가적인 생각이 있는지 물어보았다. 그 다음에는 다른 그룹에서 자발적으로 나와 차트의 빈 공간에 또 다른 아이디어들을 채워 넣었다. 가장 신경 쓰고 집중해야 하는 부분은 '어떠한 것이 가능할지'에 대한 사람들의 이야기와 생각, 비전을 경청하는 것이었다. 여기에서 나온 항목들을 별도로 정리할 필요는 없었다. 이 시점에서 비전 요소들은 정보를 구성하는 원소일 뿐이기 때문이다. 아이디어를 내놓고 의견을 교환하는 방법은 무척 고무적이었다. 아이디어가 제시될 때마다 번호가 매겨졌다. 모든 사람은 전체 의견 중 삼분의 일에 지지표를 줄 수 있었다. 우리는 붙임쪽지가 아닌 마커로 진행을 했고, 참가자들에게 지지표를 투표할 때는 각 아이디어의 번호 주변에 마커로 점을 그려 달라고 했다. 십오 분도 채 지나지 않아 우리 모두는 어떤 곳에 사람들이 관심과 열정을 두고 있는지 시각적으로 볼 수 있게 되었다. 득표를 많이 한 아이템은 두드러지게 보이도록 여러 번 원을 둘러 나타냈다. 이런 절차는 모든 아이디어와 참가자들의 참여를 각각 명예롭게 해준다. 이러한 과정은 사람들이 참여하면서 진정한 기쁨을 느끼게 되는 장점과 함께 모든 사람을 극적인 방법으로 비전에 집중하게 만드는 효과가 있다. 점을 그려서 투표하는 과정은 다른 그룹의 참가자들에게까지 적극적인 상호 관계를 맺게 하는 기회가 된다. 이 절차들은 최고 경영진들로 하여금 사람들이 어떤 것을 중시하고 있으며 어떤 사람들이 그것에 관여하고 있는지 알 수 있는 기회도 제공한다. 모든 사람이 참여하기를 바랐던 팀(CEO)에게는 이러한 것들이 더욱 상세히 이뤄질 수 있도록 안심하고 뒤로 물러나 지원할 수 있다는 확신을 가지는 증거가 되기도 했다.

융합적인 그래픽 은유 찾아내기

몇 가지 은유를 묘사하는 간략한 스케치는 비전 정보를 함께 도출하는 소그룹에 의해 제안된 것이다. 어떤 사람은 팀을 요약하는 그림을 중심에 넣으려 했고, 또 어떤 사람은 서비스의 종류들을 표현하고자 했다. 다른 사람은 일련의 도전 과제를 해결하며 목표를 향해 나아가는 여정의 이미지를 연상했고, 또 다른 사람은 단순한 나선형을 이용하여 상징했다(이것들 외에도 서너 가지 이상의 것들이 더 있었다). 모든 사람은 가장 선호하는 세 가지를 골라서 투표하였고, 그중 두 가지가 그 다음 날에 소수의 리더 그룹에 의해 선정되었다. 이러한 선택 방식은 여러분이 조직에 대해 어떻게 생각하는지를 알아보고 그중에서 선호하는 것을 기반으로 디자이너가 작업을 한 뒤에 제시하게 하여 최종적으로 선정하게 하는 절차다.

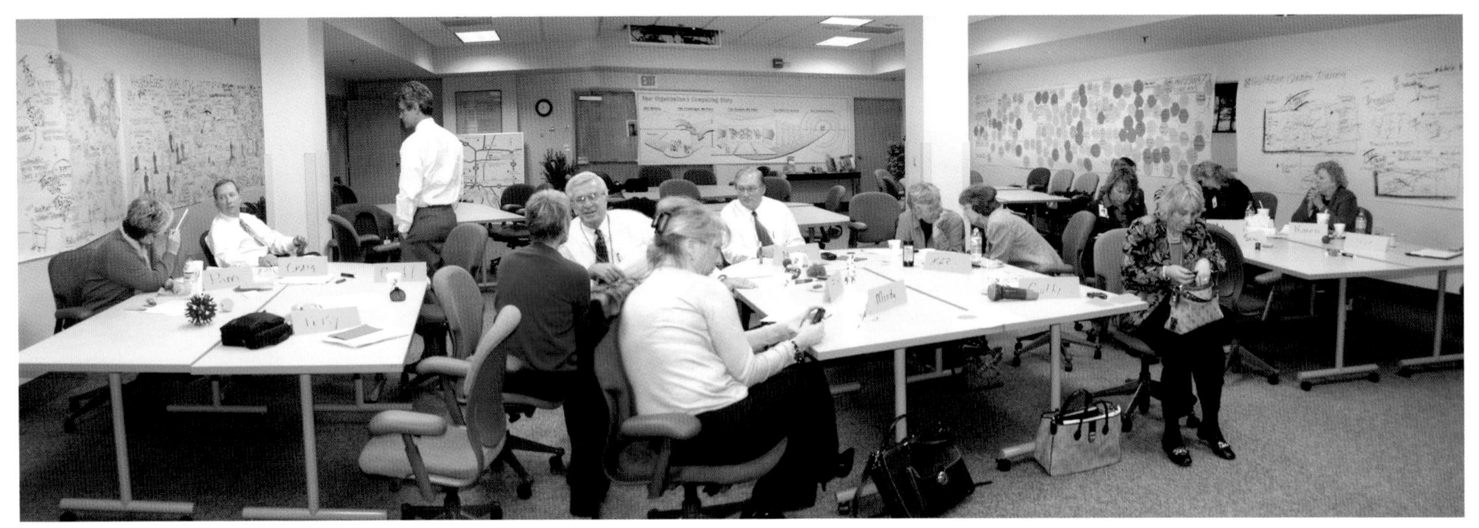

즉각적인 의사 결정의 방

나중에 제10장에서 상세히 살펴보게 될 핵심 도구는 바로 의견을 모아 중대한 결정을 하기 위해 이용하는 의사 결정의 방이다. 위에 보이는 사진은 의사 결정의 방을 잘 보여주고 있다. 헬스이스트 퀄리티 저니 매핑 미팅에서 만들었던 커다란 차트들을 옮겨서 벽에 붙였다. 이 방에 모인 사람은 모두 벽면을 따라 걸으며 차트들을 논평하는 것으로 회의를 시작했다. 큰 배너와 차트들을 이용하면 어떤 방이든 쉽게 의사 결정의 방으로 만들 수 있다. 커다란 종이에 마커들을 이용해서 만든 간략하고 직접적인 자료들을 파노라마처럼 펼쳐 놓아 볼 수 있게 하는 것만큼 효과적인 수단은 별로 없다. 게다가 비용 또한 무척 저렴하게 든다.

퀄리티 저니 프로젝트 팀 회의

대규모의 매핑 회의를 한 다음 날, 소규모의 프로젝트 팀은 아이디어들을 다듬고 퀄리티 비전의 마지막 묘사를 어떤 것으로 할지 결정하기 위해 헬스이스트에 모였다. 리더로서 여러분은 많은 사람이 아이디어를 모은 것과 적은 규모의 그룹이 이뤄 낸 것, 그리고 경영진의 의사 결정을 필요로 하는 것에 감사해야 한다. 많은 사람들은 소그룹에게 그들의 열정과 일반적인 관심이 어디에 있는지 알려 줬다. 조직의 일원으로서 퀄리티 저니 팀 또한 서로 다른 많은 문장을 일리 있게 만들었고, 회의가 열리기 여러 날 전부터 다른 곳과 교류했으며, 누가 일을 이끌어 나갈 수 있는지, 그리고 예정된 변화에 누가 저항할지 예상할 수 있게 되었다. 이런 전반적인 이해는 모두 이 날의 토론에 다 사용됐다.

물론 이 회의도 최종 회의라고 볼 수는 없다. 비주얼 매핑은 리더들에게 조정이 필요한 수많은 것들에 대해 갱신을 되풀이하고 개별적인 대화를 많이 나눌 수 있는 여지를 제공한다. 위에 보이는 차트는 무척 공들여 정돈한 것처럼 보이지만 사실은 대단히 역동적으로 대화를 나눴던 바로 그 매핑 회의의 부산물이다.

그 차트에서 볼 수 있는 콘텐츠와 무관하게, 비주얼 리더들이 취해야 할 중요한 절차는 다음과 같다.

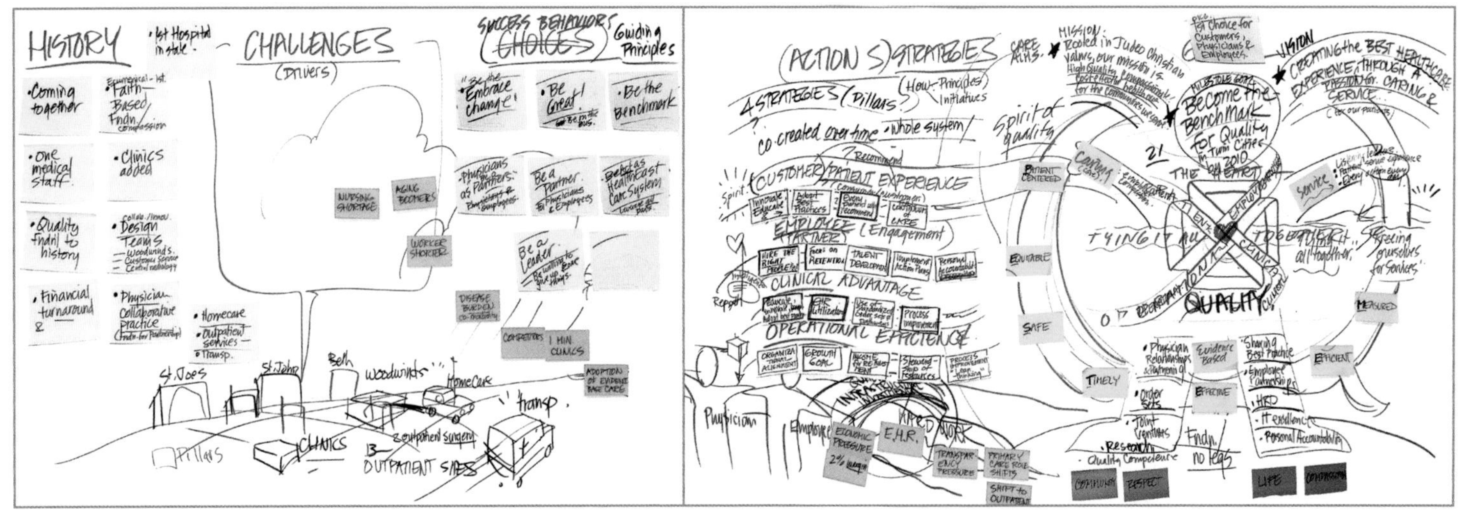

1. 전체를 아우르는 사고를 하도록 은유를 활용하라: 융합적 그래픽 은유를 만들어 내기 위해 사람들이 또 한 번 머리를 싸매게 하는 것은 모든 사람이 조직 전체를 하나의 시스템으로 생각하게 하는 무척 유용한 수단이다. 네 가지 전략을 매듭 형태의 로고처럼 형상화시킨 아이디어는 무척 흥미로웠다.

2. 중요한 내용을 표시하라: 붙임쪽지에 적힌 내용들은 보고서의 제목 표시줄처럼 보이며 말하고자 하는 주요한 부분을 서술하고 있기 때문에 리더들에게 직접 공유되는 특성이 있다. 일반적으로 리더가 의사 전달 체계를 가지고 있으며 직원들을 각각 참여시킬 수 있고 목표를 향해 계속 나아가게 하며 공통된 언어를 사용하면 진정한 변화를 만들어 낼 수 있다. 그래픽 차트를 함께 만들어 가는 과정은 이러한 것을 가능하게 한다.

3. 소그룹을 이용하라: 이런 부류의 회의에서는 소규모 팀들이 큰 아이디어의 일부들을 나눠 맡아서 일차로 수행하고 그 결과를 공유한 뒤에 다른 사람들의 반응이나 평가를 얻는 방식을 취한다. 그룹 내에는 문장력이 뛰어난 사람이 늘 있기 마련이다. 이렇게 소그룹 단위로 먼저 한 뒤에 전체가 살펴보는 방식은 효과가 좋다.

정보의 구조

여기에 예로 든 차트들은 건축학적 디자인이 얼마나 상세히 각각의 요소들을 다룰 수 있는지 아주 잘 보여 주고 있다. 이것은 '인테리어 꾸미기' 측면에서의 정보 디자인이다. 퀄리티 저니 팀은 그 명칭 자체에서 은유를 잘 나타내 주는 '도전 과제들의 다리를 건너가는 여정' 프레임워크를 택했다. 그 다음에는 역사적인 것들, 도전 과제, 성공을 위한 자세, 실행 전략 등에 대해 논의하여 정리, 발전시키고 맨 오른쪽 끝에는 최종적인 비전인 '2010 퀄리티 목표'를 위치시켰다.

헬스이스트 퀄리티 저니 맵에 대해

여기에서 볼 수 있는 퀄리티 저니 맵은 미네소타 주 세인트폴의 헬스이스트 케어 시스템의 리더십 및 서비스 품질과 관련된 모든 것들을 정돈하여 만든 대형 그래픽 중 여섯 번째 벽화다. 내용은 쉰 명 이상의 주요 이해관계자들이 모여서 수행한 세 차례의 초기 미팅을 통해 만들어졌으며, 이후 수많은 회의를 통해 본부장급에서 조율되었으며 CEO 검토를 마친 것이다. 이 그림은 새로운 계획을 실행하고 적용하는 동안 스토리텔링 도구와 마찬가지로 사용될 것이다. 이렇게 전체를 보여 주는 풀 맵은 헬스이스트가 어디에서 시작하여 어디로 가고 있으며 서비스 및 관리 품질의 측면에서 어떤 것을 이루려고 하는지 등을 관리자들이 설명할 수 있도록 해준다.

역사 : 맵의 왼쪽 부분에는 헬스이스트가 오랜 세월 동안 추구해 온 것들과 연혁에서 중요한 사항들을 적는다. 이 항목들은 앞으로도 계속 지속되기를 경영진이 바라는 것이어야 한다.

상황 : 명칭대로 이 맵은 실제 헬스이스트 케어 시스템을 보여 주고 있다. 각각의 건물 및 그것의 크기 등에 대해서도 무척 많은 논의가 있었고, 그래서 어떤 맵에서는 진료소들까지 보여 주는 것도 있었다. 이 그림들은 간략화된 상징이지만 모든 이해관계자들을 신뢰하고 존중하는 차원에서 무척 신중하게 다뤄져야 한다.

도전 과제 : 맵에다 세인트폴 시를 관통해서 흐르는 강을 시각적으로 묘사한 것은 대단히 효과적이었다. 강물에 대한 논의는 이미 사전에 수행한 초기 디자인 회의 때에 합의된 바 있기 때문에 별다른 문제가 없었으며, 항목들을 시각화할 때에는 수평선 쪽을 과거로 놓고 그림 앞쪽 방향으로 더 새로운 것을 배치하기로 했다.

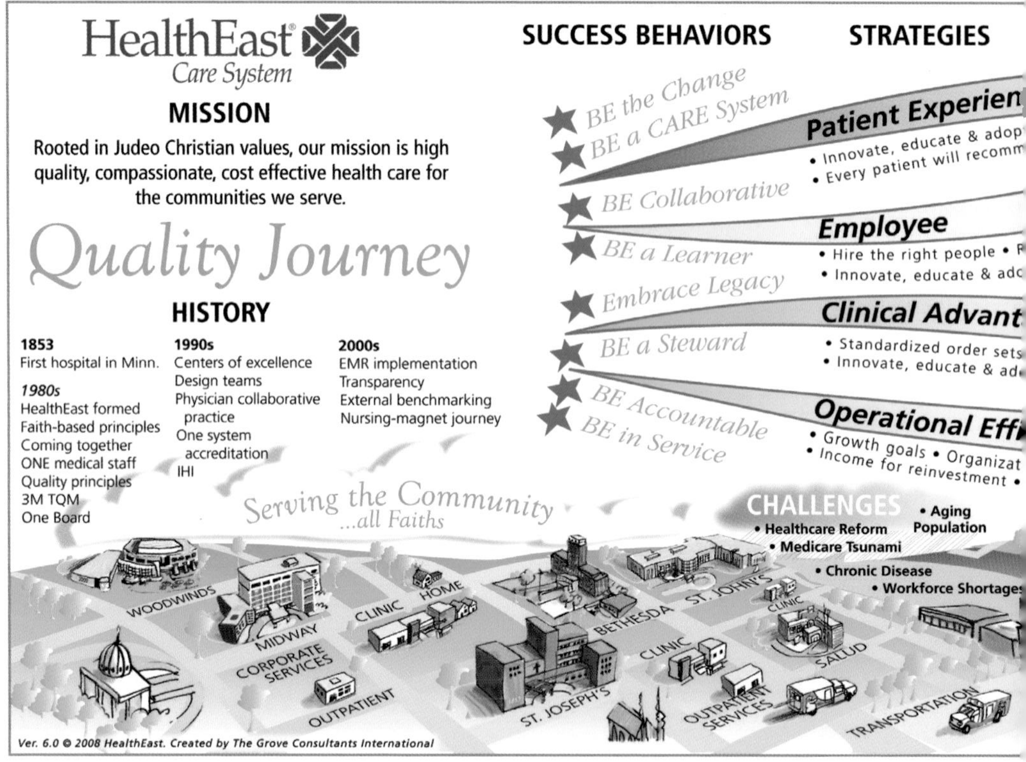

이 맵에서 사용한 각종 개념과 디자인은 헬스이스트 퀄리티 저니 팀 및 그로브 컨설턴츠 인터내셔널이 공동으로 만들었다.

최종 퀄리티 비전 맵 완성하기

헬스이스트에서 가졌던 두 가지의 회의를 마치고 그 후 몇 주 동안 그로브사에서는 그간에 취합한 모든 것들을 반영하여 위와 같은 그림을 제작했다. 이것은 일종의 벽화로서, 증가하고 있는 정보 디자이너들이 고객을 위해 만들 수 있는 것의 한 예다. 그로브사에서는 이것을 '스토리맵'이라 부르는데, 그 이유는 이 작업의 과정 자체가 리더 집단이 결과물을 정렬된 상태에서 모두 볼 수 있게 하며 그 진정한 힘을 계속 유지하고 싶기 때문이다. 은유의 관점에서 표현하자면, 이것은 경영이란 극장의 배경 화면이라고 할 수 있다. 이 맵은 특정 디자이너 한 사람이 생각하고 만들어 낸 것이 아니라 모든 사람이 참여해서 서로 동의하고 합의한 언어와 상징을 이용해 만

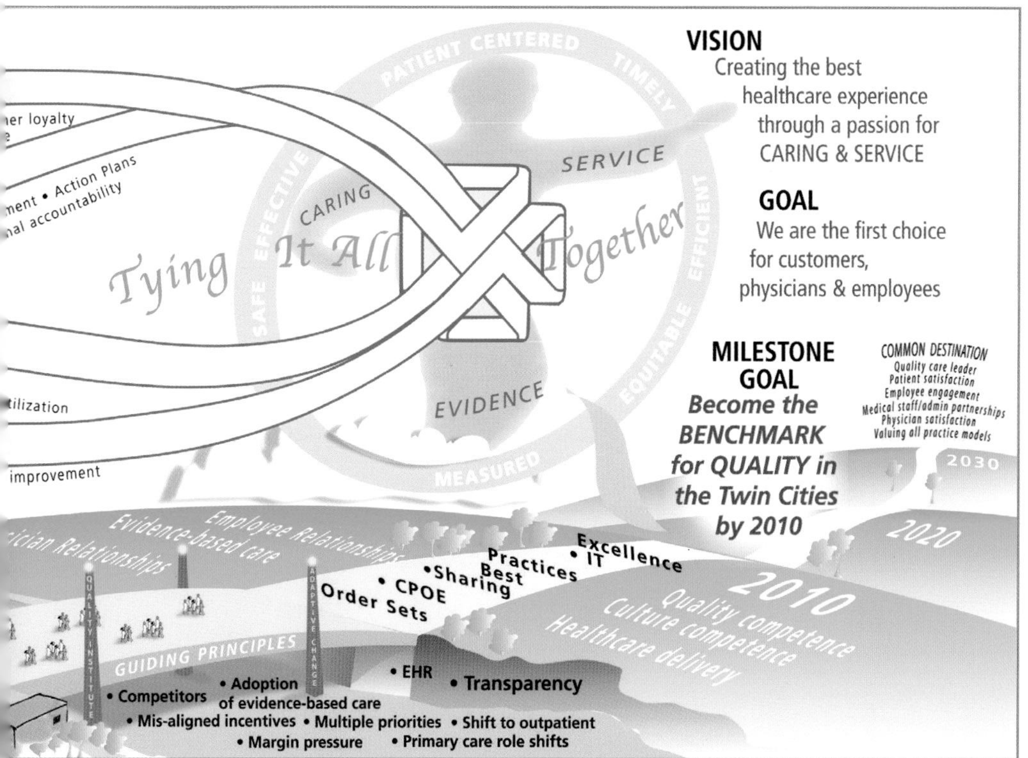

든 것이므로, 모든 사람이 이 맵으로 같은 이야기(설명)를 할 수 있다.

이 맵은 모두 여섯 번의 큰 변화를 거쳤으며, 그 사이에 베시, 팸 및 수잔은 모든 주요 이해관계자들에게 적합한 용어를 사용했는지 확인했다. 베시는 다음과 같이 말했다.

"우리는 모든 부서마다 퀄리티 저니 맵을 들고 다녔어요. 그리고 이건 초안이며 그 방향성을 바꾸지는 않겠다고 말했죠. 각 부서마다 맵에 표현된 내용에 대해 동의할 수 있는지, 강의 둑으로 표현된 장애 요인은 진짜 하나밖에 없는지, 이런 부분은 정확한 것인지, 전략의 네 가지 방향성은 제대로 갖춰졌는지 등을 물어봤어요. 우

모두 다 엮어라

리더로서 맞는 도전 과제는 여러분이 행하는 모든 것이 조직원들 모두에게 얼마나 적합한 것인지 알 수 있도록 하는 것이다. 스토리맵에는 다른 것들과의 연관성이 희미해 보이는 독립적인 기능들이 일부 나타나 있다. 다음은 헬스이스트 맵에 수록된 부가 요소들이다.

성공을 위한 기본자세 : 리더십 개발 및 문화 팀장인 베시는 그들이 추구한 핵심 가치가 '성공을 위한 기본자세'로 확실히 보이기를 바랐다.

전략 및 실행 계획 : 전략 전문가인 팸은 성공을 위한 기본자세가 전략과 연계되기를 바랐다. 이 두 가지를 잘 맞게 연결시키기 위한 수많은 회의를 통해 사람들은 상호 이해를 하고 있었다. 또한 그들은 강물이 가로지르는 땅 위에 몇 가지 특별한 실행 단계를 추가했다.

비전 이미지 : 네 가지 커다란 실행 영역의 띠가 리본처럼 매듭을 지어 로고가 되는 시각적 표현을 보며 사람들은 모두 마법을 보듯 신기해했다. 왼쪽에 있는 비전 이미지에 관한 이야기는 무척 교훈적이다. 퀄리티 연구소는 몇 가지 기본 방침(맵에서 보면 Q 글자 주변에 있는 항목들)을 만들었다. 보살핌, 서비스, 증거주의 의학의 세 가지 기본 방침은 서비스 품질을 이루는 상위 개념이고 서로 경쟁하는 듯이 보였는데, 사람 모양의 그림(여기에서는 간호 정신을 상징)에 이 세 가지를 배열하고 나니 반대 의견들이 사라졌다.

목표 : 기관의 공식적인 전략 목표 및 퀄리티 비전이 설명하는 내용과 함께 맵 위에 배치되었다.

VIP 리더십

1980년대의 애플 리더십 체험 행사를 통해 짐 쿠제스는 리더십에 관한 결과를 형상화해서 아주 간략하면서도 훌륭한 리더십 모델을 공개했다. 그는 성공을 위한 요소로 비전, 관여 및 지속을 꼽았다. 쿠제스의 리더십 프레임워크는 헬스이스트의 베시와 팸의 리더십 스타일과 일맥상통했으며, 여러분도 학습해 볼 만한 것이다.

비전
경영진과 2010 퀄리티 목표, 그리고 그것을 어떻게 적용할지를 매핑을 활용해서 정렬한다.

지속
총 25차례에 걸쳐 대형 병원 다섯 곳, 의원 및 퀄리티 그룹과 각각 두 번씩의 회의 및 보조 회의 등을 수행했다.

관여
사람들은 리더들의 촉진에 힘입어 점점 모두 관여하게 된다.

이와 같은 간략하면서도 시각적인 프레임워크는 여러분뿐만 아니라 함께 일하는 상대편 그룹도 마찬가지로 이런 프레임워크를 이용하여 서로의 아이디어를 기록할 수 있어서 무척 괜찮은 방법이다. 이러한 방법을 이용하려면 현실의 최저치와 기대의 최고치에 대해 살펴봐야 할 필요가 있다. 만일 여러분이 리더십에 대해 관심이 많다면 짐 쿠제스가 배리 포스너와 함께 연구하고 검증해서 만든 5-팩터 모델을 살펴보길 바란다. 그것은 기업 리더십 개발 분야에서 기준이 되기도 하는 그의 저서 〈리더십 챌린지〉에 잘 나와 있다.

리는 퀄리티 저니 맵을 이끄는 주체이길 원했고, 많은 사람들이 이용하고 이야기할 수 있을 정도로 모두가 이 맵에 능통하기를 바랐어요."

실행한 결과 살펴보기

베시와 팸에게 스토리맵을 완성하는 것은 단지 시작일 뿐이었다. 그들이 맞은 첫 번째 큰 과업은 헬스이스트의 전략 중에서 2010년 퀄리티 목표를 수립하는 것이었다. 실제 결과를 확인하기 위해 그들에게 필요한 것은 이것을 업무 항목들로 늘어놓는 것이었다. 그들의 비주얼 리더십은 모든 사람들이 동의하는 큰 그림의 도움을 받으며 이를 가능하게 하였고, 이 과정을 통해 이들이 보고한 것은 다음 결과들이었다.

1. 헬스이스트 퀄리티 전략의 명확성, 통합성 및 방향성 수립하기
2. 모든 사람들이 같은 용어들을 사용할 수 있도록 하기 위해 명확한 언어를 사용하기
3. 리더십 정렬하기
4. 아이디어를 깔끔하게 정제하고 융합하기
5. 성공을 위한 기본자세가 핵심 행동 양식 및 전략과 어떻게 연결되는지 관찰하기
6. 모든 신입 사원에게 퀄리티 비전을 소개하기
7. 퀄리티 비전을 이사회에서 사용하기
8. 퀄리티 비전을 헬스이스트 리더십 개발 연구소에서 활용하기
9. 비주얼 활동들을 헬스이스트에서 제도화하기

베시는 그들이 맵에서 윤곽을 잡은 목표들을 충족시켰다고 보고했다. 크레이그는 요즘도 그것을 퀄리티 연구소의 작업에 활용하고 있다. 팸의 전략 관련 업무는 시각적인 것과 템플릿 활용으로 진행되고 있다. 그리고 새로 부임한 CEO는 이와 같은 절차를 계속 이어가기를 바랐으며, 현재의 조직도 마찬가지 방법으로 도출한 업무들을 수행하게 했다.

이제 큰 성과든 작은 성과든, 또는 어떠한 종류의 조직이든 간에, 여러분이 어떻게 하면 이런 종류의 성과를 이룰 수 있는지에 대해 관심을 돌려 보자. 가장 마지막 장에서 우리는 헬스이스트의 사례로 다시 돌아와 매핑 프로젝트를 수행한 이후로 비주얼 리더십이 어떻게 변화하고 진화했는지 살펴보도록 하겠다.

제3장. 비주얼 미팅 운영하기

모든 관리자들이 알아야 할 것들

비주얼 미팅은 직접 대면 또는 가상의 방법을 통해 수행하는 회의인데, 소통과 상호작용을 원활히 하기 위해 능동적인 그래픽 리코딩, 커다란 화면, 그래픽 템플릿, 로드맵, 대형 그림(벽화) 및 기타 시각적인 매체들을 사용한다. 이러한 모든 것들은 비주얼 미팅 도구 상자 속의 일부이지만, 본 장에서는 리더로서 어떻게 상호작용적 시각화를 사용할지에 집중할 것이다. 상호작용적 시각화라는 것은 어떤 종류의 완성된 그래픽을 의미하는 것이 아니라 대화를 원활하게 지원하는 도구로서의 시각화를 의미한다. 프레젠테이션 소프트웨어를 비즈니스 회의에서 사용하는 것이 당연하듯 여겨지는 시대에서, 어쩌면 이러한 것은 간단한 시각화로 회귀하는 것처럼 보일지도 모른다. 하지만 나의 경험상 이런 부분에선 복잡하고 많은 것보다 간결한 편이 훨씬 낫다. 리더의 목표가 모든 사람이 옳은 일에 집중하도록 하는 것이라면, 비주얼 미팅이 그렇게 할 수 있음을 반드시 기억하기 바란다.

일반 회의와 특별 회의

여러분이 주재하게 될 모든 종류의 회의에 대해 생각해 보자. 영향력 있는 기업 컨설턴트인 빌 다니엘스는 '일반 회의(일상적인 회의)'와 '특별 회의(특수한 회의)' 간에는 확실한 구분이 있다고 이야기한다. 그는 일반 회의를 리더나 관리자로서 보좌관들과 함께 조직을 통제하기 위해 하는 회의라고 정의했고, 특수 회의를 공동 연수나 외부에서 행하는 기획 회의, 특별한 웹 콘퍼런스처럼 활동의 참여를 위해서 일반적인 절차들이 배제된 회의로 정의했다. 자, 그 차이를 다음에서 간략히 살펴보자.

일반 회의	특수 회의
1. 새로운 사람의 소개	1. 가정이 맞았는지 검증해 보기
2. 진척도 파악	2. 비전과 목표 탐색
3. 기본자세 강화	3. 새로운 업무 방법 체험
4. 의사 결정	4. 리더십 개발에 초점을 맞춤
5. 업무 위임	5. 새로운 전략 학습

상호작용이 왕이다

사람들은 새로운 정보나 아이디어에 관련을 맺고 상호작용을 하면서 배우고 기억하게 된다. 비주얼 리스닝의 순환 구조를 보여 주는 이 그림은 각각 서로 다른 일들이 진행되는 것을 잘 보여 주는 예다. 각각의 요소들은 약간의 시간차를 두고 발생하며, 참여자들이 집중하며 이런 방식을 이해하게 자극한다. 서로 간에 확인하고 의견을 주는 상호작용은 슬라이드 소프트웨어를 이용한 프레젠테이션에 비해 비주얼 미팅을 더욱 흥미롭게 만들어 준다.

이것들은 기본이자
멋진 도구이다

일반 회의는 일반적으로 여러분에 의해 진행되며, 여러분의 스타일 및 조직의 문화를 반영한다. 그것들은 여러분이 선호하는 방식에 맞춰서 다분히 개인화되어 있을 것이다. 만일 직원회의를 외부인이 주관하게 해보면 내부인의 진행에 비해 얼마나 까다로운지 실감하게 될 것이다.

반면 특수 회의는 내부의 인원 또는 외부의 컨설턴트가 주관을 맡아 진행하게 되는데, 리더인 여러분은 회의를 끌고 가야하는 부담 없이 회의에 참여할 수 있는 기회를 얻게 된다. 이런 종류의 회의에는 필자의 저서 〈비주얼 미팅〉 및 〈비주얼 팀〉에서 다루고 살펴본 많은 종류의 방법론과 도구가 퍼실리테이터들에 의해 쓰이게 된다. 시각화는 두 가지 종류의 회의에 모두 관련이 있다. 다음 쪽까지 걸쳐 나와 있는 목록은 특정한 비주얼 미팅 도구들인데, 여러분은 이것을 일반 회의와 특수 회의 어느 쪽에도 다 사용할 수 있다.

통상
회의 도구

새로운 인원의 소개

- ☐ **연혁 공유하기** : 여러분 조직의 이야기를 시각적으로 이야기하기.
- ☐ **비전 살펴보기** : 여러분의 비전이 인쇄된 것을 공유하기.
- ☐ **역할 알려 주기** : 순서대로 돌아가며 모든 사람이 자신의 역할이 무엇인지 파악하게 하기(이 내용을 누군가 기록할 수는 있지만 반드시 그래야 하는 것은 아니다).

진척도 확인

- ☐ **로드맵과 특수 회의 보고서 점검** : 사람들에게 큰 그림을 재확인시키기.
- ☐ **진척도 목록 점검** : 많은 관리자들은 간략한 목록이나 모형, 행렬 등을 이용한다.
- ☐ **지원이 필요한 부분 기록** : 모든 사람들이 서로 도와줘야 결과가 이뤄진다.

기본자세 강화

- ☐ **측정 기준 검토** : 목표 대비 진척도를 볼 수 있게 계량한 것을 시각화하라.
- ☐ **모범적인 행동 알리기** : 가급적 긍정적인 부분을 강화하는 데에 초점을 맞춘다.
- ☐ **인사 조치 설명** : 만일 누군가를 내보내야 한다면 여러분이 직접 설명하라.

의사 결정

- ☐ **기안문서 검토** : 의사 결정이 필요한 부분을 간단명료하게 종이 또는 플립 차트에 설명하게 하라(제8장 참조).
- ☐ **실행 목록 작성** : 플립 차트에 합의한 바를 기록하라. 리더인 여러분이 직접 하면 훨씬 더 확실한 약속이 될 것이다.

작업 위임

- ☐ **실행 주체 기록** : 업무를 할당할 때에는 목록을 만들어서 각각 담당하는 사람의 이름을 적는다. 실행 주체가 직접 자신의 이름을 적게 하면 더 효과적이다.
- ☐ **비전 및 목표와 연계** : 업무의 더 큰 목적에 시선을 명확히 유지하라.

특수한 회의의 목표는 아래 목록의 일반적인 내용들에서 볼 수 있듯이 제2장에서 살펴본 DVA 〉 R 공식을 공유하기 위한 것임을 여러분은 느낄 수 있을 것이다. 특수 회의는 리더인 여러분이 한 발자국 뒤로 물러나서 전체적이고 큰 그림을 살펴볼 수 있는 시간이며, 이때에 시각화가 대단히 도움이 된다. 특수 회의의 결과물은 그 뒤에 일반 회의에서 참고 자료나 참조 문헌의 역할을 하게 된다. 아래 목록을 살펴보고 여러분이 알고 있는 것들을 확인해 보길 바란다.

여기에 나열한 것들보다 훨씬 더 많은 도구들이 존재하지만 그리 흔하게 사용되는 것들은 아니다. 본 장의 남은 부분에서는 일반 회의에서 직접 활용할 수 있는 시각화 도구들을 소개하고 특수 회의에서 다른 사람들과 어떻게 일을 진행할지에 대해 알려 주도록 하겠다.

특수 회의 도구

가설 검토

- ☐ **유관 환경 설명** : 시장, 구성 요소, 이해관계자 등을 이해하기 위해 환경 맵을 이용하라.
- ☐ **변화의 동인 파악** : 변화의 이유를 파악하라.
- ☐ **주요 발표 자료 요약** : 기록하고 게시하라.

새로운 업무 방법 체험

- ☐ **새로운 아이디어를 빠르게 프로토타이핑하기** : 소그룹이 문제의 해결책을 만들고 시각적으로 보고할 수 있도록 그래픽 요소들을 사용하라.
- ☐ **영상 만들기** : 즉석에서 이야기하게 하고 격식 없는 영상을 촬영해 보라.

비전 / 목표 탐험

- ☐ **커버스토리 만들기** : 미래 시점에서 머리기사를 상상해 보라.
- ☐ **심상 유도** : 모든 이들이 미래의 성공한 모습을 상상하게 하라.
- ☐ **친밀도 차트 정돈** : 붙임쪽지를 이용해서 벽에 붙이게 하고 동의하는 부분을 찾아보라.

전략 개발 및 기획

- ☐ **비전 요소 및 목표를 순위화** : 그래픽 템플릿과 붙임쪽지를 이용해서 우선순위를 파악하고 정렬하라.
- ☐ **실천 계획 및 로드맵 작성** : 모든 사람이 향후 나아갈 방향을 명확히 알 때까지 계속 노력하라.

리더 개발

- ☐ **조직을 나타내는 은유 탐색** : 우리 조직을 나타낼 수 있는 은유를 알아보고, 다양한 응답에 대해 이야기를 나눠 보라.
- ☐ **스토리맵 작성** : 조직을 지탱하는 계획, 문화적 가치, 규범 등이 어떤 것인지 찾아보라.

OARRs 은유

이토록 회의를 잘 치르기 위해 이용할 수 있으며 기억하고 운영하기에 간단한 프레임워크는, 어떤 것이 가장 단순한 퍼실리테이션 도구냐고 묻는 고객과의 회의에서 도출되었다. 명확히 해야 할 네 가지의 머리글자를 따서 OARRs라 부르는 이것은 아래 그림에서 은유로 보여 주는 것처럼 매핑할 수 있다. 이것들은 여러분의 회의라는 '강물'을 헤쳐 나가 목적지에 가기 위해 필요한 것들을 명확히 하고 있다. 아래의 이미지는 무척 간단해서 회의의 생산성을 높이기 위한 하나의 방법으로 모든 사람에게 시각화해서 보여 줄 만하다고 여겨진다.

1. **성과(Outcome)** : 여러분이 지향하는 바를 명확히 하라.
2. **의제(Agenda)** : 모든 사람이 동일한 프레임워크 안에 있게 하거나 회의를 통해 같은 방향으로 보트를 타고 강을 건너게 하라.
3. **역할(Roles)** : 시작하기 전에 리더들, 퍼실리테이터, 전문가들, 지원부서 등에 대해 여러분이 생각하는 바를 명확히 정의하라.
4. **규정(Rules)** : 보트가 뒤집히지 않도록 하는 기본 규칙들을 정하라.

회의에서 적용해야 할 네 가지

제대로 진행되지 않는 회의들은 무척 많고, 많은 사람이 그것을 싫어한다. 회의에 참석하는 사람들의 인건비나 시간당 비용을 감안해서 여러분의 회의를 개선해 볼 수 있다. 간편한 방법으로는 회의에 바로 이 네 가지를 가지고 가서 그것을 시각화하는 것이다. 이것은 일반 회의나 특수 회의, 대면 회의 또는 가상 수단을 이용한 회의 등 어떠한 종류의 회의에도 다 적용이 가능하다. 이것은 각각의 영문 머리글자를 따서 OARRs라고 하는데, 이 은유가 기억하기 쉽게 도와줄 것이다. 다음에서 간략히 살펴보자.

1. **성과(Outcomes)**: 행여 다른 것은 하지 않더라도, 이것만은 회의를 시작할 때에 명확히 해야 한다. 이것은 일반 회의에서 여러분이 기대한 바를 나타내거나 특수 회의일 경우 디자인팀이 합의된 수준의 결과물을 냈는지에 대한 부분이다. 또한 이것은 회의를 마칠 때에 여러분이 얻고자 기대하는 것들을 설명할 수 있어야 한다. 바라는 성과를 명확히 하는 것은 회의를 개선하는 데에 가장 효과적으로 영향을 미칠 수 있는 부분이다. 성과를 시각화하면 큰 차이를 만들 수 있다.

2. **의제(Agendas)**: 쉽게 말해서 의제란 여러분이 정한 순서대로 회의에서 다루게 되는 항목들의 목록이라고 할 수 있다. 그래픽 의제는 각기 배정된 시간에 따라 크기가 정해지는 그래픽 상자들을 사용한 '시간 블록' 프레임워크를 통해 표현한다. 간단한 의제의 예는 본 장에서 설명한다. 제8장에서는 무척 복잡한 절차를 따르는 더 큰 의제들을 다루는 몇 가지 방법을 설명할 것이다.

3. **역할(Roles)**: 다양한 역할을 수행해서 여러분의 유연성을 키우고 그것을 명확하게 표현해 보라. 여러분과 함께 일하는 퍼실리테이터나 시각화 전문가들이 자신의 역할이 무엇인지 명확히 파악하도록 지도하라. 은유를 이용하면 도움이 될 것이다. 여러분은 회의를 이끌어가는 사람, 코치, 심판, 평가자, 또는 디자이너인가? 이것들은 모두 리더의 역할이며 각기 무척 다르다.

4. **규정(Rules)**: 알려진 문제들이 있다면, 사전에 여러분은 그것이 일어나면 어떻게 할지에 대해 합의를 봐야 한다. 이것만으로도 종종 문제의 발생을 막을 수 있다. 점점 영향력을 끼치는 사람들을 어떻게 다룰 계획인지, 의사 결정은 어떻게 할지, 승인을 할지, 보고받은 것을 받아들일지, 모든 사람의 뜻에 따라 여러분이 실

행하고 있는지, 직원들이 컴퓨터를 이용할 수 있는지, 회의 중에 문자메시지를 주고받아도 되는지 등등, 모든 것들은 미리 다뤄서 정해 놓는 것이 좋다.

프레젠테이션 소프트웨어를 이용할 때의 문제점

만일 슬라이드 프레젠테이션 도구를 이용해 보고서를 만들고 업무를 검토한다면 이미 시각적으로 업무를 수행하고 있는 것이다. 하지만 대부분의 업무가 여러 사람들과 상호작용을 하며 진행된다는 측면에서 본다면 이것은 충분한 도움이 되지는 않는다. 아래 삽화는 그러한 문제점을 시각화했다. 슬라이드 프레젠테이션을 만들었다면, 여러분 및 상급자는 충분히 시각화를 연습할 수 있다. 이렇게 아이디어를 시각적으로 프로토타이핑하는 것은 디자이너들이 주로 하는 방식이다. 지금까지는 괜찮다. 하지만 그 슬라이드 프레젠테이션이 여러분의 경험을 재생산해 줄 수 있다고 여긴다면 그것은 잘못이다.

여러분은 슬라이드를 미리 배포하지만 타인들은 절대적으로 필요한 것이 아니라면 여러분이 보낸 전자 우편을 열어서 그것을 신중히 살펴볼 만큼 충분한 시간을 할애하는 경우는 거의 없다. 회의나 웹 콘퍼런스에서 분량이 많은 프레젠테이션은 사람들이 새로운 아이디어를 받아들일 수 있을 만큼 적합한 속도로 진행되지 않는다. 그 자리가 마무리되고 나면 배포했던 슬라이드 유인물들이 어떻게 되는지(흔히 어디에 쌓이

프레젠테이션 제작에만 매달리는 사람들 치료하기

수많은 사람들이 슬라이드 프레젠테이션 제작에 매달리는 것은 나름대로 이해할 수 있다. 재미가 있고, 시각적이기 때문이다. 슬라이드를 만들면 여러분의 아이디어가 공식적인 것처럼 보이게 되며 그것을 가지고 생각을 이어갈 수 있다. 하지만 사람들은 제시된 것들을 가지고 정보를 소비한다는 가정 하에서 본다면, 임시방편들과 마찬가지로 슬라이드 제작에는 안 좋은 부작용이 존재한다. 이것을 치료하기 위한 방법은 다음과 같다.

- ☐ 아이디어를 도출할 때에 걸렸던 시간만큼 많은 시간을 투자해서, 도출된 아이디어를 가지고 상호작용적인 시간을 보내라.
- ☐ 몇 가지 간단한 것들, 주요 이미지, 스토리텔링, 토론과 대화를 이끌어내는 것들에 신경을 써라.
- ☐ 연결이나 관계에 대해 연구를 해야 하는 복잡한 아이디어는 벽에 커다랗게 그려서 붙여 놓고 벽화를 활용하라.
- ☐ 초기 아이디어는 손으로 쓰거나 그려서 표현해 본다. 그러면 다른 사람들이 그에 대한 제안이나 의견을 더 기꺼이 제시해 주려 할 것이다.

즉석 리코딩 연습

여러분이 듣고 있음을 타인들에게 보여 주고 싶다면 플립 차트를 마련해서 여러분 스스로가 기록하는 것이 좋다. 플립 차트에는 실행 항목을 적거나 프로젝트를 진행할 사람들의 이름을 적거나 일반 회의의 의제를 적어도 된다. 그 기본적인 요령으로는 다음과 같은 것들이 있다.

- □ (영문의 경우) 제목에는 대문자를 사용하고 부가적인 항목에는 소문 자를 사용하라.
- □ 모든 사람들이 쉽게 읽을 수 있도록 충분히 큰 글자를 써라.
- □ 핵심 단어를 적고, 그것이 제대로 기록되었는지 발표자에게 확인하라.
- □ 글자에는 지구 빛깔(검정, 파랑, 녹색, 갈색)을 사용하라.
- □ 강조하려는 곳에는 밝은 빛깔(오렌지, 노랑)을 사용하라.
- □ 특별히 더 강조하려는 부분에는 빨간색을 사용하라.
- □ 목록의 항목들 사이에는 가는 줄을 그어라.
- □ 일관된 글머리표를 사용하라. 상자, 별표, 작은 화살표 등 여러분 고유의 수준별 글머리표들을 개발하는 것도 재미있다.
- □ 항목들은 왼쪽 정렬을 하고 오른쪽에 공간을 남겨서 나머지 빈 곳에 주석을 달거나 첨언을 할 수 있도록 하라.

이것들과 관련하여 더 상세한 것이 알고 싶다면 〈비주얼 미팅〉 및 〈비주얼 팀〉을 구매해서 살펴보면 된다. 일부 정보는 온라인(www.grove.com)에서 접할 수 있으며, 시각화 전문가들을 위한 정보와 도움말들을 제공하고 있다. 이 책들은 여러분이 차트를 이용해서 설명하거나 여러분을 도와줄 사람을 교육할 경우에 무척 유용할 것이다.

거나 버려지거나 잊힐 것이다), 그리고 그 이후에 프레젠테이션했던 것은 어떻게 되는지 잘 알 것이다. 여러분이 상사이기 때문에 사람들이 실행할 뿐이지 일이 잘 진행된다는 의미는 아니다.

비주얼 리스닝은 비주얼 미팅의 핵심에 위치한다

슬라이드에 집착하는 것 대신에 할 수 있는 효과적인 활동으로는 성실한 참여, 상호작용 등이 있으며, 그중에 경청이 최고다. 제3부에서 살펴볼 모든 주요 도구들은 그 중심에 비주얼 리스닝이 자리 잡고 있다. 비주얼 리스닝이란 사람들이 이야기한 것을 그래픽 시각화를 하며 대화식으로 투영하는 활동을 의미한다. 일단 비주얼 리스닝을 하게 되면 그것을 통해 발견하거나 계획하는 방식은 이전에 비해 완전히 다른, 눈에 띄는 수준의 관여도 및 효율성을 보여 주게 된다. 여러분의 리더십을 통해 사람들을 다시 1:1로 소통하게 하는 것, 하지만 리더인 여러분이 생각하는 깊이는 방해받지 않게 하는 것. 그것이 바로 비주얼 리더십의 목표다.

보스턴에 위치한 인포메이션 매핑의 창업자인 밥 혼은 그가 주재하는 회의에서 시각화하여 기록하는 것을 무척 즐겼다. 그는 이와 관련해서 다음과 같이 언급했다. "내가 보스였기 때문에 그런 일을 맡는 것이 어려운 헌신은 아니었죠. 기록하는 행위는 내게 아주 특별하면서도 효과적인 가치를 가져다줍니다. 내가 모든 사람의 이야기를 경청하고 있다는 것을 그 자리에서 모든 사람이 알게 해주거든요."

점점 많은 경험을 하게 되면서 여러분은 비주얼 리스닝이 리더에게 얼마나 큰 힘을 주는지 감사하게 될 것이다. 흔히 리더십을 '말하기, 지시하기'에 관한 것이라고 생각할 수 있다. 그것은 리더십의 시작일 뿐이다. 리더십의 진정한 정수는 사람들을 여러분 주위에 끌어들여 함께하게 만드는 것이다. 사람들이 진척도를 확인하게 하고 이슈를 나타내게 하며 도움이 필요한 것이 있으면 요청하게 하는 등의 과정을 지속적이고 반복적으로 하는 일반 회의에서의 활동은, 사실상 리더가 주요 질문을 던진 뒤에 잘 듣는 과정이다. 물론 이 같은 일은 기록하지 않고도 충분히 할 수 있다. 하지만 문제점의 목록이나 해결 방안처럼 모든 사람이 기억하기를 바라는 것이라면 기록하는 게 훨씬 더 효과적이다. 리더인 여러분이 기록을 하는 것은 여러분이 진지하게 주목하고 있음을 강조해 준다. 만일 여러분이 리더로서 비주얼한 활동을 하고자 생각한다면, 이후의 내용들에서 그러한 것들을 행할 때에 참조할 수 있는 기본적인 조언들을 만나게 될 것이다.

비주얼 미팅의 위력

여기에서는 비주얼 회의가 가질 수 있는 네 가지 위력에 대해 설명하고 있는데, 이는 필자의 책 〈비주얼 미팅〉의 기본 구조를 이루는 프레임워크이기도 하다. 이 요소들은 리더십에 적용할 수 있으며, 그림은 이 방법으로 업무를 진행한다면 얻을 수 있는 이점들을 잘 보여주고 있다. 프레젠테이션 소프트웨어에만 매달리는 습성을 탈피하려면 여러분과 여러분의 조직은 서로 활발한 대화와 상호작용을 통해 '시각적으로' 일하는 것의 중요성을 이해해야만 한다.

상상력을 자극하기 : 성공의 모습, 설득력 있는 은유, 가시화된 심리 모델 등의 시각화는 여러분과 조직 모두의 상상력을 자극해 준다.

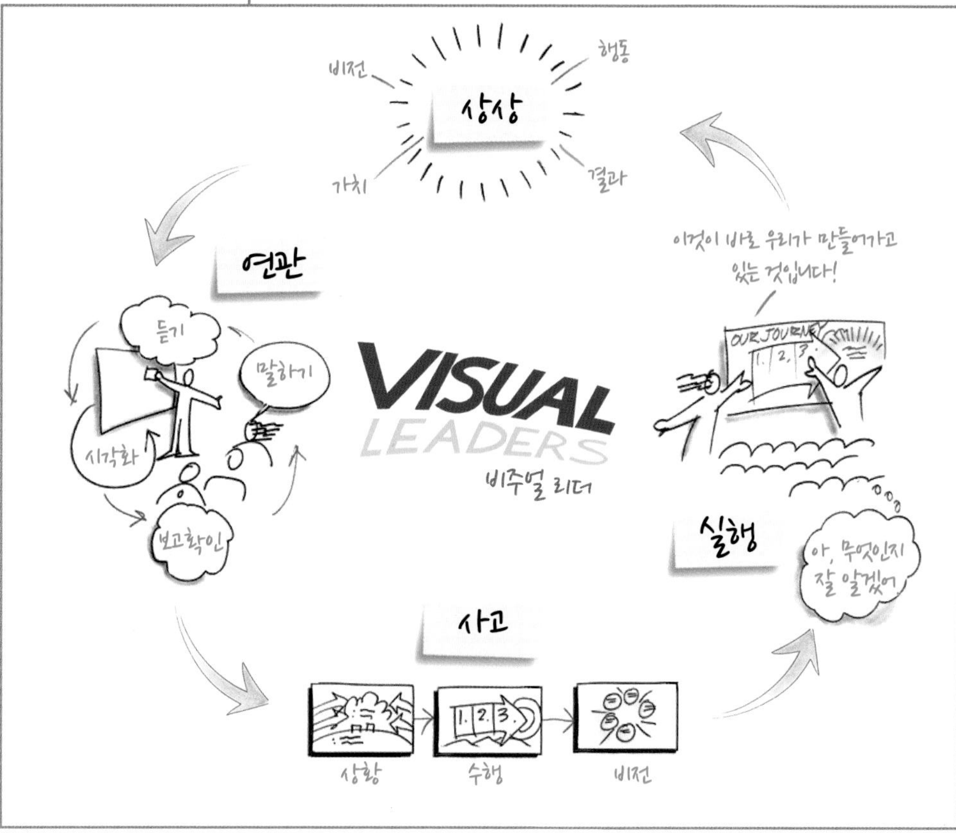

실행 돕기 및 집단 기억 : 회의록, 추진 단계, 실행 계획, 로드맵, 주요 시점을 명기한 차트, 대형 프로세스 맵 등 커다란 변화를 설명해 주는 모든 것들은 그것이 시각적으로 작성되고 게시하기에 충분할 만큼 크기가 크며 지속적으로 참조 · 인용될 때에 가장 효과적이다. 이러한 도구들은 계획의 효과적인 적용 및 실행에 대단히 중요하다.

사람들을 능동적으로 관여하게 하기 : 사람들이 말하는 바를 글로 적고 은유를 그려 보며 아이디어를 형상화하는 것을 통해 이해하게 되는 절차는 사람들의 관여도를 깊게 만든다. 붙임쪽지, 단체 그리기, 게임 및 다양한 형태의 양방향적인 시각화는 모두 이러한 이점들을 가지고 있다.

큰 그림 그리기 : 시각적인 표현은 체계적인 생각이 가능함을 나타낸다. 여럿이 모여 단체로 시각화를 하면 집단 모두의 이해도가 높아지며, 모든 사람들이 연관성을 파악하고 해결책을 탐색하며 그 큰 그림이 업무의 특정 요소에 얼마나 관계가 있는지 등을 알 수 있게 된다.

음성 언어의 구조

우리의 기억은 경험의 배열들을 기록한다. 우리는 순서대로, 하나씩 차근차근 이뤄지는 시간에 따라 살고 있다. 사실 인지과학자들은 우리의 기억력이 시간이 흐름에 따라 움직일 수 있도록 최적화되어 있다고 한다. 말이나 이야기의 구조는 단어들로 이뤄진 모임이 가장 기본적인 단위가 되는데, 이 구조상의 배열에 따른 몇 가지 문제도 있다. 영어를 가지고 완벽한 문장을 만들려면 명사, 동사 및 목적어를 필요로 하는데, 우리의 생각도 이와 같은 방식으로 사물을 정렬한다. 그런데 이것은 우리가 생각하는 것이 실질적인 목적어일 경우에만 가능하다. 만일 주어(일반적으로 명사가 쓰임)나 목적어(마찬가지로 명사가 쓰임)에 물리학적으로 표현할 수 있는 실체가 아닌 것(예: 감정이나 의지)이 설정된다면 그것을 객관화하는 절차는 사고 과정에서 실질적인 오류를 빚게 된다(이와 관련해서 더 상세한 것은 제6장을 참조할 것).

영어에서 음성 언어의 구조

- **주어** : 명사, 수식어 포함
- **동사 · 서술어** : 행동을 나타내는 단어, 수식하는 구 또는 절 포함
- **목적어** : 행동의 영향을 받는 것, 명사, 수식어 포함

비영어권의 음성 언어는 영어권 음성 언어의 구조와 상당히 다를 수 있다. 한국어나 일본어는 서술어가 맨 뒤에 오며, 이러한 점은 말을 할 때에 발생할 수 있는 잠재적 불확실성을 크게 증가시킨다.

시각 언어와 음성 언어

시각 언어의 문법적인 면을 이해하는 것은 중요한 일이다. 시각 언어는 선형적으로 배치된 음성 언어에서 시작한다. 문장은 그것이 취하는 행동에 따라 형식이 약간씩 달라지지만 일반적으로 주어 동사(또는 서술어) 목적어의 구조(역자 주: 영어 구조를 기준으로 함. 이 뒤에도 마찬가지로 영문을 기준으로 적용)를 가진다. 이러한 문장의 구조는 단지 말만으로 문제를 해결하기 어려운 이유 중 하나가 된다. 서로 다른 아이디어와 정보를 비교하기 위해서는 그것을 어딘가에 늘어놓아야 한다. 사람은 선형적인 시간 관계를 통해서만 살아가는 것이 아니며 줄거리는 문맥과 상황 속에서 나타나게 된다. 이러한 이유로 음성 언어는 우리가 상상하는 이미지가 어떤 것인지에 따라서 달라진다. 음성 언어를 듣는 사람은 자신의 상상에 의해 그 내용을 연상하게 된다. 시각화 과정은 그것을 더 명확하고 구체적이게 만들지만, 음성 언어는 그렇지 않다. 일반적으로 사람들이 음성 언어를 이해하는 방법은 아래의 네 가지다.

1. 배열 : 문장 내에서 단어의 배열은 위치에 따라 그것이 주어인지 동사인지 목적어인지 또는 수식어인지를 알려 준다. '개가 사람을 물었다.'와 '사람이 개를 물었다.'는 그 배열 내에는 같은 단어들이 포함되어 있지만 완전히 다른 의미를 가지게 된다.

단어 하나가 큰 차이를 만들 수 있어?
배열한 순서가 다르면 완전히 달라질 수도 있지.
GOOD
LEADERS
FIGHT
BIG
CRISES
LOVE

2. 정의 : 사람들의 많은 사용과 사전의 등재 등을 통해 공식적으로 생기는 단어의 정의가 있다. 하지만 일반적으로 하나의 단어는 여러 뜻을 가지고 있다.

3. 내포된 의미 : 이것은 단어 자체보다도 그 단어와 관련된 경험에 따른 것이다. 이것을 내포된 의미 또는 함축적 의미라

고 부르며, 리더가 이해할 필요가 있는 중요한 부분이다.

4. 표현 : 사람들은 발성으로 주요 단어를 강조하고 느낌을 더하기도 한다.

리더는 해석에 집중한다

말로 이야기하는 것은 상세하지 않다. 음성 언어의 이해라는 측면에서 말이 기본적으로 갖추고 있는 이러한 부작용 때문에 사람들은 계획의 승인 같은 중요한 의사소통에 대해 유사한 해석을 만들고 공유해 왔는데, 이러한 면은 귀로 들은 것을 시각적으로 표현하는 것에 관련한 주요 논점 중 하나다. 여기에서 한 단계 발전된 형태로 만일 플립 차트에 그저 적어 놓기만 하더라도 해석상의 오류를 수정할 수 있는 가능성이 열리게 된다. 이런 활동은 여러분이나 조직에 직접적인 영향을 거의 미치지 않지만, 그것이 지니는 의미에 대한 모든 사람의 해석에는 지대한 영향을 미친다. 이런 이유 때문에 리더들이 의미의 해석에 관심을 가지고 집중하는 것이다. 은유와 모델을 의식하면 의식할수록 리더의 역할을 잘 수행할 수 있는 여러 도구들의 지원을 받게 된다.

언어와 그것이 미치는 영향에 대해서 생각해 보기 위해 유용한 안내서들을 소개하겠다. 프랑스계 캐나다인이자 경영 컨설턴트인 조셉 새뮤얼 부아가 1960년대 후반에 쓴 〈인식의 기술〉. 이 책은 여러분이 언어적 측면에서의 리더십을 숙련하기 위한 목적으로도 살펴볼 가치가 있다. 폴란드계 공학자이자 과학자였던 알프레드 코지프스키가 1930년대에 저술한 〈과학과 정신〉도 있는데, 이 책은 언어와 심리 모델에 기인하여 왜곡된 정보가 사회에 미치는 영향을 다뤘고 간혹 특정 상징이나 이념이 사람들 간의 분쟁에서 주요 요인이 될 수 있는지 등에 대한 연구가 기록되어 있다. 코지프스키는 우리가 언어나 부호를 가지고 인식할 때 겪을 수 있는 함정에 대해 경고했으며, 비주얼 리더십의 근본적 아이디어를 보여 주는 "지도는 영토가 아니다."라는 유명한 금언을 남긴 것으로 알려져 있다. 조셉은 그의 모든 생각을 책을 통해 쉽게 접할 수 있도록 했으며, 그의 책을 생각과 행동 간의 연관 관계를 연구하기 위한 교과서처럼 이용되기를 바라며 저술했다. 혹시 추상 이론에 관심이 있는 독자를 위해 알려 주자면, 그는 이것을 인식학 또는 응용 인식론이라 불렀다.

천 가지 얼굴을 지닌 영웅

인간은 이야기에 대해 고정관념을 가지고 있다. 이야기를 만들고 알려 주는 것이 리더가 할 일의 큰 부분이므로, 여러분은 쓸 만한 이야기를 만들 수 있는 몇 가지 일반적인 특징들을 알고 싶을 것이다. 조지프 캠벨은 그의 유명한 저서 〈천의 얼굴을 가진 영웅〉에서 영웅의 여정을 다루며 가장 기본적인 이야기의 형태를 잘 보여 줬다. 그는 전 세계 어디에서나 이용할 수 있는 전형적인 이야기의 형식이라고 했는데, 다음을 통해 여러분도 그 의미를 파악할 수 있을 것이다.

영웅 일대기의 이야기 형식

- 평화로운 마을에 위험이 닥친다.
- 영웅일 것 같지 않은 자가 해결책을 찾기 위해 선택된다.
- 그는 감시자의 눈을 피하며 위험한 세상 속에서 모험을 한다.
- 영웅은 위험을 겪으며 도전한다.
- 영웅은 신비한 도움을 받게 된다.
- 영웅은 마을로 돌아오는 길에 다양한 걸림돌들과 마주치게 된다.
- 영웅은 마을에 돌아오고, 결국 그가 지닌 신비한 힘을 이용해서 마을을 구한다.

이 주장은 인생의 모든 것이 영웅 이야기처럼 목표나 목적이 있는 것이 아니라는 점에서 비평의 여지가 있다. 하지만 사람들은 의외의 인물이 도전을 헤치고 성공하는 이야기를 좋아한다. 그리고 상세한 구조가 어떻게 되었든 간에 이야기란 것은 복잡한 삶의 측면을 이해하고 기억할 수 있는 수준으로 축약하는 방법을 제공한다.

시각 언어는 공간적이다

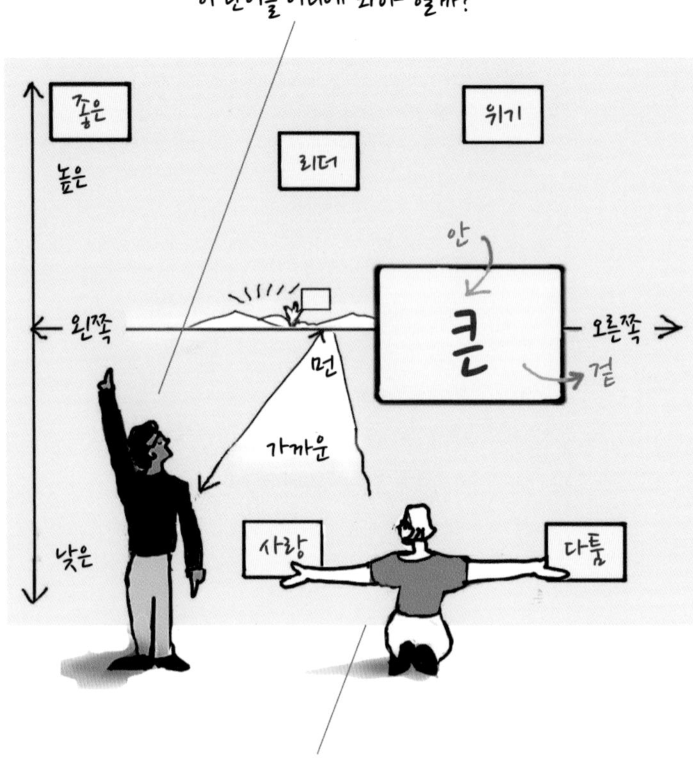

시각 언어란 무엇인가?

여러 세기를 거치며 다양한 이미지 처리 기술, 단어, 그림, 형태 등은 다양한 시각적 형태로 융합되었다. 과거에는 이러한 시각 언어들이 지도, 도표 또는 서적의 삽화 등에 사용되었으나, 현대 매체에서 볼 수 있는 것처럼 유연하고 다양한 형태를 취하지는 못했다. 우리의 선호에 관계없이, 오늘날 우리는 모두 비주얼 씽커들이다. 우리는 운전을 할 때나 영화를 볼 때 시각적인 활동을 한다. 도서, 잡지, 포스터, 게시물 및 비행기 안에 있는 항공 안전 수칙도 모두 시각적이다.

만일 서로 다른 단어들이 이야기를 듣는 사람의 상상력을 자극해서 연상하게 한다거나 종이 없이 보여 주는 몸짓을 시각적인 이미지라고 여긴다면 말도 시각적인 것이 된다. 이러한 일은 무척 자연스럽게 일어나기 때문에 비주얼 씽킹이라 여기지 않을 수 있지만, 사실 그것 또한 비주얼 씽킹이다. 시각적인 화면이나 차트를 놓고 일하는 것의 큰 이점은 바로 이것이 복합적인 생각을 가시적으로 접근할 수 있게 해주는 방법이라는 것이다. 적극적인 시각화는 모든 사람에게 어떠한 경우의 소통에서도 활용할 수 있는 시각화의 본성을 깨우는 지름길이 된다.

시각 언어는 형태 언어이다

여기에 펼쳐 이어진 그림은 이야기의 구조에 맞춰 그래픽으로 구성한 시각 언어 구조의 표준 모델이다. 흔히 디스플레이 포맷이라 부르는데, 이것을 이용하면 새로 나타나는 시각적인 방식의 모양을 잡고 구성하는 데에 도움이 된다. 일반적인 구조들과 마찬가지로, 이것도 어떤 것은 돋보이게 하며 다른 것은 희미하게 한다. 여러분이 이야기하고자 하는 것에 잘 지원될 수 있도록 사람들이 적합한 표현 양식을 선택하게 돕는 것은 비주얼 리더의 역할이다. 논의하는 내용을 명확히 하거나 영향을 주기 위해 글을 쓰고 그림을 그리는 일은 리더인 여러분이 반드시 직접 해야만 하는 것은 아니다. 여러분이 목표하는 곳으로 사람들을 이끌 수 있는 것은 이러한 생각의 덕이며, 그것은 또한 여러분과 여러분의 조직이 목표를 이루는 데에 큰 도움이 될 것이다.

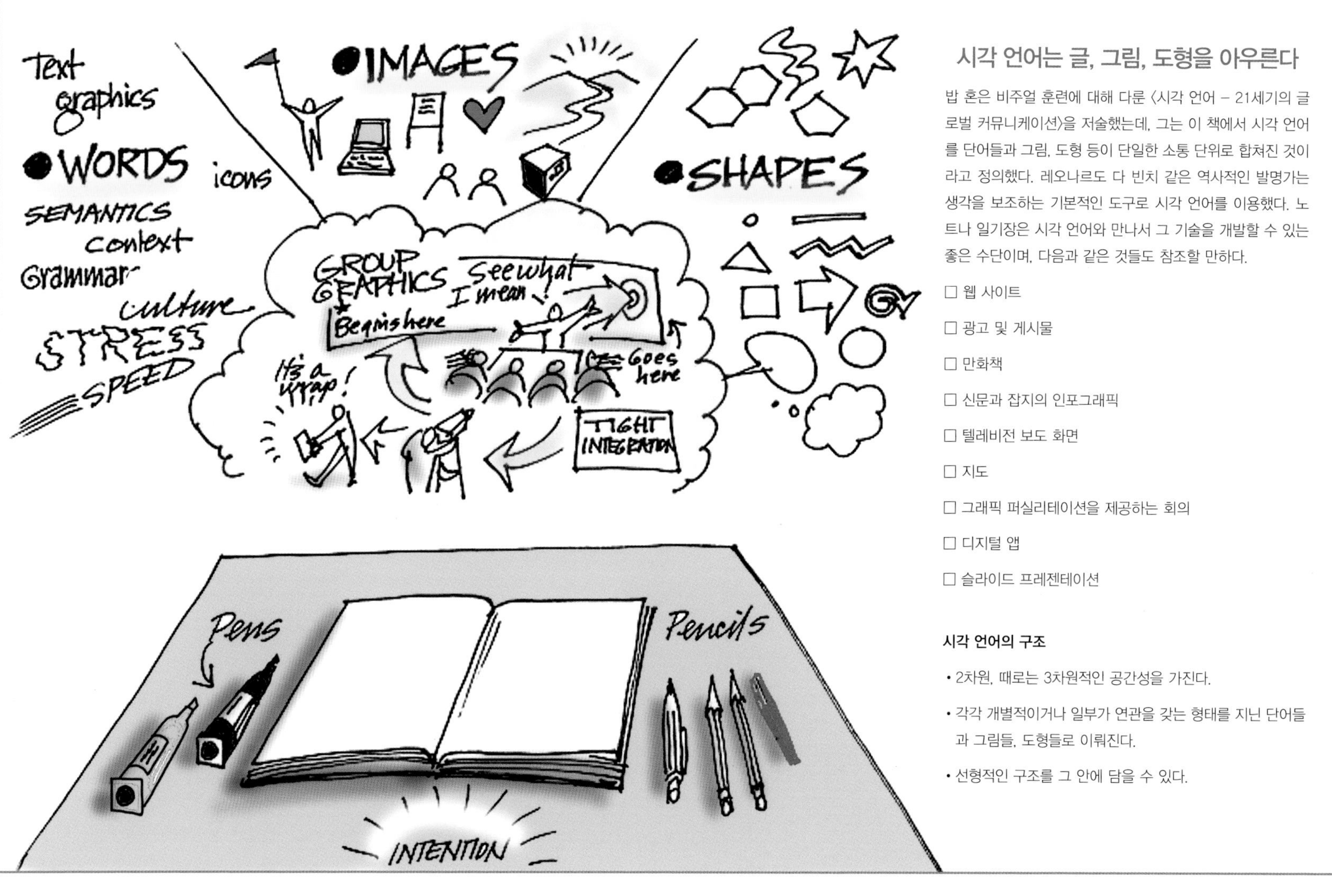

시각 언어는 글, 그림, 도형을 아우른다

밥 혼은 비주얼 훈련에 대해 다룬 〈시각 언어 – 21세기의 글로벌 커뮤니케이션〉을 저술했는데, 그는 이 책에서 시각 언어를 단어들과 그림, 도형 등이 단일한 소통 단위로 합쳐진 것이라고 정의했다. 레오나르도 다 빈치 같은 역사적인 발명가는 생각을 보조하는 기본적인 도구로 시각 언어를 이용했다. 노트나 일기장은 시각 언어와 만나서 그 기술을 개발할 수 있는 좋은 수단이며, 다음과 같은 것들도 참조할 만하다.

☐ 웹 사이트

☐ 광고 및 게시물

☐ 만화책

☐ 신문과 잡지의 인포그래픽

☐ 텔레비전 보도 화면

☐ 지도

☐ 그래픽 퍼실리테이션을 제공하는 회의

☐ 디지털 앱

☐ 슬라이드 프레젠테이션

시각 언어의 구조

- 2차원, 때로는 3차원적인 공간성을 가진다.
- 각각 개별적이거나 일부가 연관을 갖는 형태를 지닌 단어들과 그림들, 도형들로 이뤄진다.
- 선형적인 구조를 그 안에 담을 수 있다.

올바른 형식 선택의 중요성

여러분이 일반 회의나 특수 회의를 시각적으로 행하고자 결심했다면 회의에서 주고받는 대화를 시각적으로 나타내기 위한 화면이 필요하다. 여러분은 리더이기 때문에 올바른 화면의 형식을 택하는 것이 무척 중요하며, 그 주된 요령은 다음과 같다.

1. 여러분이 얻으려는 최종 성과나 결과에 집중하라. 모든 것은 이로부터 시작한다.
2. 여러분이 보고자 하는 것을 잘 나타내 주는 화면 양식을 선택하라(다음 쪽까지 걸쳐 있는 표를 참조할 것).
3. 주된 단어나 표현의 형식 및 이미지들을 기록하라.
4. 다른 관점에서 바라보고자 할 때에는 새로운 화면 양식을 이용하라(제8장의 사례를 참조할 것).

회의 시각화 양식 일람표

포스터

관심 집중

차별화

사용하기에 좋은 경우

- ☐ 회의명
- ☐ 주제
- ☐ 성과, 의제, 역할, 규칙
- ☐ 비전/미션 및 주요 원칙의 강조

한계점

- 한 가지만 잘 나타내도록 해야 함
- 너무 많은 포스터는 효과를 떨어뜨림

목록

활성화

나열

사용하기에 좋은 경우

- ☐ 브레인스토밍
- ☐ 일반적인 기록
- ☐ 의제/의안
- ☐ 기대 사항
- ☐ 주차장
- ☐ 제안 사항 및 선택 사항
- ☐ 목록
- ☐ 요약문
- ☐ 합의/협의 내용
- ☐ 향후 추진 사항

한계점

- 비교하기 어려움
- 나열로 인한 시각적 모호함

군집화

비교하기

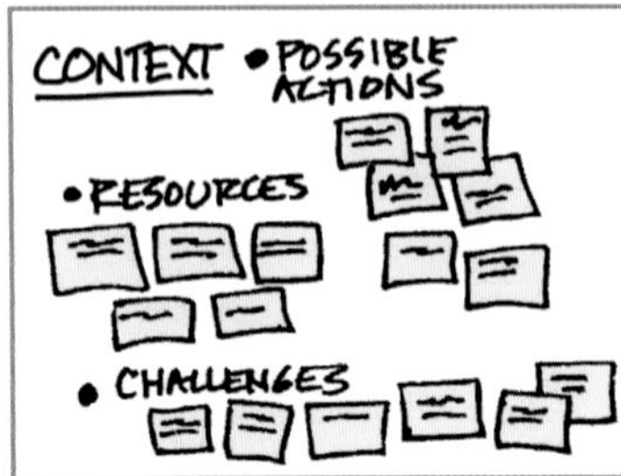

공간 배분

사용하기에 좋은 경우

- ☐ 개념 맵 작성
- ☐ 브레인스토밍(후작업)
- ☐ 토의 기록
- ☐ 자유도가 높은 형태
- ☐ 비전 수립
- ☐ 관심사 기록
- ☐ 잠재적 목표 파악

한계점

- 군집화를 위한 노력이 필요
- 연표 등 시계열이 적용된 것에는 활용이 어려움
- 지저분하거나 복잡해 보일 수 있음

격자화

조합하기

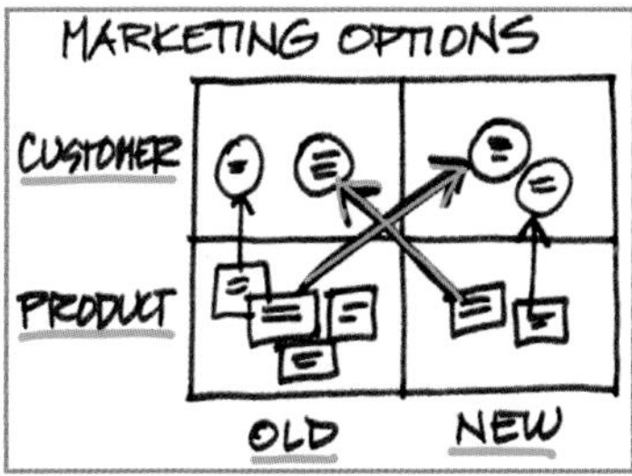

영역 간의 교차

사용하기에 좋은 경우

- □ 우선순위 설정
- □ 평가
- □ 프로젝트 및 의안 설계
- □ 팀 내의 과제 배분
- □ 일정 관리 및 로드맵 작성
- □ 수치 자료 배열
- □ 지리적 정보 배열
- □ 인식 확장

한계점

- 분류가 명확해야 함
- 그룹이 행한 과정을 보여 주지 못함
- 조율/조정하기 어려움
- 논의 대상을 벗어난 즉흥적인 제안을 수용하기 어려움

도표화

이해 돕기

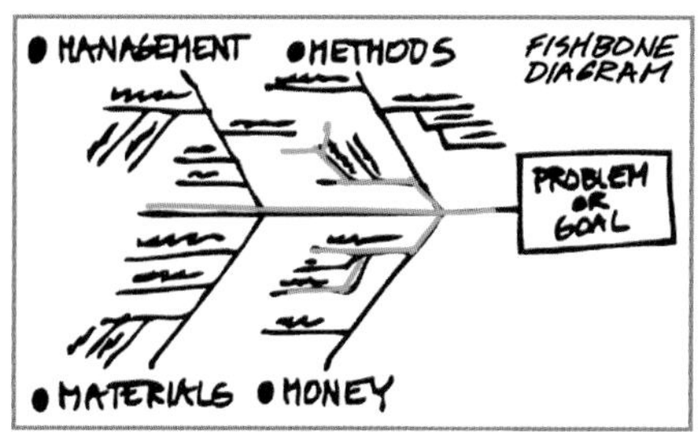

가지 뻗어나가기

사용하기에 좋은 경우

- □ 프로세스 맵 작성
- □ 마인드맵
- □ 시스템 분석
- □ 근본 원인 파악
- □ 의사 결정 트리
- □ 플로 차트
- □ 조직도
- □ 필기

한계점

- 진행 속도가 느리며 복잡함
- 항목들이 전체 구조에 적합해야 함
- 다차원적 연관/연결을 보여 주기 곤란함

그림

의미 제고

비유(그래픽 은유)

사용하기에 좋은 경우

- □ 실행 계획 및 로드맵
- □ 비전
- □ 은유를 통한 전체적인 이해
- □ 연혁
- □ 현황
- □ 혁신

한계점

- 은유를 다뤄 본 경험이 있어야 함
- 은유에 중요한 요소가 빠졌을 경우, 그것을 감안하지 못하고 생각을 하게 됨
- 지도는 영토가 아니듯, 은유도 실제는 아님

만다라

통합적 이미지 형성

중앙화

사용하기에 좋은 경우

- □ 소개
- □ 비전
- □ 심리 모델
- □ 한눈에 보기 위한 타깃
- □ 파이 차트
- □ 레이더 차트
- □ 별자리 지도

한계점

- 해석하기 어렵고 복잡함
- 각 수준 내에서 균질화되지 않는 경우도 있음
- 원형 틀에 맞춰 글을 쓰는 것이 무척 불편함

문제를 해결하는 간략한 절차

1. 이슈에 집중하라 : 문제에 관해 다수가 이야기하게 하고 그들이 이해하거나 알고 있는 바를 잘 탐색한다. 근본적인 사안이 무엇인가? 목록을 작성하고 가장 중요한 것에 표시를 하라.

2. 아이디어를 수집하라 : 아이디어들을 붙임쪽지에 간단히 기록한다. 한 장에는 한 아이디어만 적는다.

3. 군집화하라 : 아이디어를 적은 붙임쪽지들을 벽에 붙인 뒤, 사람들에게 그것들을 정리하여 군집화하고 각 군집에 맞는 이름을 붙이게 하라.

4. 제안에 대해 토론하라 : 모든 토론 내용이 다 기록될 필요는 없지만 중요한 부분들은 적어 놓는 것이 좋다.

5. 아이디어를 표결하라 : 주목하고 있는 항목들을 골라서 번호를 붙이고, 모든 사람마다 전체 항목 수의 1/3에 해당하는 의결권을 부여하라. 사람들이 지지하는 항목에 점을 찍거나 붙이기 또는 손을 들게 하는 방법 등이 있으며, 그 결과를 기록해 놓아야 한다.

6. 가장 주목받은 것에 대해 논의하라 : 대안들을 비교하라. 각각의 이점 및 장점을 기록하는 것이 좋다.

7. 의사 결정을 하라 : 여러분이 리더이므로 직접 선택을 해도 무방하다. 만일 구성원들의 공감대를 형성하고 대의를 모아 진행하고자 한다면 사람들에게 의견을 모아서 한 가지를 결정해 달라고 요청해도 된다.

설명하고 결정하라

만일 여러분이 화면 등을 갖추고 많은 사람들과 일을 진행하는 방식을 택해야 한다면 그 내용을 기록하는 것과 의사 결정을 내리는 것을 구분하는 것이 좋다. 특히 이것은 특수 회의일 경우에 더욱 유용하고, 논의되는 것을 기록하는 것과 의사 결정에 관한 것을 별도의 화면이나 차트로 분리하여 따로 떼어 놓는 것이 좋다. 아울러 현재 어떤 것에 대해 다루고 있는지 명확히 보여 주며 논의 후에 어떤 행동을 취할지 결정하면서 순위를 정하기 편하도록 붙임쪽지를 이용하는 것이 대단히 편리하다. 이것을 이용하면 그저 사람들에게 여러분이 찾고자 하는 어떠한 종류의 정보라도 일단 붙임쪽지에 적어 달라고만 하면 된다. 사람들이 다 기록하고 나면 여러분은 그것을 가지고 분석하거나 순위를 정하거나 결정을 위해 논의를 하면 된다. 또한 진행되는 내용을 여러분이 간략하게 기록한다면 사람들이 각각을 살펴보다가 벽에 부딪쳤을 때에 다시 문제 해결을 위한 방향으로 쉽게 이끌 수 있게 된다. 여러분은 이쪽의 옆에 나열된 단계들을 활용하여 각 이슈들을 사람들이 다룰 수 있게 할 수 있다. 만일 여러분이 앞에 나와서 기록을 하는 경우라면, 무의식중에라도 다음과 같은 행동으로 방해하지 않도록 주의하자.

기록할 때에 방해되는 것들

☐ 그들이 사용한 단어가 아닌 여러분의 단어로 대체하여 기록하는 경우
☐ 찬성하지 않는다고 기록하지 않는 경우 – 일단 적고, 그 다음에 반대할 것
☐ 너무 작게 쓰거나 흘려 써서 아무도 읽을 수 없는 상태가 된 경우
☐ 기록하는 곳 앞에 서서 그것을 가리는 경우
☐ 여러분의 관심을 끄는 것이 있어서 대화 도중에 끼어드는 경우
☐ 여러분이 기록한 내용에 대해 사람들이 지적하여 흥분하는 경우
☐ 너무 느리게 해서 지체되는 경우 – 이 경우에는 잠시 기록을 마무리할 시간을 요청할 것
☐ 그림을 멋지게 그리겠다고 너무 집착하는 경우

여러분의 팀이 유용한 문서를 작성할 수 있도록 지도하라

어쩌면 사소한 것이라 여겨질지도 모르겠지만, 여러분은 리더이기 때문에 회의의 결과가 모든 사람에게 어떻게 전달될지에 대해 요구할 권리가 있으며, 다음과 같이 작은 단계를 거칠 수 있다.

- ☐ 차트와 그림들을 모두 디지털 사진으로 촬영한 뒤 모든 사람에게 전자 우편으로 전송하게 한다.
- ☐ 회의 결과 및 합의된 내용을 문서로 만들어서 모든 사람에게 보내게 한다.
- ☐ 만들어진 차트를 보관했다가 다음 회의에 다시 게시한다.

모든 경우에서 여러분은 관련된 문서를 모두 가져야 하며, 합의 내용 등이 최종적으로 문서화가 되는 단계에 깊이 관여해야 한다.

일반적인 대화에도 비주얼 미팅을 도입하라

회의를 시각적으로 하게 되면 얻을 수 있는 장점 중 하나는 사람들이 서로 생각하는 은유와 상징들을 이해하는 기회를 가질 수 있다는 것이다. 문서에 있는 글자와 그림만 가지고 회의를 한다면 사람들 각자가 얼마나 다른 방식으로 여러 가지 것들을 표현하는지에 대한 토의부터 열어야 할지도 모른다. 이러한 차이는 왜 문제가 될까? 의미 있는 소통을 하기 위해서는 언어적이고 시각적인 표현이 개념과 연관을 맺어야 하기 때문이다. 사람들의 머릿속은 지혜를 얻기 위해 만반의 준비를 하고 기다리는 형태가 아니라 이미 그들만의 아이디어로 꽉 차 있다. 여러분과 연결된 각각의 사람들을 효율적으로 이끌고자 한다면, 우선 시각적인 요소들과 은유가 어떤 작용을 하는지부터 알아야 한다. 다음의 사례가 좀 더 이해하기 쉽게 여러분을 도와줄 것이다.

1964년 미국에서 골드워터와 존슨 후보 간의 대통령 선거운동이 한창일 때 미국 내 분위기는 소위 '냉전 시대'로 인해 대단히 위축된 상태였다. 미국과 소련은 핵무기 증강에 과도한 투자를 하면서 상대방이 전쟁에 참여하는 것을 공공연히 방해하고 있었다. 배리 골드워터 후보의 연설은 대단히 보수적이어서 그와 같은 정당의 사람들까지도 긴장하게 만들 정도였다. 한편 린든 존슨 후보는 텔레비전을 통해 '데이지'라는 이름으로 널리 알려진 홍보 광고를 방영했다. 그 광고는 한 소녀가 초원에서 데이지의 꽃잎을 하나씩 뜯으며 "그는 나를 사랑해."와 "그는 나를 사랑하지 않아……."를 번갈아가며 말하는 것으로 시작하는데, 이와 함께 카운트다운을 하는 소리가 점점 커지다가 결국 핵폭탄이 폭발하는 장면으로 화면을 가득 메우고 끝나는 것이었다. 광고 어디에도 골

집단 기억을 도와주기

사람들은 경험이 그들에게 미친 영향을 기반으로 하여 많은 것을 기억한다. 슬라이드 프레젠테이션의 내용을 쉽게 기억하기 어려운 이유 중 하나는 각각의 슬라이드가 이어져 나가는 것과 관련해서 깊이 영향을 받은 경험이 거의 없기 때문이다. 진정 위대한 슬라이드 프레젠테이션 발표자들은 이야기를 어떻게 하면 듣는 사람으로 하여금 자신의 경험과 관련시켜 이야기하고 기억하게 할지 등에 대해 잘 알고 있지만, 사실상 프레젠테이션을 하는 사람들의 대부분은 그런 기술을 가지고 있지 않다.

디지털 캡처는 집단의 기억을 보존하게 한다

시각화 전문가들이 실제 회의에서 만든 차트의 디지털 사진을 이용하는 이유 중 하나는 사람들의 경험을 연장하여 집단의 기억까지 끌어내기 위해서다. 혹시 이미 차트를 걷은 상태의 빈 벽에서 사람들이 마치 차트가 아직도 있는 것처럼 그것과 관련한 중요한 이야기를 하는 모습을 본 적이 있는가? 그런 모습을 보이는 중요한 이유는 사람이 기억을 할 때에 모든 경험(공간, 색상, 형태 등)을 함께 모아서 저장하기 때문이다. 그래서 그 기억은 데이터들뿐 아니라 그것이 펼쳐지고 그려진 형태까지 포함하게 되는 것이다. 차트의 디지털 복사본을 활용하는 이유도 바로 사람들의 기억을 도와주기 위해서다.

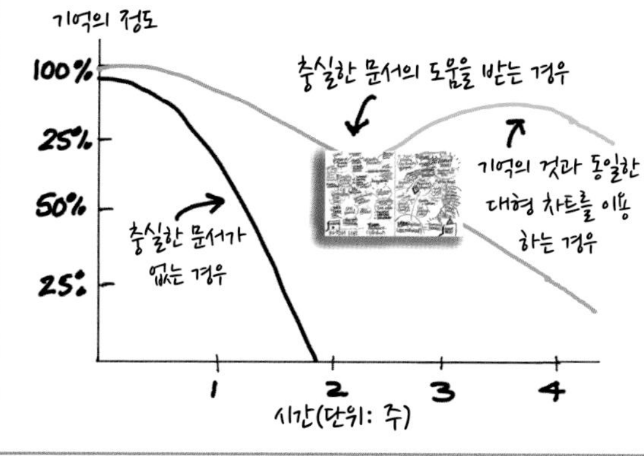

소통의 '운송' 모델

여러 해 동안 이것은 사람들이 의사 전달에 대해 생각하는 방식으로 존재해 왔다. 이것은 방송에서 유래한 것인데, 이야기 꾸러미를 만들기 쉽고 변질되지 않으며 목표로 하는 대상에게 잘 전해진다. 무척 매력적인 모델이지만 인지과학에서는 지지를 받지 못했다.

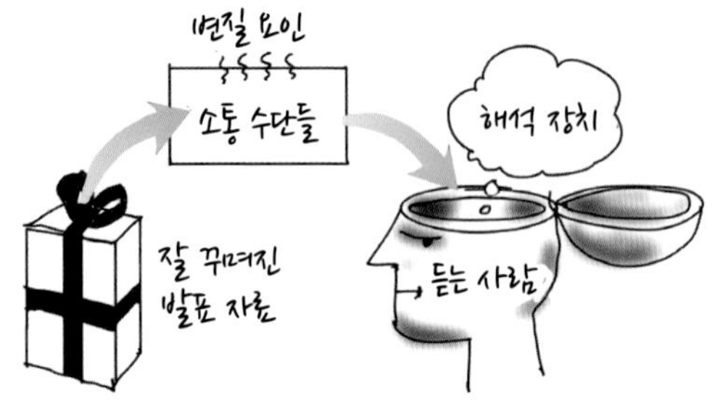

소통의 '응답하는 감정' 모델

토니 슈워츠를 비롯해서 수많은 사람들은 소통이란 이미 형성된 가치나 관심사 등에 말이나 이미지가 같이 어우러져 반향을 일으킬 때에 성공적으로 이뤄진다고 믿는다. 새로운 가치관이나 관심사를 형성하기 위해서는 새로운 경험이 필요한 것이지 사기꾼처럼 의사 전달을 해서는 안 된다.

드워터나 존슨의 이름이 나오지 않았다. 이 광고는 너무나 자극적이어서 겨우 며칠 동안만 방영이 되었다. 하지만 그 며칠간의 방영은 대단한 효과를 거두어서, 골드워터를 선택하는 것은 너무나 위험한 것임을 충분히 묘사해 줬다. 왜 이런 은유가 그렇게 대단한 영향을 미쳤을까?

저명한 언론학 교수인 토니 슈워츠는 그로부터 십 년 뒤인 1974년에 〈응답하는 감정 – 라디오와 텔레비전이 여러분을 어떻게 속이는지, 누구에게 투표하게 되는지, 어떤 것을 구매하게 되는지, 그리고 여러분이 어떻게 생각하는지〉라는 대단히 영향력 있는 책을 한 권 펴냈다. 이 책은 소통 영역의 내부를 들여다볼 수 있도록 도와준다. 그는 '데이지' 광고를 중심으로 한 연구 보고서를 통해, 예로부터 쓰이던 소통의 집단 운송 모델은 시대에 뒤떨어질 뿐 아니라 잘못된 것이라고 했다. 소통의 집단 운송 모델이란 자극적인 의사 전달을 하면 그것이 하나의 꾸러미로 만들어져서 일체의 손실 없이 여러 곳으로 퍼져나갈 수 있다는 전제를 가지고 있다. 그는 오늘날의 인지과학에서 사람들의 사고에 대해 사람은 자신의 생각과 이미지로 꽉 차 있음을 예로 들며, 사람들은 감정이 반응할 만한 자극이 있지 않으면 타인의 메시지를 해석하려 하지 않는다고 강력히 주장했다. 이것이 바로 '데이지' 광고가 대단히 자극적이었다고 평가되는 이유이며, 사람들의 반응은 이미 자신들이 가지고 있는 주관적인 취향이나 성향과 함께 만나서 퍼져나가게 된다.

리더십의 관점에서 볼 때에 사람들의 주관적인 성향을 이해하는 것은 소통을 위해 무척 중요한 요소다. 이것을 감지하는 능력과 시각적 표현력을 높이는 가장 좋은 방법은 시각 언어를 이용한 필기다. 여러분은 시각적인 언어를 이용해서 타인들이 이용하는 연상이나 은유, 이미지 등을 잘 듣고 기록하는 것을 시작해야 한다. 기술의 발달로 인해 다양한 태블릿이나 그림 프로그램 등을 부가적으로 활용하여 이러한 기록을 보조할 수 있다. 활발히 생각하고 표현하는 사람들과 마주할 때면 그들과 이야기를 나누고 논의가 진행되는 동안 여러분이 가지고 있는 공책을 스케치북처럼 활용해서 기록하면 된다.

다음에 이어질 내용들에서 여러분은 독자의 감성이 반응하도록 마련된 다양한 시각적인 요소들과 은유 등을 만날 것이다. 이것들 중 어떤 것이 여러분의 마음을 움직이는지 또는 움직이지 않는지는 자신이 가지고 있는 주관적인 성향에 따라 달라진다는 것을 미리 알고 있었으면 한다. 앞으로 펼쳐질 여러 아이디어들과 만나서 여러분이 그것을 어떻게 시각화하게 될지 한번 지켜보도록 하자.

제2부.

자신의 리더십 돌아보기

표준적인
운영의 뇌
이건 복잡하군.
크게 네 부분으로 나눠
볼 수 있을 것 같아.
모두 도대체
뭐하는 거지?

제2부. 자신의 리더십 돌아보기

제4장. 자체 조직 운영 방식은 어떠한가?

은유, 유추 및 심리 모델은 우리 두뇌가 사용하는 시각 언어로 된 문장이라 할 수 있다. 여러분의 조직이 시각화 혁명의 장점을 가지게 하려면 리더인 여러분 자신이 가장 먼저 시각화를 시작해야 한다. 본 장에서는 앞으로 이 책을 통해 계속 사용하게 될 몇 가지 중요한 정의와 관점을 수립할 것이다.

제5장. 어떤 조직을 이끌어가고 있는가?

여러분 머릿속에 형성되어 있는 수많은 심리 모델들 중에서 조직 전체를 생각할 때에 주로 사용하는 그 심리 모델을 제대로 이해하는 것이 가장 중요하다. 본 장에서는 조직에 대해 고려할 때 사용할 비주얼 프레임워크인 시벳/르사지 지속 가능 조직 모델과 각 단계별 발전 과정에서 필요한 비주얼 도구들을 소개할 것이다.

제6장. 비주얼 IQ 개발하기

이 장은 여러분에게 스스로 비주얼 지능을 개발할 수 있는 훈련들을 소개한다. 어떤 것들은 상상력 훈련이고, 또 다른 것들은 그림과 도표를 그리기에 관련된 것이다. 아울러 이 장에서는 여러분이 앞으로 조직에 관한 여러 가지 이슈에 대해 고민할 때 사용할 수 있도록 간단한 형태와 의미를 결합한 방법에 대해서도 설명할 것이다.

제4장. 자체 조직 운영 방식은 어떠한가?

심리 모델의 양면

사람의 인식은 우리가 생각을 통해 형성하는 것과 대화를 나누고 들은 것을 통해 만들어지는 것 사이에서 춤추듯 양쪽을 오간다. 이러한 연속적인 면을 살펴볼 경우, 여러분은 각각의 끝단이 동일한 뇌에서 다뤄지고 있음을 발견할 수 있을 것이다. 사람은 글자 표현 그대로 자신의 마음을 벗어날 수 없다. 우리는 감각, 특히 시각을 통해 얻게 된 정보들에 의해 쉽게 매혹된다. 아마도 '사람들은 자신이 들은 것의 10%를 기억하고, 본 것의 20%를 기억하며, 직접 겪은 것은 90%를 기억한다.'는 옛말을 들어본 적이 있을 것이다. 언급된 수치가 정확한지 따지고자 들면 논쟁거리야 많겠지만, 어디까지나 그 표현이 가리키는 일반적인 개념을 잘 알아야 한다. 외부 자극과 판단에 관한 이야기는 두뇌가 활동을 할 때 무척 많은 감각에 반응한다는 사실과 관련이 있다. 이러한 역학 관계는 상호작용을 동반한 시각화의 위력을 뒷받침해 주는 근본 원리다.

그러나 그런 자극들은 마치 컴퓨터의 운영 체계가 작동하듯 우리의 은유, 심리 모델 또는 패러다임 등을 통해 걸러진다. 은유, 심리 모델 등과 같은 것들은 과연 무엇인가? 만일 일반 회의와 특수 회의에서 여러분과 팀의 비주얼 씽킹을 확장하여 더욱 혁신적이며 참여도 높은 활동을 하려면, 이러한 개념들에 대한 스스로의 이해도를 높이는 것부터 시작해서 혼잡도를 줄이기 위해 여러분이 가진 편견을 평가해야 할 필요가 있다.

은유 및 모델과 관련하여 리더가 알아야 할 것은 무엇인가?

일단 몇 가지 용어를 정의하는 것으로 시작해 보자. 비주얼 지능과 관련해서 혼동하기 쉬운 단어들은 다음과 같다.

1. 이미지
2. 은유
3. 유추
4. 심리 모델
5. 프레임워크
6. 운영 체계

이미지

1. 사람, 동물, 물건 등과 비슷한 생김새나 대표적인 모습을 가시화한 사진, 그림, 조각 등.
2. 사물이 광학적으로 비춰진 모습.
3. (심리학) 과거에 인지했던 것에 대한 마음의 표현.
4. 형태, 모양, 외관.(예: 하느님은 인간을 자신의 이미지를 본따 만들었다)
5. 사본, 복제본, 닮은 꼴.(예: 아이는 어머니의 이미지다)
6. 상징, 기호, 문장.
7. 회사나 사람 등에 대해 사회적으로나 일반적으로 널리 알려지게 되는 평판.
8. (수사학) 특히 은유 또는 직유를 통해 언어로 표현하는 대상.

– dictionary.com

은유

은유란 어떠한 것을 관련이 없는 다른 개체와 특정한 면에서 비교해서 그것과 비슷하거나 같음을 주장하여 설명하는 문학적 수사법 중 하나다. 은유는 유추의 한 유형이며 알레고리, 과장 및 직유를 포함하는 연관, 비교 또는 유사 등을 통해 얻게 되는 수사학적인 화법들과도 밀접하게 관련되어 있다.

– 위키피디아

시각화의 가장 단순한 단계에서 우리는 마음속에 비주얼한 이미지들을 담는다. 여러분이 선호하는 휴가지를 떠올려 보면 아마도 연상을 통해 그곳을 그릴 수 있을 것이다(여기에서 연상, 상상 등을 의미하는 imagination이란 단어의 어근인 image에 집중하자). 어쩌면 여러분은 그곳과 관련된 일련의 기분이나 소리 같은 것도 느낄 수 있을지 모른다. 우리의 두뇌는 우리가 겪은 경험을 시각 · 청각 · 촉각 등의 감각과 함께 무척 다양한 언어 표현들로 한데 묶어서 기억하는 능력을 가지고 있다. 시인이나 예술가, 그래픽 디자이너들은 이런 '이미지'들을 불러온다. 이미지란 용어는 정보 통신과 관련한 부분에서 완벽한 복사본을 의미하기도 한다. '이미지'란 단어는 글자로 명확히 표현하기 어려운 많은 부분들까지 포함하기도 한다. 이 책에서는 '이미지'를 우리가 다룰 업무 영역 등을 감안하여 시각적인 대상 또는 시각화된 대상을 의미하는 일반적인 용어 안에서 생각하는 것으로 하자.

은유는 단순 비유보다 심오하다

은유란 말하고자 하는 바와 비슷한 것을 그 대상과는 원래 무관한 다른 것에 비춘 '이미지'라고 말할 수 있다. 이러한 관점에서 은유를 이해한다면, 여러분은 다른 사람들이 조직에 대해 이야기할 때 사용하는 표현들에서 많은 것을 들을 수 있게 된다. 그래픽 리코더는 다음처럼 듣고 표현한다.

- 우리는 힘을 활용해야 해 : 힘이나 능력을 기계에 비유
- 영업 실적을 어떻게 가속화할 수 있지? : 영업(실적)을 자동차에 비유
- 우리 프로젝트는 명확한 항로를 가고 있어 : 프로젝트를 항해에 비유
- 놀랄 만한 결실을 맺어 보자 : 능력을 과수원이나 곡물에 비유
- 포트폴리오의 가지치기를 제대로 못하면 문제가 생길 거야 : 포트폴리오를 나무에 비유
- 서로 연결된 밧줄을 단단히 동여매야 해 : 팀워크를 등반에 비유
- 그녀는 호랑이 상사야 : 강인한 면을 맹수에 비유

위의 예문을 읽으면서 그 '이미지'를 연상할 수 있는가? 시각화 전문가가 되면 언어 자체가 가지고 있는 은유적인 면에 대해 무척 감탄하게 된다. 사람들은 이해하고자 하는 것을 자신이 알고 있는 다른 것에 비유하며 살아가고 있다.

1986년, 영어 컨설턴트이자 교수인 가렛 모건은 비주얼 씽커 및 비주얼 리더들을 위한 추천 도서이며 베스트셀

러인 그의 책 〈조직의 이미지〉의 서문에서 다음과 같이 서술하고 있다.

> 기업의 임원, 행정관, 기업 컨설턴트, 정치가, 노동조합원 등 분야를 막론하고 유능한 관리자나 전문가들은 그들이 조직하거나 관리해야 하는 대상의 상황을 잘 '읽는' 기술에 능숙해야만 한다. 기술한 이론 및 조직 생활에 대한 설명들은 특정한 은유를 기반으로 함이 기본 전제인데, 우리는 그 은유를 통해 독특하면서도 부분적인 방식으로 조직을 바라보고 이해한다. 은유를 이용한다는 것은 일반적으로 세상을 이해하는 데에 이용하는 '생각하는 방식' 및 '바라보는 방식'임을 의미한다.

제6장에서 이 부분에 대해 다시 다룰 것이며, 또한 이런 종류의 은유적 사고 방법을 여러분의 조직에서 명확하게 사용하기 위해 확실히 연습해야 할 것들을 배울 수 있을 것이다. 은유는 어떤 면을 두드러지게 하거나 의미하게 하기 때문에 가렛 모건은 어떤 상황을 분석할 때 이러한 특성을 각각 하나씩 살펴보는 게 아니라 한꺼번에 놓고 분석했다.

유추는 은유의 연장이다 : 은유는 내용을 강조하거나 희미하게 한다

만일 여러분이 은유 하나를 선택해서 자세히 살펴본다면, 그것을 '유추한다'라고 표현할 수 있다. 지오반니 가베티와 잔 리브킨은 2005년 하버드 비즈니스 리뷰에 기고한 '전략가들은 실제로 어떻게 생각을 할까? 유추의 힘을 활용하기'에서 다음과 같이 표현했다.

> 익숙지 않은 문제나 상황에 직면했을 때에 노련한 관리자들은 종종 그들이 들었거나 봤던 유사한 상황을 기억해 낸 뒤 그 상황에서 얻었던 교훈을 찾아내어 현재 상황에 적용해 본다. 하지만 그런 관리자들은 그 과정을 그들이 유추하여 추론한 것이라고 인지하는 경우가 거의 없다.

만일 은유가 엉뚱하게 해석되고 그 은유가 희미하게 가린 부분을 발견하지 못한다면, 여러분이 행하는 유추는 잘못된 부분을 그대로 가지고 있게 된다. 지오반니와 잔은 리더로서 당면하게 되는 상황 중 겨우 15~20% 정도만 분석하기에 충분한 정보를 가지고 있기 때문에 그것에 포함된 사실을 근거로 해서 연역적으로 분석할 수 있다고 밝히고 있다. 리더로서 행하게 되는 대부분의 의사 결정 대상은 세세한 분석을 제대로 하기 어려울

은유는 유사성을 강조하며 차이점을 무시하게 한다

은유를 사용할 때에 일반적으로 우리는 비유하고자 하는 한 가지 측면을 강조하고 나머지들은 무시한다. 만일 은유를 아무런 생각 없이 잘못 사용한다면 이러한 점으로 인해 자칫 잘못된 해석을 하게 만들거나 그릇된 행동을 하게 만들 수도 있다. 다음의 예를 한번 살펴보자.

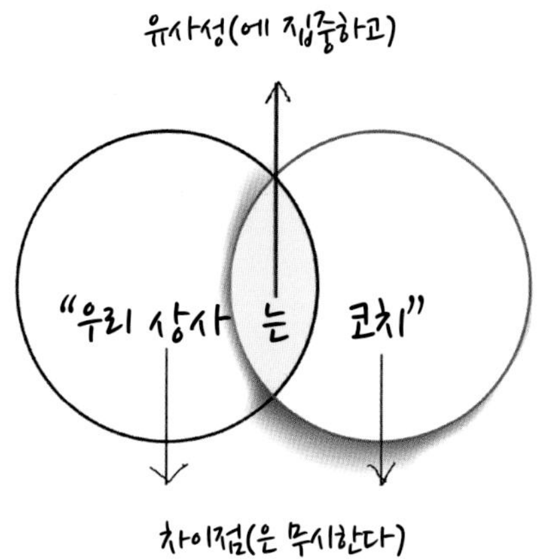

코치는 연습할 때나 곁에서 큰 영향을 끼치지 직접 실전에 참여하지는 않는다. 만일 리더인 여러분이 영업 과정 내에서 중요한 역할을 담당하고 있다면 어떠할까? 그렇다. 해당 상황에서 여러분은 말 그대로 실전에 참여하게 된다. 어떤 사람은 위 은유를 글자 그대로만 해석하여, 여러분이 실전에도 같이 참여하는 것을 전혀 생각지 않을 수도 있다.

안정성과 유연성이 결합된 은유

아메리카 컵 대회에서는 선체의 디자인이 승부를 결정하는 중요 요인인데, 왜냐하면 선체는 유연한 항해에 필수적인 안정성을 제공하기 때문이다. 선체가 하나인 보트의 경우에 용골은 수면 아래에 있어서 보이지 않지만, 선체를 여럿 이용하는 다선체 보트의 경우에 용골은 선체의 안정성을 높이며 항력을 낮추는 데에 큰 영향을 줘서 보트가 더 빨리 나아갈 수 있게 한다. 올바른 은유의 사용은 안정성과 유연성의 관계와 같이 모순이나 역설 관계일 수 있는 것을 손쉽게 풀어 주기도 한다.

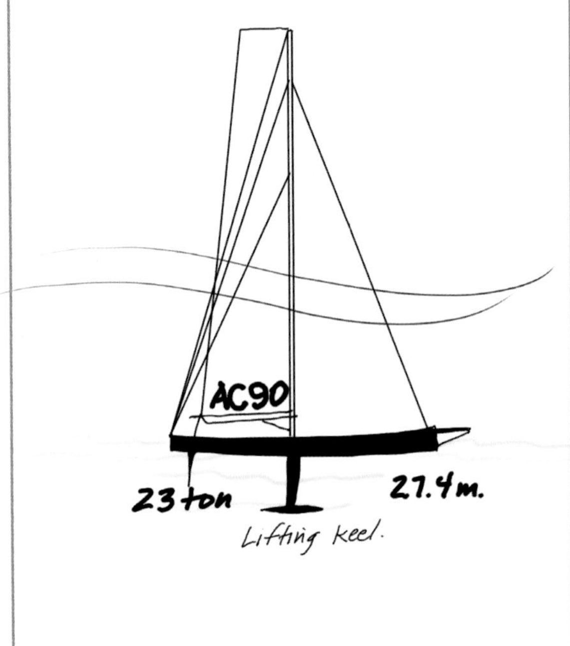

정도로 복잡하고 역동적인 상황에 대한 것이라서, 리더는 그들이 이해하는 상황을 가지고 유추한 시행착오에 의존할 수밖에 없다. 예를 들어 "우리가 고객을 위한 서비스를 노드스트롬처럼 하려면 어떻게 해야 하지?"나 "해당 아이디어에 대한 바이럴 캠페인을 벌여야 합니다."란 표현을 인터넷에서도 많이 찾아볼 수 있지 않은가. 유추는 중요한 부분에서 실패를 가져오기도 한다. 지오반니와 잔은 겉모습이 유사한 범죄자를 다루는 것과 같은 리더의 경향에 대해 지적했는데, 이러한 경향은 서로 다른 두 가지에 대해 상관관계를 맺어 기점화하고 편견을 가지게 되는 문제점을 낳아서 일을 그르친다고 했다. 기점화란 특정한 유추가 경영진에게 닻을 내리듯 뿌리박혀서 다른 조건이 바뀌는데도 계속 그것에 머무는 현상을 말한다. 편견은 리더가 자신의 입장을 고수하고 타인의 입장을 무시할 때 보이는 경향이다. 한편, 유추는 의사 결정 과정을 활발하게 하거나 반향을 일으키기도 하는데, 이런 경우는 사람들이 자신의 경험을 공유하고 연결해서 눈에 보이는 모순들을 해결하기 위해 노력할 때에 나타난다.

청바지로 유명한 리바이 스트라우스는 1990년대 초반 일반 소매 시장에 큰 도전을 맞게 되어 조직과 전략을 수정할 처지에 놓였다. 최고 경영층이 모인 위기 대응 회의에서 진지한 논의들이 진행되었다. 모인 사람들의 한 편은 리바이 스트라우스사가 지역 사회의 중심을 유지하고 공장 주변 지역에 관심을 기울이며 내부 직원들을 존중과 배려로 대해야 한다고 생각했다. 반면에, 다른 한 무리는 회사가 능률과 경쟁력을 갖추려면 옛날 방식을 고집할 필요 없이 더욱 현대적으로 탈바꿈해야 한다고 여겼다. 논의가 지속될수록 사람들이 양극화되어 가는 와중에, 퍼실리테이터를 맡고 있던 나는 "혹시 이 중에서 아메리카 컵 경기의 승패에 중요한 영향을 미치는 요인이 무엇인지 아는 분 계신가요?"라는 질문을 던졌다. 진행되던 논의는 갑자기 중단되어 버렸고 내가 던진 질문이 도대체 어떤 연관이 있는지 알 수 없던 사람들은 혼동에 빠졌다. 나는 말을 이어갔다.

"제가 알고 있기로는 승패를 좌우하는 가장 중요한 부분 중 하나가 선체의 설계라고 하더군요. 선체는 돛을 올리고 내리거나 조정하는 어떤 경우에도 확실히 믿을 수 있는 부분이어야 하고요. 자, 이런 점을 유추해서 한번 살펴보면 어떨까요? 리바이스의 보수적인 문화는 유연한 경쟁 우위를 가지는 데 실질적인 도움을 줄 수 있다고 말입니다." 그 이후로 논의는 훨씬 더 바람직하고 생산적인 분위기로 바뀌어 갔다. 물론 리바이 스트라우스사는 아메리카 컵 대회에 출전하지는 않는다. 특정한 유추를 너무 확장하면 문제가 발생한다. 하지만 다른 유추로 대상을 옮기면 대화를 고착된 상태에서 빠져나가게 하며 일부 다른 요인들을 강조할 수 있는 여력을 가지게 한다.

심리 모델은 고도로 발전한 유추이다

무엇을 바라볼 때에 유추를 하는 것이 습관화되는 경우, 그것을 더 적절하게 '심리 모델'이라 부를 수 있다. 심리 모델이 널리 받아들여지고 반복과 확인을 통해 검증되어 지지를 받게 된다면, 심리 모델은 생각의 체계(물론 이것도 유추적인 표현이기는 하지만) 속에 문화적으로 자리 잡게 된다. 학문의 모든 일반화(개요)는 다양한 심리 모델이다. 이런 법칙의 글자, 숫자 또는 그래픽 이미지 등으로 축약된 전제 조건은 우리가 사는 세상을 지배한다. 모든 사람은 조직과 리더십에 대해 이런 심리 모델을 이용해서 생각한다. 그것이 표준화가 되면 우리의 두뇌는 운영체계가 컴퓨터 소프트웨어를 관리하는 것과 유사한 방식으로 정보를 처리한다. 일반적인 심리 모델은 글자 그대로 여러분의 행동을 안내해서 다양한 상황에서 예측할 수 있는 결과를 찾게 한다. 심리 모델을 인식하는 것은 여러분이 그것을 업그레이드하고 여러분과 다른 생각의 방식을 가진 사람들과 함께 더 편리하게 일하기 위해 맨 처음 해야 할 일이다. 이러한 전제는 이 책에 담긴 의도 중 하나다. 또한 상호작용적인 시각화는 심리 모델들을 인식하고 그것을 업그레이드하기에 가장 직접적이고 강력한 방법이며, 피터 센지가 언급한 학습하는 조직의 다섯 가지 기본자세 중 하나이기도 하다. 우리는 제7장에서 좀 더 유용한 모델들을 시각화하는 예제를 몇 가지 살펴볼 것이다.

옆쪽 도표에 마련된 가렛 모건의 은유들을 통해 여러분의 조직을 비춰 보라. 그중의 특정한 것에 집착하거나 매달리지 말고 각각의 관점과 통찰을 이용해서 많은 것을 얻기 바란다. 여러분의 부하 직원이나 팀원에게 이러한 것을 수행하게 하는 것도 비주얼 리더십의 훌륭한 사례일 수 있다.

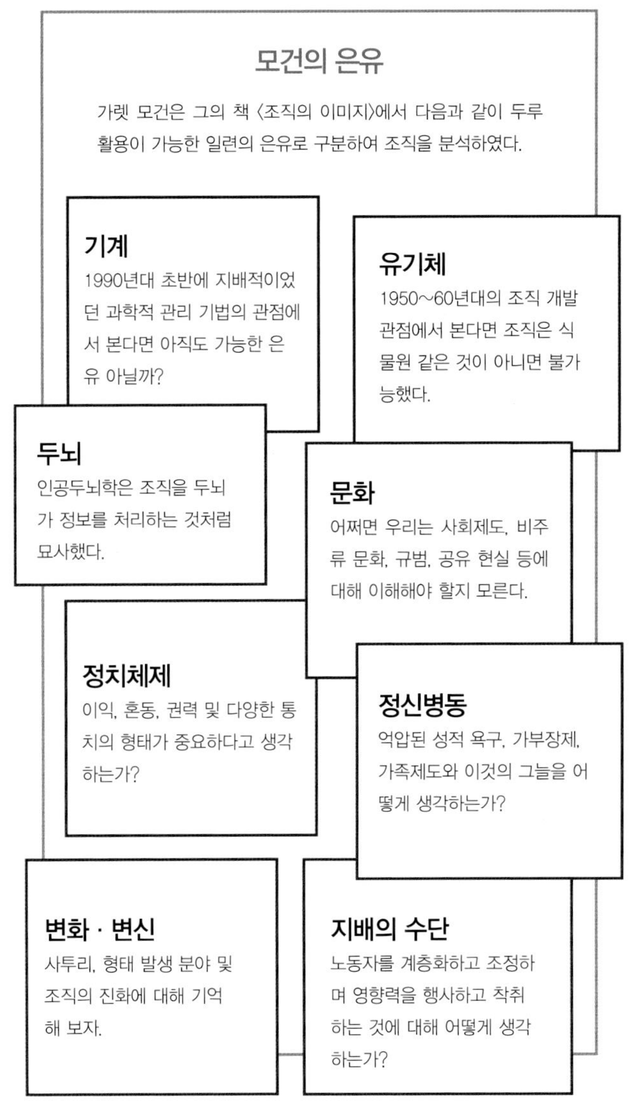

모건의 은유
가렛 모건은 그의 책 〈조직의 이미지〉에서 다음과 같이 두루 활용이 가능한 일련의 은유로 구분하여 조직을 분석하였다.
기계
1990년대 초반에 지배적이었던 과학적 관리 기법의 관점에서 본다면 아직도 가능한 은유 아닐까?
유기체
1950~60년대의 조직 개발 관점에서 본다면 조직은 식물원 같은 것이 아니면 불가능했다.
두뇌
인공두뇌학은 조직을 두뇌가 정보를 처리하는 것처럼 묘사했다.
문화
어쩌면 우리는 사회제도, 비주류 문화, 규범, 공유 현실 등에 대해 이해해야 할지 모른다.
정치체제
이익, 혼동, 권력 및 다양한 통치의 형태가 중요하다고 생각하는가?
정신병동
억압된 성적 욕구, 가부장제, 가족제도와 이것의 그늘을 어떻게 생각하는가?
변화 · 변신
사투리, 형태 발생 분야 및 조직의 진화에 대해 기억해 보자.
지배의 수단
노동자를 계층화하고 조정하며 영향력을 행사하고 착취하는 것에 대해 어떻게 생각하는가?

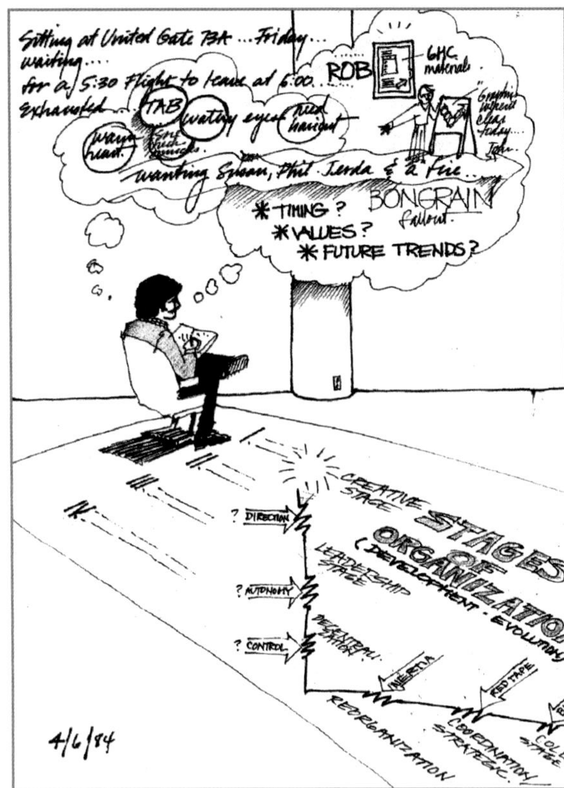

종이는 두뇌의 인터페이스

저명한 미래학자이며 박학다식하고 통찰력 있는 폴 사포는 종이는 우리의 생각을 볼 수 있게 하는 수단이라고 말했다. 다시 말해 나의 컨설팅 초기에 그렸던 이와 같은 그림처럼, 종이는 우리의 생각을 그려 내는 화면의 역할을 한다는 뜻이다.

왜 은유와 모델을 시각화하는가?

리더로서 시각화에 익숙해지면 여러분의 부하 직원들에게 전략이나 운영에 관한 의사 결정을 할 때 사용하는 은유, 유추 그리고 심리 모델에 대해 이야기해 보라고 독려할 만하다. 이것은 인식을 지닌 의사 결정의 기반이 된다. 비주얼 미팅의 백미 중 하나는 비주얼 미팅을 하면 은유와 모델에 대해 두려움 없이 즐겁게 탐색해 볼 수 있다는 점이다. 예를 들어, 의사 전달에서 중요한 부분을 차지하는 그래픽에 대해 이야기를 나눈다면 사람들은 각자의 중요 은유 및 모델에 대해 이야기하게 되는 것이지 그것을 사용하는 사람을 직접적으로 몰아세우지 않게 된다.

여기에 보이는 그림은 내가 컨설팅 활동을 하던 초기에 제작한 일지의 일부분이다. 공항에서 유럽으로 향하는 비행기를 기다리며 떠오른 생각을 스케치했다. 시각적으로 표현한 덕에 다양한 종류의 것들을 수록했고, 개인적인 면과 사업적인 면을 섞어 보기도 했으며, 조직의 프로세스를 상징하는 커다란 맵에 놓아볼 수 있었다. 사람의 마음은 이런 방식으로 다양한 수준의 인식이 뒤섞인 상태에서 동작한다. 표현하고 그리는 행위는 우리가 생각하는 패턴을 한목에 볼 수 있도록 도와준다.

비주얼 프레임워크는 개념 모델의 특수한 종류

여기에서 일지 속 그림은 조직 개발이 혁명에 의해 방해받는 진화 과정을 통해 이뤄진다는 심리 모델을 보여 주고 있다. 어쩌면 이런 것은 모델이라기보다는 프레임워크라 부르는 것이 적절할지도 모른다. 사실 이것은 아서 영의 프로세스와 래리 그라이너의 진화/혁명 그림을 융합한 것이다. 프레임이란 그림을 고정하는 액자형 구조물 또는 목공 작업을 할 때에 벽의 뼈대가 되는 것을 의미한다. 두 가지 경우 모두 프레임은 내용물의 주요한 부분이 아니며, 마치 여러분이 그것을 통해 들여다보며 생각을 하기 위해 둘러놓은 테두리와 같은 수단이다. 프레임이 얼마나 큰 영향을 미치는지는 회화 작품을 생각해 보면 쉽게 알 수 있는데, 우리가 아이디어를 내고 통찰을 얻을 수 있으려면 이 프레임워크를 통해 내용을 들여다봐야 한다. 제9장에서 살펴볼 비주얼 플래닝에서 사용하는 그래픽 템플릿은 프레임워크의 큰 부분을 차지한다. 비주얼 프레임워크는 살펴봐야 할 것과 관련된 것에 대한 근본적인 가정 조건들을 나타내 주지만, 한편으로 마치 건축물의 청사진 같은 실질적인 모델을 의미하는 것은 아니다. 뒷부분에서는 여러분이 리더로 있는 조직을 바라보는 서로 다른 일곱 가지 방법들을 설명하는 프레임워크를 소개할 예정이다.

각각의 프레임워크들은 그것이 발전하게 된 한 조직의 무대처럼 보이거나 더 복잡한 조직의 하위 구조처럼 보일 수도 있는데, 각 프레임워크가 보여 주는 차이는 여러분이 예리한 사고를 할 수 있게 도와줄 것이다. 간단히 말하자면 여러분은 마치 창문처럼 각 프레임워크를 통해 들여다보게 될 것이고, 여러분이 당면한 현황의 복잡성을 이해하게 될 것이다. 분석적 관점에서 본다면 은유, 비주얼 모델, 프레임워크는 다음 네 가지 특성들을 이용할 때 더욱 이해하기 쉬울 것이며, 그것의 머리글자를 따서 외우기 쉽도록 GIFT라고 부른다.

1. **그래픽(은유)** : 이것은 그림이나 그래픽 템플릿 자체를 의미한다. 그래픽은 사람들이 생각해 보기를 바라는 기본적인 요인들을 축약해서 나타내는 시각적 요소다.

2. **의도(목표)** : 여러분은 목적 및 목표에 따라 은유, 모델 또는 프레임워크를 이용하게 된다. 오른쪽 글 상자 속 지도의 예를 살펴보라. 여러분이 지도에서 뭔가 의미 있는 것을 찾으려는 것이 아니라면 그것은 단지 제한이 많은 도구일 뿐이다.

3. **느낌(경험)** : 이것은 은유, 모델, 프레임워크와 관련해서 개인적으로 경험한 것들을 의미한다. 음성 언어에서는 이것을 '함축'이라 부른다. 사람이 이렇게 생각하는 것은 과거 경험들이 얽힌 기억들에 의해 이뤄진다. 지도를 예로 든다면, 특정한 지형에서 실제로 1킬로미터를 걸어 본 개인적인 경험이 지도상의 축척과 만나 의미를 지니게 된다. 그래픽 템플릿을 이용할 경우라면 그것을 이용해서 여러분이 얼마나 많은 것을 기록할 수 있었는지에 대한 경험이 그 기반이 된다.

4. **영역(사실)** : 이것은 실제로 고민하고 고려하는 상황을 의미한다. 어쩌면 여러분은 특정한 관리 프레임워크를 선호할 수도 있다. 예를 들어 팀 개발과 관련한 투크만의 모델 같은 경우 형성, 돌진, 표준화, 성과 창출의 네 단계로 손쉽게 프레임워크 모델을 구성하고 있다. 하지만 만일 여러분의 팀이 이 모델에서 다루지 않은 '시행하느라 고생하는' 상태에 있다면, 지도상의 여러분 영역은 더 복잡한 정보들을 필요로 하게 될 것이다.

지도의 네 가지 요소

아서 영은 그의 프로세스 이론에서 네 가지 분석이 어떻게 이뤄졌는지 설명하기 위해 다음과 같은 지도의 유추를 이용했는데, 그는 우리가 이해해야 하는 상황들에서 다음의 네 가지 요소를 주의 깊게 살펴봐야 한다고 주장했다.

1. **그래픽 디자인** : 지도에는 그래픽 디자인 요소들이 존재한다. 그것은 종이나 화면에 있기도 하며, 특정한 무늬를 가진 것도 있다. 지도를 제대로 사용하려면 그래픽 디자인 요소들 두서너 가지는 알아야 한다.

2. **의도 · 목표** : 지도를 이용하려면 여러분이 지도상의 어디에 있고 어디로 가려 하는지를 알고 있어야 한다.

3. **축척과 경험** : 지도상의 거리를 알려 주는 축척은 이용법도 알아야 하지만, 만일 여러분이 1킬로미터가 얼마나 되는 거리인지 경험해 본 적이 없다면 그 축척은 아무런 의미를 주지 못할 것이다.

4. **영역** : 지도가 보여 주는 것보다 훨씬 더 사실적인 대상이 실제로 그 위치에 존재한다. 일반적인 지도에서는 의미를 축약한 부호로 표시하기도 하지만 그 지역의 실제 모습은 지도의 표시와 상당히 다를 것이 분명하다.

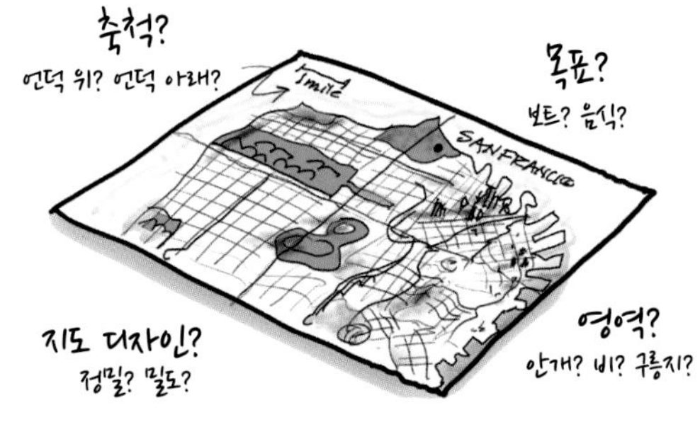

운영 체계 구분하기

필자의 저서 〈비주얼 팀〉에는 '비주얼 팀의 운영 체계를 위한 비주얼 공유 언어'라는 장이 있다. 거기에서 케네스 볼딩이 그의 저서 〈이미지: 생활과 사회에 관한 지식〉에서 설명한 심리 모델을 포함해서 '이미지'라 부를 수 있는 많은 종류의 은유와 심리 모델들을 다루고 있다. 여러분들이 지향해야 할 바를 찾아보려면 다음의 훈련을 해보는 것이 좋다.

1. 볼딩이 '이해하기 위한 기본 방법'이라 설명한, 일곱 가지 '사고의 프레임워크'를 읽어 보라.
2. 여러분이 이해하고자 하는 것이나 조직에서 리더로서 소통하고자 하는 것이 무엇인지 생각해 보라. 사례에 나와 있는 것에 여러분의 생각을 대체해 보라.
3. 각각의 모델에 대한 여러분 자신의 경험에 대해 생각해 보라. 어떤 것이 이해하기에 가장 쉬운지 0부터 10까지의 10점 척도로 표시하라. 여기에서 10점은 십 년 이상의 경험을 했을 경우에 선택한다.
4. 기본적인 면에서 어떤 모델이 여러분의 마음을 끄는지 살펴보고 각 프레임워크의 순위를 정하라.
5. 이제 여러분의 조직에 대해서 생각해 보자. 여러분의 조직과 관련된 일을 고민할 때 리더들이 가장 많이 사용하는 것은 어떤 프레임워크인가?
6. 만일 여러분이 기존의 것과 다른 프레임워크를 이용하여 리더들과 조직을 비춰 보면 어떤 일들이 일어날지 생각해 보라.

	무생물 심리 모델		
명칭	1. 정적인	2. 기계적인	3. 스스로 제어하는
설명	**구조, 프레임워크** 요소들의 **연결** • 요소는 상대적으로 영구한 듯 보임 • 관성 및 타성에 의해 묶여 있음 • 계층적이며 분류에 기반을 둠 건물, 지지판, 교량, 둑 및 모든 종류의 정적인 구조물	**시계태엽** 요소들의 연결 및 **동작** • 외부에서 전달되는 에너지 • 전체로서 동작함 • 모든 요소가 다 필요함 • 작용과 반작용, 또는 원인과 결과 시계, 엔진, 자동차, 보트, 비행기 및 모든 종류의 기계 장치들	**자동제어 시스템** 요소들의 연결, 동작 및 **적응** • 피드백이 중요함 • 항상성을 유지하며 균형을 이뤄 작동함 • 얼마나 빨리 변화할 수 있느냐에 따라 제한 받음 온도 조절 장치, 발전기, 컴퓨터 및 지능형 소프트웨어 등
취향 및 의도	구조에 대한 생각 계층에 대한 생각	실행에 대한 생각, 성과 극대화에 대한 생각	유연성과 조절에 대한 생각
경험치	1-2-3-4-5-6-7-8-9-10	1-2-3-4-5-6-7-8-9-10	1-2-3-4-5-6-7-8-9-10
선호도 순위	RANK 1-7 ☐	RANK 1-7 ☐	RANK 1-7 ☐

낮은 ———— 복잡도 ———— 높은

	생물 심리 모델			
명칭	4. 스스로 재생산하는	5. 스스로 성장하는	6. 스스로 움직이는	7. 스스로 반응하는
설명	**세포** 요소들의 연결, 동작, 적응 및 **재생산** • 자가 관리 • 자기 복제 • 세포의 존재 여부에 따라 요소의 존재가 결정됨 • 변화는 기본 세포, 바이러스, 단세포식물 등	**식물** 요소들의 연결, 동작, 적응, 재생산 및 **성장** • 생태계를 이룸 • 기본 단위가 개별 단위로 성장할 수 있음 • 성장을 위해 파종, 복제, 재성장을 함 꽃, 식물, 풀, 나무 등의 식물 생태계	**동물** 요소들의 연결, 동작, 적응, 재생산, 성장 및 **활동** • 외부 환경 조건을 변화시킬 수 있음 • 무리를 지어 다님 • 기분이나 요구 사항을 표현할 수 있음 조류, 포유류, 곤충 및 어류 등	**인류** 요소들의 연결, 동작, 적응, 재생산, 성장, 활동 및 **자기 인식** • 시간에 대해 생각할 수 있음 • 부호로 요약할 수 있음 • 자유의지를 실현할 수 있음 • 발명하고 개조할 수 있음 가족, 무리, 팀, 회사, 지역사회, 문명 등
취향 및 의도	재생 및 복제에 대한 생각	상황 및 상호 의존성에 대한 생각	협업 및 네트워크 효과에 대한 생각	인식, 윤리 및 사회적 역학 관계에 대한 생각
경험치	1-2-3-4-5-6-7-8-9-10	1-2-3-4-5-6-7-8-9-10	1-2-3-4-5-6-7-8-9-10	1-2-3-4-5-6-7-8-9-10
선호도 순위	RANK 1-7 ☐	RANK 1-7 ☐	RANK 1-7 ☐	RANK 1-7 ☐

낮은 ——— 복잡도 ——— 높은

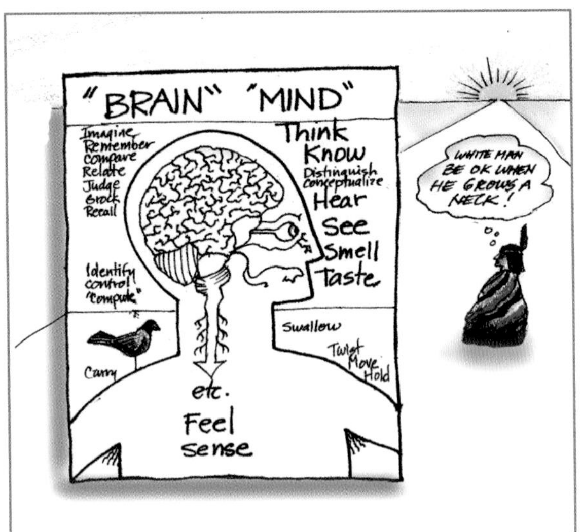

우리는 이 세상의 지혜를 확보할 수 있을까?

미국 캘리포니아 주의 시에라네바다 산맥 동쪽에서 발생되는 일들 중에는 확연하게 자연과 밀접한 관련이 있는 것들이 존재한다. 꾸준한 관심을 가지고 관찰하면 인간이 생활 체계의 깊은 연결 고리에서 어떻게 지속적으로 벗어나는지 알 수 있게 된다. 이런 현상은 우리가 삶의 대부분을 두뇌 활동과 관찰에 쓴다면 이해할 만하겠지만, 이제는 우리가 자랑스러워하기 어려운 유산들이 쌓여 가고 있음을 발견할 수 있다. 우리가 생각을 깊게 하는 방식을 어떻게 바꿔 가고 있는지는 인류가 변화하고 지속하는 데에 필수적인 이슈다. 1980년대에 그려진 위 그림은 이에 대한 나의 생각을 반영한 것이다.

여러분의 운영 체계를 바꿀 수 있는가?

조직에 대해 생각하는 방식, 그리고 조직에서 리더십은 우리가 성장하면서 점점 자리를 잡게 된다. 이것을 형성하는 데에 가장 영향을 많이 주는 요인들은 우리가 이런 저런 조직에서 여러 해 동안 직접 겪은 경험들이다. 사람들은 최소한 한두 가지 이상의 깊은 경험을 직접 하게 되는데, 이것들은 실험적인 은유를 형성하고 세상을 이해하는 무척 많은 부분에 영향을 준다.

개신교의 종교적 환경에서 성장한 덕에, 나는 조직이 심오한 가치에 어떻게 인도되는지 알 수 있었다. 십대에 정원 일로 시작해서 농업 관련 일들을 경험한 나는 손쉽게 농사와 관련한 미묘한 용어들로 생각을 할 수 있었다. 그 이후 커뮤니케이션과 관련된 일을 하면서 매체, 글쓰기 및 시각화에 대해 이해할 수 있게 되었고, 사업체를 차려 운영하면서 리더십의 모델을 발전시킬 수 있었다. 실리콘 밸리 인근인 샌프란시스코 지역에 살게 되면서 많은 종류의 신기술과 이에 따르는 도구들, 그리고 그들의 생각하는 방식을 경험했다. 이런 경험에서 얻은 은유와 모델들은 이 책에서 볼 수 있듯이 내가 사물을 바라보는 방식에 자리 잡고 있다.

자신에게 영향을 많이 준 경험에는 어떤 것이 있는지 회상해 보라. 사람들이 집단으로 협력하는 것에 대해 어디에서 배웠는가? 대규모 조직에 대한 경험 기반의 생각하는 틀은 어떤 것이 있는가? 여러분이 생각하는 리더십의 심리 모델은 무엇인가? 아마도 여러분이 상당 기간을 보냈던 곳이 여러분의 생각을 형성하는 데에 영향을 많이 미쳤을 것이다.

다음에 이어지는 두 개의 장은 여러분이 편안하게 생각하는 것보다 약간 더 많이 연장하도록 요청하게 될 것이다. 우선 우리는 조직 개발과 관련하여 일반적인 사고방식 몇 가지를 살펴보고 여러분이 이끄는 조직의 종류를 어떻게 시각화할지 경험하게 할 것이다. 그 다음에는 몇 가지의 사례를 통해 여러분 자신만의 시각적 판단 능력을 형성하는 연습을 할 것이다. 제3부에서는 다시 비주얼 리더십에 관한 주요 도구들을 살펴보면서 다른 조직과 리더들은 어떻게 했는지에 관해 유익한 사례들을 접하게 될 것이다.

제5장. 어떤 조직을 이끌어가고 있는가?

개발 단계별 도구들

본 장에서는 조직이 어떻게 발전하는지 그리고 여러분이 이끄는 조직은 어떤 종류의 조직인지 큰 그림 수준에서 살펴보고, 어떤 도구들이 유용할지 알아보겠다. 아울러 조직에 대해 생각할 때에 어떻게 시각적인 방법을 이용할지 소개할 것인데, 여러분의 시각적 사고를 활성화하기 위해 비주얼 모델의 상세한 부분들은 직접 채우도록 꾸몄다.

조직화란 어떤 의미일까?

사람들은 종종 "저 리더는 조직을 잘 구성했어."라거나 "이 프로젝트는 정말 잘 준비됐어." 같은 표현을 한다. 이것은 과연 어떤 의미를 가질까? 조직(organization)이란 단어의 근본 은유는 바로 생물의 기관 · 장기(organ)인데, 인체 및 인체의 서로 다른 각 부분들이 조화롭게 구성되고 작동하는 것을 나타낸다. 그런데 각각의 부분들은 어떻게 조직으로 연결되어 있을까? 물리적 기간 설비의 관점에서 본다면 서로 다른 기계와 메커니즘이 바르게 작동하도록 연결되어 있음을 볼 수 있다. 이것을 조직의 커뮤니케이션 및 상호작용의 관점에서 본다면 상호 간의 연결은 결과를 내기 위해 한데 모인 사람들 간의 공통된 심리 모델과 관련된 부분이라고 볼 수 있다. 이것들 또한 시각적인 인식 방법임을 알 수 있다. 앞의 제4장에서 설명한 것처럼 은유와 심리 모델은 인간이 복잡한 것을 이해하기 위해 사용하는 방식이며, 모든 종류의 영역에서 우리가 겪은 특정한 경험 속에서 특정한 형식을 찾아내어 수행하게 된다. 일곱 가지로 설명한 일반적인 사고의 프레임워크는 어떤 의미에서 조직을 이해하는 방법이라 할 수 있지만 다소 정적이기도 하다. 자, 이제 실제 조직의 역동적인 면이 잘 반영된 것들을 좀 더 살펴보자.

이 모든 것이 조직·기관의 일반적인
양상을 대변할 수 있을까?
응, 맞아. 제4장에서
다뤘잖아.

조직적 선택을 하도록 이끄는 목적 및 목표

조직의 형태는 추구하는 바에 따라 달라진다. 때로는 거시적 수준에서 '콘셉트'라 부르는데, 이것은 조직을 나타내는 방식을 고려하는 데에도 영향을 미친다. 엘리 골드랫이 저술한 〈목표 – 지속적인 개선의 과정〉은 조직 개발에 대한 책인데, 망해가는 형편을 정상화하지 않으면 6개월 뒤에 사주가 문을 닫게 될 공장의 젊은 관리자가 나오는 소설이다. 이 젊은 관리자는 자신이 해결해야 하는 일이 너무 혼란스러워서 고민하다가 어느 날 공항에서 경영 컨설팅을 하는 친구와 마주치고 자신의 문제를 이야기하게 된다. 컨설턴트인 친구는 "네 회사의 목표가 무엇인지 알고 있어?"라고 묻지만 그는 그 질문의 의미를 이해하지 못한 채 질문을 퍼붓게 되고, 컨설턴트인 친구는 비행기를 타야 한다며 가버린다. 독자로 하여금 그 젊은 관리자가 회사의 목표를 어떻게 확인하게 될지 궁금증을 자아내게 하는 부분이다.

젊은 관리자는 결국 그의 공장이 가진 진짜 목표가 더 큰 회사가 되기 위해 돈을 벌어야 하는 것이라는 사실을 깨닫게 되고, 나아가 사람들에게 일자리를 제공하거나 지역사회에 공헌하는 등의 다른 목표까지도 생각하게 된다. 더 나아가 그는 그 공장의 진정한 존재 가치는 공장 소유자에게 이득을 가져다주는 것임을 발견한다. 젊은 관리자가 이러한 내용들을 컨설턴트 친구에게 전화로 설명하자 친구는 칭찬을 하며 또 묻는다. "너는 지금 돈을 벌고 있다고 생각해?"

물론 그렇지 않았기에 관리자의 대답을 듣지 못한 컨설턴트 친구는 전화를 끊었고, 젊은 관리자는 또 다시 고민하기 시작한다. 만일 여러분이 품질관리 도구들에 대해 관심이 있다면 일독을 권한다. 왜냐하면 젊은 관리자는 계속하여 엔드-투-엔드 프로세스나 재고, 병목현상 등에 대해 고민하고 배우게 되기 때문이다. 소설의 형식을 이러한 아이디어로 구현하여, 저자는 독자들에게 잊을 수 없는 기억을 만들어 준다. 많은 것들이 어떻게 정리되고 구성되는지 잘 이야기하는 것은 조직의 리더에게 꼭 필요한 역할 중 하나다. 하지만 옆의 글 상자에서 볼 수 있듯, 이윤 추구만이 조직이 가지는 유일한 목표는 아니다. 기업은 성장과 함께 다양한 단계를 거치며 달라지고, 그에 따라 기업의 목표도 변화하게 된다. 또한 이러한 목표만이 최우선 순위의 고려 사항인 것은 아니다. 일단 목적이나 목표를 정하게 되면 현실 및 각종 제한 요소들과 그 즉시 마주칠 수밖에 없다. 여러분이 처한 상황은 여러분이 바라는 대로 되지 않을 수도 있고, 직원들이 적절한 재능을 가지지 못할 수도 있다. 조직의 각종 절차와 과정이 적절치 않을 수도 있고, 여러분이 바라는 태도는 문화적 규범이나 가치로 인해 갖춰지기 어려울 수도 있다. 그렇다면 여러분은 이런 복잡한 상황들을 어떻게 고려할 수 있을까?

기업이 추구하는 것들

성장의 기반을 다지고 더 큰 기업으로 발전하기 위해 많은 조직에서는 각각 서로 다른 요구 사항을 가지게 된다. 기업이 추구하는 일반적인 결과들의 예는 다음과 같다.

여러분에게는 어떤 목표가 주어지는가?

- ☐ 기발한 아이디어의 도출
- ☐ 선도적인 제품 또는 서비스를 통한 매출 증대
- ☐ 정책들에 대해 지지하는 유권자 증가
- ☐ 서로 다른 특정 영역에서 보이는 다양한 행동들을 포괄하는 것
- ☐ 설립자 이상의 삶을 사는 것
- ☐ 투자에 대해 적절한 이윤을 거두는 것
- ☐ 광범위한 기업들을 아울러서 매출과 비용을 조절하는 것
- ☐ 새로운 영역이나 시장에 진입하는 것
- ☐ 제품이나 서비스에서 혁신적인 것을 만드는 것
- ☐ 조직 전반에 걸쳐 성공적인 가치를 창출하는 것
- ☐ 사람들의 생각과 행동을 더 넓은 수준으로 변모시키는 것

조직의 형태는 강물처럼 역동적이다

조직을 그 구조에 관점을 둬서, 조직도에 나타나듯 역할들이 정렬된 것처럼 정적인 방식으로 생각하면 무척 편리한데, 이것은 인간이 다양한 종류의 기계에 둘러싸여 살아가듯 우리가 잘 아는 것들을 무생물의 심리 모델로 이용하는 것의 이점이다. 하지만 여러분은 조직도라는 것이 그저 편리하게 단순화시켜 놓은 것일 뿐이며 조직이 실제로 하는 일에 대한 설명은 없다는 사실을 이미 잘 알고 있다. 생물을 공부한 학생이라면 생태계의 구조는 에너지의 흐름에 따라 성장한다는 것을 알고 있을 것이다. 자연에서 이러한 에너지 흐름의 원천은 물, 햇빛, 동물 및 식물의 생애 등이 되며, 인간의 조직에서는 정보, 돈 및 타 조직들에 대한 관심 등이 된다. 여러분의 목표는 그것들을 받아들이는 시점에 따라 달라진다.

여러분은 강의 급류를 따라 내려오는 래프팅을 경험해 봤거나 영화에서 본 적이 있을 것이다. 강은 계속 한결같이 흐른다. 하지만 강물은 지형과 함께 물의 양이나 외부의 힘에도 영향을 받는다. 노련한 래프팅 경험자들은 급류가 보여 주는 역동적인 모습이 특정한 상태를 반복하는 것에 따라서 계곡에 대해 구분을 하는데, 여러분이 계곡의 래프팅 안내자가 되려 한다면 그 구분을 잘 알고 있어야 한다. 노련한 안내인이라면 계곡의 일정한 구간을 다음과 같이 구분할 것이다.

1. **풋인(Put-Ins)**: 이곳은 물결이 잔잔해서 보트에 올라 래프팅을 시작하기 좋은 곳이다.
2. **거칠거나 잔잔한 물결 구간** : 계곡의 물결 또는 급류 구간은 일반적으로 1에서 5까지의 등급으로 분류한다.
3. **폭포** : 물살이 낙하하는 지점뿐 아니라 그 주변까지 아우르며, 폭포수를 거슬러 올라갈 수는 없다.
4. **풀아웃(Pullouts)**: 이곳은 물결이 잔잔한 곳인데, 모래톱이 있어서 점심 식사를 즐길 수도 있다.
5. **홀(Holes)**: 홀은 바위 주변에서 물결이 소용돌이치는 곳을 의미하며, 이것도 등급이 있다.

래프팅에서 다양한 도구와 방법이 각각의 상황에 맞춰 필요한 것은 당연한 일이며, 그것은 조직에서도 마찬가지다. 자, 이제 위에서 본 급류의 구간을 은유로 이용해서 조직의 단계와 상태를 살펴보도록 하자.

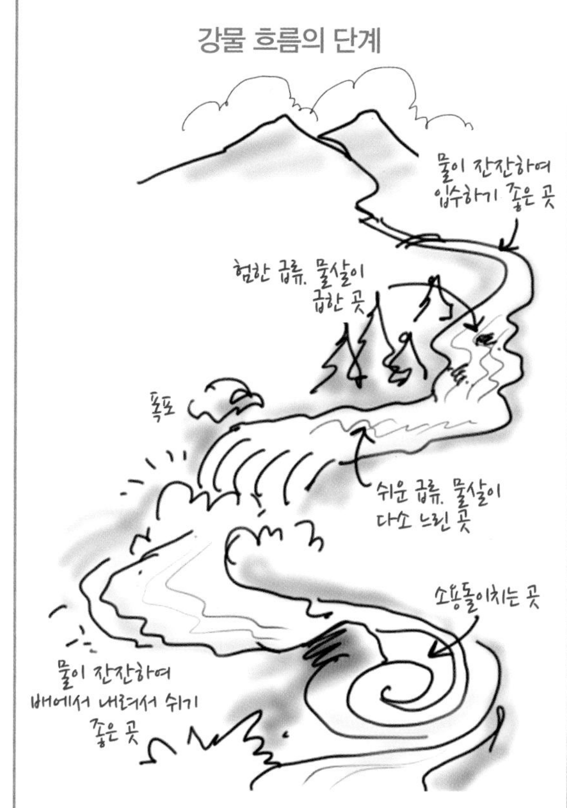

강이란 것은 끊임없는 물의 흐름이지만 그 성격이나 상태에 따라 다양한 이름이 붙여진다. 사실 무척 역동적이며 물이 흘러감에 따라 다양한 상태로 변화하지만, 그런데도 자연현상에는 변하지 않는 것들이 존재한다. 이와 같은 생각은 조직을 고려할 때 무척 유용한 관점인데, 각 요소들을 되풀이하며 계속 똑같이 움직이고 있지만 다양한 에너지와 자원의 흐름에 따라 상세한 부분들이 변화하는 것을 주의 깊게 봐야 한다.

지속 가능한 조직의 형태

여러분의 조직은 어떤 단계인가?

이 표의 그림은 지속 가능한 조직의 일곱 가지 단계를 나타낸 것인데, 왼쪽에서 오른쪽으로 갈수록 그 구조가 복잡해진다. 각 상태의 조직은 구성원들이 조직을 이끌어가는 목표를 서로 공유하며 그에 따르는 제한점들을 잘 해결한다면 충분히 안정적이고 성공적으로 유지될 수 있다. 다른 형태로 조직이 바뀌는 것은 내부 또는 외부 조건의 영향으로 변화할 때에 나타날 수 있다.

여러분 조직에 맞는 특성을 확인하자

여러분은 현재 어디에 목표를 두고 있는가? 새로운 단계로 도약하고 싶은가? 현재의 조직은 지속 가능한 상태인가?

다음은 여러분이 표를 보면서 기억해야 할 역동성과 관련된 시각적인 표현들이다. 맨 아래의 회전 원반은 해당 요인의 규모에 따라 크기를 다르게 표현했다.

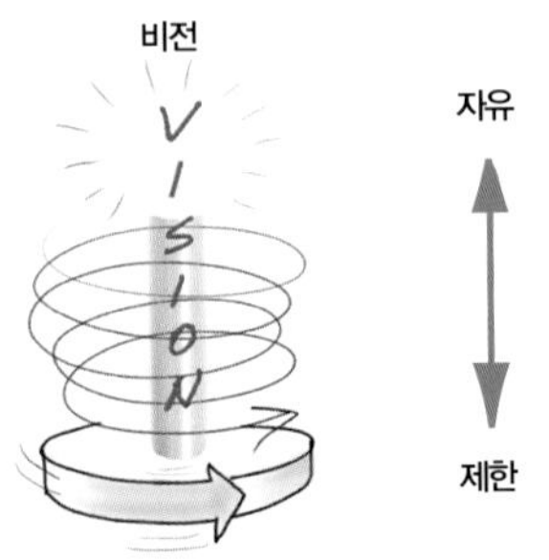

1.

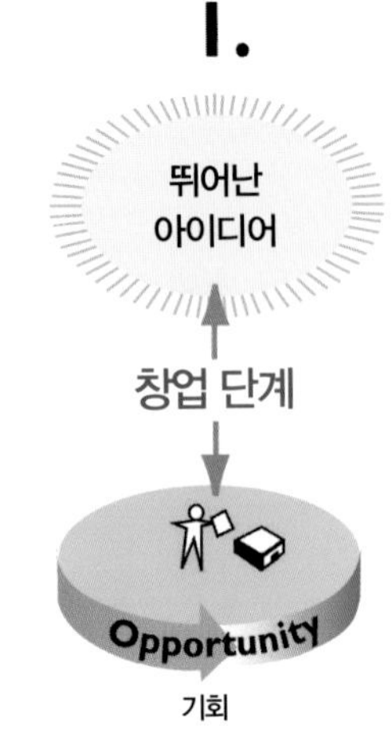

창업 단계의 기업은 강력한 아이디어가 꼭 필요하고, 그것을 실현할 수 있는 기회가 필요하다. 이 단계의 기업은 다음 사항들에 주목한다.

- □ 비전과 스토리 만들기
- □ 첫 고객 발굴
- □ 비전을 잘 보여 주는 명칭과 브랜드 선정
- □ 아이디어를 구현할 수 있는 사람들의 채용
- □ 초기 의사소통과 이를 전달하기 위한 기반 구축

2.

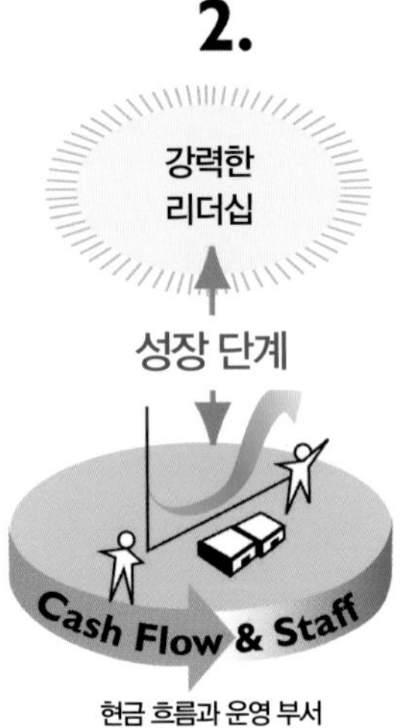

성장 단계의 기업은 매출을 가져다주거나 기업 성장에 꼭 필요한 대표 상품 또는 서비스에 집중하게 된다. 이 단계의 기업은 다음 사항들에 주목한다.

- □ 가장 확실한 제품이나 서비스를 파악하여 그것을 적극적으로 마케팅하기
- □ 모든 구성원들이 노력을 집중하도록 유도하기
- □ 추진력의 유지
- □ 최우선적인 목표와 무관한 것들의 정리

3.

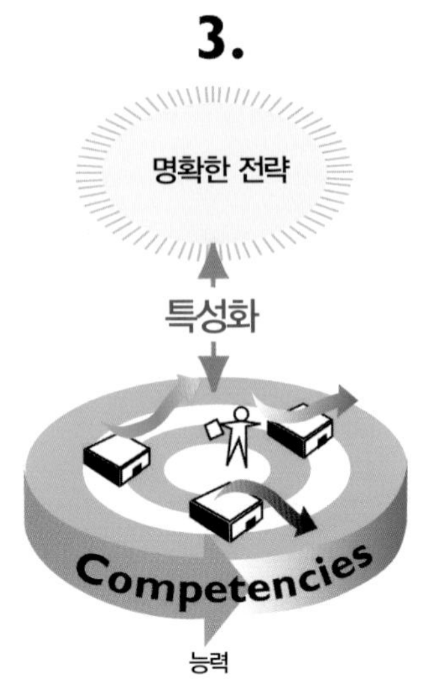

특성화 단계의 기업은 활동의 다양성을 유지하려 하는데, 그것에는 시작과 성장 및 전문화 등이 다 포함된다. 이 단계의 기업은 다음 사항들에 주목한다.

- □ 명확한 전략을 세우고 각각의 부문에 맞춰 부문별 목표 수립하기
- □ 유능한 리더의 고용
- □ 성장 중인 분야에서 생긴 자원들을 새로운 분야에 투입하기
- □ 각각의 부문들에 대한 전문화

4.

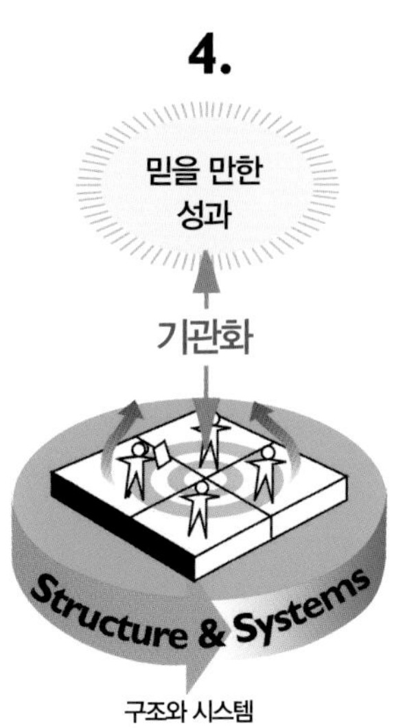

기관화 단계의 기업은 일련의 리더들보다 더욱 기업의 구조, 시스템 및 과정의 항상성을 유지한다. 이 단계의 기업은 다음 사항들에 주목한다.

□ 믿음직함 시스템과 구조의 구축
□ 장기 투자 및 기업에 이윤을 가져다주는 사업에 대한 기획
□ 보고의 정례화
□ 회계 및 소통의 굳건한 기반 구축

5.

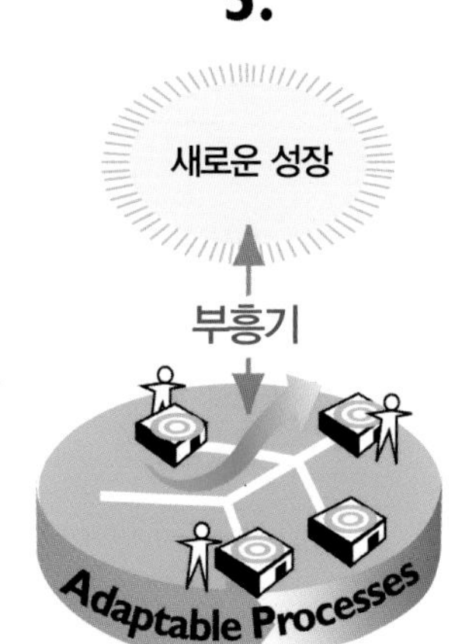

부흥기 단계의 기업은 새로운 영역 및 새로운 시장에 진입해서 성장하는 데에 집중하게 되며, 마치 살아있는 식물들처럼 기존의 과정과 시스템을 복제해서 늘여나가는 방법을 배우게 된다. 이 단계의 기업은 다음 사항들에 주목한다.

□ 명확하고 복제 가능한 절차
□ 각종 자원의 엔드-투-엔드 플로를 합리적으로 만들기
□ 소통의 집중화
□ 과정을 중시하는 리더 집단의 개발

6.

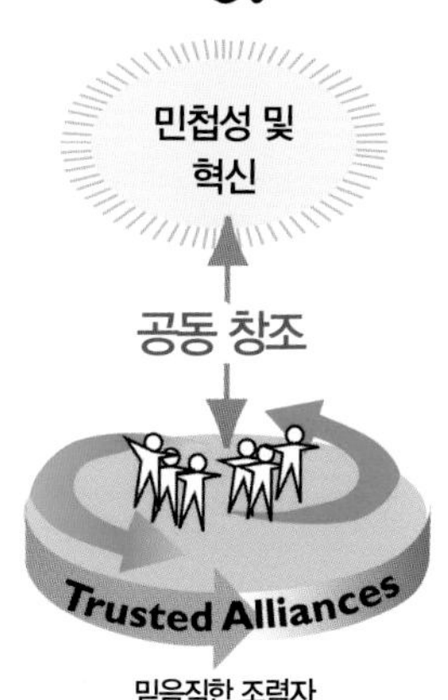

공동 창조 단계의 기업은 새로운 제품과 서비스 및 혁신에 관심을 가지는데, 이를 위해서는 조력자와 파트너들로부터 지속적으로 새로운 정보와 자원이 투입되어야만 한다. 이 단계의 기업은 다음 사항들에 주목한다.

□ 믿을 만한 협력 관계의 조성
□ 강력한 브랜드와 기업 문화의 유지
□ 가치 웹 내에서의 네트워킹 및 관계 형성
□ 협력 작업 및 공개 모집을 위한 기반 조성

7.

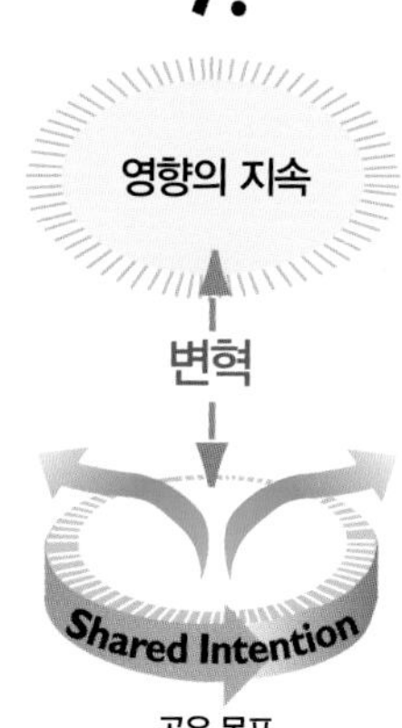

변혁 단계의 기관은 기업이 미친 영향력을 이어가는 것 및 생각과 가능성에 대한 새로운 패러다임을 지원하는 데에 신경을 쓴다. 이 단계의 기업은 다음 사항들에 주목한다.

□ 인지도를 제고하고 공유 목표를 이루기 위해 조직을 편성하기
□ 비전의 명확화
□ 새로운 원칙으로 자리 잡기 위한 개개인의 실행 독려
□ 새로운 결의

일곱 종류의 조직 및 그들이 사용하는 도구들

앞에서 본 것과 같이, 각각의 조직 형태를 거기에 맞는 명칭과 함께 푸른 색 원반 위에 놓인 구조의 그림으로 핵심 사항을 설명했다. 여기에서 사용한 그래픽은 간단하고 개념적인 프레임워크를 통해 여러분의 조직을 들여다볼 수 있게 도와줄 뿐만 아니라 글자로 서술된 내용들을 살펴보는 데에도 도움을 준다. 그림과 글자는 두뇌의 다른 부분을 활성화시키고 영향을 미치며, 주로 이 두 가지가 함께 모여 충분히 이해할 수 있도록 작용한다. 슬라이드 프레젠테이션에서 간단한 이미지를 활용하고 그것에 대해 설명하는 것이 효과적인 이유도 마찬가지다. 사람들의 언어적인 부분과 시각적인 부분은 함께 동기화된다.

그림에는 충분히 표현되지 않은 부분이 있을 수 있는데, 현실에서 사물들이 함께 어울려 있는 이유를 여기에서도 찾아볼 수 있다. 자연에서는 단순한 것들이 그것보다 복잡한 시스템의 하위 시스템이 되곤 하는데, 이는 조직에서도 마찬가지다. 단순한 조직은 더 큰 조직의 일부가 되어 조직을 구성한다. 초기 단계의 조직에서 사용한 도구나 습득한 능력들은 그 이후 단계의 더 큰 조직으로 옮겼을 때에도 계속해서 함께 가지고 가게 된다. 이와 같은 이유로, 하위 단계의 조직에서 언급한 도구는 상위 단계의 조직 설명에 되풀이해서 기재하지 않았다.

1. 창업 단계

일관된 조직 중 가장 간단한 형태인 창업 단계는 반짝이는 아이디어와 그것을 실현할 비용을 지불할 용의가 있는 사람이 만나면 나타나게 된다. 기업가가 이를 가능하게 하기 위해서는 흔히 사업 계획서의 형태로 나타나는 잘 구성된 이야기가 우선적으로 필요하다. 비영리 기관의 경우에는 뛰어나게 작성된 보조금 제안서나 핵심 기부자가 필요하다. 벤처캐피털리스트나 벤처 투자회사는 창업 단계의 회사가 이러한 계획을 상세히 갖췄을 것이라고 생각하지 않는 경우가 많다. 하지만 이러한 계획서들은 리더가 가진 경쟁력의 수준을 평가하는 수단으로 사용되기 때문에, 진정으로 신뢰감이 가는 내용과 함께 누구든 간에 자신 있게 상대할 수 있는 개인의 능력을 갖추는 것이 가장 중요하다. 여러분이 사업에 대해 충분히 깊게 고민한다면 사업 계획을 완성해 가는 과정을 통해 이 같은 모습을 갖춰갈 수 있음은 다양한 근거들로 입증되고 있다. 이 때문에 창업 단계의 조직이 하고자 하는 이야기를 강력하게 전달하기 위한 수단으로써 명칭, 명함, 웹 사이트, 배포 또는 제출용 자료 등을 갖춰야 할 필요가 있다.

창업 단계의 조직이 이용할 만한 시각적 도구들은 다음과 같다.

☐ 로고
☐ 시각화한 비전
☐ 시각화한 사업 계획
☐ 소개용 영상
☐ 마케팅에 중점을 둔 웹 사이트

2. 성장 단계

언젠가는 여러분이 꾸준한 수입의 증가나 지지자의 증가(비영리 기관일 경우)를 바라게 될 때가 올 것이다. 이 시기에는 일반적으로 대표 제품 또는 서비스에 집중하게 되며, 창업 단계에서 가졌던 '무엇이든 상관없어'라며 일을 해내던 에너지를 좀 더 집중해서 정렬된 노력으로 만들 필요가 있다. 또한 이 시점에서는 뛰어난 전략 도구가 필요하게 되는데, 그 이유는 시장에 대한 이해를 통해 여러분의 조직이 가진 능력을 모아서 더 큰 성과를 만들어 내야 하기 때문이다. 성장 단계의 조직은 주로 효율성과 실행을 강조하며 기업의 활동을 이끌 신제품 출시와 주요 이벤트에 집중하게 된다. 계기(momentum, 기업 성장의 추진력)와 굳은 결의, 그리고 그것의 실행이 무척 중요하다. 파도타기의 은유를 빌어 표현하자면, 때로는 성공이란 흥미와 관심의 파도를 올라타고 열심히 물살을 헤쳐 가는 과정에서 나온다.

빠른 성장을 목표로 하는 성장기의 조직에서는 다음과 같은 도구가 도움이 될 것이다.

☐ 전략적 비전의 기본 과정과 그래픽 템플릿
☐ 상황판 위에 시각화한 환경 요인들
☐ 시장을 세분화한 맵
☐ 영업 절차의 시각화
☐ 설명하기 위해 프레임워크로 사용할 S 커브

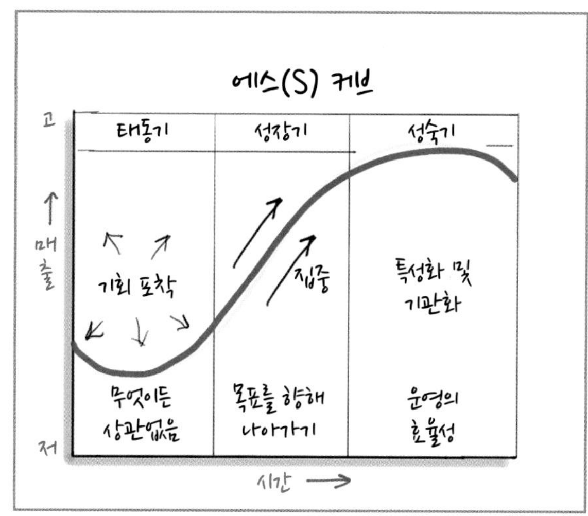

S 커브

기업의 성장 단계를 이해하기에 가장 간단한 방법은 그림과 같은 S 커브를 이해하는 것이다. 영문 알파벳 S 모양의 이 곡선은 시간을 나타내는 x축과 매출을 나타내는 y축을 가진 평면 위에 놓인다. 태동기에는 비용을 많이 쓰게 되고, 성장기에는 꾸준히 매출을 올리게 되며, 성숙기의 기업은 성장률은 낮지만 매출을 만들어 낸다. 기업은 각각의 단계에 따라 가장 효율적이기 위해서 서로 다른 종류의 리더, 문화, 조직 도구 등이 필요한데, 여러분이 프레임워크의 본질을 잘 살펴보면 몇 가지 형태의 지속 가능한 조직을 찾아낼 수 있을 것이다.

고무줄 실험

로버트 프리츠는 그의 저서 〈저항을 최소화하는 길〉에서 조직의 비전과 현실 사이에 존재하는 조직적인 긴장을 해소할 때 조직 체계에 변화가 올 수 있다고 했다. 이 변화는 현재 단계와 다른 단계로 조직을 도약하게 하는 결과를 만든다.

고무줄은 원래 위치로 되돌아오려는 성질을 가지고 있는데, 여러분은 이런 개념을 그림과 같이 고무줄을 늘여 봄으로써 경험할 수 있다. 만일 위쪽의 손가락을 여러분의 비전이나 목표라 하고, 아래쪽 손가락을 현재 상황이라 가정한다면 여러분은 그 긴장을 어떻게 줄일 수 있을까? 프리츠는 조직적인 긴장에는 항상 해법이 필요하다고 한다.

- ☐ 비전의 수준을 낮춰서?
- ☐ 현 상황을 바꿔서?
- ☐ 양자 간의 연결을 끊어서?

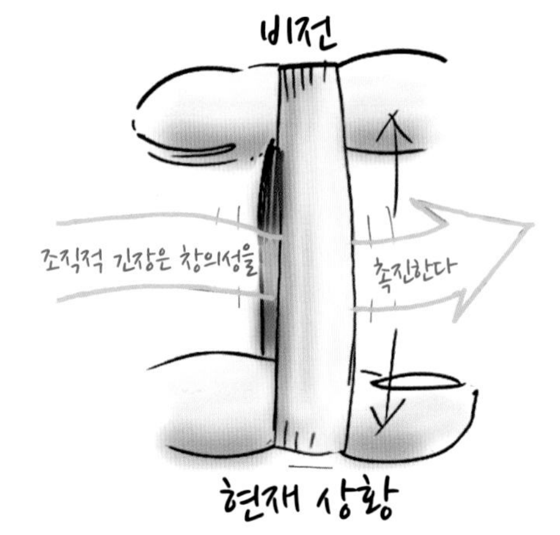

3. 특성화 단계

조직이 성숙하게 됨에 따라 자신만의 창조적인 영역을 만들어 낼 수 있는 강력한 리더도 그 조직 내에서 길러지게 된다. 성공적으로 성장하게 되면 경쟁자를 자극하게 되고 이런 경쟁자들로 인해 여러분은 사업을 다각화하게 된다. 법무 법인이나 회계법인 같은 전문가 조직이나 대학 등은 이처럼 조직이 만들어진다. 1990년대의 HP처럼 분산화된 조직의 경우에도 이 같은 형태를 취했다. 이런 단계의 조직에서 경영진은 그들이 맡고 있는 사업 부문에 대한 전략을 수립하고 그 하위 조직을 경쟁력 있는 매니저들이 이끌어가게 하는데, 어떤 사업 부문은 창업 단계의 형태일 수 있고 또 다른 사업 부문은 고성장하는 것일 수도 있다. 또한 중앙 집중적인 구조는 대부분 최소화해서 운영한다. 앞에서 다룬 도구들에 덧붙여 이런 조직에서 도움이 될 만한 도구들은 다음과 같다.

- ☐ 조직 전체를 아우르는 전략적 비전 맵
- ☐ 각각의 사업 부문들에서 연간 사업 계획을 수립하고 관리하기 위해 사용할 그래픽 템플릿
- ☐ 역할과 시너지를 명확히 해줄 비주얼 미팅
- ☐ 조직의 방향성을 잡아 줄 조직 개념 맵
- ☐ 손쉬운 이용이 가능한 웹 사이트
- ☐ 조직의 효율성을 높여줄 문제 해결 도구들

4. 기관화 단계

만일 투자에 대해 적정한 수준의 이익을 거둘 수 있는지 알아낸다면, 앞에서 다룬 어떤 단계의 조직들도 기관화 단계로 진입할 수 있다. 이 단계에서는 강력한 정보 시스템, 법무 및 재무 관련 업무 처리 방식, 리더십 개발 계획, 재능 계발 프로그램, 승계 계획(역자 주: 하급자들이 상급자의 위치에서 역할을 수행할 수 있게 준비하고 훈련시키는 것) 등을 갖추고 기타 절차들을 진행해야 한다. 만일 여러분의 조직이 정부 기관이라면 그 기관의 지속은 보장받은 것과 다를 바 없지만, 그런 조직도 제대로 유지되어야 함은 당연한 것이다. 바람직한 위치와 같은 핵심 자원을 독점하고 있는 일부 기관의 경우라면 조직 체계를 좀 더 느슨하게 할 수도 있다. 시각화는 좀 더 복잡한 것이 많은 경우에 더욱 유용하게 된다. 기관에서는 신선한 아이디어를 내기 위한 도전적 사고를 키우고 그것을 수용할 공간을 만들기 위한 창조적인 노력과 역동성의 관성을 잘 유지해야 할 필요가 있는데, 이 경우에 비주얼 미팅이 효과적이다. 또한 창조성보다는 안정성이나 품질이 더 중요한 기간 계통 서비스를 리더들이 개

념화하는 데에도 시각화가 무척 유용하다.
기관화 단계에 있는 조직에게는 앞에서 다룬 도구들과 함께 다음의 것들이 도움이 된다.

□ 업무 연관, 체계적 사고, 집단 기억을 향상하기 위한 비주얼 미팅
□ 모든 사람들의 목적의식을 새로이 하기 위한 그래픽 히스토리
□ 변화를 이끄는 요인을 발견하기 위한 전략 기획 템플릿
□ 지지 기반을 조성하기 위한 의사 결정의 방
□ 조직이 어떻게 돈을 버는지 또는 지지자를 늘리는지를 설명해 주는 비즈니스 모델 템플릿

5. 부흥기 단계

어떤 측면에서 보면, 사람은 조직의 성장 에너지를 다시 받아서 새로운 시장을 개척하고 새로운 제품이나 서비스를 내놓기를 원한다. 혹자는 조직이 성장하면 관료주의적으로 된 뒤에 소멸한다고 여길지 모르지만, 인간에게는 새로워지거나 부흥할 수 있는 능력이 있다. 만일 각종 절차를 복제하고 새로운 기업을 만들 줄 알게 되며, 더 나아가 살아갈 계획을 스스로 배양할 수 있게 된 조직이라면, 단지 안정적인 기관으로서 머무르는 데에 그치는 것이 아니라 그것을 뛰어넘을 수도 있다.
부흥기의 조직은 커다란 기계라고 하기보다는 생태계에 가깝다. 다양한 기능을 하는 다른 조직들 간의 요소들을 유지하며 다른 영역으로 자신을 복제할 수 있는 능력을 갖는다. 품질 향상 운동은 조직이 그들의 각종 절차를 이해하는 데에 도움을 주며, 조직을 간소화해서 새로운 조직으로 옮길 수 있게 도와준다.

혹자는 조직이 성장하면 관료주의적으로 된 뒤에 소멸한다고 여길지 모르지만, 인간에게는 새로워지거나 부흥할 수 있는 능력이 있다. 만일 각종 절차를 복제하고 새로운 기업을 만들 줄 알게 되며, 더 나아가 살아갈 계획을 스스로 배양할 수 있게 된 조직이라면, 단지 안정적인 기관으로서 머무르는 데에 그치는 것이 아니라 그것을 뛰어넘을 수도 있다.

부흥기의 조직은 앞에서 다룬 도구들과 함께 다음의 도구들을 이용하게 된다.

□ 종합 품질 관리 도구
□ 주요 단계와 절차를 설명하는 프로세스 맵
□ 프로젝트 검토 및 향상을 위한 프로젝트 관리 도구
□ 조직의 노하우를 전파하기 위한 내부 영상 공유
□ 원거리 간의 시각화를 가능하게 하는 커뮤니케이션 플랫폼

종합 품질 관리 차트

부흥기 단계의 조직은 절차를 간결하게 하고 복제하는 것을 무척 능숙하게 한다. 종합 품질 관리 도구의 대부분은 시각적으로 되어 있는데, 여러분의 과정에 대한 이해력을 높이기 위해 몇 가지 많이 사용되는 것들을 다음과 같이 소개한다.

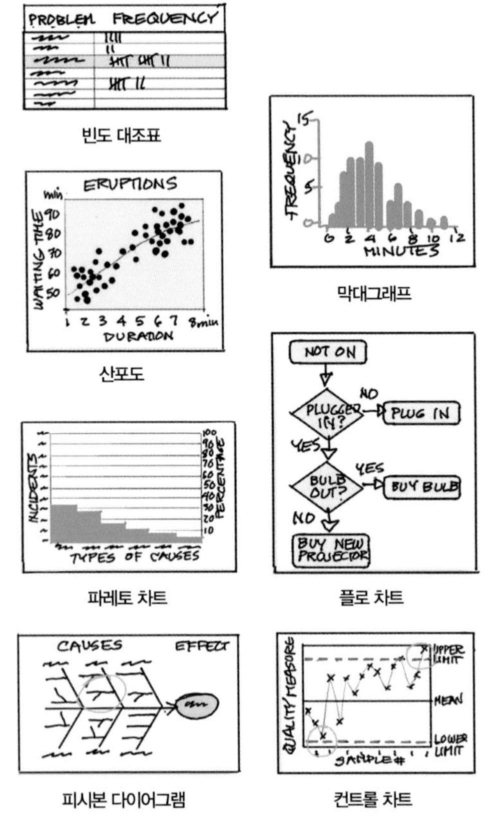

빈도 대조표

막대그래프

산포도

파레토 차트

플로 차트

피시본 다이어그램

컨트롤 차트

□ 시각화된 사례 연구
□ 모든 구성원이 과정 중심의 관점으로 생각하게 하는 심리 모델

6. 공동 창조 단계

사람이 창조성을 유지하기 위해서는 신선한 자극이 필요한데, 단순한 하나의 조직 내부에서는 쉽지 않은 일이다. 활력적인 조직은 주로 실리콘 밸리나 홍콩 같은 동종 업종들이 모인 산업 지역에서 볼 수 있다. 공동 창조 단계의 조직은 그물처럼 복잡한 조직 간의 협업을 통해 일을 수행해 나간다. 예를 들어 중서부 지방의 RE-AMP 연대는 140여 개의 비영리 조직 및 15개의 재단과 함께 지구 온난화의 주범이 되는 오염 물질을 청소한다. 주요 단체를 만들고 파트너들과 협력 관계를 구축할 수 있는 능력은 이런 종류의 조직에서는 무척 중요한 핵심이 된다. 이런 환경에서 정체성과 방향성을 유지하기 위해서는 강력한 조직 문화를 가지고 있어야 한다. 다음의 도구들은 공동 창조 단계의 조직에 도움이 된다.

□ 뛰어난 웹 콘퍼런스 플랫폼 및 모바일 커뮤니케이션
□ 합동 전략 비전 수립을 위한 파트너들 간의 특수 회의
□ 공동 브랜드
□ 소셜 네트워크
□ 영상 회의
□ 전략과 문화 간의 관계를 보여 주는 스토리맵
□ 문화적 가치와 기본 방침을 확인하기 위한 특수 회의

7. 변혁 단계

마지막 단계의 조직 형태는 운영을 위해 기능적인 면이 필요할 때에는 상호 의존적이지만 영속성의 측면에서는 앞에서 다룬 단계의 형태들과 다른 목표를 가지고 있다. 변혁 단계의 조직은 더 많은 관계와 활동을 수행하며 시각화를 활용해서 일을 한다. 인식을 공유하는 것은 실질적인 변화가 일어나기 위한 최소한의 조건이기 때문에, 공유 인식을 조정하는 것은 꾸준히 행해야 하는 사항이며 이때에 시각적인 은유와 비전이 큰 도움이 된다. 다음의 것들은 앞에서 언급한 것과 함께 사용하면 효과적인 도구다.

□ 살아가고 일하는 것에 관한 새로운 방식을 설명하는 강력한 심리 모델
□ 가능성에 대한 내용을 담은 그래픽 비전과 영상
□ 기본 방침에 대한 그래픽적인 표현
□ 변화를 나타내는 기호와 아이콘

자유와 제약

지금까지 설명한 일곱 가지 형태의 조직은 그로브 사의 동료이자 리더십 전문가인 메리엠 르사지와 함께 공동 개발한 모델에 해당되는 내용이다. 이 모델은 조직을 단순한 것부터 복잡한 것까지 일곱 가지의 형태로 구분해서 설명한다. 만일 여러분이 이 프레임워크 배경에 흐르고 있는 4단계 플로 모델을 상상할 수 있다면, 조직 개발의 길은 조직이 구조와 절차를 추가함에 따라 구체화의 수준을 높이는 것이라는 의미를 발견할 수 있을 것이다. 하지만 식물이나 동물 또는 의식을 지닌 인간의 체계처럼 조직이 움직이기 시작하는 때가 오게 되는데, 이때에는 많은 사람들이 필요한 것이 아니라 지식을 이용해야 조직을 더 복잡한 상위 구조로 이끌 수 있다.

시벳과 르사지의 지속 가능한 조직 모델

뒷장에는 지속 가능 조직 모델(SOM, Sustainable Organizations Model)을 설명하는 그림이 있다. SOM은 조직의 일반적인 개발 경로를 제안하고 있는데, 큰 조직은 앞에서 다룬 형태들이 섞여서 조합된 상태가 일반적이다.

이 모델은 시각화와 관련한 초창기의 도서들을 읽어 본 사람이라면 쉽게 알 수 있듯이, 자연의 진화 과정을 생각하기 위한 프레임워크인 아서 영의 프로세스 이론에 따라 설명하고 있다. 조직의 진화와 변혁을 다룬 래리 그라이너의 1998년도 하버드 비즈니스 리뷰 게재 글과 헨리 민츠버그가 민츠버그의 경영에서 묘사한 조직의 형태들은 비즈니스 영역에서 검증과 연구의 대상이 되었다. 프랑스 파리에 살고 있는 나의 오랜 동료이자 리더십 및 조직 관련 공동 저자로 활동하는 메리엠 르사지는 여러 해 동안 이 프레임워크를 다듬어 가며 유럽의 관리자들을 대상으로 실험을 해왔다.

최근 들어 조직 개발은 혁명과 변혁의 기간을 통해 간헐적으로 일어난다는 이론에 대해 폭 넓은 지지가 이뤄지고 있다. SOM은 각 단계를 뒤집어엎을 만한 문제점의 유형들을 알려 주고 있다.

이 책은 조직 개발에 관해 다루는 것이 주목적이 아니라 비주얼 리더십에 대해 다루는 책이다. 하지만 SOM은 비주얼한 면들이 리더십 팀의 공통된 언어로써 조직이 중대한 의사 결정을 할 수 있도록 신중하게 만들어진 좋은 사례라고 생각한다. SOM을 통해 여러분은 어떤 조직 모델에 속하는지 생각해 보길 바란다.

변화의 필요성에 대한 분석

여러분 혼자 또는 직속 부하 직원과 함께 할 수 있는 간단한 활동으로는 여러분과 조직이 진화 수준에서 현재 어디에 위치하는지 대화를 나눠 보는 것이 있다. 만일 여러분이 노란색 원 안에 기술된 중요한 목표 중 하나에 위치하게 되고 푸른색 원반에 기술된 제약 조건을 제대로 갖추기 위해 열심히 노력한다면 이 모델에 묘사된 각 단계의 조직은 잠재적으로 존재 가능하다. 여러분이 실행할 대화는 다음과 같이 하면 된다.

1. 이 모델의 그림을 공유하고, 일관성이 있는 조직이라면 목표하는 것과 현실의 연결선 상에 존재한다는 것을 설명하라.

2. 모든 사람에게 붉은색으로 적힌 사항들, 즉 안정적인 형태의 조직을 뒤엎을 만큼의 재앙을 만들 수 있는 요인들을 살펴보게 하라. 여러분이 경험해 본 것에는 어떤 것이 있는가?

3. 참가자들이 이 모델 위에서 조직이 놓인 현재 위치를 어디로 동의하는지 살펴보라. 이미 조직은 혼란의 기미가 있는가? 특정한 단계에서 더 나아지기만 하면 되는가? 다른 단계의 조직으로 도약할 필요가 있는가? 한 가지 반드시 기억해야 할 점은 여기에 묘사된 단계는 여러분이 조직을 바라보는 렌즈와 같을 뿐이란 점이다. 여기에 묘사된 것과 모든 것이 정확하게 일치하는 조직은 존재하지 않는다.

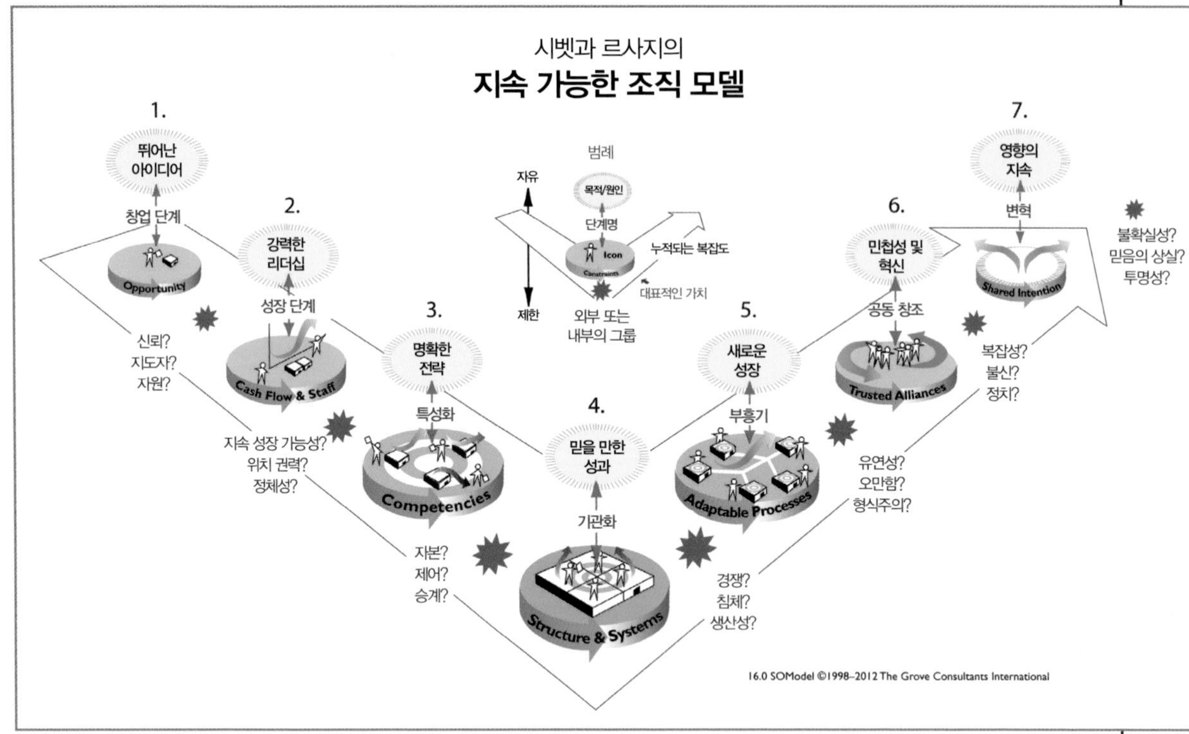

제6장. 비주얼 IQ 개발하기

시각화가 어떻게 여러분을 스마트하게 만드는가

여러분은 지금까지 이 책에서 리더로서의 역할 및 시각화에 대해 다소 포괄적인 관점에서 생각할 수 있는 기회를 가졌다. 일부는 이미 친숙한 것도 있을 테고, 또 다른 일부는 아직 여러분의 관심 밖에 있을 것이다. 하지만 여러분에게 온 큰 변화가 있다면 바로 자신이 비주얼커뮤니케이션에 대해 좀 더 의식하기 시작했다는 점일 것이다. 이것은 여러분이 시각적인 것을 좀 더 활발히 이용하고 있음을 의미한다.

시각화 연습이란 무엇인가?

비주얼 퍼실리테이션이 시작된 1970년대에만 해도 이것은 디자이너들이 일을 하는 방식이었지 관리자들이 일상적으로 일하는 방식이 아니었다. 하지만 요즘은 완전히 다른 세상이 되었다. 컴퓨터와 휴대전화는 시각적인 요소들을 많이 가지고 있고, 점점 터치스크린을 이용하는 것이 많아지고 있으며, 그림을 그리거나 시각화를 하기 위한 응용 프로그램들은 수없이 많다. 이제는 사실상 시각화와 관련해서는 기술 장벽이 존재하지 않는다.
하지만 여러분은 몹시 바쁜 임원이거나 또는 초보 관리자로서 다른 사람들을 어떻게 이끄는지 배우느라 경황이 없을 수도 있다. 어떻게 하면 여러분이 시각화, 예를 들어 시각적인 노트 기록법 같은 것을 배우기 위해 시간을 낼 수 있을까? 만일 여러분이 그것을 배워도 아무 도움이 되지 않는다고 여긴다면 절대로 시간을 내지 않을 것이다. 시각화를 통해 얻을 수 있는 이점들엔 어떤 것이 있는지 알고 싶다면 다음 쪽에 마련된 목록을 꼼꼼히 살펴보기 바란다.

처음부터 성공하기

이 책의 앞부분에서 우리는 악기 연주법 배우기의 은유를 살펴봤다. 뭔가를 배우는 것은 쉽지 않은 일이다. 하지만 만일 여러분의 스승이 페이스 조절하는 법을 잘 알고 있다면 시작 단계부터 무척 즐겁게 배울 수 있을 것이다. 마찬가지 이유로 여러분은 자기 자신을 단계별로 잘 짜인 페이스에 맞춰 끝까지 갈 수 있도록 해야 한다.
이어지는 내용들에서는 비주얼 지능지수를 기르기 위해 여러분이 수행할 수 있는 일련의 활동들이 소개될 것이다. 비주얼 IQ도 다른 능력이나 근육과 마찬가지로 훈련을 하면 더욱 강력해진다.
여러분은 그림이나 표를 그리는 행위 자체가 생각하는 하나의 방법이라는 것을 마음속 깊이 새겨야 한다. 그

언제 어디서나

기술은 정보와 상호작용하는 것뿐만 아니라 정보를 생산하는 것도 손쉽게 만들고 있다. 디지털화된 비주얼 노트들은 네트워크의 클라우드에 저장될 수도 있고 친구들에게 전달할 수도 있으며 그저 단지 여러분 또는 다른 사람의 생각의 일부를 저장하기 위해서 쓰일 수도 있다. 만일 여러분이 종이로 된 일기장에 기록하는 것을 즐기는 사람이라면 기록한 일지를 휴대전화로 촬영한 뒤 디지털 노트 등으로 공유하면 된다.

비주얼 노트의 예

아래에 있는 그림은 최근에 열린 원격 회의를 저널처럼 기록한 노트의 한 쪽이다. 형식은 잡지처럼 2단을 취했으며 시각적인 요소들로 강조됐다. 이런 방식으로 기록을 하면 다음과 같은 이점이 생긴다.

- ☐ 중요한 항목을 그림과 함께 나타낼 수 있다.
- ☐ 좌석 배치를 기억하기 쉽다.
- ☐ 흥미로운 부분들을 나타낼 수 있어서 여러분이 관심을 보이고 상상해 보며 기억하는 데에 도움을 준다.
- ☐ 정보들이 논리적인 형태로 작게 나눠진다.
- ☐ 색상으로 요점을 강조할 수 있다.

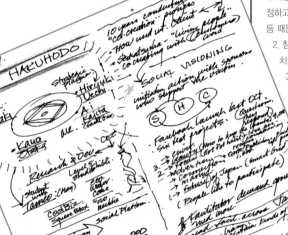

노트 작성 연습

여러분이 혼자서 비주얼 노트 작성을 연습하는 것은 단연코 시각화 연습을 위한 가장 좋은 방법이다. 시작 단계에서 연습을 하기에 좋은 방법 몇 가지를 소개하면 다음과 같다.

전화 통화 및 온라인 회의를 기록하기

1. 태블릿을 가지고 있다면 기록하기 위한 페이지를 미리 설정하고 열어 놓는 것이 애플리케이션 실행이나 파일 저장 등 때문에 당황하지 않을 수 있어서 좋다.
2. 참석자들의 이름을 기록할 때에 그들이 어느 좌석에 위치했는지 작은 배치도를 그린다.
3. 처음에는 목록처럼 적어 보고, 그 다음에 여러분이 기록을 다시 보면 또렷이 기억날 수 있도록 작은 그림이나 모양을 추가한다.
4. 확인해야 하거나 중요한 부분은 강조 표시를 한다.
5. 화살표 등과 같은 행동이나 방향성 등을 나타낼 아이콘들을 개발하는 것이 좋다.
6. 빈 공간에 말풍선이나 말 구름을 만들어서 여러분의 생각이나 아이디어, 느낌 등을 추가한다.

자신이 주로 사용하는 모양들을 개발하기

다음 쪽에는 여러분이 원한다면 모양을 더 추가해서 그려 넣을 수 있는 픽토그램(pictogram, 그림문자) 이미지가 몇 개 있다. 이것들을 능숙하게 스스로 잘 표현할 수 있을 때까지 연습하라(도표들은 82p 참고).

1. 별 모양의 기본 사람 형태를 그린다.
2. 팔과 다리의 굵기를 변화해 본다.
3. 팔과 다리의 길이를 변화해 본다.
4. 한쪽 팔을 올린 것과 내린 것을 그려 본다.
5. 4번의 그림 두 가지를 함께 모아 그려 보고 소통하는 것을 표현한다.
6. 그림자를 약간 추가한다.

혼자서 브레인스토밍하기

1. 종이 한가운데에 주제를 적어 놓은 다음 그 주변에 글자와 그림을 활용해서 생각나는 것들을 마구 기록한다.
2. 기록한 것들을 마인드맵 형식처럼 가지가 이어지게 하거나 작은 그룹들 몇 개로 군집화한다. 이때 아이콘을 활용한다면 아이디어를 기억하는 데 더 도움이 된다.

결과가 어떤 모양이든 관계없다. 이것은 여러분을 위한 일이므로 망설일 필요가 없다.

간략한 그림들로 시작하기

여기에 있는 그림들은 초보자들의 연습을 위한 것이다. 이런 형태의 것들을 픽토그래프 또는 이디오그래프(의미를 가진 그림)라 하며 노트 기록을 할 때에 이용할 수 있는 아이콘이나 그림글자들과 마찬가지 역할을 한다. 디자이너들은 다음 두 가지를 구분지어 부른다.

1. **픽토그래프** : 실존하는 것들을 간략화해서 그린 작은 그림이다. 연습용 그림에 있는 것들은 모두 픽토그래프다.
2. **이디오그래프** : 그림으로 나타냈지만 실제 생김과는 다른 것들이다. 예를 들어 실제 화폐는 달러 기호($)처럼 생기지 않았고, 사랑이 하트 모양처럼 생긴 건 아니다.

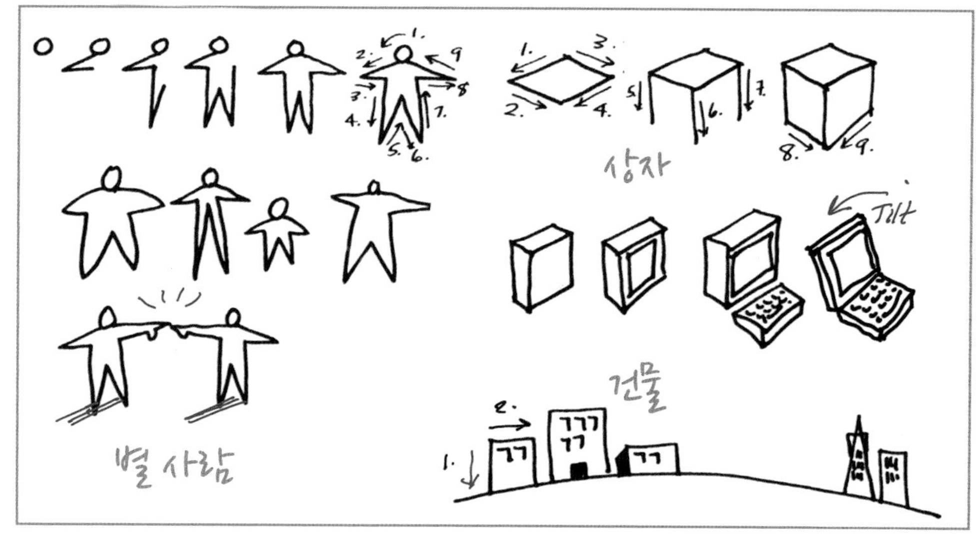

단순한 기본 모양들을 활용하라

시각적인 노트 정리는 흔히 글자로 시작하고 중간에 간략한 그림들이 들어간다. 위의 그림은 픽토그래프에서 유용하게 사용할 수 있는 세 가지를 그리는 방법을 보여 준다. 이것을 '씨앗 모양(seed shapes)'이라고 하는데, 이것을 응용해서 다양한 형태를 표현할 수 있기 때문이다. 별 모양과 닮은 사람은 여러분이 즐기며 연습해 볼 수 있는 첫 번째 대상이다. 이것은 아이디어이기 때문에 여러분이 얼마나 숙련되어 있는지와 별 관계는 없다. 상자 그리는 것도 재미있다. 도시와 사무실, 가정에는 이 상자(육면체)를 조합하고 응용해서 표현할 수 있는 것들이 무척 많다.

여러분은 필기 형태나 필체를 몇 가지 개발해서 서로 다른 종류의 정보(예를 들어 설명과 행동)가 구분되도록 적용해 볼 수도 있다. 다음의 몇 가지들도 여러분이 연습할 수 있는 것들이다.

3. **제목** : 영문 헤드라인의 경우에는 모든 글자를 대문자로 적는 방법이 쓸 만하다. 기록해 놓은 내용을 볼 때 확실히 눈에 띌 수 있도록 제목 위나 아래에 줄을 긋거나 색상을 적용할 수도 있다.
4. **글머리 기호** : 별이나 동그라미 등의 모양을 사용한 글머리 기호는 목록 내의 항목들 또는 문장의 시작하는 곳을 알려 주는 용도 등으로 쓰인다. 영문의 경우에는 하위 항목을 기록할 때에 소문자를 이용해서 적으면 구분하기 쉽다.
5. **테두리** : 정보는 그것이 군집화되어 있을 때에 기억하기 쉬워지는 특성이 있다. 이야기한 것에는 말풍선을, 생각에는 구름을, 기발한 아이디어에는 번득이는 테두리선을, 단순한 정보 묶음엔 상자를 이용하는 등, 만화에서 많이 사용하는 방법을 응용해 보라.

은유 연습

은유에 대한 인지력을 높여 줄 수 있는 몇 가지 방법을 아래에 소개한다. 더 상세한 연습 방법은 다음 쪽에 나와 있다.

□ 직속 부하 직원이 회의에서 사용한 은유를 잘 듣고 그것을 적어 보라. 그것들을 그려 보면 더 좋다.

□ 잡지의 기사를 골라서 그 안에 있는 모든 은유를 찾아내어 밑줄을 긋는다.

□ 잡지를 살펴보다가 맘에 드는 사진이 나오면 그것을 잘라 놓는다. 그 사진이 여러분의 어떤 상상과 관련이 되어 있을지 생각해 보라.

여기 있는 것들 모두 조직의 은유가
될 수 있을 것 같아. 그런데 이것은
동의하기 어렵네.

은유 탐험하기

복잡하고 역동적인 여러분의 조직에 대해 생각해 보려 할 때에, 은유는 그에 관한 시각을 가지게 해주는 무척 중요한 수단이다. 다음의 기본 원칙을 잘 기억하기 바란다.

• 여러분이 충분히 잘 알고 있는 은유를 선택하라(그러지 않으면 이해할 수 없는 것이 한 가지 더 늘어날 뿐이다).
• 은유는 그것이 상징하는 것 그 자체가 아니라는 점을 항상 명심하라(지도는 땅 그 자체가 아니다).
• 유사점에 집중하고, 차이점은 무시하라.
• 은유를 렌즈나 창문과 같이 사물을 바라보는 수단처럼 여겨라.
• 한 가지 이상의 은유를 통해 들여다보라.
• 울림에 귀를 기울여라

울림에 집중하라

울림이란 어떤 것이 다른 것에 의해서 떨리는 현상을 의미하는 단어다. 공명은 아이디어가 갑자기 떠올랐을 때에 여러분의 정신에서 나타난다. 거리를 지나다가 피자 냄새를 맡게 되면 여러분의 모든 관심은 피자를 먹고 싶다는 생각에 반응해서 울리기 시작한다. 이미지나 은유도 여러분의 몸과 마음에 이 같은 작용을 한다.
이와 같은 법칙에는 자유로운 연관 관계가 작용하며, 심리학자들이 꿈을 분석하는 것도 이를 응용하는 것이다. 내가 최근에 꾼 꿈 이야기를 하나 소개하겠다. 그 꿈에서 카리스마 넘치는 골칫거리 인물이 등장했는데, 나는 그를 회의에 제대로 참여하게 만들어야 했다. 회의 멤버 중 대단히 매력적인 아가씨가 동료를 찾고 있었고, 회의에 참석한 사람들은 뭔가 일이 꾸며질 만큼 충분한 시간 동안 밖에 나가 있었다. 그 아가씨는 다시 돌아와서 다른 멤버들이 무척 대단했고 문제를 해결해 줬다고 했다. 그 사람에 대한 느낌이 바뀌며 나는 꿈에서 깼다. 꿈에서 본 모든 것들이 나에 대한 것이라 추정하고, 나 자신에게 지금 해결하기 힘들어하는 부분이 무엇인지 물어보았다. 아마 이런 행위에도 스스로를 치유하는 측면이 있었을 것 같다.
이러한 종류의 탐구를 은유적 사고라고 하는데, 은유를 표현하기 위해 그림을 그려 본다면 더욱 효과적일 수 있다. 이러한 작업들을 어떻게 하는지 다음 쪽에서 제안하는 방법을 살펴보기 바란다.

은유 놀이

문제나 조직의 상황에 대해 은유적 분석을 하는 사고방식을 연습하기 위해서는 다음의 단계를 따르라.

1. 분석하고자 하는 문제나 상황을 적는다.
2. 여러분이 무척 잘 알고 있는 운동 팀, 행위 예술 그룹, 그리고 회사나 사업팀을 선택한다.
3. 예시와 같이, 각각의 세 집단에 대한 은유를 구성하는 모든 요소를 그린다.
4. 그중 하나를 골라 여러분의 문제나 상황을 그 은유 위에 표현하는데, 여러분이 그려 놓은 각 요소와 상황의 다양한 측면을 연결해 본다.
5. 각 은유에서 여러분을 의미하는 요소가 어떤 것인지 찾아본다.
6. 해당 요소로서 여러분이 그 문제나 상황에 대해 어떻게 하려 하는지 목록을 적는다.
7. 여러분의 마음을 스치는 다른 아이디어들이나 마음을 울리는 울림이 있는지 집중해 본다.
8. 이제 4-7의 단계를 다른 은유를 가지고 실행한다.
9. 각각의 은유를 가지고 이런 방식의 사고를 할 때에는 최소한 두어 가지 이상의 아이디어가 떠오를 만큼 충분히 시간을 보내도록 한다.
10. 그런 아이디어들 중 한 가지 이상을 철저히 실행해 본다. 위와 같은 일련의 연습이 가져다주는 진정한 이점은 다양한 측면에서 바라볼 수 있게 해주는 것이다.

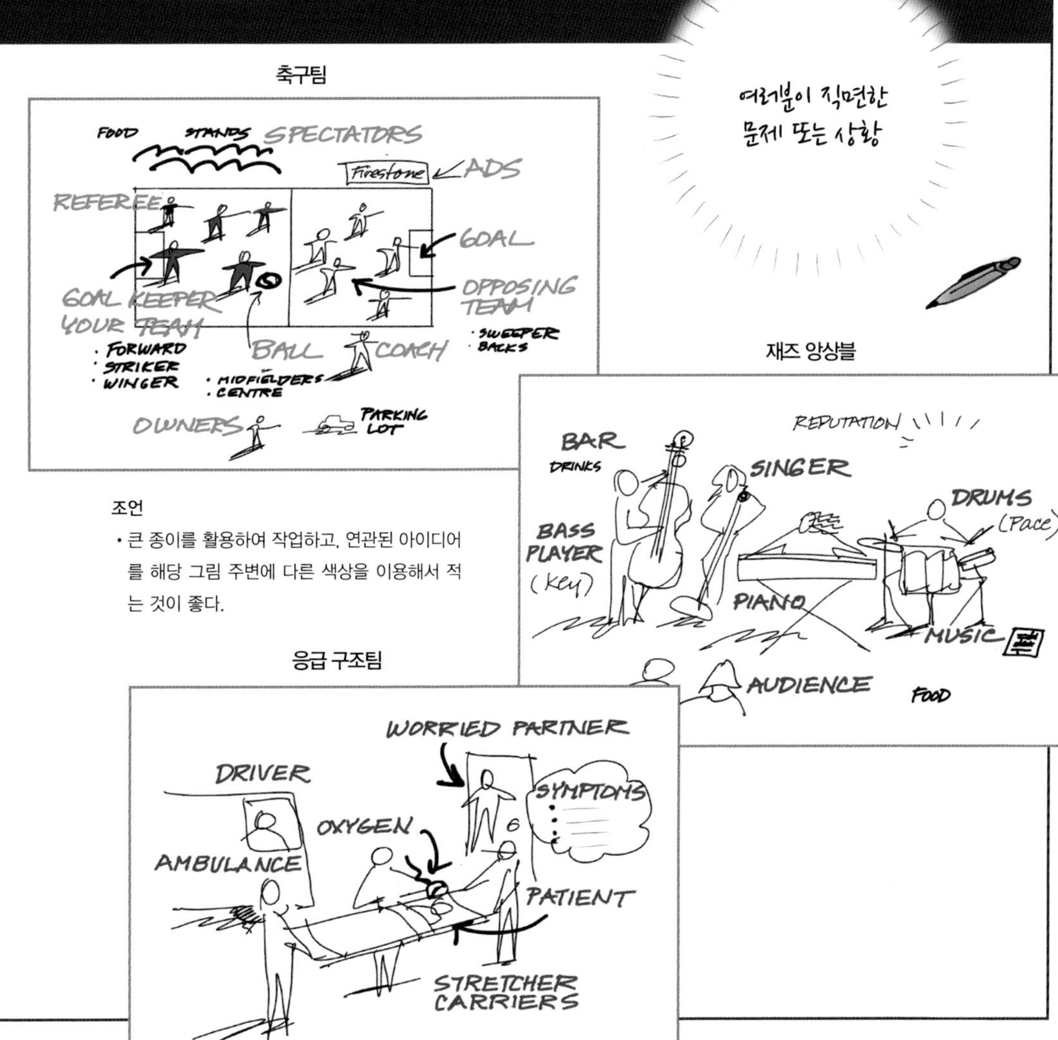

조언

- 큰 종이를 활용하여 작업하고, 연관된 아이디어를 해당 그림 주변에 다른 색상을 이용해서 적는 것이 좋다.

개인 비전 차트 분석

여러분의 개인 비전을 탐구하려면 차트를 활용하는 것이 좋다. 어떻게 탐험하고 분석할지에 대해서는 다음을 참고하라.

- □ **역사를 상세하게 묘사하라** : 8절지 두 장을 붙이고 연도를 나타내는 수평선을 그은 뒤에 상세한 역사를 기록하라. 거주지 옮김부터 시작해서 학교와 직장 등 각종 변화를 적고, 봉우리-계곡 그림도 그린다. 다양한 관계의 변화(가족, 배우자 등)도 추가하라. 이런 종류의 상세한 그림은 여러분에 대해 많은 것을 설명해 줄 것이다.
- □ **황금기와 암흑기를 연결하라** : 봉우리와 들판은 실제 지형처럼 함께 존재한다고 생각하라. 여러분의 암흑기가 황금기를 준비한다는 점을 찾아낼 수 있는가?
- □ **비전 모음** : 잡지에서 찾아낸 사진들을 이용해서 여러분의 비전을 그림으로 그리지 않고 콜라주(이미지 모음)로 나타내 보라. 잡지에서 오린 단어나 제목 등을 함께 사용할 수도 있다.

나는 봉우리와 계곡의 은유에서 이륙
하고 착륙하는 것을 좋아한다.

개인 비전 수립

단순한 템플릿을 이용해서 여러분 개인의 비전을 수립해 보면 이러한 활동이 경영진과 대규모 조직에 얼마나 큰 가치를 가져다줄 수 있을지 이해하는 데에 큰 도움이 된다. 이런 연습은 무척 진지해지기도 하고 많은 시간이 걸릴 수도 있으며, 때로는 빠른 통찰력을 얻기 위해 속도를 내어 진행할 수도 있다.

역사와 비전은 함께 한다

미래에 대한 느낌은 과거 경험에 의해 좌우된다. 여러분이 그간의 경력을 돌아보며 비전 수립을 해본다면 여러분의 상상력은 대부분의 조직이 고려하듯 2~5년 단위로 늘어나 있게 된다. 경력이 이제 막 시작된 단계라면 수십 년 뒤까지 고려해야 하며, 이미 지금까지 여러분의 경력이 길고 화려할 수도 있다. 두 가지 경우 모두 봉우리-들판 템플릿을 이용하는 것이 가장 빨리 시작할 수 있는 길이다. 애플에서는 이 방식을 리더 대상 공동 연수에서 사용했는데, 모든 참가자는 이 템플릿에 맞춘 자신의 그림을 미리 준비해 오고 연수에서 공유한다. 여러분도 자신의 그림을 부담 없이 공유할 수 있다면 마찬가지로 할 수 있다. 다른 사람에게 자신의 이야기를 하면서 여러분은 스스로 통찰력을 얻을 수도 있다.

SWOT 템플릿은 검증된 기획 프레임워크이며 전략 기획을 할 때에 강점·약점·기회·위협 요인을 명확히 파악하기 위해 사용한다. 여러분의 생각을 그래픽 템플릿에 펼쳐 놓음으로써 얻을 수 있는 가치는 서로 간의 상관관계를 볼 수 있다는 점이다. 기회 요인은 여러분이 그와 관련된 강점이나 약점을 가지고 있음을 나타내 주며, 위협 요인은 그저 작은 문제일 때에 해결하지 않으면 더 커지게 된다.

비전 수립을 할 때에는 여러분이 미래에 있다고 상상할 필요가 있다. 마음속으로 문장을 모두 과거형으로 생각하는 것인데, 마치 모든 일이 이미 일어났고 여러분은 다 알고 있는 것처럼 생각하는 것이다. 다른 사람에게 도움을 받을 수도 있는데, 여러분이 브레인스토밍을 해서 몇 가지 아이디어를 생각해 낸 뒤에 상대방에게 그것을 과거형으로 설명하는 방식을 취하면 된다. 제9장에서는 여러분이 조직의 전략을 만들기 위해서 어떻게 그래픽 템플릿을 이용하는지 알려 줄 예정이다.

개인 비전 수립

리더로서 여러분의 개인적인 포부와 열망을 담은 그림을 그릴 수 있는 간단한 방법은 다음과 같다.

1. 8절지 석 장을 준비한다.
2. 첫 번째 종이에는 '나의 역사'라고 제목을 적고 아래에 시간의 흐름을 나타내는 선을 긋는다.
3. 경력의 황금기와 암흑기를 나타내는 선을 직관적으로 그린 뒤 경사의 방향이 바뀌는 지점에 설명을 적는다. 이러한 변화에 영향을 미친 다른 것들이 있는지 생각해 보고 그것들도 기록한다.
4. 두 번째 종이에는 커다란 네모 칸 네 개를 그려서 SWOT 차트의 틀을 만든다.
5. 여러분의 약력을 참조하여 강점과 약점을 기록한다. 약점에 대해 생각하다 보면 한숨이 나올 수도 있다.
6. 기회 칸에는 원을 여러 개 그린 뒤에 다양한 기회 요인을 적어 넣는다. 이것들은 여러분이 조만간 이점을 누리게 될 상황들이 된다.
7. 위협 요인을 기록한다. 위협이란 여러분의 경력이나 삶을 끝장내거나 망가뜨릴 수 있는 것들을 의미한다.
8. 세 번째 종이에는 여러분이 산봉우리에 올라가 있는 모습을 그린다. 여러분은 미래에 있으며, 산 정상은 여러분 경력의 정점을 의미한다. 이런 미래에는 여러분의 생활과 능력에 어떤 것이 존재할 수 있는지 상상할 수 있는가? 단어와 그림을 이용해 여러분의 비전 맵을 만들어 보라.

봉우리-계곡 템플릿

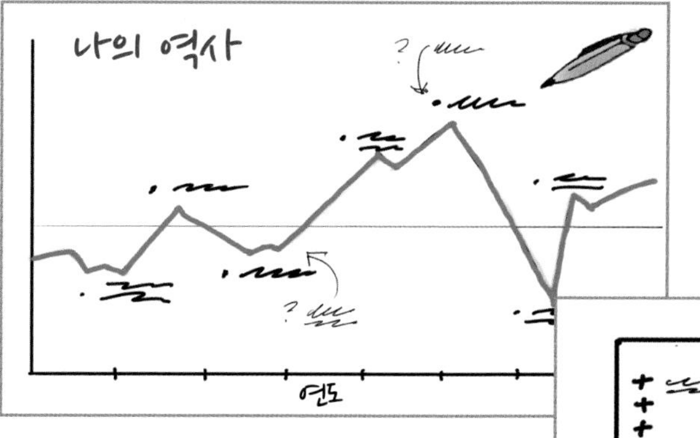

조언

- 오랜 이력을 가지고 있다면 집을 이사한 것들부터 기록하기 시작하는 것이 기억 속 시간을 잡아 줄 수 있어서 편리하다.
- 깔끔하거나 예쁘게 하지 못할까봐 겁낼 필요는 없다. 그저 기록해 나가면 된다.

SWOT 격자

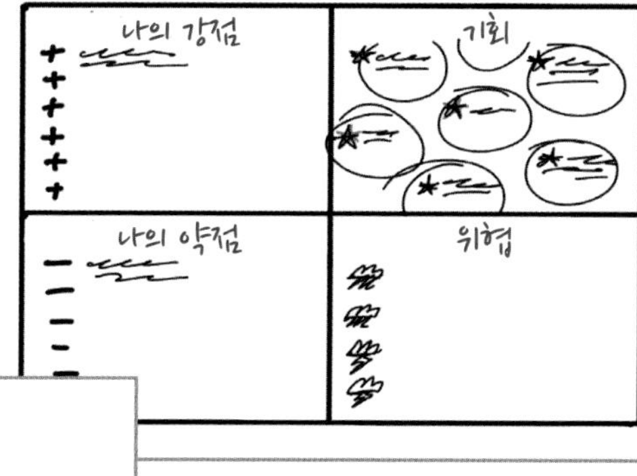

비전 만다라

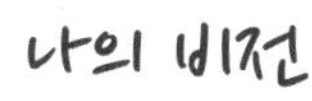

붙임쪽지 활용하기

붙임쪽지는 비주얼 리더들이 이용할 수 있는 아주 강력한 도구 중 하나다. 이것을 사용하면 상세한 내용들을 모으거나 연결 및 관계의 형태에 대해 알아내기가 쉽다. 필자의 저서 〈비주얼 미팅〉을 읽어 보면 붙임쪽지를 여러 사람들이 함께 생산적으로 이용하는 상세한 방법들을 접할 수 있는데, 이 방법은 여러분이 혼자서 생각할 때에도 적용이 가능하다. 붙임쪽지를 활용할 수 있는 몇 가지 방법은 다음과 같다.

□ 해야 할 일들을 적어 놓고 그것들을 군집화하거나 날짜별로 우선순위에 맞춰 배치한다.

□ 어떤 일의 절차를 계획하거나 프로젝트를 기획할 때에는 작은 크기의 붙임쪽지를 수첩에 붙여가며 사용하라.

□ 보고서나 책에 무엇을 적을지 결정을 내려야 하는 사항을 각각 적는다.

아래의 사진은 이 책의 차례와 구성을 붙임쪽지에 적어 플립 차트 페이지에 정리해서 붙인 것이다. 이것은 각 장마다 어떤 것을 다룰지 결정하는 데에 큰 도움이 되었다.

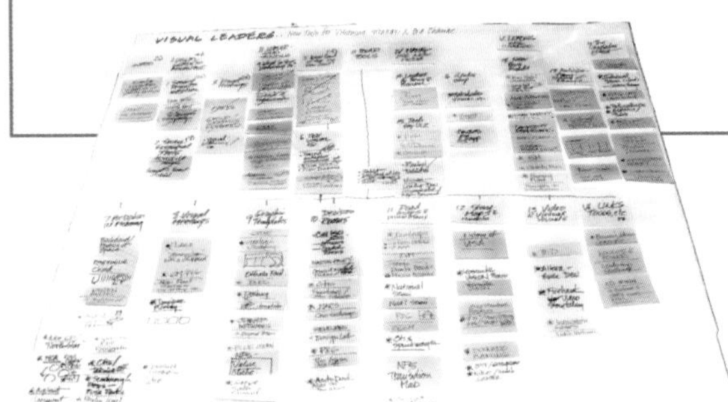

의사 결정의 벽

의사 결정이란 전적으로 상황과 선택에 관한 일이다. 의사 결정에서 가장 어려운 일은 여러분이 특정한 것에 끌리거나 몰입할 때 그것 외에도 전 범위에서 선택이 가능한 모든 것과 성공에 영향을 미치는 주요 요인을 마음속에 계속 담고 있어야 한다는 점이다. 완전히 명확하지 않은 이유를 가지고도 한 가지에 집착을 갖게 되는 것은 무척 흔한 일인데, 이때에 의사 결정의 벽을 만들어 본다면 대단히 도움이 된다. 의사 결정의 벽은 제10장에서 다룰 도구인 '의사 결정의 방'이 개인화된 것이라고 보면 된다.

크게 표현하기

큰 종이나 큰 화면 등에 크게 표현하는 것이 가져다주는 위력은 사람들이 간과하기 쉬운 부분이다. 혹시 '내 컴퓨터에서 나타나게 하는 정도면 된다'고 생각할지 모른다. 여러분이 벽에다 작업을 하려면 일어서서 움직여야 하는데, 이러한 행위는 글자 그대로 여러분의 관점을 넓혀 주고 전반적인 과정에 더 많은 지식을 투입하게 한다. 최소한 일반적인 대형 화이트보드 정도의 면적을 확보하는 것이 좋은데, 대부분의 회사에 있는 회의실에는 그러기에 충분한 크기의 벽이 있다. 화이트보드가 아니라 종이에 작업을 한다면 그것들을 말아 놓거나 집에 가져가서 계속 작업할 수도 있을 것이다.

개인 전략적 비전 수립에서 행한 작업들은 이것과 같은 의사 결정 과정보다 선행적으로 이뤄져야 한다. 여러분이 큰 결심을 하려면 수많은 전후 관계의 맥락을 다 바라보고 이해할 수 있어야 한다. 이런 사항들을 대안이나 다른 선택 대상들과 함께 놓고 맵을 만들어 본다면 큰 도움이 될 수 있다.

직감에 대해

이성적으로 생각하면 항상 좋은 결정을 이끌게 된다는 생각은 나름대로 매력적이다. 하지만 대단한 복잡성을 가지고 있으며 수많은 변수들이 관련된 많은 경우에서 꼭 그렇지는 않다. 직감이란 일정한 수준에서 우리가 알고 있는 모든 것들을 비교하고 그것이 '옳다고 느껴지는지'를 자신에게 알려 주는 것인데, 혹자는 이것을 본인의 자신감이나 마음을 확인하는 것이라 부르기도 한다. 시각적인 표현들로 자기 자신을 준비해서 분석과 직감을 결합하고, 의사 결정해야 할 것 위에서 잠이 들었다가 해답을 찾으면 잠이 깰 수 있게 하라. 여러분은 앞으로 어떻게 해야 하는지 잘 아는 상태에서 잠을 깰 수 있을 것이다.

개인 의사 결정의 벽

의사 결정의 벽은 여러분이 부분적인 사안들을 다루고 있는 상황에도 마음속에 전체의 큰 그림을 계속 기억하게 해주는데, 일반적인 진행 순서는 다음과 같다.

1. 회의실 벽에 커다란 종이를 걸거나 붙인다. 또는 커다란 테이블 위에 얹어 놓아도 무방하다.
2. 붙임쪽지와 펜을 준비한다.
3. 결정해야 할 사항 및 그것이 성공을 거둘 수 있게 하는 주요 요인들에 대해 고려한다(몇 가지 일반적인 요인은 그림에 나열했다).
4. 다양한 선택 안을 도출하고 붙임쪽지 한 장에 한 가지씩 적는다.
5. 그림과 같이 2x2의 커다란 격자를 그리고 각 축에 해당하는 이름을 적는다.
6. 축의 이름이 가진 평가 기준에 따라 여러분이 최선을 다해 판단해서 각 선택 안들을 격자에 붙인 뒤에 다음과 같은 질문을 통해 한 번 더 확인한다.
   - 이것은 많은 보상이 따르는 결과를 가져오는가, 적은 보상이 주어지는가?
   - 이것을 적용하는 것은 쉬운 편인가, 아니면 어려운 편인가?
7. 각각의 붙임쪽지 주변에 해당 항목에 대해 좋아하는 점이나 싫어하는 점을 기록해도 된다.
8. 여러분은 최종적으로는 선택을 해야 한다. 하지만 이런 작업은 여러분의 안목을 넓혀 주는 데에 도움이 된다.

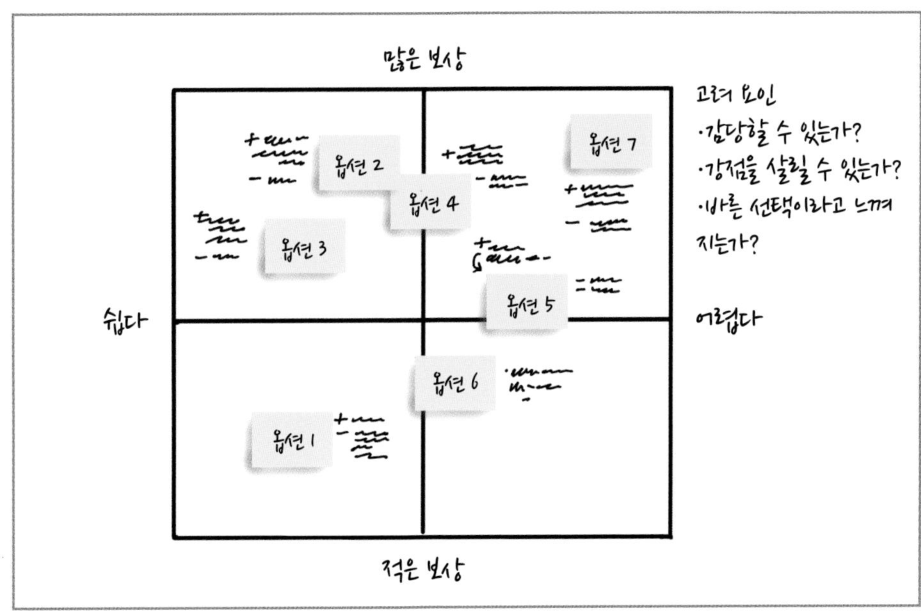

모양이 가지는 의미

다음의 일곱 가지 모양을 이용하면 거의 모든 다이어그램을 그릴 수 있다. 엄밀하게 말하자면 점과 선은 모양(shape)이 아니지만 그래픽 언어로는 그냥 그렇게 표현할 수 있다. 각 도형의 의미는 그 모양을 그릴 때의 느낌에서 찾을 수 있으며, 다음 쪽의 그림에는 이것들을 함께 사용할 때 어떻게 보이게 되는지 예시를 마련해 놓았다.

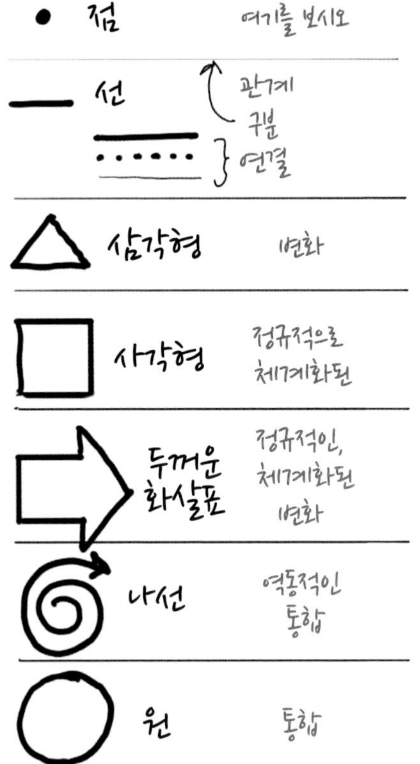

점
여기를 보시오
선
관계
구분
연결
삼각형
변화
사각형
정규적으로
체계화된
두꺼운
화살표
정규적인,
체계화된
변화
나선
역동적인
통합
원
통합

절차의 도식화

다이어그램은 시스템적 사고방식에서 사용하는 언어이며, 핵심 과정을 이해하게 해서 리더로 하여금 목표에 대해 신뢰도 높은 큰 그림을 가질 수 있게 한다. 조직을 구성하고 이끌어 가는 데에는 다양한 절차가 있으며, 이것들을 다이어그램으로 도식화하는 것은 시각화를 단련하기 위해 아주 훌륭한 연습이 된다.

조직 관련 절차의 종류

조직과 관련한 절차들 중에서 다음은 자주 생기거나 되풀이되는 것들의 일부이므로 이것을 이용하여 연습을 하면 훨씬 유리하다.

- 새로운 사업을 시작하기 위한 절차
- 주요 프로젝트의 영업 절차
- 전략 기획 및 연간 사업 계획 수립 절차
- 재능 자원 관리를 위한 인사(채용, 인력 개발, 해고) 절차
- 웹 사이트 개발 절차
- 기반 시설 개발을 위한 절차(예: 고객 관계 관리를 위한 대규모 CRM 시스템 도입)
- 사무실 이전 절차
- 교육 훈련 프로그램 개발 절차
- 프로세스 개선 활동을 위한 절차

조직에서 사용하는 각종 절차를 다 나열하면 조직의 규모에 따라 수백 가지도 넘을 것이다. 무엇을 개선하고자 할 때 가장 중요한 점은 다른 것들에 영향을 미치는 핵심 절차가 무엇인지 이해하는 것임을 명심하라.
또한 여러분은 자신의 삶, 예를 들자면 동호회 모임이나 업무 이외의 것 또는 휴가와 같은 가족 행사 등의 절차를 도식화하고 싶을지도 모른다. 때로는 그 안에 담을 내용이 덜 중요할 경우에 새로운 기술(여기에서는 도식화)을 배우는 데 더욱 집중할 수 있기도 하다.

절차의 도식화

1. 여러분이 잘 알고 있는 프로젝트나 절차를 대상으로 선택하라. 그 프로젝트나 절차의 리더라면 더 좋다.
2. 도식화를 해야 하는 기간에 맞춰 일단 수평선으로 타임라인을 그린다.
3. 전체의 틀을 짜기 위해 주요 회의나 마감 일정을 우선 적어 놓는다.
4. 소규모 회의나 웹 콘퍼런스, 또는 다른 인원이 참여하는 것 등을 추가한다.
5. 최종 산출물의 형태(인쇄물 또는 파일 등)에 따른 픽토그램을 그려 넣는다.
6. 적절한 위치에 사람을 그려 넣는다. 부속 프로젝트를 이끄는 사람이나 외부에서 일하는 사람 등을 연상하라.
7. 실질적인 대상물을 그린다. 예를 들어 새로운 회사의 개업 또는 새로운 장비의 도입 등에서는 건물이나 장비 같은 것이 될 수 있다.
8. 기억해야 하는 상세한 내용은 글머리표를 사용한 목록의 형태로 기록한다.

조언

- 모든 것을 다 기억하기 어렵다고 걱정할 필요는 없다. 이 연습에서 중요한 것은 큰 그림 수준에서 생각의 차이를 발견하고 절차 그 자체에 대해 생각하는 것이다.
- 해당 절차를 알고 있는 다른 사람들과 이 그림을 공유해 보라.
- 시작할 때에는 붙임쪽지를 이용하면 수정하기 편리하다.

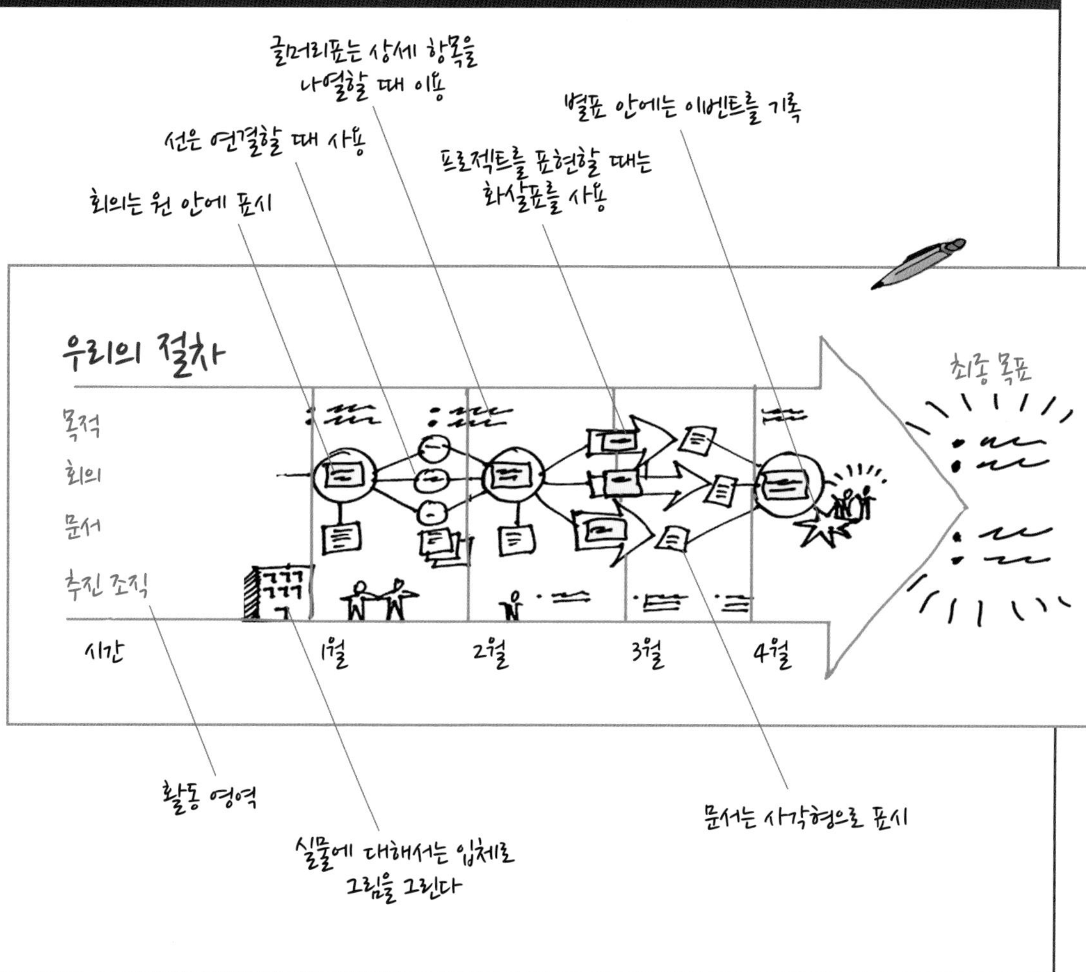

대중들은 리더가 방향성을 제시하고 비전을 가지고 있기를 바란다. 하지만 미래란 매우 흐릿해서 어떤 길이 최선인지 불확실하다는 점을 잘 알고 있을 것이다. 여러분은 확신에 찬 전략가뿐만 아니라 꾸준히 학습하는 리더의 모습도 가지고 있어야 한다. 학습 중심의 리더는 모든 사람에게 가능한 것들을 탐색하도록 하며 그들을 학습시키고 새로운 기회를 발굴하면서 조직을 이끈다. 지켜보거나 비평하는 사람이 없는데도 혼자서 열심히 연습하면 좋은 결과를 얻을 수 있듯이, 스스로 이런 것들을 행한다면 훨씬 좋은 결과를 만들 수 있다. 여러분은 꿈꾸는 바와 같이 생각이 깊은 사람이 될 수 있다.

시나리오는 언제 작성해야 하는가

미래가 불확실할 경우에는 한 가지 이상의 가능성에 대해 미리 준비하는 것이 유리하다. 시나리오 작성은 여러분이 상상력 체육관에 가서 '수용 근육'을 키우는 것과 마찬가지다. 시나리오 작성은 미래에 뭔가 일어날 것에 대비해서 미리 그것을 받아들여 보는 것인데, 다음과 같은 경우에 여러분은 시나리오를 작성해야 할 필요가 있다.

- □ 대규모 자금이 필요할 때
- □ 조직의 근본 구조를 조심스럽게 변화시키고자 할 때
- □ 완전히 다른 종류의 조직을 이끌어가야 할 때
- □ 업무 분야에서 뛰어난 역량을 보이는 파트너를 만나게 될 때
- □ 경제 상황 때문에 조직을 완전히 재구성해야 할 때
- □ 사업의 중요한 부분을 매각할지 보유할지 고민하게 될 때
- □ 종사하는 분야에서 어떤 일들이 일어나게 될지 상상해 보려 할 때
- □ 주기적으로 발생하던 것들이 나타나지 않을 때

역방향으로 일하는 것의 중요성

여러분 자신이 리더로서 충분한 자격을 가진다고 스스로 여긴다면, 아마도 여러분은 무척 실용적이며 결과 중심인 인물일 것이다. 지금과 다른 방식으로 생각하기 위해서 이러한 특성을 가져오는 두뇌의 부분을 살짝 속여야 할 필요가 있는데, 그중 가장 쉬운 방법은 현재와 반대 방향으로 업무를 수행하는 것이다. 예를 들어 새 집을 구입한다고 하자. 아마 여러분은 꿈에 그리던 무척 좋은 집을 상상할 것이고, 그 집으로 이사하기 위해서 이삿짐센터나 친구들의 도움을 받을 필요가 있으며, 이사하기 위해서는 시간을 내야 한다. 그러면 여러분의 관점은 해당 프로젝트(이사)에서 훨씬 앞선 시점으로 옮겨와 있음을 알 수 있게 된다. 또한 은행 방문 일정을 잡거나 융자를 알아봐야 할 수도 있다. 이런 예처럼 역방향으로 생각하고 업무를 진행하면 여러분이 꿈에 그리는 결과를 얻기 위한 경로를 그려가기 쉽다.

처음에는 이런 방식으로 생각하고 일하는 것이 무척 생소하겠지만 연습을 통해서 익숙해질 수 있다. 여러분이 이 방식에 익숙해지고 나면 하부 조직의 리더들에게도 이처럼 생각하고 행동하도록 이끌어 보라.

수백 장의 잠정적 이벤트 카드를 갖추고 그것을 순서에 맞춰 정렬해서 시나리오를 만드는 데에 전문인 한 컨설팅 회사가 있다. 이곳에서 일을 하는 방식도 우선 미래의 기대되는 결과를 상상하고 그에 따라 발생할 수 있을 만한 상황들을 추출하는, 마찬가지의 역방향 사고를 한다. 역방향 사고가 좋은 직관과 아이디어를 가져다주는 방법임을 느끼게 된다면, 여러분도 일과 관련된 것들로 카드를 만들고 팀원들과 함께 이와 비슷한 활동을 해보면 좋을 것이다.

시나리오 기획 템플릿

시나리오는 일어날 것 같은 것들의 이야기이지, 입증할 수 있는 미래에 대한 이야기가 아니다. 여러분은 다음과 같이 그림 및 붙임쪽지 등을 이용한 시각화를 통해 탐색해 볼 수 있다.

1. 여러분이 미래에 결과적으로 이루고자 하는 것을 상상하는 데에 집중하라. 그것은 일이나 가족, 여러분의 경력 등 다양한 것이 될 수 있다.
2. 미래 시점에서 이룰 수 있는 최상의 결과가 어떤 것일지 상상하고 그것을 간단한 그림과 아이콘, 글자를 이용해 표현하라.
3. 마찬가지 방법으로 최악의 결과가 일어날 경우엔 어떻게 될 것인지, 그리고 평범한 결과라면 어떻게 될지를 표현하라.
4. 이제 역방향으로 생각할 차례다. '이 결과가 생기려면 어떤 일이 일어나야 하지?'라고 반문하라.
5. 예상된 이벤트가 일어나려면 어떤 것이 먼저 이뤄져야 하는지, 위의 방식을 반복해서 현재 시점까지 나열해 보라.
6. 각각의 시나리오별로 4-5단계를 반복하라. 이야기를 수정하려면 붙임쪽지를 사용하는 것이 편리하다.
7. 세 가지 시나리오에서 찾을 수 있는 시각적 패턴은 여러분이 추정하는 것들을 알려 주기 시작할 것이다.

조언

- 편안한 상태에서 상상력을 맘껏 펼쳐야 한다. 여러분은 이야기를 지어내는 것이지 실제로 벌어질 일을 나열하는 것이 아니다. 이러한 방식을 통해 여러분이 바라보지 않았던 관점에서 목표를 들여다보며 탐험하는 기분을 가지는 것이 좋다.

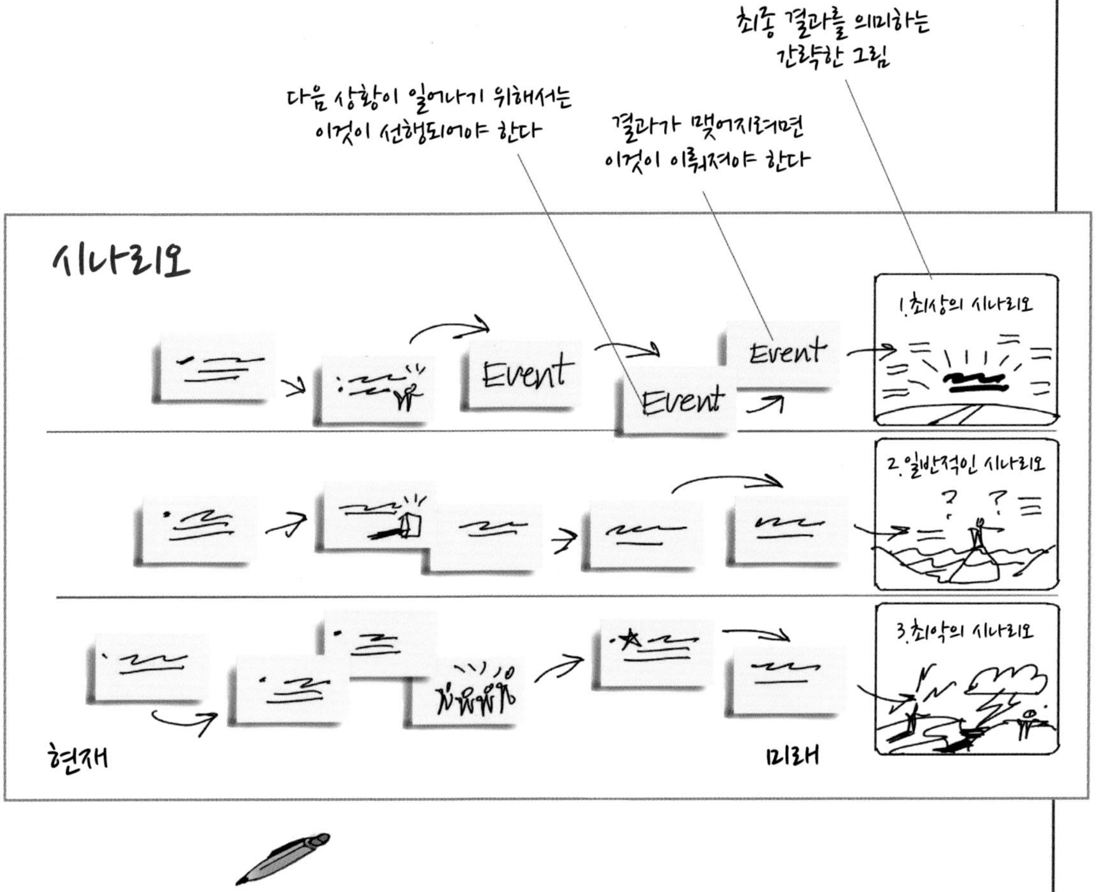

최종 결과를 의미하는 간략한 그림

다음 상황이 일어나기 위해서는 이것이 선행되어야 한다

결과가 맺어지려면 이것이 이뤄져야 한다

시나리오

Event

Event

Event

1.최상의 시나리오

2.일반적인 시나리오

3.최악의 시나리오

현재

미래

빙산 은유

필자와 함께 드렉슬러-시벳 팀 성과 모델을 공동으로 개발한 기업 전문 컨설턴트 앨런 드렉슬러는 미국 국립 교육 훈련 연구소와 함께 조직 개발 분야에서 생각하고 실천할 수 있는 유능한 리더들에 대해 상당 기간 연구했다. 앨런은 어떤 대상이 스스로를 알아 가는 모든 과정에는 마치 빙산과 같이 표면에 드러나지 않은 것들이 존재하며 그것을 고려해야 한다는 점을 발견했다. 우리가 생각하는 것들 중에 말이나 글자로 표현하지 않는 것, 바라보고는 있지만 소통하지 않는 것, 느끼고는 있지만 알지 못하는 것 등이 항상 존재한다. 우리가 인지하고 소통하는 것은 물 위에 올라와 있는 빙산의 일각처럼, 드러내지 않는 것에 비하면 너무 적다. 그러한 이유 때문에 여러분은 자신에 대한 전통적인 지혜를 뛰어넘는 도약을 해야 하는 것이다.

진실 추적

〈혼자 일하기〉란 유명한 책을 저술한 아놀드 민델은 칼 융의 분석적 치료에 대한 공인 치료사이며 수행승인데, 그의 책에서 개인의 진실한 면을 깊이 파고 들어가는 방법을 설명하고 있다. 민델은 텔레비전이나 라디오에서 빌려온 은유를 이용해서 인간을 다양한 '채널'을 통해 파악할 수 있으며, 다만 자신에 대한 무언가가 노출되는 것을 꺼려하는 방어적인 자신(에고)이 그것을 바라보기 어렵게 막고 있다고 했다. 우리의 삶은 계속 전개되고, 그에 따라 다른 채널로 옮겨가게 된다. 민델은 여러분이 열중하고 있는 채널에 대한 관심을 더 키우거나 새로운 채널로 전환해서 어떤 것이 나올지 관심을 가지고 이후에 그것들을 모아 흐름에 맞게 이어 맞춰서 이야기를 만들어 내는 방법을 권장한다.

의식의 채널

다음은 민델이 파악한 의식의 채널들 중의 일부다.

- 마음속의 이미지나 그림을 보는 것
- 소리를 듣고 대화를 상상하는 것
- 감정을 느끼는 것
- 몸의 움직임을 감지하는 것
- 몸 안이 가렵거나 따갑거나 아픈 것을 느끼는 등의 자기 수용적 감각
- 꿈과 백일몽
- 치유의 은사: 동물이나 바람, 물건들 같은 상징이 나타나는 것(원주민들은 이 채널을 무척 잘 이용한다)
- 귀인의 등장: 낯선 사람이 나타나서 여러분이 간절히 듣고 싶어 하는 것을 알려 주는 것
- 세렌디피티(serendipity): 의미 있고 중요한 것이 우연히 일어나게 되는 것

민델은 앞에서 이야기한 '흐름에 맞게 이야기를 이어 맞추는' 방식을 마치 사냥꾼이 표적을 좇아 숲 속의 흔적을 따라가듯 여러분의 내면과 진실을 발견하는 방법으로 제안하고 있다.

모래 쟁반 실험

무의식을 탐색하는 방법 중에는 작은 입체 모형들을 이용하는 기법이 있다. 칼 융의 분석학파 심리학자들은 이 기법을 모래 쟁반 실험이라 부르는데, 용어 그대로 모래를 담은 쟁반과 조그만 모형들을 이용한다. 모래 쟁반 실험의 절차는 피실험자에게 주제를 잘 생각하며 작은 모형들을 모래 쟁반에 나열해 보라고 요청하는 것인데, 다음의 상세 절차와 설명들을 잘 보고, 이와 같은 종류의 방식으로 문제나 상황에 대해 어떻게 파악할 수 있는지 생각해 보길 바란다.

1. 모래 쟁반 실험을 통해 통찰력을 찾고 싶은 문제나 상황을 정의하라.
2. 작은 동물과 인물 등의 모형을 많이 보유하고 있는 장난감 가게를 찾아가라.
3. 목표 과제나 상황을 계속 생각하며 '어쨌든 관련이 있을 것 같은 느낌이 드는' 다양한 장난감들을 장바구니에 담는다.
4. 장바구니에 담은 장난감들을 결제하고 집으로 가져온다.
5. 고려 중인 상황을 생각하며 장난감들을 나열해 본다. 신속이 핵심.
6. 나열해 놓은 배치에 맞춰 이야기를 지어내고, 그것을 큰 소리로 이야기해 보거나 글로 적어 놓는다.
7. 그중 한 아이템의 입장에서 다시 한 번 해당 상황이 어떻게 보이는지, 또는 그 모형의 입장에서 어떤 이야기를 하게 될지 생각해 보라. 다른 아이템들에도 마찬가지 절차를 수행해 본다.
8. 이러한 실험을 혼자 해보기 어렵다면 신뢰할 수 있는 다른 사람과 같이 하는 것도 좋다. 여러분이 해당 상징에 몰입할수록 더 놀라운 연관성을 결과로 얻을 수 있을 것이다.

나는 넓은 바다를 헤엄쳐서 건너야 하는데 그 바다 위에 어찌나 많은 쓰레기들이 떠 있는지…. 이것들 때문에 우리가 죽게 되는 것 아닐까?
어쨌든 우리는 악당들과 싸울 수 있어. 아마 중요한 일을 해낼 수 있을 거야.
나는 사물들 간의 관계를 이해하도록 사람들을 도와주는 것이 후손을 위해 남겨 줄 수 있는 유산이라 생각해.
제발 불평 좀 하지 마! 난 멸종돼서 더 이상 존재하지도 않는다고!
바다 밑의 엄청난 압력을 내가 얼마 동안이나 견뎌 낼 수 있을까?
너는 어떤 일이 벌어지고 있는지 알 것 같지? 그렇지 않아!
ATLANTIC
OCEAN

관점은 지능지수 80 만큼의 가치를 가진다.

– 앨런 케이(다이나북의 발명자, 실리콘 밸리의 선구자)

이 모든 것들이 어떻게 비주얼 지능지수에 도움이 될까?

실리콘 밸리의 진정한 선구자 중 한 명인 앨런 케이는 제록스에 근무할 당시에 최초의 진정한 휴대용 컴퓨터라 할 수 있는 다이나북을 발명한 인물이다. 경험 많은 발명가이자 혁신가인 그는 "관점은 지능지수 80 만큼의 가치를 가진다."라는 이야기를 즐겨 했다. 물론 그는 지능지수를 그 자체가 아닌 은유로 사용한 것이다. 그가 했던 표현의 요지는, 무언가를 바라보는 방식 그 자체가 생각하는 수준에 정말 커다란 차이를 만들어 낸다는 의미라고 할 수 있다. 본 장에서 다뤘던 모든 연습과 실험들은 여러분의 관점을 시각화 쪽으로 움직이기 위해 제시한 다양한 방법들이었다. 그것들을 열심히 실행에 옮기면 실제로 큰 변화와 영향을 가져다줄 것이다.

새로운 정보와 변화를 그 즉시 알아차릴 수 있다면 얼마나 근사할까? 예를 들어 정보가 신호등이라면 녹색으로 바뀔 때 차를 진행시킬 수 있는 것처럼 말이다. 하지만 이 정도 변화로는 여러분이 업무 전반에 시각화를 적용해야 할 당위성으로 충분하지 않다. 만일 반대쪽 차로로 운전하는 나라에 가게 된다면 이전의 운전 습관을 새로운 환경에 적응할 수 있도록 고쳐야 할 것이다. 그렇게 하더라도 교차로를 지나갈 때에는 실수할 위험이 무척 높아진다. 여러분은 평상시에 반대 방향으로 움직이는 교통의 흐름을 꾸준히 연상하는 훈련을 해야 할 것이다. 만일 여러분이 완전히 새로운 수준으로 생각을 하려 하고 새로운 운영 체계를 구축하려 한다면 아마도 여러 해가 걸릴 것이다. 흔히 악기를 제대로 연주하기 위해서는 최소한 1만 시간의 연습이 필요하다고들 말한다. 새로운 방식으로 생각하는 방법을 익히려면 무척 많은 비주얼 노트 테이킹 및 아이디어 개발 등을 해야 하며, 이것만으로도 여러 해가 필요할 것이다. 하지만 어쨌든 간에 여러분의 두뇌를 새로 프로그래밍하는 것은 가능한 일이다. 글쓰기, 그림이나 도표 그리기, 시각화 등은 두뇌를 새로 프로그래밍하는 방법들이다. 이러한 절차는 문자 그대로 새로운 신경망을 만들어 줘서 여러분이 새로운 수준의 인식이나 지각, 한층 업그레이드된 심리 모델을 가지도록 해줄 것이며, 더 나아가 각각의 상황에서 더 효과적인 대응을 할 수 있도록 도와줄 것이다.

우리는 이제 새로운 일곱 가지의 필수 도구에 대해 다룰 것이다. 이 도구들은 리더들의 지능지수를 높여 줄 것이고, 그것을 통해 조직 전체의 지능지수가 높아지게 될 것이다. 행운을 빈다!

제3부.

비주얼 리더를 위한 강력한 도구들

제3부. 비주얼 리더를 위한 강력한 도구들

제7장. 은유와 모델

제7장에서는 설득력 있는 이미지와 심리 모델을 가진 비전을 구축해서 리더가 세부적인 사항을 신경 쓸 때에도 전체적인 큰 그림을 놓치지 않도록 시각화에 성공한 조직의 사례를 살펴볼 것이다.

제8장. 비주얼 미팅

어떻게 하면 사람들을 진정으로 참여하게 하고, 시각적으로 업무를 추진하는 데에 편안함이 느껴지는 환경을 조성할 수 있을까? 본 장에서는 비주얼 리더들이 이러한 것들을 어떻게 이뤄냈는지에 관한 실제 사례를 소개한다.

제9장. 그래픽 템플릿

중요한 기획 회의나 보고서 및 각종 비주얼커뮤니케이션에서 간결한 형태로 정보를 나타내는 것은 비주얼 리더가 조직을 억지로 질질 끌고 가지 않더라도 생산적인 방식을 통해 모두를 집중하게 할 수 있도록 도와준다.

제10장. 의사 결정의 방

결정된 내용이 모두에게 확실히 인식되고 나면 그들이 선택한 결정뿐 아니라 큰 그림까지도 모든 사람들이 제대로 이해할 수 있게 된다. 일련의 회의들은 이를 이루기 위한 가장 빠른 길이며, 온라인 회의 또한 그렇다.

제11장. 로드맵과 비주얼 플랜

여정 안내표가 휴가 때 유용하듯 비주얼 타임라인은 조직이 업무를 수행하는 데 무척 유용하다. 여러분이 주관하고 있는 주요 시점이나 활동 등을 잘 알릴 수 있어야 한다.

제12장. 그래픽 스토리맵

확실하게 자신의 의사를 밝히고 소통하는 리더가 있으면 조직이 효과적으로 잘 정비된다. 비주얼 맵과 벽화 등은 이러한 변화를 더욱 쉽게 해주며, 현대 조직이 모두 해결하려고 애쓰는 정보의 홍수가 밀려와도 굳건하게 기업을 유지할 수 있는 길을 마련해 준다. 스토리맵은 기업의 계획과 문화를 강하게 연결해 준다.

제13장. 비디오 및 가상 시각 매체

이동전화 영상, 태블릿, 애니메이션 및 파노라마 화면 등 비디오는 젊은 세대에게 전자 우편만큼이나 보편적이며, 많은 조직들이 발달하는 기술에 맞춰 변화하려고 노력한다. 비디오와 기타 커뮤니케이션 도구들은 다양한 형식들을 이용해서 효과적으로 업무를 수행할 수 있게 도와준다. 본 장에서는 즉시 시행해서 갖출 수 있는 것들에는 무엇이 있는지 알아본다.

제7장. 은유와 모델

타인에게 자신의 생각을 쉽게 이해시키기

비주얼 리더를 위한 첫 번째 강력한 도구이자 핵심 도구는 비주얼 은유와 심리 모델이다. 이것들이 방향성과 목적성을 가지고 소통할 수 있도록 도와준다는 점은 이미 앞에서 여러 차례 밝힌 바 있다. 아래에서 우리는 은유가 리더십과 관련해서 큰 역할을 수행한 사례 세 가지를 살펴볼 예정이다. 아울러 몇 가지 유용한 심리 모델을 심도 깊게 살펴보고, 조직을 전체적인 관점에서 생각할 수 있게 소통하는 방법을 알아보도록 하겠다.

오티스 스펑크마이어의 영업 촉진 활동

오티스 스펑크마이어는 켄 롤링스가 1977년에 세운 제과 제빵 회사다. 켄은 카리스마 넘치는 리더이며, 그의 혁신적인 냉동 쿠키 반죽은 갓 구워 낸 쿠키 산업에 새로운 기회를 만들어 냈다. 오티스는 1990년대 초반까지 매년 두 자리 숫자의 성장률을 기록했으나, 1990년대 중반부터는 영업 성장률이 정체되고 거의 성장하지 못하는 시기를 맞게 됐다. 회사는 새로운 리더십이 필요했다. 1996년, 켄은 미국 서부를 담당했던 제이앤제이(J&J Snackfoods)의 수석 부사장인 존 스키아보를 설득하여 남부 캘리포니아 지역에서 이주(역자 주: 오티스의 본사는 캘리포니아 주 샌프란시스코 동쪽의 산레안드로에 있다)하고 오티스의 대표이사를 맡게 했다.
존은 무척 품위 있는 인물이었으며 사람들과 오티스의 제품을 사랑했고 제과 산업을 잘 알고 있었다. 하지만 그는 영업이 제대로 되기 위해서는 1:1 면담 외에 의미 있고 효과 있는 뭔가를 해야 한다고 생각했다. 존은 다음과 같이 회상했다. "우리는 오래된 DC-3 비행기를 보유하고 있었는데, 그 비행기 바닥면에 오티스를 알리는 인쇄를 해서 샌프란시스코 인근을 비행하게 했어요. 그 사진을 복도에 붙여 놓기도 했고요. 우리는 전국적인 회사였지만 이 사진이 효과가 있진 않았습니다. 그런데 어느 날 그 포스터가 갑자기 내 마음에 불꽃을 일으키지 않겠어요? 난 그 비행기가 미국 전역을 돌아다니게 하도록 결정했죠." 이후 몇 달 동안 존은 '이륙 준비 완료'라는 이름의 캠페인을 준비하고 이끌었다. 마케팅 부서에서는 그것을 주제로 삼아 새로운 광고 전단 등을 만들었다. 그리고 존은 무척 중요한 대규모 이륙 행사를 개최했다.

실제 시각적 효과를 거둔 마케팅 캠페인

'이륙 준비 완료' 캠페인은 존이 오티스의 대표이사가 된 1996년부터 시작됐다. 이것은 시각적인 심벌과 가시적인 활동을 십분 활용해서 사람들이 기대하고 주목하게 만드는 전통적인 캠페인이다. 정체됐던 영업 실적은 이 캠페인이 시작된 지 5개월 만에 두 자릿수 성장세로 돌아섰다.

이륙 준비 완료

"우리는 연례 영업 회의를 위해서 오클랜드 공항에 있는 격납고로 모든 영업 사원들을 다 모이게 했습니다." 존은 말했다. "우리 회사의 영업 사원들은 새로운 영업 자료를 애타게 기다리고 있었어요. 그 시점에는 영업 사원 자신들이 사용하던 기존의 영업 자료를 복사해서 사용했거든요. 그래서 고객들의 불만이 많았죠. 우리는 5년 안에 현재 매출의 두 배를 이루고자 하는 영업 목표를 발표하고 새로운 영업 자료를 나눠줬습니다. 그 다음 우리는 격납고의 문을 열었고 켄과 나는 DC-3에 올라타 글자 그대로 이륙한 겁니다. 사람들은 감동에 휩싸였고요!"

제자리에 맴돌던 영업 실적은 5개월 만에 두 자리 성장률을 보이기 시작했으며, 존은 '이륙 준비 완료' 마케팅 캠페인을 3년간 꾸준히 수행해서 성공적인 결과를 거뒀다. "우리는 국립 식당 학교에 DC-3 비행기의 맨 앞부분과 조종석을 가지고 가서 사람들이 사진을 촬영하게 했어요. 또 우리는 비행기와 관련된 재미있는 게임을 준비하기도 했고요. 그중 하나는 가운데에 구멍이 뚫린 과녁을 이용한 게임이었는데, 종이비행기를 날려 그 구멍을 통과하면 당첨되는 거였죠. 단순한 게임이었지만 사람들이 무척 좋아했습니다."

매체에 메시지를 연결하다

이제 잠깐 한 발 뒤로 물러서서 앞에서 살펴본 오티스의 사례를 연구해 보자. 무엇보다도 대표이사 존은 영업 실적을 빨리 올리는 데에 모든 것을 집중했다. 왜냐하면 영업 실적을 높이기 위해서 대표이사로 선임되었음을 자신이 명확히 알고 있었기 때문이다. 그는 다음과 같이 회상했다. "오티스에 합류하기 전에도 나는 오티스의 고객들을 많이 알고 있었어요. 오티스는 여러 면에서 제대로 된 지원을 해주지 못하는 상태였고, 제대로 할 수 있는 기회가 내게 주어진 거죠. 난 이 기회가 단 한 번뿐임을 명심했습니다."

강력한 의지를 바탕으로 한 역할 수행은 모든 훌륭한 리더들의 공통점이다. 짐 콜린스는 연구를 통해 이러한 점을 명확히 하고, 그의 저서 〈좋은 기업을 넘어 위대한 기업으로〉를 통해 널리 알렸다. 훌륭한 리더란 목표에 전념하는 사람이다.

하지만 존은 전국에 퍼져 있는 모든 사람에게 영향을 미칠 수 있는 방법을 찾아야 했고, 모든 사람을 그의 영향력 아래에 두고 조직 전체에 활력을 심어 줘야 했다. 모든 사람이 함께 이야기하고 자랑스러워할 공통 주제가 필요했다. 이 시점에서 존이 오티스의 외부로부터 영입된 사람이라는 점은 큰 도움이 됐다. 그 비행기는 사람들이 다 알고 있었고, 오티스를 떠올리게 하는 이미지 중 하나로 자리 잡고 있었다. 존은 거기서 아이디어를 얻어 그 이미지를 가시적으로 확대시킨 것이다.

시각적 은유를 통해 공감을 만드는 원칙

제3장은 '공감'에 관한 소통 이론을 설명하며 마무리된다. 이 이론에 따르면 사람은 그들이 겪은 경험과 가치를 기억하고 커뮤니케이션할 때에 이것을 관련시켜서 표현하는 경향이 있다. 사람들의 이러한 성향을 이용하고자 한다면 다음의 지침을 따라보기 바란다.

- ☐ **명확한 의지를 가지고 시작하라:** 어떠한 것을 가지고 이야기하려든 간에 여러분이 진정으로 소중하게 생각하며 계속 유지해 가려는 것임을 확실히 해야 한다.
- ☐ **가치 있는 심벌을 선정하라:** 현재 조직 환경에 어떠한 것이 있는지 둘러보고, 그중에서 사람들에게 긍정적인 의미를 주는 것(예: 오티스의 비행기)을 선정하라.
- ☐ **개인적으로 관련이 있는 것을 이용하라:** 어떠한 이미지나 부호를 사용하든 간에 그것은 여러분에게 의미가 있는 것이어야 한다.
- ☐ **다양하게 활용할 수 있는 형태를 선정하라:** 온라인, 인쇄물 또는 의류 등 다양한 곳에 사용할 수 있는 강력한 비주얼을 선정하라.
- ☐ **설득력 있는 이야기를 덧붙여라:** 선정한 심벌에 의미를 심어서 그것에 관한 이야기들이 기억될 수 있도록 하라.

그 행사만으로도 영업 사원들이 눈에 띄는 영업 활동을 전개하게 하는 데에는 손색이 없었지만, 존은 첫 행사를 끝내고도 긴장의 끈을 놓지 않았다. 캠페인은 이후에도 지속적으로 매체, 영업 전단, 각종 행사뿐만 아니라 임원들의 지속적인 메시지 등에서 계속 강조되며 힘을 얻었다. "우리는 전국을 돌면서 에어쇼를 했고 무료 쿠키를 나눠 줬어요. 고객들은 열광했죠. 우리 비행기가 전국 어디를 가든 간에 사람들이 알아보고 우리를 기억할 수 있었습니다."

내셔널 툴 앤 다이의 냉장고상

자, 이제 간단한 은유가 의미 있는 리더십의 상징이 된 두 번째 사례를 살펴보자. 노스 아메리칸 툴 앤 다이(NATD, North American Tool & Die)의 대표이사 톰 멜론의 이야기인데, 이 이야기는 젊은 리더들에게 영감을 주기 위한 목적으로 애플 리더십 체험에서 1980년대 내내 꾸준히 전파되기도 했다. 톰은 청년기부터 25년간을 전국적으로 널리 알려진 소비재 회사에서 근무했고, 그곳에서 일자리를 잃은 뒤에 NATD를 인수해서 새롭게 각성한 직원들과 함께 회사를 성공적으로 변혁시켰다. 이 회사는 PBS 텔레비전 프로그램 '최고를 찾아서'나 하버드 비즈니스 리뷰 및 잡지에서 크게 다룰 만큼 유명해졌으며, 애플도 톰의 감동적인 아이디어를 젊은 리더들과 공유하길 원했다.

톰이 회사에서 이루고 싶던 변화 중 하나는 바로 모두가 최선을 다해 헌신적으로 업무를 수행하게 하는 것이었다. 직원들을 해고한 적이 없는 그는 가능한 모든 방법을 통해 모든 직원들의 헌신과 동참에 가치가 있음을 명확히 하고자 노력했다. 그는 이전까지 무척 높던 불량률을 별다른 인력 변화 없이 품질 만족도 99.9%의 불량품 없는 생산을 할 수 있는 수준까지 되도록 품질 관리에 획기적인 변화를 이뤄 냈다. 그가 변화시킨 것은 전 직원이 동료들 간의 동반자 관계가 대단히 중요하다는 것을 이해할 수 있게 한 점이었으며, 그가 얻은 것은 신뢰였다. 톰의 활동에서 시각적인 상징은 정기적인 '냉장고상(Refrigerator award)'이었다. 모든 직원을 공장 한 가운데에 있는 낡은 냉장고 주변에 모이게 한 뒤, 냉장고 문을 열고 그 안에 있는 봉투를 꺼내 개봉한 뒤에 가장 마지막에 적힌 이름을 호명하는데, 그 대상자는 NATD의 품질 개선에 기여한 개인 또는 팀이다. 냉장고는 고질적인 품질 문제를 해결한 한 젊은이로 인해 동반자 관계 교육의 상징이 된 물건이었다. 그 품질 문제란 부품 간의 연결 부위가 너무 빡빡해서 조립 중에 종종 파손되곤 하는 부품 때문이었는데, 한 젊은이가 그 부품을 냉장고에 넣어 둠으로써 큰 개선을 하게 됐다. 그 부품이 차가워지자 부피가 약간 수축되었고, 조립할 때에도 파손을 일으키지 않으면서 다른 부품과 잘 들어맞게 된 것이었다. 그로 인해 냉장고는 톰의 심벌이 되었다. 이 사례

노스 아메리칸 툴 앤 다이의 냉장고상

NATD의 대표이사인 톰 멜론은 직원들의 동반사 정신을 기르기 위한 노력 및 공헌도 높은 직원에 대한 인정을 냉장고상에 담았다. 이 냉장고 상은, 너무 꽉 끼게 만들어서 조립 공정에 문제가 있던 부품을 냉장고에 넣어 살짝 축소시켜서 문제를 해결한 한 젊은 직원의 사례에서 따온 것이다.

잰, 이번에는 당신 이름이
여기에 있네요!

헤드랜즈 미술관

헤드랜즈 미술관은 골든게이트 국립 레크리에이션 지구에 위치한 마틴 헤드랜즈의 포트 배리 터에 있는 건물 열세 채에 펼쳐져 있다. 샌프란시스코에서 십 분 거리에 있으며, 옛 병영들을 제외하고는 로디오 밸리라고 하는 야생 지역이다. 이곳에 있는 예술인 거주 시설은 전 세계의 예술가들을 초청해서 수준 높은 작품 세계를 보여 주며 자연과 인간의 창조적 과정이 가진 연관성에 대한 기초 연구를 하는 곳이라는 특징이 있다.

도 오티스 사례와 마찬가지로 실제로 대상물이 존재하고 의미를 지니고 있어서 시각적인 선언이 어떤 작용을 하는지 잘 알고 있는 리더가 상징물로 사용하기에 적합했던 경우다.

새로운 미술관을 계획하다

마지막 사례는 비영리 기관에서 살펴보도록 하자. 이 비영리 기관은 심리 모델을 발전시켜 비전을 시각적으로 형상화했고, 기부 등 외부 재정 지원 유치를 위해 높은 수준의 기호적인 규정들을 세웠다. 1980년대 초반, 샌프란시스코의 금문교 건너 정북향에 위치한 마틴 헤드랜즈의 낡은 요새 터에 미술관을 건립하자는 계획이 세워졌다. 환경 운동이 왕성하던 1976년, 마틴 카운티의 일부 요새들은 의회의 결정에 따라 골든게이트 국립 휴양 지구(Golden Gate National Recreation Area)로 명명되었다. GGNRA는 미국 내에서 면적이 넓은 국립공원 중 하나가 되었는데, 그 안에는 오래 된 병영 막사, 무기 창고, 미사일 발사대 및 해안가의 험준한 지역도 포함되어 있었다. GGNRA를 어떻게 운영할지에 대해 수많은 공청회 및 공동 연수가 개최되었고, 거듭된 회의를 통해 포트 배리 지역에 미술관을 건립하자는 의견이 모아졌다. 포트 배리는 소살리토와 로디오 밸리(해안가 지역에 위치)의 중간에 있는 야생 지역이다.

포트 배리에는 십여 채가 넘는 건물들이 있었는데 전부 1900년대 초반에 지어진 것이었다. 건축물을 짓기 위한 자재는 충분할 만큼 공급되었기 때문에 그 건물들은 모두 오랫동안 남아 있을 수 있도록 튼튼하게 지어졌다. 하지만 비워 둔 지 많은 해가 지났고, 최근에는 젊은이들이 부수고 들어와서 파티나 하는 그런 곳이 되어 버렸다.

GGNRA는 관리 이사회로부터 미술관 건립을 계획하라는 지시를 받았고, 포트 크론카이트 바닷가 부근에서 병영으로 사용하던 작은 건물을 임시 운영 본부로 사용할 수 있게 배정받았다. GGNRA는 포트 배리에 있는 건물들을 선정해 봤지만, 미술관으로 쓰일 수 있음이 증명될 때까지 열세 번이나 되풀이해서 일을 다시 시작할 수밖에 없었다. 어떻게 이런 일이 일어날 수 있었을까? 관리 이사회는 이것을 마치 닭이 먼저냐 달걀이 먼저냐 하는 논란처럼 느꼈다. 모두가 포트 배리를 좋아했지만 자금을 구하고 동기를 부여하기 전에는 그곳을 미술관으로 탈바꿈시킬 준비를 할 수 없었다.

비전 수립을 위해 2년을 보내다

헤드랜즈 미술관(HCA, Headland Center for the Arts)의 경우에는 명확한 비전을 수립하는 데에 2년이란 세월이 필요했다. 관리 이사회는 이곳에 미술관을 건립하자는 계획이 마틴 카운티 주민들뿐 아니라 미국 국민 누구나 흔히 갖는 미술관에 대한 생각과 많이 다름을 알고 있었다. 모든 이들은 미술관을 건립하려면 십여 채나 되는 건물의 재건축 재원 마련을 위해 전국적인 규모의 조직이 움직여야 한다고 여겼다. 공동 연수들을 통해 도출된 비전들도 일부 있었다. 사람들은 이곳의 숙소에 머무는 미술가들을 기대하고 있었다. 여기는 샌프란시스코에서 차로 겨우 십 분 정도밖에 떨어져 있지 않지만 야생 환경을 갖춘 곳이었고, 그 점이 이곳의 가장 크고 특색 있는 자산이었다. 사람들은 유명한 예술가가 수련생들을 데리고 작품 활동하는 모습을 기대했다. 불투명한 아이디어이긴 해도 관리 이사회에 기대할 수 있는 부분은 예술가와 환경 운동가들에게 자연과 인간의 창조적인 프로세스에 대한 관련성을 논의할 기회를 만들어 주는 것이었지만, 결국 정체성 문제로 귀결되어 관리 이사회에서 동의하지 않는 바람에 수포로 돌아갔다.

만일 미술관 건립에 관해 이 단계에서 어느 예술가나 환경 운동가에게 주도권이 주어졌다면 큰 위험에 빠졌을지도 모를 일이다. 유행은 변하게 되어 있다. 너무 지역사회만을 기반으로 했다면 그 미술관은 초보자들이 운영한다고 여겨질 뻔했던 것이다. 전국적인 규모로 추진하고 운영하기 위해서는 대규모의 자금 마련과 설득력 있는 이야기가 필요하다.

위기는 기회이다

위기가 곧 기회란 옛말이 있다. 헤드랜즈 미술관에는 그런 경우가 어떤 회의 중에 발생했다. 회의 도중 관리 이사들은 그들이 대답하고자 애쓰던 질문 그 자체가 해답이라는 사실을 알게 된 것이다. 미술관은 그 질문인 '자

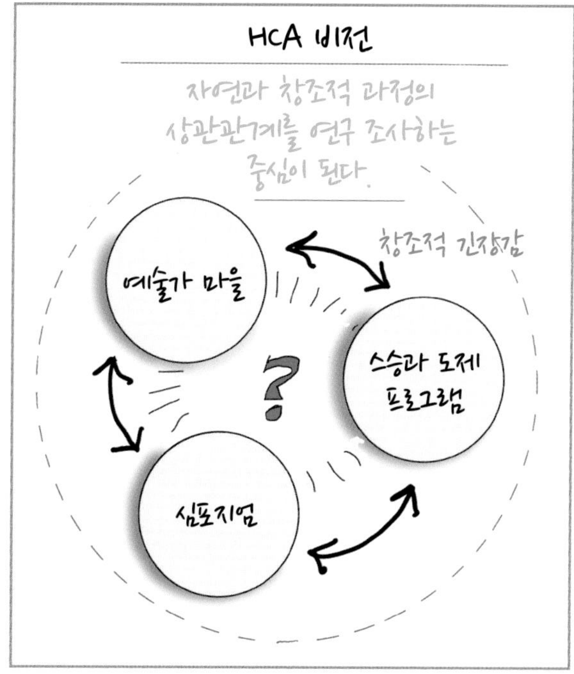

헤드랜즈 미술관 비전

이 도표는 헤드랜즈 미술관이 설립되던 해의 이사회 비전을 요약해서 나타낸 것이다. 예술의 특성에 대한 조사를 수행하는 것은 이곳 미션의 중심이 되었고, 프로그램 영역을 얼마나 잘 어울리게 하느냐를 풀어 가는 열쇠가 되었다. 그림과 도표를 통해 프로그램 상호 간의 창조적 긴장 관계를 표현했다.

연과 인간의 창조적 프로세스가 가진 연관성에 대해 연구하는 곳'이 되기로 했다. 앞쪽의 도표는 그 비전을 묘사한 것이다. 그것은 심리 모델을 보여 줄 뿐 오티스의 비행기처럼 브랜드 이미지에 대한 것이 아니다. 하지만 대단히 간결하고 기억하기 쉬운 프레임워크다. 가장 중요한 점은 미술관이 지속적으로 질문을 던질 수 있게 하고 연구에 집중하게 하는 것이었다. 비전 도표는 모든 사람에게 세 가지 프로그램 영역이 서로 창조적인 긴장감을 형성해 주며 그것들이 자체적으로 꾸준한 에너지와 흥미를 유발하리라는 점을 잘 기억하도록 만들었다.

이사회가 명확한 아이디어를 가지고 있는 것만으로는 충분치 않았다. 많은 사람이 헤드랜즈 미술관을 알 수 있게끔 해야 했다. 이사회는 이 목적을 이루기 위해서 각각의 프로그램 영역에 의미 있는 상징을 만들어서 비전을 확실히 보여 줄 수 있어야 한다고 결론 내렸다.

비전의 가시화

오티스 사례와 마찬가지로, 이사회가 명확한 비전을 가지고 있는 것만으로는 충분치 않다. HCA의 계획을 대중들이 인지할 수 있게 해야 한다. 이사회에서는 이 목적을 이룰 수 있는 유일한 방법이 각각의 프로그램 영역에 대한 비전을 확실히 보여 줄 수 있도록 의미 있고 상징적인 무언가를 하는 것이라고 결론 내렸다.

1. **예술가 마을** : 비전의 이 부분을 명확히 하기 위해서 HCA는 샌프란시스코 미술 연구소가 포트 크론카이트에 있는 병영 한 곳을 이용할 수 있도록 했다. 그 건물은 하룻밤 새에 예술가 마을 프로그램의 장소로 바뀌었는데, 미술 연구소는 학생들을 위한 스튜디오 공간이 무척 필요했기 때문에 상호 윈-윈할 수 있었다.

2. **심포지엄** : 이사회는 GGNRA 공원 협력 기관들과 헤드랜즈의 예술가들 간의 콘퍼런스를 주최해서 새로운 주제들을 탐색했으며, 이것은 문서로 만들어져 출판까지 이어졌다.

3. **스승과 도제 프로그램** : HCA가 이 프로그램에 대해 진지하게 접근하고 있음을 보여 주기 위해 이 지역에서 유명한 예술가인 윌리엄 와일리에게 공원에 필요한 작품을 만들어 달라고 부탁했는데, 설계는 윌리엄이 맡고 작업은 그의 수련생들이 맡게 했다. 이것은 유명한 섬유 예술가인 젠지 라키도 마찬가지로 견습생들을 데리고 작업해서 포트 크론카이트의 스튜디오에서 전시하는 등 다양한 활동들의 시작이 되었다.

예술가 마을과 심포지엄은 HCA가 이 사업을 무척 중요하게 생각하고 있음을 널리 알릴 수 있는 계기가 되었다. 스승과 도제 프로그램 또한 몇 가지 행운이 따르며 이러한 분위기 조성을 도왔다. 그 행사로 더욱 상당한 유명세를 타게 된 윌리엄 와일리는 결국 그의 무리들과 함께 예술가 마을에 참여하기로 하고 개최 행사 중 하나를 맡아 주었다. 이러한 점들은 다른 유명한 예술가들 사이에 알려지고 그들이 흥미를 가지게 되면서, '아트 위크' 지에 기사화되기도 했다. 아트 위크의 기사에서는 HCA가 훌륭하고 세련된 새 미술관을 건립하고 있다고 언급했는데, 이러한 점은 이 미술관이 전국적인 규모로 운영될 수도 있음을 시사했다.

꾸준함의 결과

이뤄 낸 성공의 전부가 고작 의미 있는 이야기 전달에 그쳐서는 안 되기 때문에 HCA는 뒤이어 해야 할 일들이 무척 많았다. 윌리엄 와일리는 로디오 밸리까지 이어진 세 곳의 육면체의 낡은 콘크리트 정화조 옆면에 버마쉐이브 스타일(역자 주: Burma-Shave는 길가에 도로 표지판처럼 광고판을 연달아 세워 놓는 방식으로 이십 세기 미국 광고에 많은 영향을 끼친 면도 거품 브랜드)의 벽화로 작품을 마무리했다(이것은 뒤에 철거되었다). 해안에서 처음 보이는 광고판은 1.5미터 높이의 큰 녹색 글꼴과 드루이드 기호를 조합한 'IS THERE'였고, 그 다음은 좀 더 떨어진 늪 옆에 'ANOTHER'라고 적힌 것이었으며, 사격장 옆에 놓인 세 번째는 'PRESENT?'라고 적혀 있었다. 와일리는 그것을 통해 공원 지역사회에 HCA의 아이디어에 대한 관심을 불러일으키고자 했던 것인데, 정말 관심을 불러일으키기는 했다. 이와 관련해서 GGRNA는 그들이 처리할 수 없을 만큼 많은 편지를 받았는데, 대부분은 화를 내거나 경멸하는 내용이었다. "이런 신성한 곳을 더럽히다니!" 이들의 편지로, 공원은 평안을 찾기 위해 가는 곳이지 예술가와 만나러 가는 곳이 아니라는 점을 알 수 있었다. 하지만 사람들이 공원 관리에서 가장 염려하는 것은 공원 여기저기의 포대와 방공호마다 그려져 있는 그라피티였다. 젊은이들은 이 작품의 메시지를 받아들였다. 그래, 우리가 현재야! 물론 그들은 그것을 시각화하는 데에 아무런 문제점이 없었다. HCA 이사회는 외부 전시가 문제를 일으킬 경우 즉시 중단하기로 결의했고, 실제로 현실화됐다. 와일리의 작품이 그려졌던 벽은 두 주 안에 새로 칠해졌지만, 그와 함께 다른 이야기도 현실로 이뤄졌다. HCA가 시작된 것이다. 예술인 단체는 이에 감명을 받았고, 기금 출연자들도 감격했다. 그로부터 얼마 지나지 않아 미술관은 노련한 예술 행정가인 제니퍼 다울리를 3년간 고용할 수 있게 되었는데, 그녀는 이사회와 함께 이 미술관을 생존과 자금 조달이 가능한 전국적인 조직으로 만들었다. 여러 해 동안 '지속적인 질문과 연구에 집중하는 미술관'의 은유가 이러한 활동의 가장 중요한 지침이었다.

헤드랜즈 미술관 – 랜드마크 전시회

윌리엄 와일리와 젠지 라키는 골든게이트 국립 레크리에이션 지구의 헤드랜즈 미술관 개관 기념 전시회를 통해 그곳에 '표시'를 했다. 윌리엄의 작품은 어떤 것이었는지 본문에 설명한 바와 같다. 젠지는 수십 명의 섬유 예술가들과 함께 파란색과 노란색의 플라스틱 리본을 이용해서 커다란 삼각형을 만들었는데, 그 작품은 나중에 HCA가 들어가고자 하는 건물을 향하는 길가에 설치됐다.

이 그림은 내가 건립 추진 위원회의 일원으로 함께 했던 행사를 마치고 수첩에 그렸던 것이다. 나는 예술 전시에 관해서는 아무런 경험을 하지 못했지만, 이것이 시각화과 조직 개발의 힘이 이뤄 낸 훌륭한 결과란 점은 확실했다. 그리고 우리는 모든 사람의 기억에 표시를 남겼다.

공통의 시각 언어로 쓰이는 심리 모델은 종종 중요한 시각적 아이콘을 가진다. 여러분이 알아볼 만한 것들도 다음에 마련되어 있다. 왼쪽 맨 위에는 래리 그라이너의 조직 진화 및 변혁의 단계별 그래프들이 있고 그 다음에는 아서 영의 프로세스 아크가 있다. 프로세스 아크는 드렉슬러와 시벳의 팀 성과 모델의 근간이 된다.

비주얼 심리 모델

만일 다른 사람과 소통할 때에 여러분이 사용하는 은유가 상대방의 경험과 관련 있는 것이라면 그것은 렌즈처럼 역할해서 그 소통을 바른 방향으로 이끌어 줄 것이다. 이런 것 중 일부는 조직 전체적인 시스템에 대해 생각할 때 공통된 시각 언어로 사용될 만한 것도 있고, 무척 중요하기 때문에 임원진과 공유해야 할 것들도 있다. 오랜 시간 동안 테스트를 거친 심리 모델들은 그것이 이야기하고자 하는 아이디어를 시각적인 그림이나 도표로 나타낸 것들이 많다. 집합적이고 시각적이며 과정을 나타내는 언어들 중에 이 세 가지 성격 모두를 아우르는 것이 있을까? 여기에 나온 예시를 통해 그것들이 얼마나 많은지, 그리고 앞에서 익혀 온 것들이 얼마나 도움이 되는지 알 수 있게 될 것이다.

예시에 있는 것과 같은 비주얼 프레임워크가 여러분이 소통하는 데에 표준적인 시각 언어로 자리 잡게 된다면 그것은 마치 여러분의 컴퓨터가 초고속통신망에 연결된 것과 같은 효과라고 할 수 있다. 이것은 복잡한 아이디어를 소통할 수 있게 도와주는데, 헤드랜즈 미술관의 비전이 예가 될 수 있다. 이 프레임워크는 그 안에 담겨진 철학을 대변하는 것이 아니라 세 가지 프로그램 영역을 간략하게 서술하고 있다. 공통점은 모든 사람에게 여러분의 조직이 함께 큰일을 해낼 것임을 기억할 수 있도록 이미지를 심어 주는 것이다. 간혹 이런 모델은 복잡해지기도 한다.

〈비주얼 미팅〉에서는 가시화된 탐험의 결실이자 그룹에 대한 프로세스 이론을 처음 적용

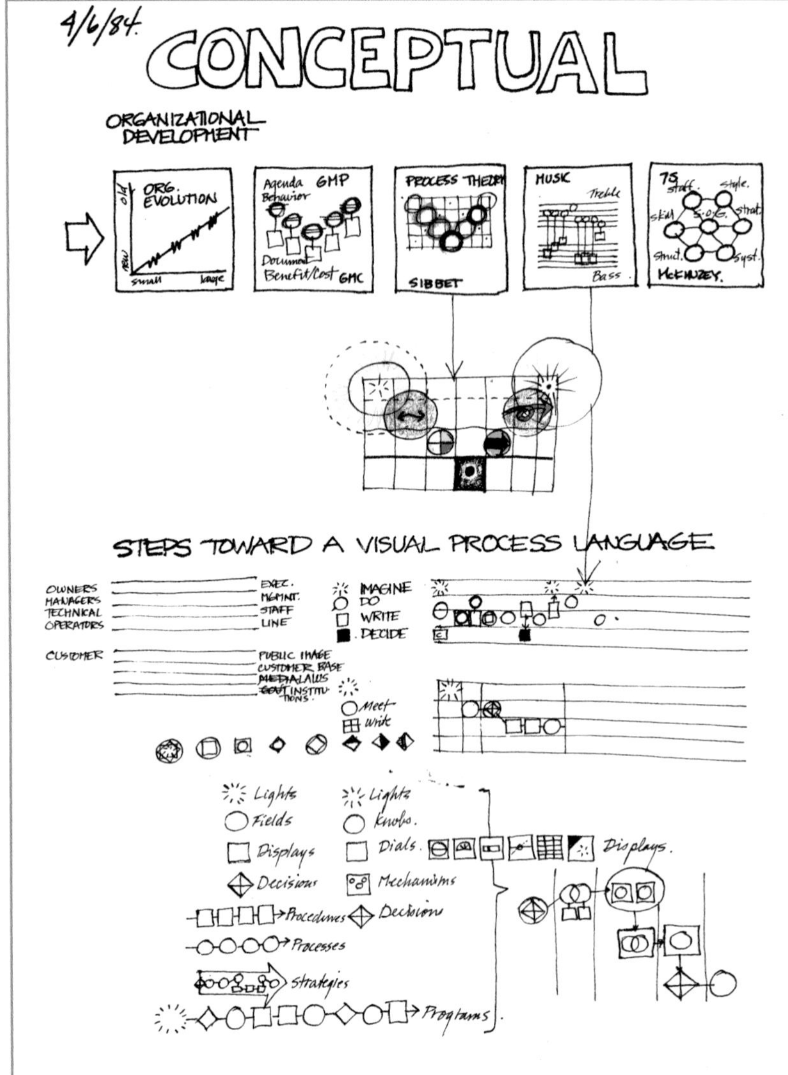

TOOLS "OPERATING SYSTEM MAPS"

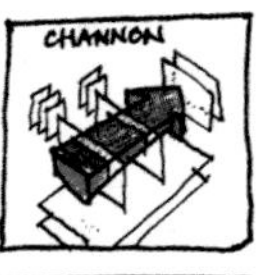

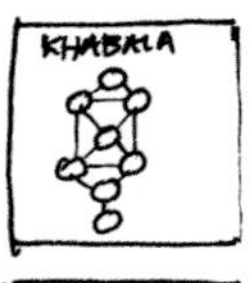

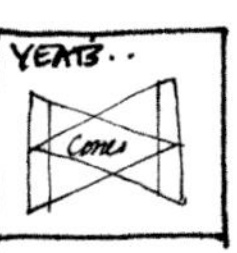

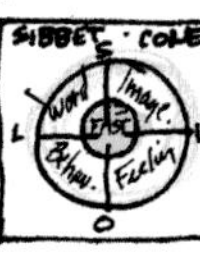

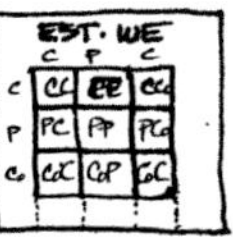

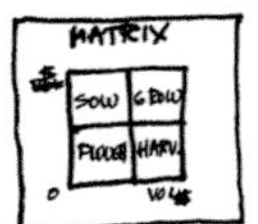

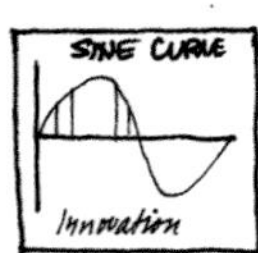

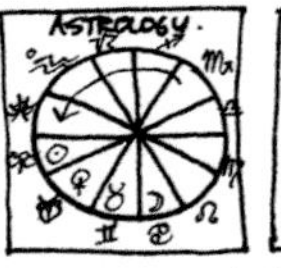

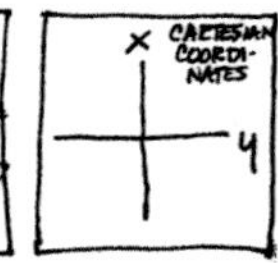

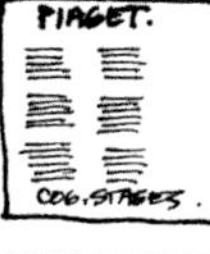

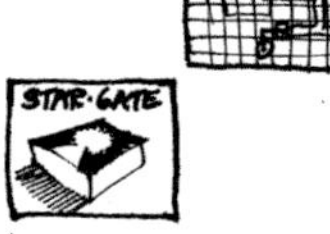

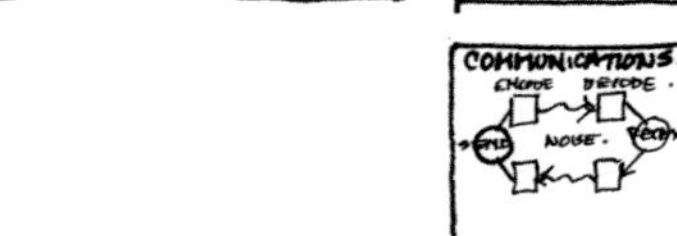

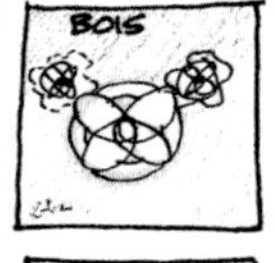

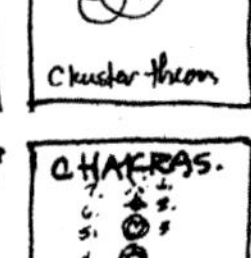

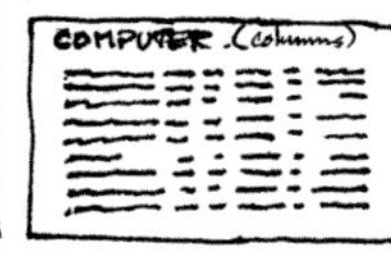

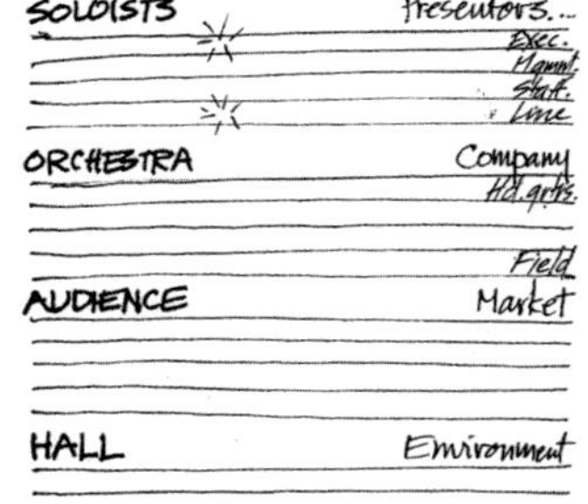

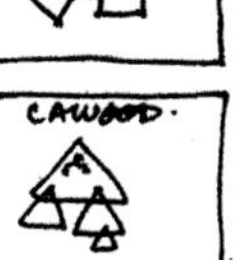

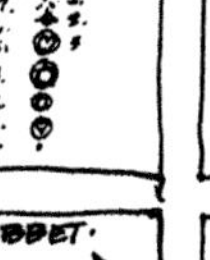
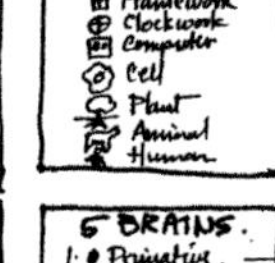

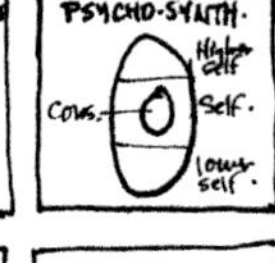

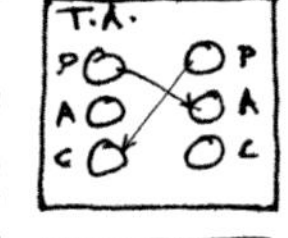

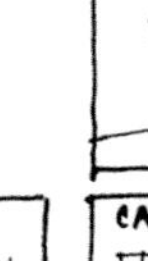

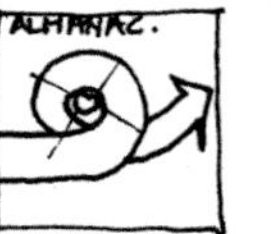

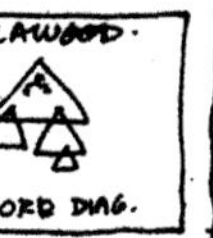

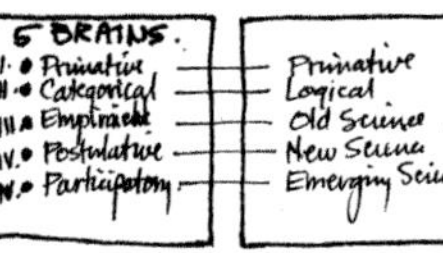

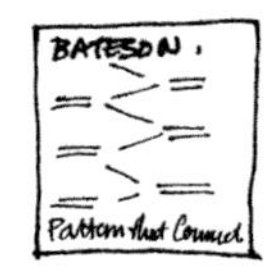

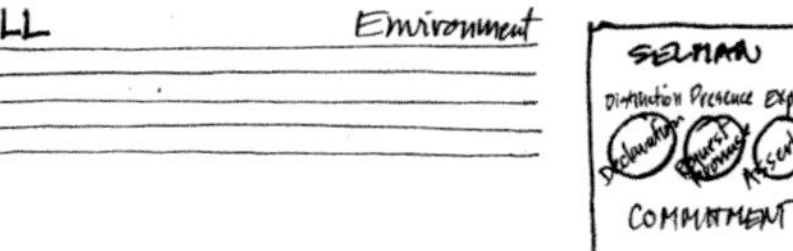

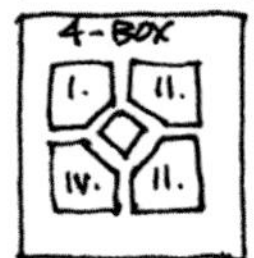

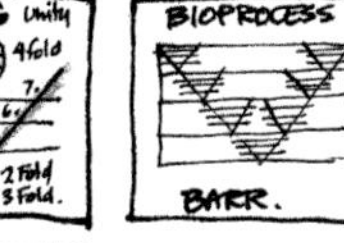

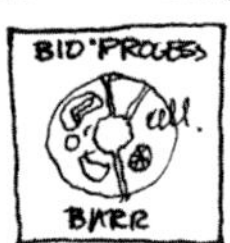

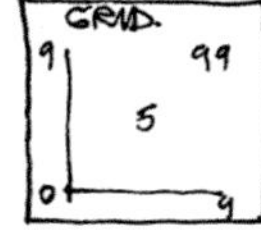

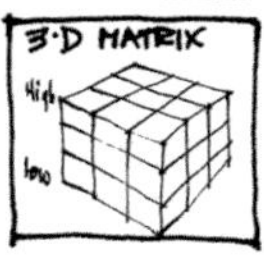

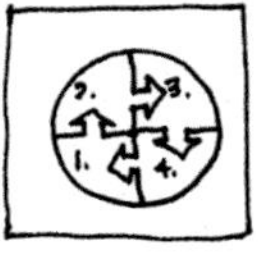

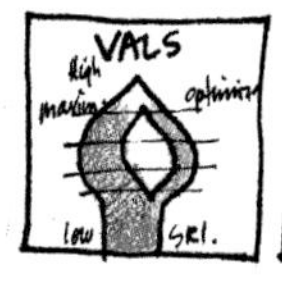

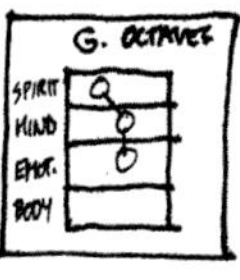

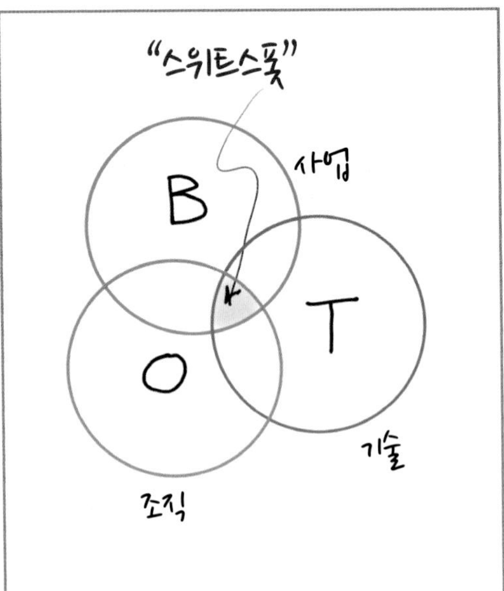

BOT 모델

기술이 크게 영향을 미치던 1990년대에, P&G는 기술에만 너무 집중하는 것이 아니라 사업(재무), 조직(사람) 및 기술(기반과 도구)의 균형을 이루고자 했다. 리더들은 그러한 의미를 알리기 위해 이 그림(이론적 용어로는 벤 다이어그램이라고 한다)을 이용했다. 스위트스폿(Sweet Spot)이란 골프채, 테니스 라켓, 야구의 배트에서 공이 가장 효과적으로 쳐지는 부분을 일컫는 말이다.

하게 되는 그룹 그래픽 키보드에 대해 설명한 바 있다. 〈비주얼 팀〉에서는 상세하게 드렉슬러와 시벳의 팀 성과 모델에 대해 다뤘다. 이 책에서는 지속 가능한 조직 모델에 대해 집중해 보려 한다. 이 모든 것은 공통적으로 리더에게 강력하고 융합적인 언어를 제공한다.

사업, 조직, 기술의 융합

프록터 앤 갬블(P&G)에는 실질적인 심리 모델을 보여 준 아주 좋은 사례가 있다. 1990년대는 정보 기술 그룹이 급속도로 성장했다. P&G도 그들 사업에 컴퓨터 네트워크를 앞장서서 적용하려 했다. 여기에서 기억해야 할 중요한 점은, 그들이 정보화를 통해 실제적으로 성공적인 결과를 얻은 부분은 재무적 관점에서 통합적 사업 운영과 조직 및 고객 관점에서의 포트폴리오, 사람들의 호감 등이었다는 것이다. 이것을 이루기 위해 경영진은 단지 세 개의 원으로 이뤄진 무척 간단한 구조의 도표를 개발해 냈다. P&G는 지속적으로 사용함으로써 이 그림을 기술자들의 마음에까지 자리 잡을 수 있게 만들었다. 이것도 마치 HCA의 비전 도표처럼 작동했다.

7S 모델

좀 더 복잡한 조직 전체의 심리 모델 중 하나로 7S 모델이란 것이 있다. 7S 모델은 맥킨지에서 개발했고, 로버트 워터맨 2세와 톰 피터스가 지은 〈초우량 기업의 조건〉에서 기준을 선정하는 데에 사용하기도 했다. 1980년대 초반 경영 관련 도서 분야를 부흥시킨 주역으로 평가받고 있는 이 책에는 7S 모델에 대한 그림이나 도표가 전혀 없는데, 나중에 여러 차례에 걸쳐 다음 쪽에서 보는 그림 등과 같이 시각화되었다. 맥킨지에서 7S 모델을 개발한 사람 중 하나인 리처드 파스칼은 그의 저서 〈벼랑 끝의 관리〉에서 이 모델을 무척 흥미롭게 시각화했다. 그가 표현한 모델은 적용해야 할 조직의 관점에서 가장 완벽에 가깝게 꾸몄다고 할 수 있다.

파스칼은 조직을 고정된 기계보다는 동적이고 유기적인 존재로 여기는 것이 큰 도움이 된다고 생각했다. 그는 7S들 각각이 내부를 향하는 구심성을 가질 수도 있고, 중앙에 위치할 수도 있으며, 또는 바깥을 향하는 원심성을 가질 수 있다고 설명했다. 7S를 전략에 도입하는 과정에서 더 전체적이고 시스템 중심적인 사고를 할 수 있도록 그로브에서는 파스칼의 설명을 '7P 조직 과정 모델'을 통해 나타냈다. 이것은 조직들로 하여금 그들이 현재 어떠한 방향을 향하고 있는지를 훨씬 원활하게 파악할 수 있도록 하는 템플릿이 될 수 있다. 파스칼의 도표에는 가운데에 '과도한 제어'라고 적혀 있고 가장자리에 '혼돈'이라고 표시되어 있었지만, 우리는 가운데에 '목적'을 놓고 그 양옆에 비전 및 단단한 요소와 부드러운 요소들 사이를 이어 주는 접착제 역할의 가치를 두었다.

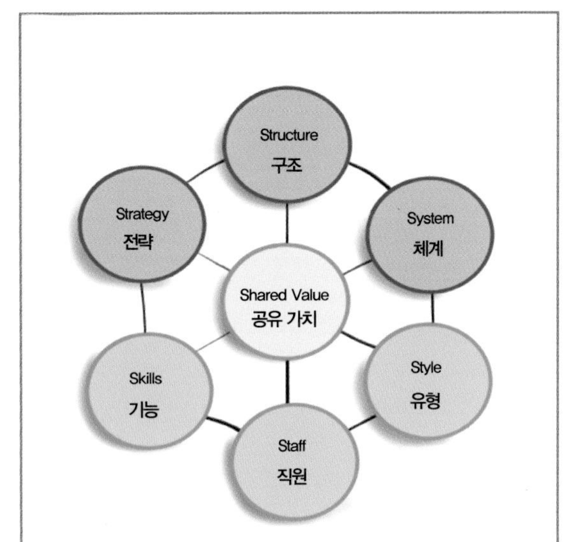

7S 모델

맥킨지에서 개발된 이 모델은 1980년대 〈초우량 기업의 조건〉을 저술한 작가에게 영향을 줬다. 이 모델은 기업을 전체적인 구조체로 생각하게 해주는 유명한 방식으로 여겨지고 있다.

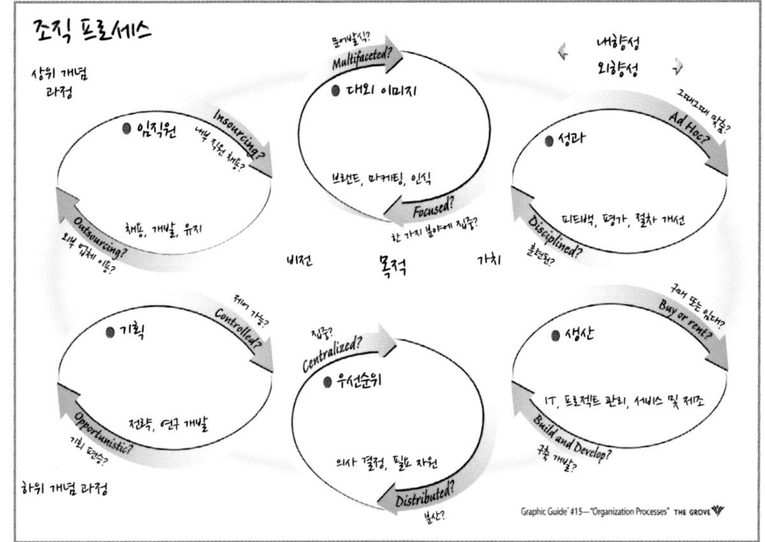

조직 프로세스 그래픽 가이드

이 그래픽 가이드는 리처드 파스칼의 7S 모델을 풀이해서 묘사한 것이다. 이 모델은 각 부문에서 시작하여 과정을 설명하게 된다. 인간의 일반적인 특성을 감안할 때, 하위 개념 과정은 좀 더 갖춰진 것들이 차지하고 있으며 상위 개념에는 꿈이나 희망에 관한 것들이 위치한다. 이 그래픽 가이드는 원래 맥킨지식 7S 모델의 상하가 바뀐 것처럼 그려졌다. 또한 리처드 파스칼이 관찰한 바와 같이 각각의 요소들은 내향적인(구심적인) 것과 외향적인(원심적인) 방향으로 각각 표출되고, 대부분의 조직에서는 시간에 따라 변화를 주며 이 두 가지를 유지하게 된다. 각각에 대한 설명은 화살표 안에 적혀 있다.

모델을 이용하여 알게 된 것을 이해하기

만일 사람들에게 여기에 있는 것과 같은 프레임워크를 그저 전해 주기만 한다면 그들이 체계적으로 생각하게 하는 데에는 아무런 도움이 되지 않는다. 여러분은 이것을 지침으로 삼아 자신의 조직에 대한 것을 만들고, 사람들이 그것을 따라 업무를 수행하도록 해야 한다. 내셔널 세미컨덕터에서는 리엔지니어링 활동의 일환으로 그들의 프로세스 그래픽 가이드에 0부터 10까지 크기를 갖는 10점 척도의 화살표를 추가했다. 그런데 관리팀의 모든 사람이 그것을 모두 열두 개의 화살표가 있는 것처럼 여기고 표시했다. 이것을 알아차리기까지는 시일이 좀 걸렸는데, 이것으로 인해 사람들 간의 관련 대화는 무척 이상한 수준과 상태가 되어 버렸다.

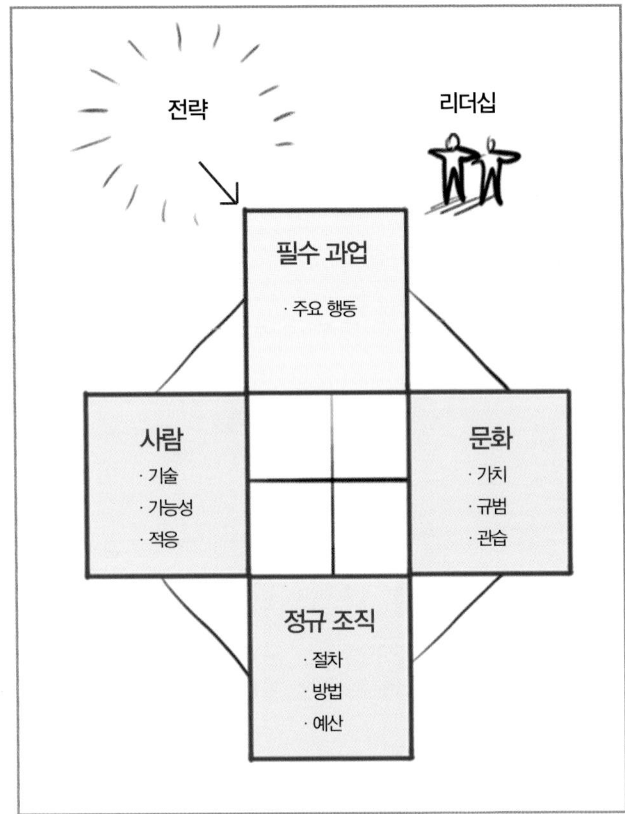

조직 요소 모델

찰스 오라일리는 이 모델을 통해 사람과 조직, 그리고 문화가 서로 연계해서 맞춰 가며, 리더가 설정한 전략을 이행하기 위한 필수 과업을 이루는지 설명하고 있다.

조직 연계 모델

만일 여러분이나 팀을 앞에서 제시된 조직 과정 템플릿처럼 복잡하게 비춰 봐야 하는 것이 아니라면, 그보다 좀 더 작은 중간 규모의 프레임워크 이용이 더 나을지도 모른다. 이런 종류로 무척 효과적인 프레임워크 중에는 스탠포드대학 경영학과의 저명한 교수 찰스 오라일리가 만든 것이 있다. 기업이나 기관에서 대행사를 선정할 때에는 경영진을 위해 유용한 시각 언어로 신속하게 전달되도록 적당한 수준에서 발표가 이뤄진다. 찰스 오라일리와 마이클 투시먼이 공저한 〈혁신으로 승리하기〉에는 이 모델을 시각 언어 요소로 사용해서 엄청나게 복잡한 아이디어를 무척 이해하기 쉽게 만드는 내용으로 대단한 사례가 나온다. 그가 조직을 선제적인 관점에서 어떻게 시각화했는지 살펴보기로 하자.

그는 조직이 설정한 목표를 이루는 데에 실질적이고 필수적인 '중요 과업'을 파악하는 데에는 리더십과 전략이 가장 큰 영향을 줄 것이라고 가정했고, 그것을 '필수 행동'이라 이름 지었다. 조직에 따라 그것을 '우선 조치 사항'이라 부르기도 하는데, 이것은 전략적 비전 수립 과정에서 리더들에게 중요한 단계가 될 수 있다(전체 과정에 대한 설명은 제9장을 참조하라).

찰스 오라일리는 조직에 관한 세 가지 부가 요소들이 그 행동을 뒷받침할 수 있도록 조율되지 않았기 때문에 실행에 따르는 어려움이 나타나는 것이라고 봤다. 그는 그것을 각각 사람(기술력과 경쟁력 등), 정규 조직(재정과 정책, 절차, 기술 기반 등), 그리고 문화(가치, 전통, 규범)이라 불렀다.

휴렛팩커드(HP)에서 분사체이자 계측기 분야에서 선도적인 위치에 있는 애질런트 테크놀러지와 국립공원 공단의 임원 리더십 프로그램을 주관하고 있던 찰스 오라일리는 사람들에게 전략의 이행에서 가장 중요한 것은 문화라는 점을 이해시키기 위해 꾸준히 노력했다. 그는 그의 모델을 단순하게 한 뒤, 문화를 조직에서 조율이 필요한 세 가지 주요 요소 중 한 가지로 포함시킴으로써 그러한 점을 눈에 띄게 하였고 경영진이 꾸준히 그것의 중요성을 인지하도록 만들었다. 아울러 그는 성공 사례의 이면에 조직 내에서 단단히 자리 잡은 문화가 새로운 변화를 빠르게 받아들지 못해 실패한 사례들을 제공했다. 그가 투시먼과 함께 저술한 책 〈양손잡이 조직: 혁신의 딜레마를 해결하기〉에서도 많은 사례를 찾아볼 수 있다.

의미는 개인 경험의 작용이다

"문화가 전략을 이긴다."는 찰스 오라일리의 말은 은유와 모델을 잘 사용한 뛰어난 사례의 측면으로 해석해 볼 수도 있다. "개인의 경험 및 상징과의 관계는 그들의 은유나 모델을 형성하는 데에 영향을 준다."는 슈워츠의 말과 일맥상통하는 주장이다. 이런 이유로 조직에게 새로운 비전이나 사고방식을 소개하려 할 때 앞으로의 경험을 의미 있게 만들어 줄 방법을 고민할 필요가 있다. 단지 그것이 여러분에게만 의미가 있다면 다른 사람에게 영향을 미칠 수 없다.

이러한 사고에 대해 좀 더 깊이 알고자 한다면 가스통 바슐라르가 지은 〈공간의 시학〉을 읽기를 권한다. 바슐라르는 1900년대에 프랑스 파리의 소르본대학에서 과학철학을 가르친 철학자인데, 노년에는 미학에 관심을 보이며 시와 건축물에서 보이는 의미의 원천에 대해 연구했다. 그는 1958년에 저술한 〈공간의 시학〉에서 독자들에게 단어에 처음으로 의미를 부여하는 부분에 대해 생각해 보도록 화두를 던졌다. 그는 사람들이 성장 환경과 무관하게 자신이 처음 겪은 것들이 각 단어에 대해 의미를 가지게 하는 씨앗이 된다고 믿었다. 예를 들어 잠수란 단어의 경우에는 그 사람이 처음으로 물속에 들어가 봤을 때에 제대로 느끼게 되는 것이고, 두려움이 엄습하는 폐쇄의 느낌은 문이 닫힌 컴컴한 옷장이나 광에 처음 갇혔을 때의 느낌을 담고 있는데, 그것은 그 단어의 의미를 경험한 사람의 집 크기나 빈부와는 전혀 무관하다는 것이다. 처음 겪게 되는 경험은 의미를 담는 텅 빈 화폭에 첫 자국을 남기는 위력을 가지고 있다.

최근 연구로는 조지 레이코프가 수행한 것이 있는데, 그는 UC 버클리에서 인지과학을 가르치는 교수이자 〈삶으로서의 은유〉 및 〈몸의 철학〉의 저자로 유명하다. 그는 사람들이 컴퓨터를 사용하게 되면서 언어의 문법과 논리에 담겨진 진리를 찾아낼 수 있게 되고, 그것을 통해 진정한 인공지능을 개발하는 데에 기여할 수 있을 것이라 여겼다. 레이코프는 의미의 근원에 대한 연구를 수행하며 바슐라르와 마찬가지로 '의미는 개인이 겪은 고유한 경험에 뿌리를 두고 있다'는 결론에 도달할 수 있었다. 이 같은 관련성은 우리가 특정한 것을 좋아하거나 싫어하는 감정을 끌어내고 있으며, 우리의 관심사를 걸러 주는 필터로써 큰 역할을 한다. 의미란 것은 본질적으로 고유하며 개인에 따른 것이다.

"문화가 전략을 이긴다."는 찰스 오라일리의 말은 은유와 모델을 잘 사용한 뛰어난 사례의 측면으로 해석해 볼 수도 있다. "개인의 경험 및 상징과의 관계는 그들의 은유나 모델을 형성하는 데에 영향을 준다."는 슈워츠의 말과 일맥상통하는 주장이다.

생각은 실체를 가지고 있다

조지 레이코프는 〈인지의 미론〉의 15쪽에서 다음과 같이 밝혔다.

최근 들어 개념에 관한 영역 및 인지 과학의 아주 깊은 부분들을 집중적으로 연구했다. 축적된 단서들은 마음속의 객관적인 시각과 혼동을 일으키게 되며, 그 단서들은 상당히 다른 관점을 제안한다.

- 생각은 실체를 가지고 있다. 우리의 개념을 형성하는 구조들은 경험에 의해 만들어진 몸통을 가지게 되고 그것을 통해 이해하고 생각하게 된다.

- 생각이란 상상에 의해 만들어지는 것이다. 경험하지 않은 개념들은 은유, 환유 심상 등을 이용해 상상하게 되는데, 이 모든 것들은 실존하는 것을 그대로 서술하거나 그것을 대표하는 낱말보다 더 우선한다.

- 생각은 게슈탈트(형태) 요소를 가지고 있으며, 원소처럼 이뤄져 있지 않다. 생각은 일반적인 규칙에 따라 개념상의 블록을 쌓아서 구축하는 것을 능가하는 전반적인 구조를 지니고 있다.

- 생각은 생태학적 구조를 가지고 있다. 학습이나 기억에서 인지 과정의 효율은 개념을 형성하는 전반적인 구조와 그 개념이 어떤 의미를 지니느냐에 따라 달라진다.

- 개념 형성 구조는 위에 언급한 인지 모델들을 이용해서 설명할 수 있다.

나(레이코프)는 이와 같은 새로운 관점을 '경험적 사실주의'라 칭하고자 한다.

관련성에서 직접적인 경험을 유추하기

리더들이 시각적 은유나 비주얼 모델을 활용해서 업무를 수행하려 할 때에 알아야 할 점은, 우선 사업에 관해 리더의 이야기를 들어줄 청중 및 리더를 따를 사람들에 대해 잘 알아야 한다는 것이다. 이것은 여러분이 관계 맺을 수많은 채널이 될 사람들에 대해 이해해야 하는, 극히 당연한 것이다. 두 번째 교훈은, 만일 여러분이 진정 새로운 것을 소개하고자 한다면 사람들이 그것을 제대로 이해해서 개인적인 연관을 맺는 경험을 가지게 해야 한다는 것이다.

여기에는 많은 양의 슬라이드 프레젠테이션과 함께 사람들을 밀어붙이는 것이 얼마나 비효율적인지 여러분이 알 수 있기를 바라는 의도가 담겨져 있다. 비유해서 표현하자면, 소방 호스를 가지고 사람들을 홀딱 젖게 만들지 말고, 분무기처럼 물을 뿌려서 사람들을 살짝 적셔 주기만 해야 한다는 것이다. 사람이 새로운 것을 이해하기 위해서는 그 새로운 것을 우선 경험해야 할 필요가 있다.

- 사람들은 오티스 사의 존 스키아보와 켄 롤링스가 진짜로 비행기에 올라타서 함께 이륙하는 것을 봐야만 했다. 이보다 더 확실한 약속은 없었다.
- HCA가 연구의 중심이 되고자 했던 비전 모델이 생명을 얻기 위해서는, 실질적으로 대중들이 숙소에 머무르는 예술가들을 보고 신선한 예술 행사를 경험하며 학술 대회에 참석해야만 했다.
- 직원들은 업무와 관련해서 작은 성과라도 있으면 그들 또한 마찬가지로 냉장고상을 받는 영광을 누릴 수 있으리라 믿을 수 있게 되기까지 존 멜론이 여러 차례 냉장고상을 수여하는 것을 지켜봐야 했다.
- 내셔널 세미컨덕터가 조직 과정 그래픽 가이드를 사용하여 그 프레임워크를 통해 그들의 현황을 비춰 보고 나서야 직원들은 프레임워크들을 사용하게 되었다.

학습과 질문을 통해 조직을 이끌기

우리는 제12장에서 '은유와 모델이 소통에 얼마나 많은 도움이 되는가'에 관해 그로브 스토리맵으로 다시 한 번 살펴볼 것이다. 그로브 스토리맵은 계획을 설명하기 위해 그림을 많이 사용하고 그것들을 문화 아이콘이나 가치들과 연결한 대형 벽화의 형태이다. 스토리맵은 일반적으로 많은 그래픽 은유를 이용한다. 시각화된 심리 모델은 도표의 구조에 더욱 가까워진다. 하지만 우리가 여기에서 살펴볼 모델은 다소 그림을 통한 설명이 많은 형태이다. 널리 통용되는 프레임워크의 도움을 받은 그림들은 마치 지리부도에서 기본적인 지도가 하는 역할처럼 큰 도움이 됨을 발견할 수 있을 것이다. 기억해야 할 것은 지도가 진짜 지역이 아닌 것과 마찬가지로 개념 모델 또한 그렇다는 점이다. 본 장에서 살펴봤듯이, 명확하고 잘 꾸며진 프레임워크는 맑고 투명한 렌즈처럼 작동해서 여러분이 실제 현실 사회에 복잡하게 얽혀 있는 것들을 질서 정연하게 살펴볼 수 있도록 도와줄 것이다. 잘 정돈된 비주얼은 보는 사람을 빠져들게 만드는 강력한 마력을 가지고 있다. 그러한 능력 및 기억에 미치는 영향 등을 생각할 때에는 보이지 않는 약점 또한 있다는 것을 기억해야 한다(파스칼의 말을 명심하라). 샌프란시스코에서 열렸던 리더십과 전문성 공동 연수에서 있었던 피터 센지의 일화를 기억하기 바란다. 피터는 토론에 나가서 참석자들에게 조직에서 어려운 점이 무엇이었는지, 그리고 그것 때문에 어떤 행동을 취했는지를 물어봤다. 기업에 주문을 하고 그 결과물을 받게 되며 재고에 영향을 주는 '고객'에 대한 부분부터 접근을 시작한 그는 이러한 질문과 탐색을 계속하여 다음 쪽에서 볼 수 있는 것과 같은 도표를 만들 수 있었다. 피터는 사람들에게 "이것의 시사점이 무엇인가요?"라고 물었다. 그 질문은 모든 것을 파악해서 조직에 반영하기 위함이 아니라 사람들로 하여금 이것들을 인식하게 하여 의사 결정을 할 상황을 제공하기 위함이었다. 그 의사 결정이란 궁극적으로 본다면 분석에 의해서 뿐만이 아니라 가치, 직감, 육감 등을 포함한 여러분의 경험을 한데 모아서 행해야 하는 것이기 때문이다.

시간이 지남에 따라 인식 패턴은 정신적 근본 체계가 되는 사고방식을 형성하는데, 과학자들은 이것을 패러다임이라고 부른다. 우리의 멘탈 맵이 영역에 맞게 자리 잡을 수 없을 때에는 위험이 발생한다. 사고방식이나 패러다임의 문제는 우리가 그것을 이용해 판단하는 경향이 있다는 점이고, 그래서 우리가 인식을 필터링할 때에는 사고방식이나 패러다임이 작용하는 것을 느낄 수조차 없다는 것이다. 이러한 위협에 대비하기 위해, 개인과 조직은 그들에게 문제를 제기하고 멘탈 맵을 업데이트할 수 있는 체제(예: 견제와 균형)을 구축해야 한다.

– 리처드 파스칼 〈벼랑 끝의 관리〉 13쪽

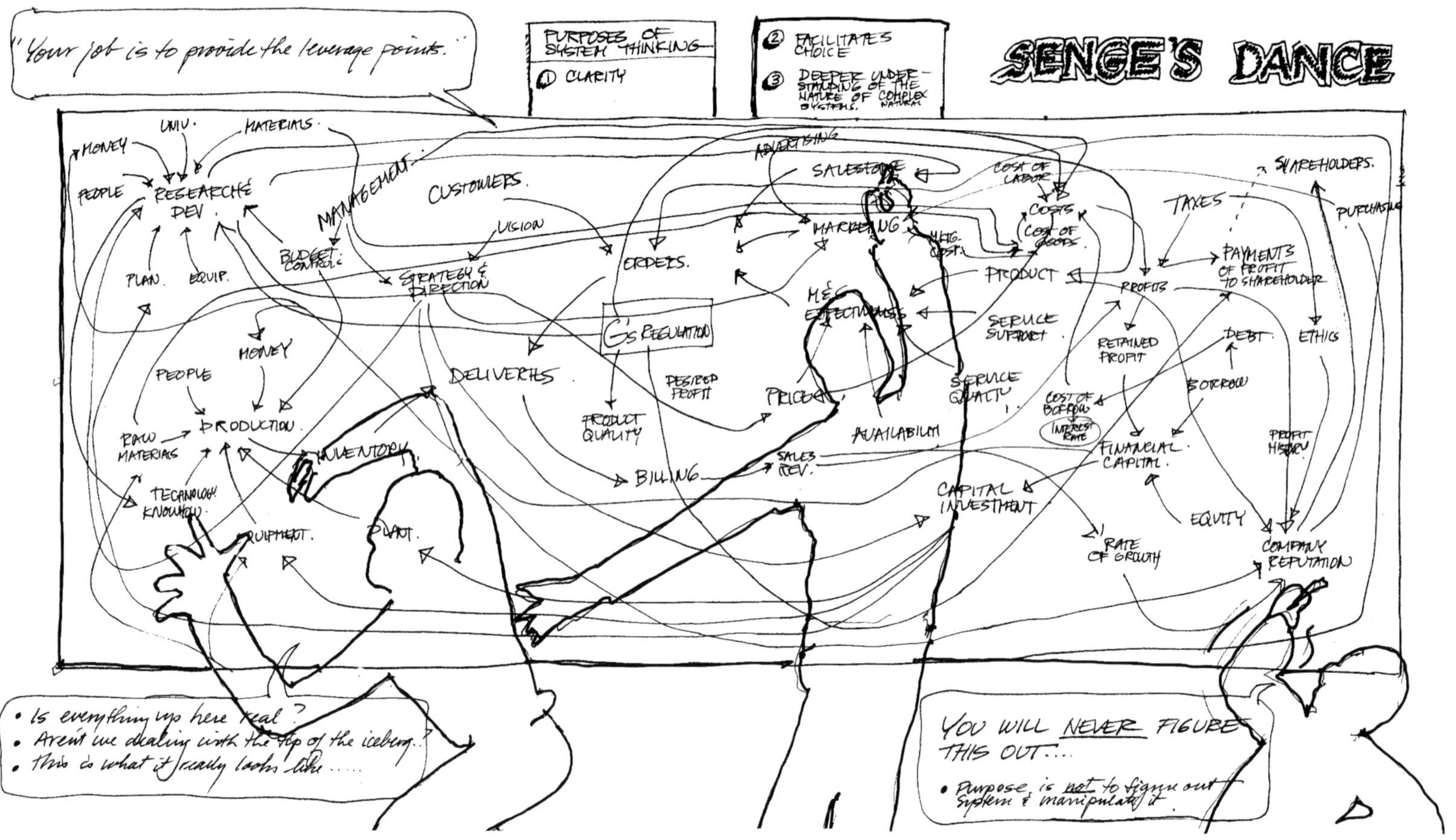

시스템 모형화

피터 센지가 쓴 〈제5의 질서〉를 보면, 피터는 체계적인 사고와 심리 모델 구축을 그 책에서 다룬 다섯 가지 요소 중 두 가지로 꼽았다. 본문의 삽화는 그가 행한 연구를 시각적으로 간략하게 보여 주는 것이다.

제8장. 비주얼 미팅

참여 및 창조적인 기여를 이끌어 내기

비주얼 리더십을 위한 두 번째 핵심 도구에는 비주얼 미팅 연습이 포함된다. 비주얼 미팅의 연습이란 일반 회의나 특수 회의, 대면 회의, 또는 전화 회의 같은 비대면 회의 등에서 대화형의 시각화를 꾸준히 사용하는 것도 포함한다. 필자가 지은 책 〈비주얼 미팅〉은 직접 그림을 그려야 할 필요는 없지만 전문가로서 비주얼 미팅을 이끌고자 하는 시각화 전문가들을 위한 것이다. 본 장은 직접 그림을 그리거나 시각적인 작업을 해야 할 필요까지는 없지만 조직의 '일 하는 방식'으로 비주얼 미팅을 제시하고자 하는 리더를 위해 구성됐다. 여기에서 볼 수 있는 몇 가지 사례를 통해 비주얼 미팅의 가능성을 발견하게 될 것이다. 또한 본 장은 여러분에게 필요한 종류의 시각화가 무엇이고 그것을 동료나 부하들에게 더 잘 요구하기 위한 활동들을 제안하게 된다.

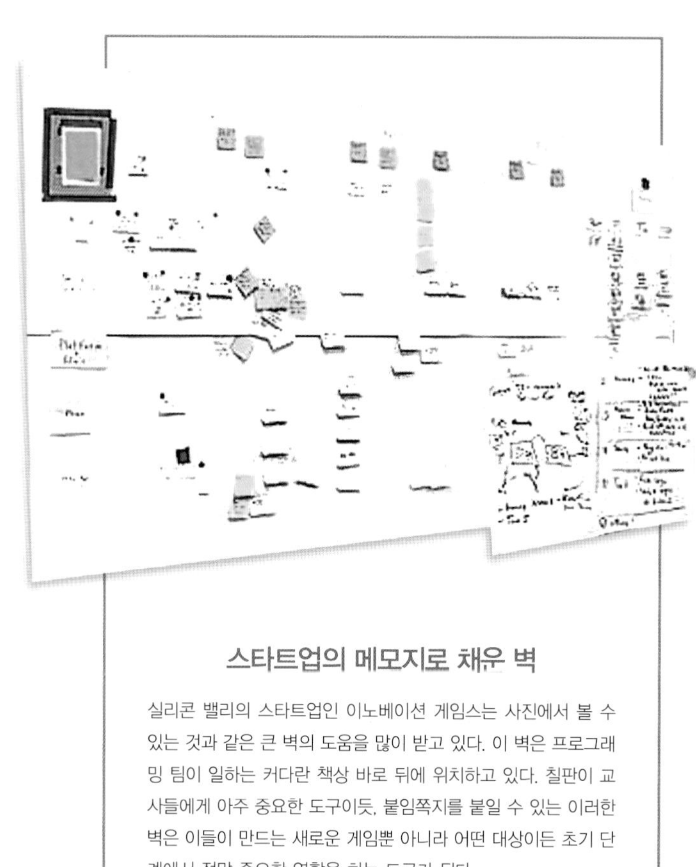

스타트업의 메모지로 채운 벽

실리콘 밸리의 스타트업인 이노베이션 게임스는 사진에서 볼 수 있는 것과 같은 큰 벽의 도움을 많이 받고 있다. 이 벽은 프로그래밍 팀이 일하는 커다란 책상 바로 뒤에 위치하고 있다. 칠판이 교사들에게 아주 중요한 도구이듯, 붙임쪽지를 붙일 수 있는 이러한 벽은 이들이 만드는 새로운 게임뿐 아니라 어떤 대상이든 초기 단계에서 정말 중요한 역할을 하는 도구가 된다.

스타트업에겐 백문이 불여일견

라나 홈즈는 서른 개 이상의 회사를 창업한 바 있다. 그녀는 창업기의 회사를 이끄는 데에 특별한 재능을 가졌다. 그녀에게 비주얼 미팅이 업무의 어떤 영역에서 역할을 하게 되느냐고 묻자 "내가 가장 먼저 하는 일은 모든 사람을 화이트보드 주위에 모이게 하고 우리의 아이디어를 벽에 모두 적어 놓게 하는 거예요."라고 주저 없이 말했다. 그녀는 창업 단계의 회사에서는 일을 추진하기 위해 '좋은 스토리가 필요하다'는 점을 잘 알고 있었으며, 이들이 화이트보드 앞에서 하는 것을 우리는 '집단 활동'이라고 부른다.

기업이 전략을 수행하는 데에 '게임화'를 이용할 수 있도록 도와주는 회사인 이노베이션 게임스를 만든 루크 호먼의 경우는 아주 좋은 사례가 될 수 있다. 이 회사는 첫 해에 다양한 내용의 붙임쪽지와 기록이 가득 차 있는 커다란 화이트보드 및 벽으로 둘러싸인 회의 탁자에 모든 사람들이 함께 모여 이야기하는 시간들이 가장 많았다. 이 화이트보드와 벽이 그들 모두를 큰 그림을 보고 공유할 수 있는 수준까지 이끌었다(참고로, 게임은 원래 대단히 시각적인 성격을 가지고 있다).

또 다른 실리콘 밸리의 스타트업인 S3는 그들의 관심 분야에 대해 여섯 장의 커다란 벽걸이 그림을

의사 결정 양식

다음 그림에서 볼 수 있는 플립 차트 양식은 샌프란시스코 재단의 이사 마틴 페일리가 재단의 정례 예산 분배 위원회에서 의사 결정을 손쉽게 하기 위해 사용한 것이다. 이 양식은 무척 간단하지만 대단히 유용하며, 다음과 같은 대표적인 이점들이 있다.

□ 담당자들의 잠재적인 행동과 결정에 영향을 미친다.

□ 위원들은 의사 결정이 필요한 부분을 한눈에 볼 수 있고, 마틴 페일리가 의사 결정 과정으로 그것을 이끌 수 있도록 도와주게 된다.

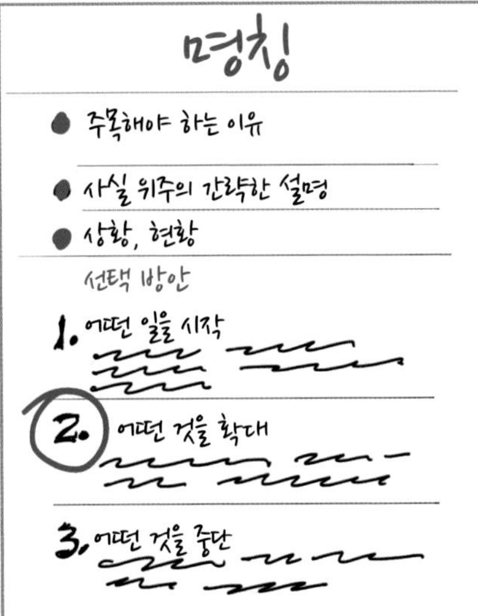

명칭
주목해야 하는 이유
사실 위주의 간략한 설명
상황, 현황
선택 방안
1. 어떤 일을 시작
2. 어떤 것을 확대
3. 어떤 것을 중단

이용하여 월스트리트의 분석전문가들에게 설명하기로 했고, 그것은 모두가 큰 그림을 함께 공유할 수 있는 좋은 계기가 되었다. 이 벽걸이를 만드는 데에는 경영진과 지원 부서 전체가 참여했고, 여러 차례에 걸친 심도 깊은 대화와 이를 통해 쌓은 신뢰는 이들이 공동 작업을 통해 얻게 된 뛰어난 부산물이었다.

스타트업의 멤버들은 기꺼이 참여하려 하며, 서로 다른 시각들이 수많은 질문에 관한 해답을 찾는 데에 큰 도움이 될 수 있다. 제3장에서 설명한 문제 해결의 절차는 비주얼 미팅을 활용한 것으로, 여러분이 수시로 활용할 수 있다. 붙임쪽지를 이용해서 표현한 메모지 벽도 또 다른 사례다. 비주얼 미팅은 그 대상이 어떠한 것이든 간에 관계없이 초기에, 그리고 모든 사람의 참여가 가장 중요한 시점에서 대단히 뛰어난 능력을 발휘하는 도구다.

기관에서의 시각화 선택

이미 자리를 잡은 기관들도 비주얼 미팅을 통해 큰 이득을 얻을 수 있다. 마틴 페일리는 1980년대 샌프란시스코 재단(San Francisco Foundation)의 유능하고 혁신적인 집행 이사였다. SFF는 수십 건의 특별 기금 신탁에 의해 운영되며 샌프란시스코 베이 지역에 매년 칠백만 달러 상당의 지원 및 관리를 하는 재단이다. 마틴은 업무의 시각화를 즐겼으며, 일반 회의나 특별 회의에 그래픽 리코더를 참여하게 하고 시각화 전략을 펼치기도 했다. 또한 SFF가 지출하는 연간 비용의 세 배나 되는 지불 요청 건들을 맞아 혼란에 빠졌을 때에도 비주얼 미팅을 통해 이를 풀어나가기 위한 많은 변화들을 지원했다.

마틴은 그가 이사들과 함께 일상적인 사항들을 논하기 위해 퍼실리테이터 없이 다양한 방식으로 주관하는 통상적인 회의도 아주 독특하고 즉흥적인 방법들로 수행했다. 마틴에게는 해결해야 할 과제가 있었다. 예산 분배 위원회는 분기마다 한 번씩 모여서 재단 직원들이 올린 기금출연 제안을 검토하는데, 사전 검토를 위해 많은 자료들을 준비해야 했다. 예산 분배 위원회는 재단의 자금을 집행하는 실질적인 의결 기구이기 때문에 그와 관한 것들은 우선순위가 높은 일일 수밖에 없었다. 그런데 재단의 조직과 관련하여 보류해 놨던 중요한 문제들에 대해서 마틴이 위원들에게 조언을 구해야 하는 시기가 찾아왔다. 마틴은 이 상황을 어떻게 슬기로이 해쳐나갈 수 있었을까? 이런 내용의 문서를 자금 승인을 요청하는 서류철에 함께 묶어서 제출한다면 위원들은 수많은 자료들로 인해 의사 결정을 제대로 하기 어렵다. 마틴과 그의 측근들은 비주얼 미팅 전략을 마련했다. 그것은 무척 단순하여 어떤 형태의 일반 회의에서도 사용할 수 있는 것이었다. 회의 전에 그들은 각각의 운영 관련 의사 결정 사항들을 플립 차트에 한 장씩 요약했다. 차트에는 대문자를 사용해서 제목을 명확히 적고 그 아래에 서너 가지 항목들로 왜 그것에 관한 의사 결정을 해야 하는지 설명했다. 그 아래에는 해당 이슈에 대해 선택할 수 있는 세 가지 사항이 나열되었다. 여기에 수록되는 내용들은 한 쪽을 넘어가지 않도록 간단 명료한 표현을 지향했다. 또한 의사 결정을 해야 하는 세 가지 방향과 그에 따른 내용이 미리 담당자들에 의해 제안되어 있었다.

마틴이 이런 방법을 이용한 첫 회의에서 예산 분배 위원회는 삼십 분 내에 운영과 관련한 모든 안건에 대해 검토와 의사 결정을 다 마칠 수 있었다. 담당자들은 그 결과를 보고 흥분하지 않을 수 없었다. 이 방법은 이어지는 회의들에 계속 사용되었고, 십여 가지 안건을 무척 빠르게 해결할 수 있었다.

비주얼 미팅의 일상화

붙임쪽지를 벽에 붙여서 활용하거나 플립 차트에 회의를 시각적으로 기록하는 것은 문제의 해결책을 논의하거나 확실한 승인을 받아야 하는 회의를 도와주는 가장 기본적인 방식이다. 때론 큰 규모로 진행하며 그래픽 리코더나 그래픽 퍼실리테이터까지 초빙해서 여러분과 팀원이 큰 그림을 바라볼 수 있도록 해야 할 경우도 있다. 그래픽 리코더란 여러분이 회의를 진행하는 동안에 벌어지는 것들을 비주얼하게 기록하는 사람이다. 그래픽 리코더는 마치 서기와 같은 역할을 하는데, 시각적이며 즉석에서 확인하고 보완할 수 있게 기록한다는 특징이 서기와 다른 점이다. 그래픽 퍼실리테이터는 여러분이 다른 방해를 받지 않고 회의에 몰입해서 참여할 수 있도록 그래픽을 만들 뿐 아니라 여러분이 회의를 진행해 달라고 맡길 수 있는 사람이다.

여기에서 볼 수 있는 사진은 그래픽 리코더가 참여하는 전형적인 회의의 모습이다. 앞으로 몇 쪽에 걸쳐 비주얼 미팅에서 유용하게 사용할 수 있는 몇 가지 양식에 대해 살펴보도록 하겠다. 무엇보다 중요한 것은 결과로서 얻고자 하는 것이 무엇인지를 확실히 알고 있어야 한다는 점인데, 그래야만 유용한 정보를 찾아내고 강조할 수 있기 때문이다. 여러분이 그저 문서만 받으면 되는 경우라면 그래픽 리코더가 한쪽 옆에서 회의를 기록하게 하면 된다. 하지만 진정으로 집단적인 사고나 공동 작업을 바란다면 대규모로 시각적인 표현을 할 수 있도록 그래픽 벽을 마련해서 그래픽 퍼실리테이터가 회의의 모든 부분 및 참여자들의 생각을 기록하도록 하는 것이 좋다. 그리드나 도표, 그래픽 메타포 매핑과 같이 좀 더 발전된 형태도 참가자들의 결정에 따라 그래픽 퍼실리테이터가 작업하는 차트에서 시작하게 된다. 이제 상당히 큰 규모의 사람들을 대상으로 하는 비주얼 미팅 방법

그래픽 퍼실리테이션

리더로서 여러분은 회의를 도와줄 그래픽 리코더나 그래픽 퍼실리테이터를 구해야 할 경우가 생긴다. 그들은 여러분이 원하는 정보를 사람들이 전체적인 관점에서 볼 수 있게 하고 사람들의 참여와 창의력을 촉진할 수 있게 도와준다. 이 사진은 전형적인 팀 회의의 모습인데, 커다란 차트에 그래픽 리코딩이 행해지고 있다. 그래픽 퍼실리테이터는 기록을 위해 군집화 패턴을 이용하기도 하고, 참여자들이 더 많은 생각을 할 수 있도록 정보들 간의 연관성을 맺지 않은 상태에서 보여 주기도 한다.

회의 기획을 위한 비주얼 프레임워크

다음의 타임블록 의제 프레임워크는 재단 의원 총회 준비 위원회가 붙임쪽지를 사용해 가며 이틀간의 회의를 통해 전체 계획을 세울 때에 사용한 것이다. 집중화된 구조와 일관성은 논의를 다채롭고 생산적이며 활발하게 했다.

은 어떨지 사례를 통해 살펴보도록 하자.

재단 의원 총회 기획

마틴 페일리에게는 비주얼 미팅이 무척 효과적이었다. 그래서 그는 재단의 의원 총회 기획팀에게 비주얼 미팅 방법을 사용해 보라고 조언했다. 총회 운영 위원회는 전국의 후원처에서 나온 이십여 명으로 이뤄져 있으며, 리더십 개발 전략의 일환으로 이러한 기회를 통해 국가적인 지도자층에게 소개된다. 지역사회 재단들과 사설 재단, 포드 재단이나 록펠러 재단과 같은 대형 비영리 기관 등은 서로 다른 각자의 관심사와 일하는 방법들을 가지고 있다. 운영 기획에 그들을 모이게 하여 얻을 수 있는 장점은 누가 기조연설을 할지, 공동 연수는 어떤 것을 진행할지, 올해에는 어떤 것들이 다뤄져야 하는지 등에 대해 다양하게 얘기를 나눌 수 있다는 것이다. 모두 해당 분야와 당면 과제, 그리고 재정 지원을 받는 방법 등에 대해 각각 잘 알고 있다.

이런 종류의 모임이라면 얼마나 정치적이며 끔찍할지 쉽게 추측할 수 있을 것이다. 어쩌면 이토록 서로 다른 대형 단체들이 연례 회의라는 복잡한 형태를 통해 모이게 될 수 있을까? 마틴 페일리가 했던 것처럼 비주얼 미팅을 잘 운영할 수 있는 것이 아니라면, 차라리 힘센 일부가 앞장서고 나머지들을 따라오게 하는 것이 훨씬 더 나을 것이다. 그는 그래픽 퍼실리테이터가 참여해서 그와 함께 진행하기를 바랐다. 마틴과 회의 기획팀은 커다란 '단일 벽' 방식이 효과적일 것이라 여기고 그것을 채택했다. 이 방식은 그림에서 볼 수 있듯이 벽에 약 십 미터 폭의 시각화 공간을 마련하고 총 나흘간의 회의를 날짜별 및 오전/오후별로 구분했고, 그것을 통해 총회의 모든 것을 한눈에 바라볼 수 있도록 했다. 모든 시간은 시각적으로 표현되어서 누구나 다른 세션까지 얼마나 시간이 남았는지 쉽게 알 수 있도록 했다(이 도구를 타임블록 의제라고 부른다).

회의는 우선 일반적인 관점에서 의원 총회에 기대하는 성과를 두고 차례를 돌아가며 이야기 하는 것으로 시작했다. 이것을 통해 운영 위원회 사람들은 세계 곳곳의 재단을 움직이는 주요 요인들에 대한 평가 및 성공적인 총회에 대한 생각을 나눌 수 있었다. 참석자들이 아이디어를 제안할 수 있도록 기록되었고, 이것들을 통해 몇 가지 평가 기준으로 도출할 수 있었다. 그 다음에는 드디어 커다랗게 마련된 타임블록 의제를 가지고 논의하게 되었다. 물론 행사장(이미 일 년 전에 예약되어 있었으므로)이나 일부 항목은 이미 정해진 것들이 있었다. 이것들은 곧장 종이의 의제 항목으로 옮겨져 기록됐다. 하지만 이것들을 제외한 나머지는 레터 사이즈 용지에 남아 있었다(구미에서는 A4 용지와 크기가 비슷한 레터 사이즈 용지를 많이 쓴다). 모든 사람들은 일단 제안을 하기 시작했고 그들이 낸 아이디어들은 용지에 기록됐다. 이것들은 그 다음에 벽에 마련된 타임블록 의제 판의 적절한 위치에 놓이기 시작했다.

행사 기획 회의가 이런 형태를 띠게 되면서 사람들은 전반적으로 더욱 적극적인 참여를 하게 되었다. 일부 항목들은 적절한 곳으로 다시 이동되기도 했다. 그래픽 퍼실리테이터는 모든 제안을 반영하여 작은 종이들을 옮겨서 보여 줬다. 운영 위원회의 모든 사람들이 의견을 한데 모으자 각각의 항목들은 해당 위치에 테이프로 붙여졌다. 신경을 덜 쓴 것들은 한쪽으로 몰려 있게 되었다.

운영 위원회의 의장은 이런 종류의 회의를 한 번도 겪어 본 적이 없었으며, 심지어 초기엔 냉소적이기까지 했다. 하지만 그녀는 일이 진행되는 것을 보며 무척 기뻐하게 되었다. 행사 계획은 실제로 설계되어 가고 있었고, 참석한 사람들은 리더십 교육의 목적에 부합하는 훌륭한 논의를 했던 것이다.

비주얼 미팅 도구를 사용해야 하는 경우들

아래 내용은 다음 쪽에 있는 아홉 가지 비주얼 미팅 도구들을 사용해야 하는 경우를 예로 든 것이다. 여러분이 필요에 따라 어떠한 도구를 이용할지 잘 살펴보기 바란다.

1. 조직에 새로운 구성원이 왔고 그 사람이 빨리 적응할 수 있게 해야 하는 경우
2. 회의할 시간이 얼마 없어서 관련 없는 불필요한 주제들에 대한 논의를 피하고자 하는 경우
3. 팀장이나 파트장급들에게 회의에 대한 기본자세를 갖추게 해야 하는 경우
4. 사람들이 다 진이 빠져서 어떠한 변화를 일으킬 수 있는 생각마저 하기 어려운 경우
5. 중요한 외부 회의 준비에 반드시 참여하게 만들어야 하는 핵심 대상자가 있는 경우
6. 아이디어는 이미 여러분의 마음속에 자리 잡고 있고, 그것을 주도적이며 신속하게 실행해서 완수할 사람들이 필요한 경우
7. 구성원의 아이디어는 많으나 제대로 생각이 정리되지 않은 경우
8. 조직이 당면한 상황에 대해 진솔하고 투명하며 허심탄회한 이야기를 나누고자 하는 경우
9. 수많은 선택 사항들 중에서 중요한 서너 가지만 추려서 뽑아내고자 하는 경우

행동과 목적의 일치

대화와 그림을 함께 지원하는 방법은 시각화를 표현하는 사람들만큼 다양하다. 그렇다면 무엇부터 시작해야 하는지 어떻게 알 수 있을까? 이미 우리는 세 가지 사례를 살펴봤고, 물론 그 밖에도 수백 가지가 넘는 사례들이 존재한다. 가장 최선의 방법은 여러분이 알고 있는 간단한 레퍼토리부터 시작해서 그것을 기반으로 구축해 나가는 것이며, 그것은 음악이나 스포츠까지 어떠한 분야를 막론하고 능숙해지기 위해 사용하는 방식이다. 다음 쪽에는 아홉 가지의 검증된 비주얼 미팅 도구들이 나오는데, 이것들은 제3장에서 설명한 일곱 가지 전형적인 형식의 특수한 예라 할 수 있다. 그리고 여기에는 일반적으로 회의에서 나타날 수 있는 다양한 당면 과제들에 대한 목록을 나열했다. 지금 여기에서 여러분이 할 일은 해당 목록에 있는 당면 과제를 해결하기 위해 다음 쪽에 있는 어떤 도구를 사용해야 가장 좋을지 고민해 보는 것이다. 해답은 뒷장에 나와 있다.

그는 서로 다른 목적에 따라 적절하게 적용할 수 있는 다양한 양식들을 제안하고 있어.
내게는 어떤 도구가 더 좋을까?
VISUAL MEETING

이런 종류의 생각은 비주얼 리더로서 하게 될 것들과 유사한데, 그 이유는 모든 사람들이 차트를 통해 보게 되는 각 형태에는 그에 따르는 고유한 능력이 있음을 여러분이 알고 있기 때문이다. 이제 '바른 일'에 집중할 때다. 각 도구에 대해 추천하는 내용을 읽으며 그것에 너무 얽매이지 않기를 바란다. 어떤 도구든 다양한 용도로 이용할 수 있고, 설명에 포함하지 않은 이용법을 여러분이 생각해 낼 수도 있으며, 그 또한 이런 종류의 방법에서 경험할 수 있는 즐거움이다. 만일 선택 가능한 모든 종류의 것들을 다 살펴보고자 한다면 필자의 다른 책 〈비주얼 미팅〉을 읽어 보기 바란다. 〈비주얼 미팅〉은 시각화가 회의에 끼치는 여러 가지 영향에 대한 사례들을 다양하게 다루고 있다.

A

OARRs 차트

미팅에서 여러분이 바라는 결과, 주요 안건, 역할 및 기본 약속 등을 간결하게 시각화해서 플립 차트나 슬라이드를 만들 수 있다.

B

만다라처럼 펼쳐 놓기

커다란 빈 종이나 플립 차트, 또는 웹 화이트보드 등을 활용해서 성공을 이루면 어떤 상태가 될지 모든 사람들의 생각을 기록한다.

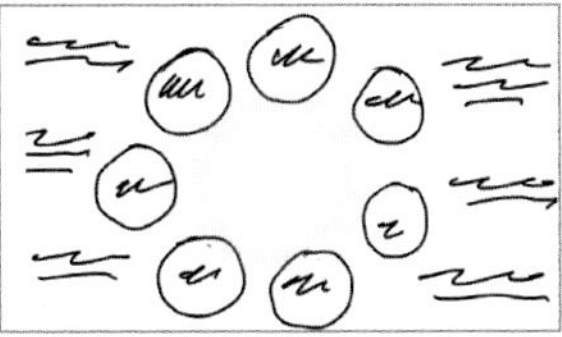

C

그래픽 리코딩

별도의 그래픽 리코더에게 플립 차트나 커다란 종이에 간략한 목록, 군집 등을 활용해서 회의를 기록하게 한다. 다양한 색상의 마커나 파스텔 등으로 중요하거나 강조할 부분에 채색을 한다.

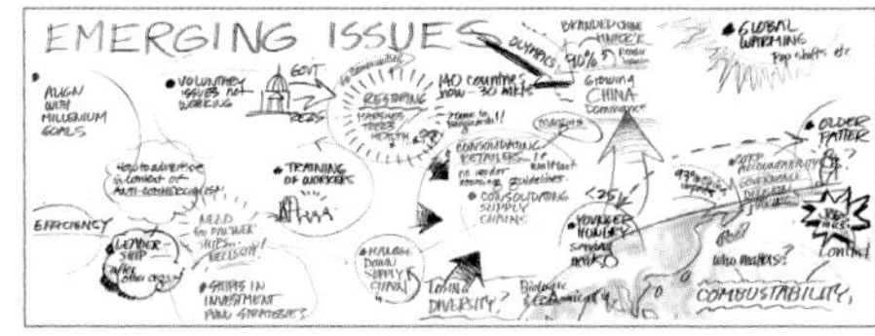

D

주차장 플립 차트

회의와 무관한 내용들 중에 논의해야 할 것이 있으면 별도의 플립 차트나 온라인 화이트보드 페이지에 기록해 놓도록 한다.

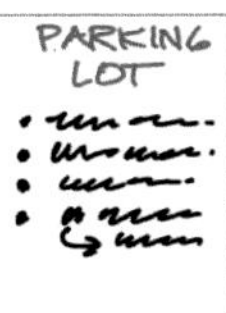

E

관련성 차트

붙임쪽지를 이용해서 브레인스토밍을 한 뒤에 그것들을 연관성이 있는 것끼리 군집화하고 해당 군집에 명칭을 붙인다.

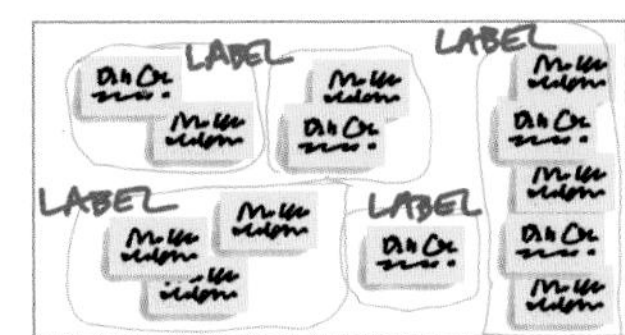

F

그래픽 히스토리

조직이나 팀의 연혁을 길게 그린 타임라인과 붙임쪽지 등을 이용해서 시각화하라. 스토리텔링에 집중하고 그것이 활력 있는 도표가 될 수 있도록 하라.

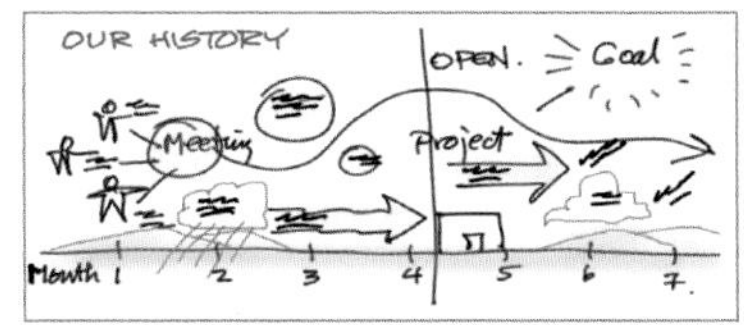

G

대형 의제 프레임워크

시간 단위로 규격이 만들어진 사각형들을 그려 넣어 만든 대형 의제 프레임워크에 붙임쪽지를 이용해서 세션을 조정하라.

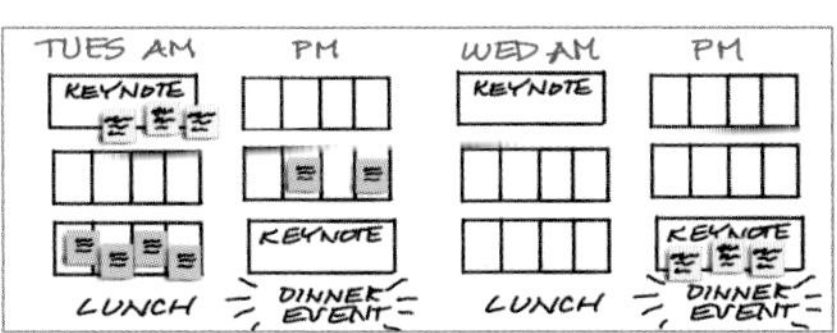

H

높낮이 격자

2x2 격자를 그려서 맨 위에는 큰 보상이라 적고 맨 아래에는 적은 보상, 맨 왼쪽에는 쉽다, 맨 오른쪽에는 어렵다 라고 적는다. 붙임쪽지를 활용해서 대안들을 해당 위치에 정렬한다.

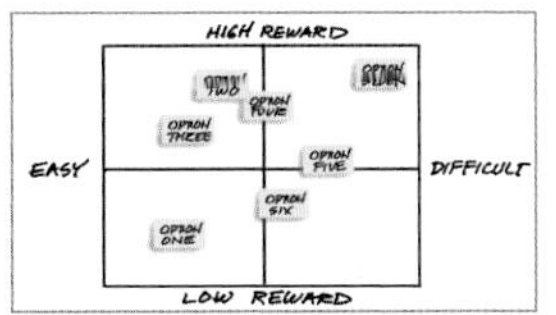

I

비주얼 실행 계획

특정한 프로젝트에 관해서 목표, 역할, 주요 활동 채널 등을 그래픽 템플릿을 이용해서 시각화한다.

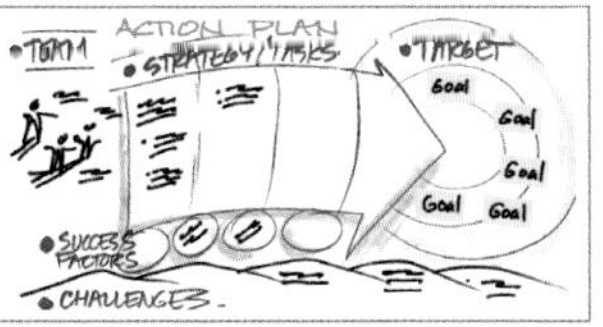

도구 제안

다음은 아홉 가지의 서로 다른 당면 과제에 대해 어떤 방법으로 회의를 진행해서 풀어 갈 수 있을지 제안하는 목록이다. 아울러 본문에서는 그 같은 선택을 한 이유를 부가적으로 설명했다.

1. 조직에 새로운 구성원이 왔고 그 사람이 빨리 적응할 수 있게 해야 하는 경우 F
2. 회의할 시간이 얼마 없어서 관련 없는 불필요한 주제들에 대한 논의를 피하고자 하는 경우 D
3. 팀장이나 파트장급들에게 회의에 대한 기본자세를 갖추게 해야 하는 경우 A
4. 사람들이 다 진이 빠져서 어떠한 변화를 일으킬 수 있는 생각마저 하기 어려운 경우 B
5. 중요한 외부 회의 준비에 반드시 참여하게 만들어야 하는 핵심 대상자가 있는 경우 G
6. 아이디어는 이미 여러분의 마음속에 자리 잡고 있고, 그 것을 주도적이며 신속하게 실행해서 완수할 사람들이 필요한 경우 I
7. 구성원의 아이디어는 많으나 제대로 생각이 정리되지 않은 경우 E
8. 조직이 당면한 상황에 대해 진솔하고 투명하며 허심탄회한 이야기를 나누고자 하는 경우 C
9. 수많은 선택 사항들 중에서 중요한 서너 가지만 추려서 뽑아내고자 하는 경우 H

다음은 해결해야 할 당면 과제에 대해 제안한 아홉 가지 도구의 선정 사유다.

1. 팀에 새로운 인원이 합류했다면 그는 조직이나 업무의 연혁을 알아야 할 필요가 있다. **'그래픽 히스토리'**를 이용해서 현재까지 어떻게 이르게 되었는지 시각화를 하면 이러한 목적을 아주 쉽고 즐거우며 명확하게 이룰 수 있다.
2. 시간에 제약이 있는 회의도 중요하지만 안건과 관계가 먼 사항들로 인해 삼천포로 빠질 수 있다. **'주차장'**을 마련해서 해당 사항을 기록하고 나중에 따로 논의하기로 합의하라. 해당 사항을 제기한 사람도 주차장에 그것이 기록되는 것을 보면 현재 회의에 집중할 수 있게 된다.
3. **OARRs** 모델은 가장 기본이다. 도출해야 할 결과(outcomes), 의제(agenda), 각자의 역할(roles) 및 회의와 업무에서 필요한 기본 규칙(rules)을 명확히 하면 회의가 생산적이며 생기 있게 될 것이다.
4. 사람들이 업무에 계속 쫓기다 보면 점점 의욕과 자신감을 잃게 된다. **'어떤 것이 성공일까?'** 세션을 통해 사람들에게 미래에 대한 생각을 깨울 수 있다. 모든 사람의 생각을 기록해서 그들이 모두 서로 연관되어 있고 열심히 살아가고 있음을 느낄 수 있게 하라.
5. 커다란 **'의제-기획 프레임워크'**와 붙임쪽지를 이용하면 회계 · 재무 관련 업무를 하는 사람이 스프레드시트를 이용하듯 무지 손쉽게 안건과 순서를 계획할 수 있다.
6. 팀원에게 특정한 행동이나 반응을 기대한다면 **'비주얼 실행 계획'**을 이용해서 과업을 분배하라. 이를 위해서는 다음의 중요한 질문에 대답할 수 있어야 한다. 목표는 무엇인가? 우리의 팀은 어떻게 이뤄져 있는가? 실행해야 할 업무에는 어떤 것이 있는가? 우리는 어떤 도전을 헤쳐 나가야 하는가? 성공을 위한 핵심 요소는 어떤 것이 있는가? 이 모든 것을 시각적으로 표현하라. 계획한 것을 평가하기 위한 아주 좋은 도구를 가지게 될 것이다.
7. 많은 아이디어를 얻고자 한다면 커다란 벽을 활용해서 **'관련성 차트'**를 꾸며 보도록 하라. 아이디어를 모으고 그중에서 관련 있는 것들을 찾아서 군집화하라. 이 방식은 업무를 추진하기 위해 상향식으로 생각하는 좋은 방법이다.
8. **'그래픽 리코딩'**은 주제에 대한 생각을 알리려고 할 때에 모든 사람이 옳다고 밝히는 좋은 방법이다. 그래픽 리코딩의 결과는 사람들에게 그들이 들은 것을 이해할 수 있게 해준다.
9. **'높낮이 격자'**는 다양한 영역의 선택 항목들을 초기 분류할 때에 좋은 방법이다. 모든 팀원에게 붙임쪽지를 들고 하이-로 격자 주변에 모여서 아무 말도 하지 말라고 한 뒤에 어떤 일들이 생기는지 지켜보라.

제9장. 그래픽 템플릿

다양한 종류의 기획에서 사용하는 시각화 수단

우리는 지금까지 소통을 위한 시각적 은유 및 참여도를 높이기 위한 비주얼 미팅의 중요성에 대해 살펴봤다. 직원들이 한 주제에 관해 더 깊이 생각하기를 바라거나 기획안들을 더 현명하게 살펴보기를 바란다면 그래픽 템플릿은 가장 효과적인 도구다. 그래픽 템플릿이란 소규모의 사람들이 사용하기 위해 고안된 커다란 크기의 기획 참고 자료를 말한다. 이것의 목적은 한 가지 형식을 통해 모든 정보를 시각화해서 사람들이 각 정보 간에 얽힌 중요한 관계를 발견할 수 있는 기회를 늘려 주는 데에 있다. 그래픽 템플릿은 어떤 것이든 가벼운 구조를 제공해서 여러분이 추구하는 계획 단계를 진행할 수 있도록 도와준다. 제3장에서 설명한 그룹 그래픽스 키보드도 템플릿의 전형적인 면을 보여준다. 하지만 실제 사용할 때의 그래픽 템플릿은 기획 단계의 특정한 목적에 맞춰 만들어지게 된다.

우리가 나중에 볼 때를 대비해서 여기에 기록을 남길 거야. 그리고 이 화살표는 우리가 지향하는 조직을 상징하는 그래픽 메타포로 바꿔 놓을게.

대규모 집단 작업에 도움이 되는 그래픽 템플릿

미리 그려져 있거나 인쇄해서 사용하는 그래픽 템플릿은 시각화의 생활화를 위한 일정 수준의 표준이 될 수 있으며, 특히 이것은 대규모 집단에게 무척 도움이 된다. 여러 팀이 동일한 양식을 이용해서 작업하게 되면 그룹 간의 내용을 비교하기가 훨씬 수월해진다. 사람들이 템플릿을 사용하지 않고 백지에 그들 고유의 차트를 그리게 되는 경우, 여러분이 살펴봐야 할 내용에 크게 관련도 없는 '도표 그리는 기술'의 차이로 인한 불편함이 크게 나타나게 된다. 도안된 템플릿을 사용해서 작업하는 방식은 각종 조직에서 필요한 때마다 개별적으로 만드는 데 낭비되는 시간을 절약하기 위해 점점 더 많이 이용되고 있다.

본 장에서는 여러분에게 기획 작업에 사용할 수 있는 몇 가지 중요하고 유용한 그래픽 템플릿을 소개하고, 그것을 기획 작업 전반에 접목하기 위한 절차를 알려 줄 예정이다. 우리는 그로브에서 그래픽 가이드라고 부르는 일반적인 전략 비전 수립 템플릿을 살펴볼 것이다. 이것과 같은 일련의 그래픽 템플릿들을 이용해 업무를 수행하면 집단의 통찰력이나 이해력이 훨씬 더

간략한 타임라인과 준비물

활동 영역

타임라인

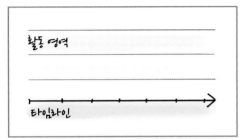

타임라인을 이용하는 데에 필요한 주요 도구는 길고 커다란 종이와 붙임쪽지, 그리고 펜이다. 시간의 흐름에 따라 펼쳐지는 다양한 활동들이 보고 싶을 때 요긴하다.

종이 : 대형 잉크젯프린터나 플로터에 사용하는 용지를 이용하라. 대형 문구점에 가면 플로터 용지를 구입할 수 있다. 흡수력이 너무 뛰어나지 않은 일반 용지를 선택하는 것이 좋다.

테이프 : 문구상이나 화구상에 가면 아티스트 테이프(다시 떼어내기 쉬운 테이프)를 판매한다. 이것을 사용하면 일반적으로 많이 쓰는(접착력이 상대적으로 강한) 마스킹 테이프보다 벽의 손상과 오염을 줄일 수 있다.

펜 : 번짐을 방지하기 위해 수성 마커를 사용하라.

분필/파스텔 : 사람들의 창의력을 북돋아 주고 싶을 경우에는 그들에게 분필이나 파스텔을 이용해서 채색을 하게 하라. 분필이나 파스텔로 색칠한 곳을 부드러운 화장지로 문지르면 에어브러시로 채색한 것 같은 효과가 난다.

붙임쪽지 : 템플릿을 이용하는 작업에 가장 유용한 도구다. 탁상용/개인용보다 큰 3×5인치와 5×8인치 규격이 유용하다.

높아지게 된다.

타임라인과 격자에 따른 기본적인 템플릿 형태

무엇을 기획하건 관계없이 가장 일반적인 수준에서 볼 때에, 여러분이 수행해야 할 일은 시간의 흐름에 따른 역할에 대한 계획과 각각의 요소들을 우선순위 그리드 등과 같은 특정 공간 구조에 맞추는 계획을 세우는 것이다. 시간에 관계된 생각에는 타임라인을 이용하는 것이 가장 좋다. 공간이나 구조에 대해 생각할 경우에는 다양한 가능성이 있는데 대부분 그리드 같은 것을 이용하게 된다. 우리들이 살펴볼 것들처럼 이들 두 가지를 조합한 그래픽 템플릿도 있다.

여러분은 일반 회의에 한두 가지 정도의 템플릿을 사용할 것이다. 예를 들어 타임라인을 이용해서 새로 온 직원에게 간단한 조직 연혁을 소개하거나 일종의 로드맵(제11장 참조)에 실행 계획을 반영할 것이다. 여러분이 시각적으로 업무를 수행한다면 한 가지 템플릿에 집중하고, 회의의 다른 부분에는 다른 템플릿에 집중하게 될 것이다. 만일 연혁에 대해 논의하고자 한다면 벽이 허락하는 한 가장 커다란 종이를 붙여 놓고 시작하기를 바란다. 일반적으로 사람들은 과거를 회상하기를 좋아하며 그 시간의 대부분은 힘든 줄도 모르고 집중하게 된다. 빈 종이는 금세 가득 차게 될 것이다.

기획을 위한 특별 회의에서는 다양한 템플릿들을 이용하게 된다. 연혁에 대한 이야기를 먼저 나누게 되면 모든 사람의 상상력이 더 긴 시간을 바라볼 수 있게 된다. 1980년대의 애플 리더십 체험 과정에서 많이 인용했던 내용 중엔 미국 사우스캘리포니아대학의 오마르 엘 살웨이가 연혁 이야기로 기획 회의를 시작하는 것에 관한 연구가 있다. 오마르는 임원진으로 각각 열다섯 명씩 두 개의 그룹을 구성했다. 한 그룹의 구성원에게는 그의 경력에 대해 이야기하게 했고, 또 다른 그룹의 구성원에게는 그들의 미래에 대해 이야기하게 했다. 과거 경력에 대해 이야기한 그룹의 구성원은 평균적으로 약 15년의 시간을 이야기했지만, 미래에 대해 이야기한 그룹의 구성원은 평균 5년 후의 미래에 대해 상상하고 있었다. 두 그룹의 임무를 서로 바꿔 보니 그 결과는 큰 차이가 났다. 미래에 대해 이야기하던 그룹이 과거 경력에 대해 이야기하자 그들도 평균 15년의 세월을 이야기했다. 그런데 과거 경력에 대해 이야기를 먼저 했던 그룹은 평균 15년 후의 미래까지 상상하며 이야기하고 있었다. 상상력을 자극받은 그들은 더 자신 있게 상상할 수 있는 준비가 되었던 것이다. 이것이 바로 연혁이나 역사에 대한 이야기로 시작을 하면 얻을 수 있는 가치다.

여러분은 타임라인 연혁 작업에 이어 SWOT 격자를 이용하게 될 것이다. SWOT 격자란 강점(strengths), 약점(weaknesses), 기회 요인(opportunities) 및 위협 요인(threats)을 살펴보기 위한 템플릿이다. 이와 같이 상자 네 개로 이뤄진 기본 격자는 사람들이 너무 단순하게 생각하지 않도록 도와주는 좋은 수단이다. 이것은 시스템적인 사고를 하게 유도하면서 각 부분들이 조직의 어디에 연관되어 있는지 이해할 수 있게 한다. 이런 격자는 여러분의 시도에 따라 수십 또는 수백 가지 이상의 종류가 나올 수 있다. 리더로서 여러분은 부하 직원들이 격자를 이용해서 생각할 수 있게 한다면 그들이 특정한 면만 생각하고 집착하는 문제를 피할 수 있을 것이다.

여러분은 그래픽 템플릿의 범주에 대해 질문을 던져야 한다. 리더가 질문을 던지는 행위는 조직원의 연구 및 조사를 촉진한다

여러분의 역할은 범주를 정하는 것이다

얼굴을 마주보고 하는 회의나 화상 회의 같은 것에서 구성원이 함께 시각화로 표현하는 행위는 정보가 만들어지는 과정을 전체 인원이 납득하게 한다. 그래픽 템플릿이 하는 역할은 범주나 구분을 가지고 가볍게 구조화하는 일이다. 여러분은 그래픽 템플릿의 범주에 대해 질문을 던져야 한다. 리더가 질문을 던지는 행위는 조직원의 연구 및 조사를 촉진한다.

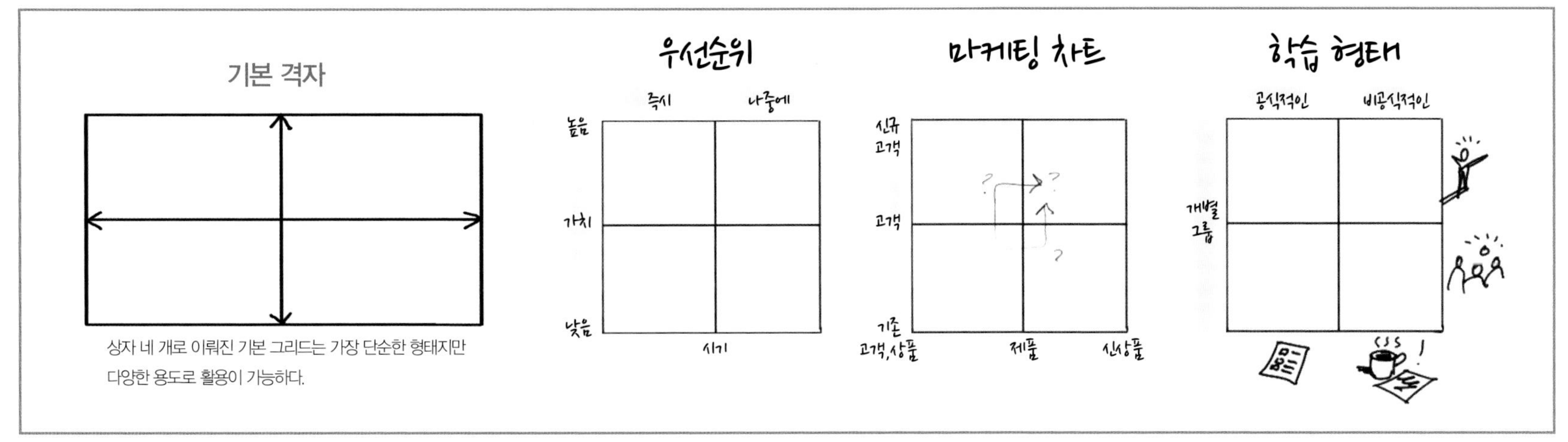

상자 네 개로 이뤄진 기본 그리드는 가장 단순한 형태지만 다양한 용도로 활용이 가능하다.

타임 블록 의제

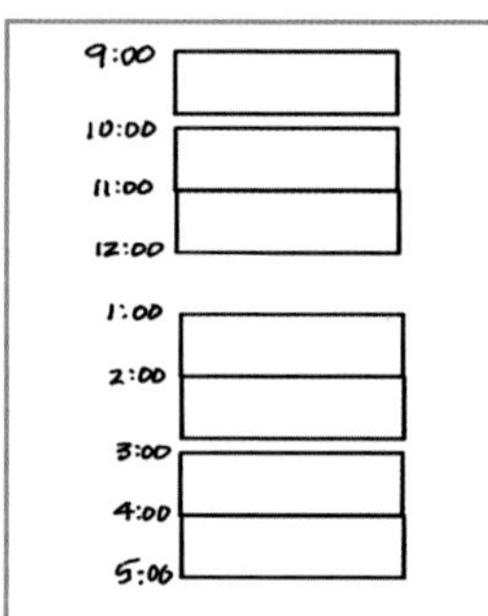

그림으로 그려진 상자들은 일정 단위의 시간을 나타낸다. 이것을 이용해서 순서나 일정 등을 정하면 어떤 항목이 얼마나 많은 시간을 차지하게 되는지 쉽게 알 수 있다.

용도

☐ 통상 회의의 차례 정하기
☐ 특수 회의의 차례 정하기
☐ 디자인 팀 회의

군집 템플릿

경우에 따라 여러분은 미리 군집을 나눠 놓은 템플릿이 필요할 때가 있다. 브레인스토밍을 할 때에 이것을 이용하면 분류별로 손쉽게 정리할 수 있다.

용도

☐ 브레인스토밍
☐ 목표 파악
☐ 비전 주제별 군집화

3×3 차트

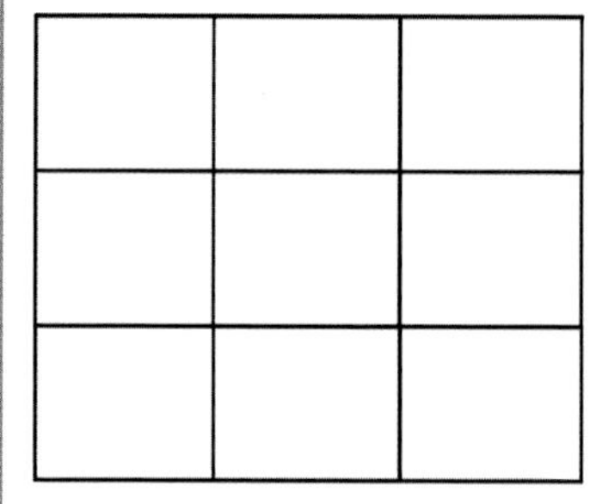

대상을 아홉 개의 상자에 흩어 놓고 바라보는 방법은 구분하는 시각을 길러 준다. 범주를 명확히 하는 것이 차트를 성공적으로 이용하는 비법이다.

용도

☐ 달력
☐ 시장 구분
☐ 세부 기준 차트

마인드맵 템플릿

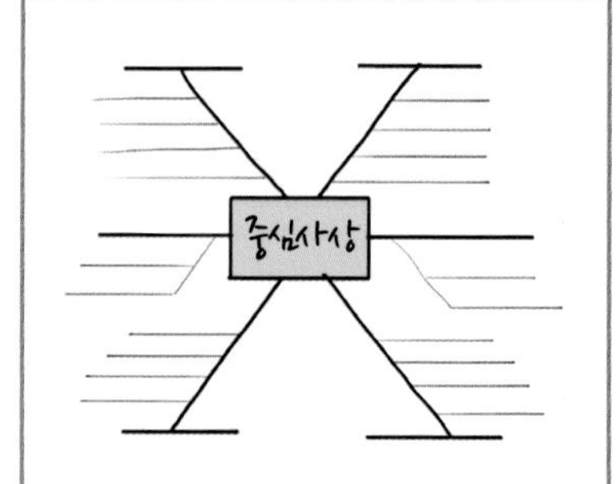

도표는 유기적인 형태로 가지를 뻗으며 발전하게 된다. 살펴보기에 편리하도록 주된 줄기나 가지에 미리 이름을 붙여 놔야 할 경우가 생기기도 한다.

용도

☐ 아이디어 분야별 구분
☐ 주된 문제점의 파악
☐ 발표 준비

오픈 소스 그래픽 템플릿

여기에서 보여 주고 있는 템플릿들은 여러분이 쉽게 재이용 · 재생산할 수 있는 일반적인 그래픽 템플릿이며, 제3장의 그래픽스 키보드에서 봤던 것들을 원형으로 해서 변화한 것이다.

그래픽 템플릿을 업무에 활용하기

여기에서 제시하고 있는 그래픽 템플릿들은 리더인 여러분이 부하 직원들의 기획 과정에서 통찰력의 수준을 높이는 데에 이용할 수 있는 도구들이다. 특별 회의를 기획하기 위해 내부의 임직원이나 외부 컨설턴트를 만나야 하는 어떤 때라도 이러한 템플릿들을 이용해서 여러분이 기대하거나 목적하는 바를 충분히 표현할 수 있을 만큼 익숙해져 있어야 한다. 여러분이 시각적으로 업무를 진행하려 할 때에 이런 간단한 그래픽 템플릿들은 화이트보드뿐만 아니라 대부분의 웹 콘퍼런스 소프트웨어에서 제공하는 소프트웨어 화이트보드로도 충분히 활용할 수 있다. 프레젠테이션 소프트웨어들 중에는 이런 유의 템플릿이나 도표들(아마도 여기에서 예를 든 것 중

랜드스케이프 메타포 템플릿

사람들은 랜드스케이프 템플릿에 무척 익숙한데, 그 이유는 어디에서나 다 통용될 수 있는 은유이기 때문이다. 주어진 정보를 가시적이고 실체적인 요소와 형체가 없는 전략이나 관심 등으로 구분하면 사람들로 하여금 마치 서로 다른 요소들끼리 관련을 맺는 자연처럼 전체적이고 통합적인 현상으로 생각하게 할 수 있다.

용도

- □ 환경 분석
- □ 로드맵 및 비전
- □ 변화 요인 차트

만다라 템플릿

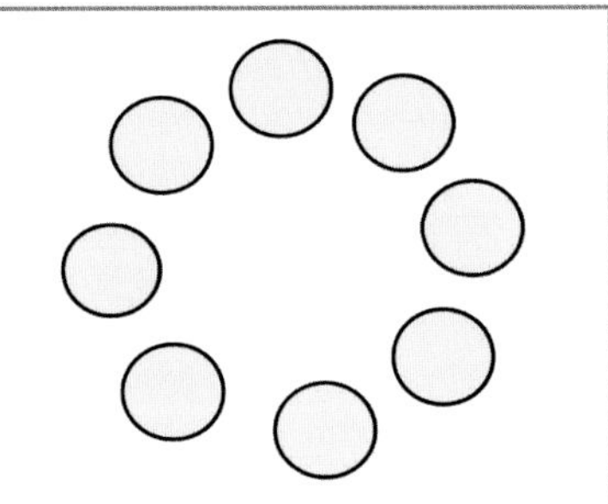

이것처럼 단순한 원으로 이뤄진 템플릿은 사람들이 중심 아이디어뿐만 아니라 부속 요인들을 파악하기 쉽게 해준다.

용도

- □ 팀 소개
- □ 비전 수립
- □ 아이디어의 순위 선정

목표 템플릿

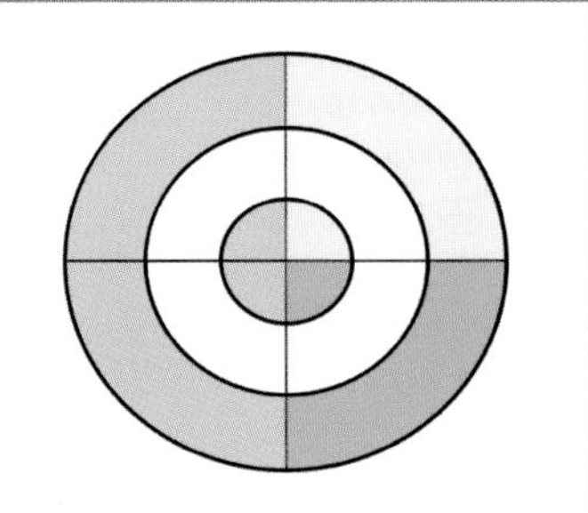

목표는 그 축과 구분의 정의에 따라 단순 또는 복잡한 표현이 가능하다.

용도

- □ 심리 모델
- □ 운영 체계
- □ 목표 및 비전

에는 랜드스케이프 템플릿을 제외한 나머지들)이 포함되어 있는 경우가 대부분이다. 여러 사람이 함께 이용할 템플릿을 만드는 한 가지 방법으로는 프레젠테이션 소프트웨어로 작게 그려서 시험해 본 뒤에 그것을 플로터로 크게 출력하는 것이다. 하지만 프레젠테이션 소프트웨어는 대형 출력물을 만들기 위해 개발된 것이 아니기 때문에 보기 좋고 품질 좋은 결과물을 얻기 위해서는 전문가들과 기술적인 부분을 확인할 필요가 있다. 회의를 준비해야 하는 사람들에게 여러분이 기대하는 바에 대해서 미리 알려 주고 그들에게 회의를 위한 템플릿을 기획해서 준비하게 하거나 필자의 회사인 그로브 같은 곳에서 판매하는 것 등을 이용해서 준비하게 할 수도 있다(역자 주: 그로브 등 많은 비주얼커뮤니케이션 전문 회사들에서는 개인이나 학교 · 기업 등에서 활용할 수 있

온라인에서의 시각화

여러 사람들이 함께 일하면서 공동으로 그림을 만들어 갈 수 있는 다양한 소프트웨어 플랫폼들이 새롭게 나타나고 있다. 공동 작업용 시각화 도구들은 흔히 그래픽 템플릿들을 함께 제공하고 있다. 대부분은 클라우드를 기반으로 하고 있으며, 이용자들이 다른 이용자를 초대해서 그래픽이나 프레젠테이션을 함께 만들 수 있게 한다.

도록 자신들이 주로 사용하는 것을 위주로 해서 그래픽 템플릿 인쇄물을 판매하거나 출력할 수 있는 전자파일을 판매한다. 전자파일 형식은 라이선스 방식에 따라 이용 권한에 차이가 나므로 주의 깊게 살펴보고 구입하는 것이 좋다). 화이트보드 소프트웨어 기능을 함께 제공하는 웹 콘퍼런스 같은 경우에는 현장에서 간단히 템플릿을 그려서 진행할 수도 있다.

템플릿들을 통합 기획 과정에 모으기

그로브의 전략 비전 수립(Strategic Visioning) 과정은 템플릿들을 업무 전반에 어떻게 통합하는지 보여 주는 좋은 사례다. SV는 많은 조직들이 빠르게 확장하며 새로운 기술을 받아들이기 위해 리엔지니어링에 뛰어들던 1990년대를 거치며 진화했다. SV의 주요 목적은 종래의 데이터들에서 파악한 것을 강조하는 전통적인 전략 기획의 분석적 편향을 보완하기 위한 것이었다. 혁신적인 조직은 기존의 교훈을 기반으로 예측하는 것과 불확실한 미래를 상상하며 예측하는 것 사이의 균형을 이뤄야 할 필요가 있다. 두 가지 관점 모두 한데 모여 현재 상황에서 어떤 행동을 취할지에 대한 통찰력을 구축하는 데 도움을 줘야 하기 때문이다.

SV 과정 모델은 집단이 만든 내용들을 모아 기록하기 위해 고안된 것이 아니라 과정을 설계하는 데에 도움을 주기 위한 것이지만 그 자체가 템플릿이기도 하다(더 상세한 내용은 제7장을 참조). 숫자 8과 유사한 모양의 SV 그래픽은 각각 과거와 미래를 기반으로 한 예측을 실행 가능한 통찰로 모으고 다양한 계층의 조직 모두 그것을 충분히 이해하기까지 되풀이할 필요가 있음을 나타내고 있다. 이런 방식을 취하는 가장 큰 목적은 시각화한 기획을 되풀이해서 조직 전반에 전략적이고 시각적으로 생각할 수 있는 능력을 개발하기 위함이다. 이것을 통해 수립하는 계획 및 이와 관련 있는 그래픽 템플릿들은 조직의 전략적 사고 능력을 개발하는 데에 도움이 되는 수단이다. 여러분은 SV 모델 도표의 맨 왼쪽에 작은 그래픽 기호들을 발견할 수 있을 것이다. 이것은 네 가지 흐름을 나타낸 것인데, 여러분이 리더로서 조직에 접근하기 위해 갖추고 관리해야 하는 서로 다른 종류의 지식들을 의미한다. 맨 위에 있는 전등 같은 기호는 가장 중요한 의도를 나타내며, 통찰력 있는 사고의 필요성을 알려준다. 음양 또는 태극의 기호는 조직을 나타내는데, 열정적이고 경험적인 측면에서의 문화를 의미한다. 다이아몬드 모양의 기호는 기술적인 면을 나타내고, 조직의 생각하는 측면을 의미한다. 육면체 모양의 기호는 운영 측면을 나타내는데, 각종 결과와 실행의 측면을 의미한다. 이 네 가지를 기호로 나타내는 이유는 조직마다 이것을 의미하는 용어가 다르기 때문이다. 여기에서 중요한 점은 이 네 가지를 감안해서 과정을 구축함으로써 모든 사람이 좀 더 효율적으로 주요 관계를 바라보며 중요한 통찰력을 얻게 된다는 것이다.

그로브 그래픽 가이드

그로브 컨설턴츠 인터내셔널은 20년 이상의 기간 동안 시각적인 기획을 위해 템플릿 사용 분야를 개척해 왔다. 이 템플릿들은 그래픽 가이드로 부르며 전략 기획 뿐 아니라 기업의 일반적인 기획 업무에도 사용한다. 다음 쪽에 있는 그림은 기본적인 여섯 가지 템플릿을 재현한 것이다. 십여 가지의 다른 템플릿들도 더 있는데, 누구나 구매하여 사용할 수 있다(하지만 승인 없이 복제하거나 재활용할 수 없다). 각각의 그래픽 가이드는 이용 예제와 함께 약 20쪽 가량의 설명서가 포함된다. 기업에서 이 같은 템플릿들을 인쇄해서 사용하는 이유는 그것을 준비하거나 그리는 데에 들어가는 시간의 낭비를 줄이기 위해서다. 사람들이 템플릿 양식을 그리는 데에 시간을 허비하기보다는 그 안에 들어갈 내용들에 집중하게 하는 것이 훨씬 더 높은 생산성과 가치를 가져다준다.
다음에 있는 것은 OARRs 모델의 예제 템플릿이다. 이것은 회의실의 모습처럼 그려졌는데, 이 템플릿을 활용하면 회의 내내 일어서서 참석자들을 다 지켜보지 않더라도 이것을 벽에 붙여 놓음으로써 모든 사람이 회의에서 추구하는 결과물, 주요 안건이나 차례, 각각의 역할 및 기본 규칙에 대해 잘 알 수 있게 된다.

회의 시작 그래픽 가이드

상세한 정보는 www.grove.com에서 확인하기 바란다.

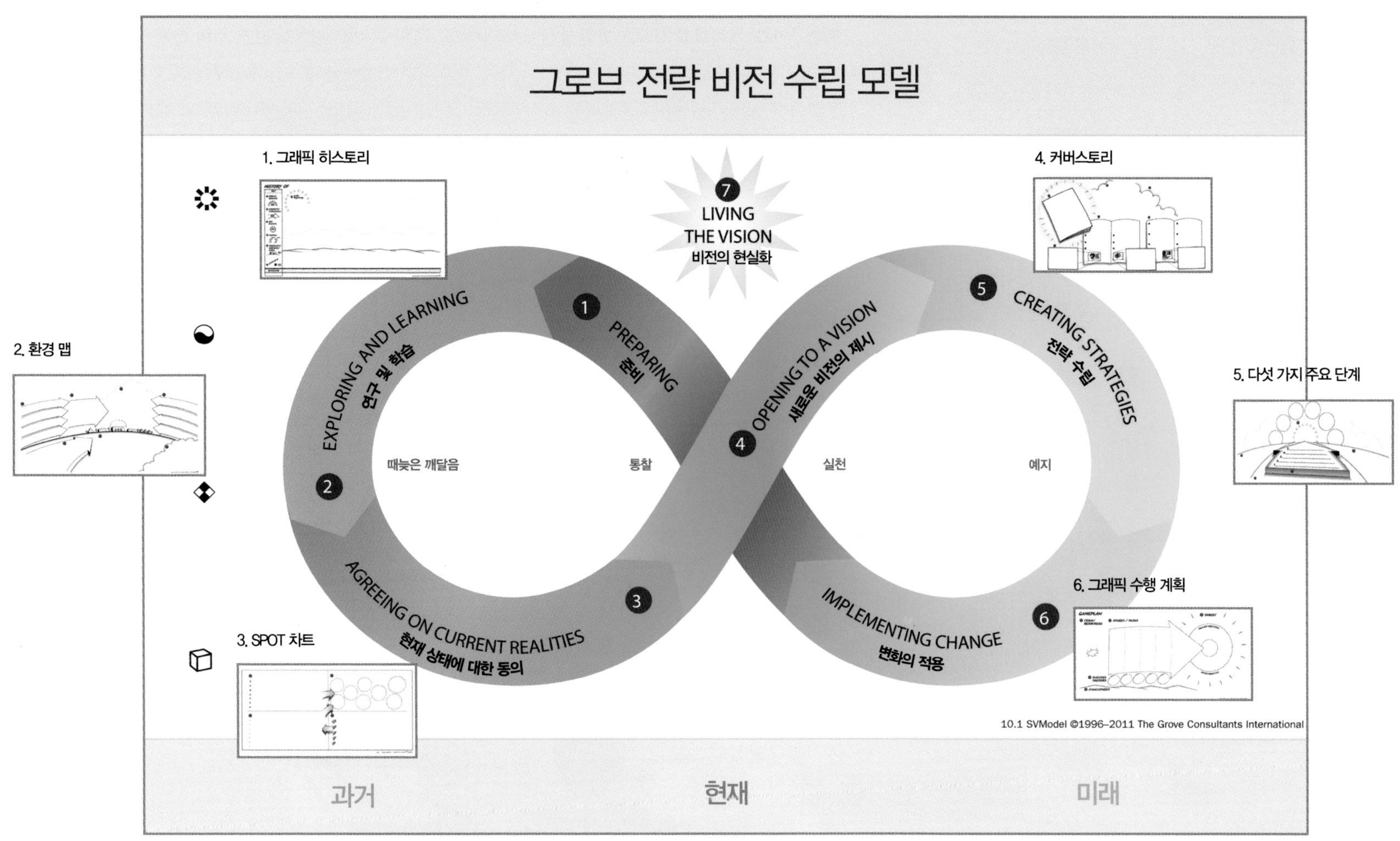

그로브 전략 비전 수립 모델
1. 그래픽 히스토리
4. 커버스토리
2. 환경 맵
5. 다섯 가지 주요 단계
3. SPOT 차트
6. 그래픽 수행 계획
7
LIVING
THE VISION
비전의 현실화
1
PREPARING
준비
2
EXPLORING AND LEARNING
연구 및 학습
3
AGREEING ON CURRENT REALITIES
현재 상태에 대한 동의
4
OPENING TO A VISION
새로운 비전의 제시
5
CREATING STRATEGIES
전략 수립
6
IMPLEMENTING CHANGE
변화의 적용
때늦은 깨달음
통찰
실천
예지
10.1 SVModel ©1996–2011 The Grove Consultants International
과거
현재
미래

각각의 그래픽 가이드는 뒤쪽에 더 상세히 나와 있다.

전략 비전 수립 과정

아래 두 쪽에 있는 그림들은 그로브가 이틀에 걸친 전략 회의에서 이용한 그래픽 가이드들을 보여 주고 있다. 부하 직원들이 정보를 취합해서 저것을 완료하고 나면, 여러분은 이렇게 일하는 방식이 얼마나 대단한지 느끼기 시작하게 될 것이다.

직관, 느낌, 생각, 의식 등의 통합

숫자 8의 형상을 닮은 SV 모델은 준비하고 계획하는 상향 단계에서 실행하고 운영하며 보완하는 하향 단계를 아우르고 있다. SV 과정을 개발하던 당시, 파리에 거주하던 그로브 동료인 메리엠 르사지는 대규모로 실행하는 그래픽 히스토리 텔링의 진정한 가치는 집단의 직관과 감정에 가까이 가게 하는 것이라고 강조했다. 비록 그러한 일은 무척 분석적인 방법으로 진행되겠지만, 대부분의 시간은 이야기하기 및 동료들과 기념하기 등으로 보내게 될 것이다. 반면, SPOT 템플릿같이 매트릭스를 가지고 일하는 경우는, 참가자들의 관심을 운영적인 측면

1. 그래픽 히스토리

랜드스케이프 메타포와 타임라인을 활용하여 시기에 따라 조직에서 중요한 의미가 있는 일들을 시각화하라.

2. 환경 맵

동향이나 각종 사실 등 환경 요소를 군집화해서 매핑하면 서로 간의 상관관계를 쉽게 이해할 수 있다.

3. SPOT 차트

격자를 이용해서 강점을 바탕으로 어떤 기회 요인이 만들어지는지, 그리고 문제점(또는 약점 Weaknesses)을 해결하기 위해 얼마나 많은 에너지를 써야 하는지 표현하라.

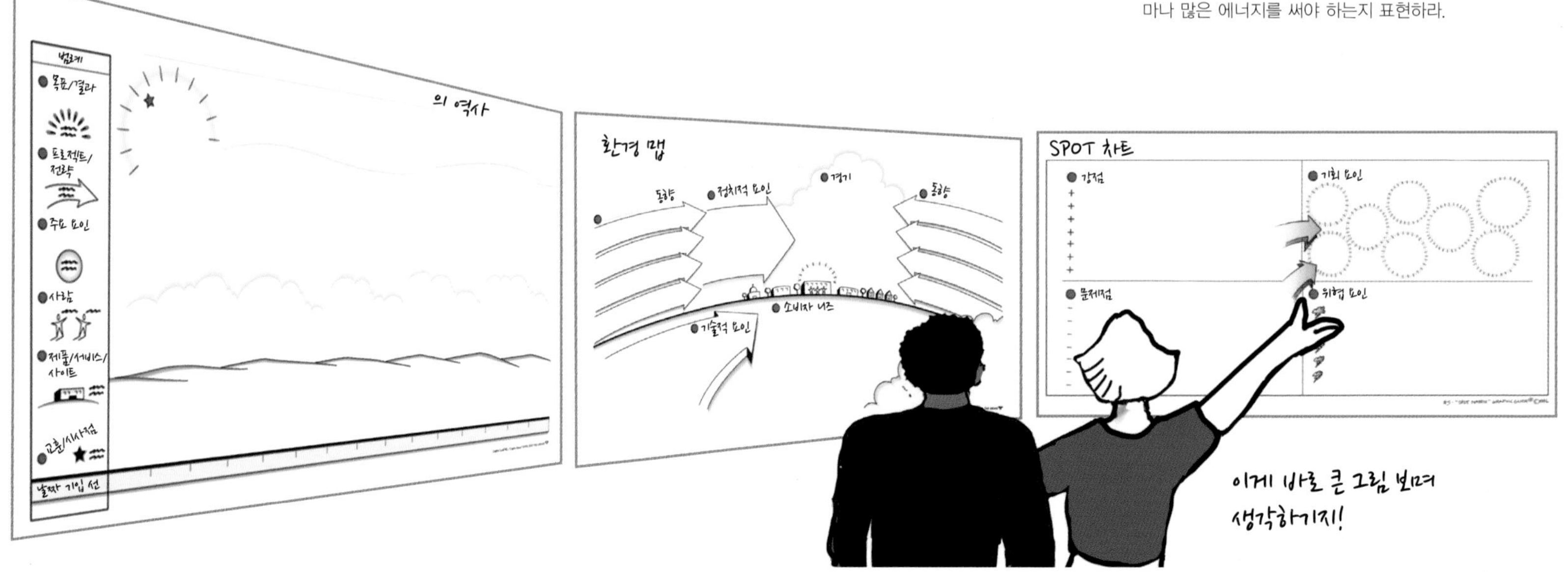

에서 겪게 되는 특정하고 명확한 문제에 고정시킬 수 있다. 모든 사람에게 조직이 유명 잡지의 표지에서 다뤄지게 되는 미래를 상상하게 하는 것은 앞으로 있을 일에 대해 좀 더 가시적인 느낌을 가지고 상상할 수 있게 할 것이다. 반면 다섯 가지 주요 단계 정립 활동을 하려면 다양한 것들의 우선순위를 정하며 합의하는 행위가 필요한데, 이는 회의에 참석한 사람들이나 조직 구성원 모두에게 제한적이며 경영과 관련한 일이라는 느낌을 받게 할 것이다. 이런 유의 업무에 관한 주기적인 구조와 각각의 템플릿 관점에서 처리하고 해결해야 할 부분들은 조직원이 가지고 있는 지혜들을 모아서 모든 곳에 활용할 수 있는 기회를 널리 열어 주게 될 것이다.

4. 커버스토리 비전

유명한 잡지의 표지 사진과 표제 기사에 다뤄지게 된다고 상상해 보라. 모든 사람에게 그러한 상상을 하고 이야기를 만들어 보게 하라.

5. 다섯 가지 주요 단계

여러분 조직의 공유 요인들에 대해 파악하고, 그것을 현재의 주요 이니셔티브(또는 중요한 계획들)와 짝을 지어 보라.

6.그래픽 수행 계획

각각의 주요 주도권이나 중요 단계 수행에 대해 상세 계획을 수립할 담당 팀을 지정하라.

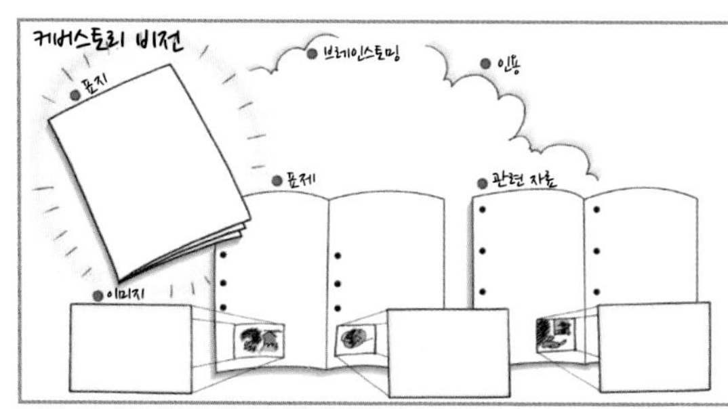

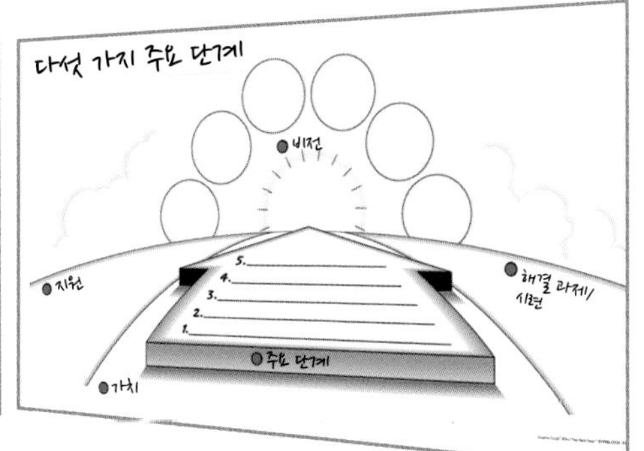

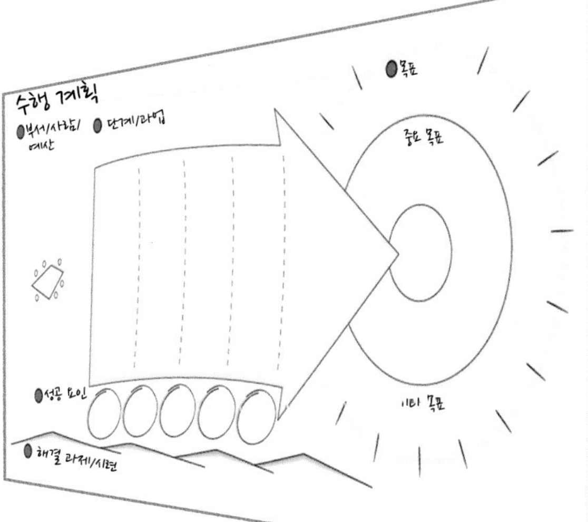

더 상세한 사항은 **www.grove.com**을 참조할 것

목적	목표	전략	척도

OGSM 템플릿

많은 기업에서 직능적인 수준의 기획을 할 때에는 OGSM 차트를 사용한다. OGSM은 목적(Objective), 목표(Goals), 전략(Strategies) 및 척도(Measures)의 머리글자를 딴 것이다. 위의 그림은 표의 형태를 이용하는 가장 일반적인 방식을 보여 주며, 여러분은 마이크로소프트 엑셀 같은 컴퓨터의 스프레드시트 프로그램을 이용할 수도 있다. 이렇게 표의 형태로 OGSM 차트를 활용하는 것이 흔히 기획 단계에서 볼 수 있는 모습이다. 스프레드시트에서 제공하는 격자가 이와 비슷한 기능을 해주며, 컴퓨터 응용 프로그램으로 무척 쉽게 이를 만들 수 있다. 하지만 이런 형태의 단점이 하나 있는데, 그것은 전체를 기억할 수 있도록 하는 시각적인 효과를 제공하지 않는다는 점이다.

통상적인 사업 계획에 적용

전략적 기획 업무를 시각적으로 하는 경우는 연간 사업 계획을 시각적으로 하는 것에 비해 그 빈도가 낮은 편이다. 많은 기업이나 기관에서는 각 사업 부문마다 기획안에 반영될 각각의 숫자들을 내놓기는 하지만, 실제 사업 계획을 취합하여 꾸미는 사람들은 앞에서 다뤘던 것과 같은 템플릿들을 이용해서 계획을 시각적으로 표현한다. 다음 장에서 다루게 되겠지만, 리더인 여러분이 조직을 전체적인 시스템으로 바라보며 각각의 기능적인 계획들을 비교하고 우선순위를 정할 수 있도록 하는 대단히 생산적인 방식이 몇 가지 있다. 이런 종류의 것들은 의사 결정의 방이나 프로젝트 룸 또는 신속한 의사 결정 지원 센터라고 부른다.

오티스 스펑크마이어의 존 스키아보는 전반적인 기업 전략의 시각화를 성공적으로 이룬 뒤 회사의 직능조직들에게 커다란 벽화로 시각화를 해놓은 오티스의 전반적인 전략에 맞춰 이듬해에 대한 각 조직별 기획 공동 연수를 하도록 지시했으며, 이것을 통해 OGSM, 즉 그들의 목적, 목표, 전략 및 측정 척도를 정하도록 했다. 그는 각 팀에게 세 가지 템플릿을 완성해 오도록 하였는데, 그것은 히스토리, 환경 맵, 그리고 다섯 가지 주요 단계를 OGSM 모델을 적용해서 만든 것이었다. 각각의 직능조직들은 이것을 한 방에 가져와서 모든 계획을 전사적으로 평가했다. 이것이 바로 다음 장에서 다루게 될 의사 결정의 방에 대한 간략한 설명과 절차다. 여기에서 강조하고자 하는 점은 존 스키아보가 그의 이사들에게 고려해야 할 정보의 종류뿐만 아니라 보고 방식까지 알려 줬다는 것이다. 이를 통해 그는 연간 사업 계획을 세울 때에 단순히 목표 수치 등만 수립하던 종래의 환경을 사람들이 더욱 깊이 관여하고 통찰력을 발휘하며 지원할 수 있도록 만들었다.

그로브 차트는 모두 파워포인트 양식으로도 제공되었기 때문에 모든 부서는 이와 같은 작업을 이듬해에도 이어갈 수 있었고, 이로 인해 진정한 연속성을 체험할 수 있게 했다.

조직 재구성 기획

템플릿을 활용한 그로브의 활동은 1990년대 초반 내셔널 세미컨덕터(National Semiconductor)의 심도 깊은 전사적 변화 과정에서도 빛을 발했다. 대표이사인 길 아멜리오는 고위 경영진들과 함께 기업의 비전과 전략을 수립하고 변화 관리 담당자들에게 그것을 실행할 수 있도록 했다. 이 팀은 대단히 성공적으로 비주얼 스토리맵을 만들어 냈는데, 그것은 비전을 반영하고 약간의 역사, 가치, 당면 과제 등을 묘사한 벽화 수준의 대형 그림이었다. 다음 단계로 변화 팀은 약 이십여 가지의 내부 기획 절차를 잇달아 수행했는데, 그중 상당수는 당시 리엔지니어링이라고 부르는 활동을 위한 프레임워크를 만드는 것이었다. 이것은 우선순위의 정렬에도 영향을 미쳤을 뿐 아니라 기술적인 기반 환경까지도 업그레이드하게 했다. NSC의 경영진들은 이러한 계획이 한데 통합되기를 바랐기 때문에 프레젠테이션까지 표준화된 방법론을 적용하게 했다. 이 같은 노력에 힘입어 '저니 비전'이라는 그래픽 템플릿이 만들어졌는데, 바로 이 페이지에서 볼 수 있는 그림과 같은 것이다. 이것은 계속 그릴 필요가 없도록 재출력해서 사용할 수 있게 만든 초창기 템플릿 중 하나였으며, 나중에는 기업의 여정을 다룰 때에 거의 범용적으로 쓰게 되는 표준 프레임워크로 진화하였다.

의제 및 보고 양식에 그래픽 템플릿 활용

내셔널 세미컨덕터는 항상 템플릿을 만들어서 공동 연수에 비주얼한 의제로 보여 주며 활용했다. 각각의 템플릿들은 플립 차트 등 종이에 만들어진 뒤 나중에 저니 비전의 요소로 형식을 갖추게 되었다. 최종 완성된 그림들은 해당 팀이 회사의 다른 사람들과 공유하고자 하는 계획을 개괄하는 설명이었으며, 더 상세한 부분에 대해서는 그것을 뒷받침하는 설명을 덧붙이는 그래픽 인터페이스의 형식을 취하기도 했다.

NSC의 변화 관리 기간 동안 그로브는 전략적 비전 수립을 돕기 위한 교육 방법을 개발했고, 그 교육에서도 연수에서 사용하는 것과 마찬가지로 최종 목적인 결과물, 의제, 미션, 가치, 기술 요소 및 해결 과제를 표현하는 동일한 템플릿을 사용했다. 그것은 메시지를 만들기 위한 일종의 매개체로 작용했고, 독자 여러분은 그것이 완성되면 대략적으로 갖출 모습에 대한 예시를 여기서 볼 수 있다. 처음 만들었던 템플릿에도 사용했던 화살표는 계속 남아있게 됐다. 여러 가지 NSC 비전 문서들에서 이 화살표는 직능조직에 의해 자신들이 되고자 바라는 조직의 형태를 상징하는 것으로 대체되

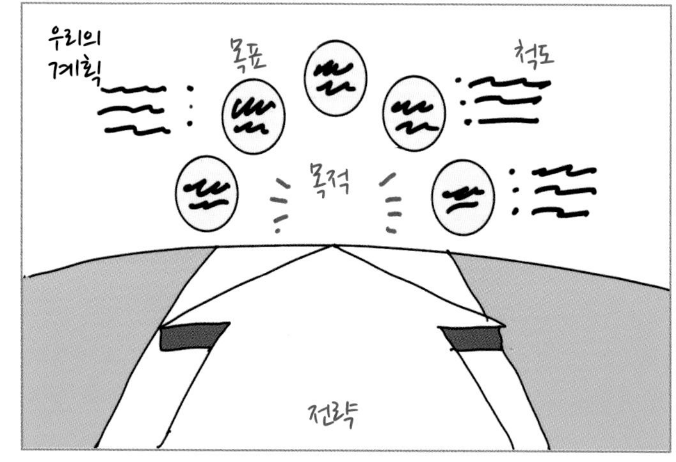

그래픽 OGSM 템플릿

위의 그림은 그로브의 다섯 가지 주요 단계 그래픽 가이드를 응용해서 시각화한 OGSM 차트다. 앞쪽으로 향하고 있는 화살표의 은유는 여러분이 가장 중요하게 선정한 목적이 동트는 곳을 가리키면서, 스프레드시트 형식 OGSM 차트의 약점이라 할 수 있는 기억하기 어려운 면을 시각적인 강화를 통해 보완했다.

저니 비전

아래의 템플릿은 내셔널 세미컨덕터에서 큰 성과를 이룬 프로젝트의 초기에 사용한 템플릿이다.

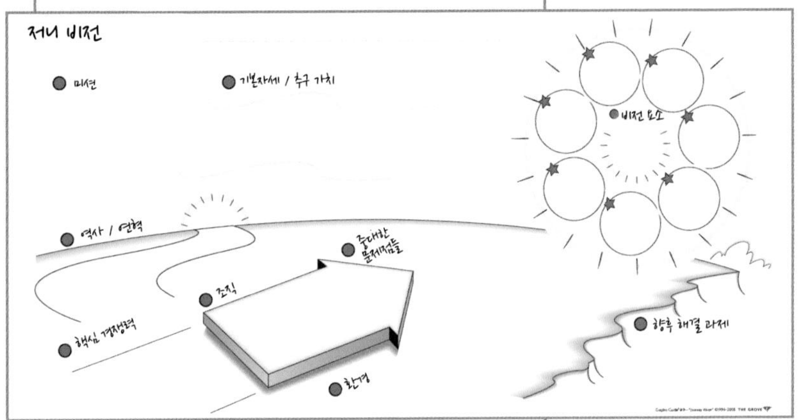

내부 직원들 중에 퍼실리테이터를 뽑아서 이 템플릿을 시각적으로 활용하는 법을 가르치는 것이 NSC 내부에서 무척 중요한 일로 여겨지게 됐다. 그로브는 전략적 비전 수립 공동 연수의 의제 템플릿을 설계했는데, 그것은 저니 비전 그래픽 가이드의 기본 양식으로 사용되었다.

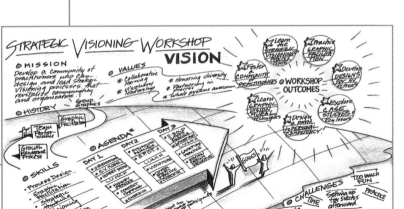

어 사용되기도 했는데, 그중 일부는 제12장에서 볼 수 있다. 각 사업부의 리더들은 그들의 목적에 잘 부합하는 은유를 찾기 위해 대단히 활발히 활동했으며, 그것들은 제7장에 소개되는 은유 도구에도 적용되었다.

템플릿은 종류 여하를 막론하고 어떤 것을 시작할 수 있는 시발점이 된다. 리더인 여러분은 그 안에 들어가는 내용이나 범위뿐만 아니라 전반적인 형태나 양식까지도 주관할 필요가 있다. 모든 언어들은 각기 고유한 인식을 형성하는데, 시각적 언어는 우리가 더 큰 그림을 이해하기 위한 인식을 형성해 준다.

비즈니스 모델 리디자인

기업이 생존하는 방식에 대한 개념은 조직의 마음속에 존재한다. 사업에서는 이득을 남기는 방법에 대한 부분이 된다. 비영리 기관이라면 후원자들이 어떻게 지지하고 지원하게 하느냐에 대한 것이다. 정부 기관이라면 법령을 확실하게 하는 것과 필요한 세원을 확보하는 것이 될 수 있다. 조직의 모든 사람들이 성공을 위해 업무를 수행하게 하려면 이런 비즈니스 모델의 중요성을 인식하고 이해하게 해야 한다.

알렉산더 오스터왈더는 위와 같은 주제로 박사 학위 논문을 썼으며, 이후에 비즈니스 모델 캔버스(Business Model Canvas)라는 이름으로 템플릿 기반 도구를 개발했다. 비즈니스 모델 캔버스는 리더들이 비즈니스 모델을 명확화하거나 변경할 때에 대단히 유용하다. BMC는 붙임쪽지를 이용해서 서로 다른 비즈니스 모델들을 가지고 시각화해볼 수 있도록 맞춤화된 격자다. 오스터왈더와 네 명의 동료들은 이에 관해 〈비즈니스 모델 제네레이션〉이라는 책을 썼다.

그들은 이 책을 쓰는 과정에서 약 사백 명 이상의 사람에게 온라인으로 미리 검토하고 의견을 반영할 수 있도록 했다. 프라이스워터하우스쿠퍼스에서 컨설턴트로 일했던 덴마크인 패트릭 반 데르 펠은 BMC의 핵심 팀원 중 한 명이었다. 패트릭은 독일 베를린에서 열린 비즈씽크 콘퍼런스에 참관해서, 그로브가 주관하는 비주얼 씽킹 공동 연수에서 시각화가 시스템적인 사고방식의 언어임을 알려주는 사례로서 BMC를 소개했다. 비즈니스 모델 캔버스는 사람들의 관심을 모았으며, 비즈니스 모델을 다루는 사람들은 작업을 진행하면서 비주얼 미팅 방법론에 더 많은 시간을 할애하게 되었다. 서적 〈비즈니스 모델 제너레이션〉은 비주얼 퍼실리테이션의 모든 부분을 다루고 있다. 그리고 그 책 자체가 비주얼한 것들의 출판 응용을 잘 보여 주는 예가 되었다. 초기에 자가 출판했던 비즈니스 모델 제너레이션은 나중에 존 와일리 앤드 선즈 출판사와 계약을 맺게 됐고, 24개 언어로 출간되어 약 이십만 부 이상이 판매되었다. 이 책은 시각적인 업무 수행을 전 세계가 어떻게 받아들이는지 잘 보여 주는 사례가 되었다. 패트릭은 비즈니스 모델스라는 컨설팅 회사를 설립했다. 또한 그로브의 전략 비전 수립(SV) 과정과 그래픽 가이드, 그리고 여기에서 사용하는 다양한 템플릿들(캔버스)은 고객들에게 점점 더 많은 호응을 얻게 됐다.

비즈니스 모델 캔버스의 성공은 많은 기업으로 하여금 비즈니스 모델이야말로 그들이 나아갈 길을 알려 주는 지표란 생각을 가지게 했다. 알렉산더 오스터왈더는 시각화 혁명이 웹으로 옮겨 가고 있음을 감지했고, 그들 팀은 웹 어플리케이션인 Strategizer.com을 만들어 냈다. 붙임쪽지 같은 방식과 이를 소프트웨어에 연결해서 시장의 크기나 예상 매출, 선호도 등의 계산까지 할 수 있도록 한 이 도구를 이용하면 문자 그대로 여러분의 사업이 돈을 벌 수 있는지 아닌지를 알 수 있게 했다. 이런 작업은 물론 종이만 가지고도 가능하다. 하지만 앱을 이용하면 각종 절차를 그 안에 자동화해서 담을 수 있다. 캔버스에 구분된 모든 범주는 설명이 나오게 했고, 여러 가지 과정들이 미리 설계된 메뉴를 가지게 했다.

클라우드에서 이용하기

그래픽 템플릿이 발전하는 다음 단계는 이 도구를 구독하는 방식으로 이용하는 서비스가 될 것이라 여겨진다. 모든 프레젠테이션 소프트웨어들이 자체적으로 그래픽 템플릿을 많이 가지고 있어서 필

비즈니스 모델 제너레이션

알렉산더 오스터왈더와 뛰어난 동료들이 만든 베스트셀러 〈비즈니스 모델 제너레이션〉은 비즈니스 모델 캔버스라는 훌륭한 그래픽 템플릿을 기반으로 하고 있다. 비즈니스 모델 캔버스는 다음 쪽에서 볼 수 있다. 이 책은 모델을 가지고 진행하는 과정에서 비주얼 퍼실리테이션이 필요함을 강조하고 있다(역자 주: 비즈니스 모델 제너레이션의 복잡하고 미묘한 부분을 이해하기 쉽게 하고, 더욱 뛰어난 응용을 도와주는 책이 이마즈 미키가 저술한 〈비즈니스 모델 제너레이션 워크북〉으로 스펙트럼북스에서 출간되어 있다. 이 책을 읽으면 비즈니스 모델 캔버스의 활용에 큰 도움이 된다).

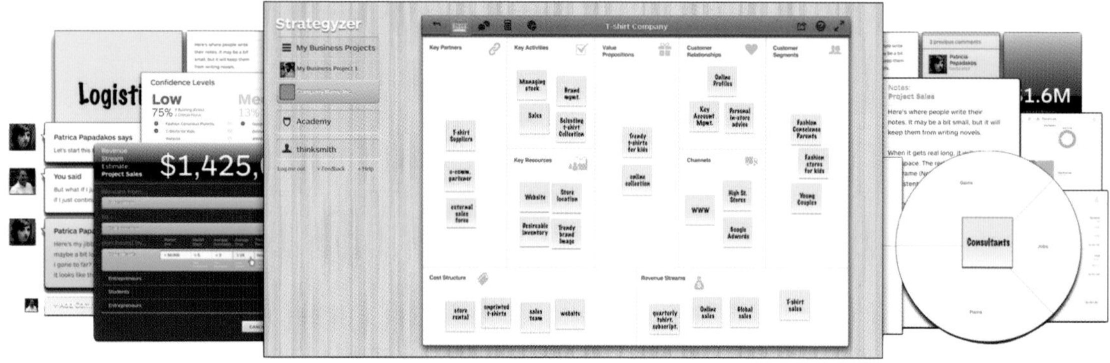

비즈니스 모델 캔버스

이 이미지들은 모두 Strategizer.com에서 소개한 서로 다른 여러 종류의 웹 방식 비즈니스 모델 캔버스 화면이다. 비즈니스 모델 캔버스는 유명한 책 〈비즈니스 모델 제너레이션〉의 핵심이 되는 그래픽 템플릿이다. 아이패드용 앱으로는 '비즈니스 모델 툴박스'가 맨 처음 나왔으며, 아직도 존재한다. 하지만 비즈니스 모델 캔버스를 만든 알렉산더 오스터왈드는 궁극적으로 미래에는 클라우드를 이용하는 웹 어플리케이션 형태가 주도할 것이라 여기고 있다.
이런 생각은 스타트업인 Mural.ly에 의해 현실화되고 있다. Mural.ly는 이용자들이 자신의 아이디어를 가상의 커다란 벽화에 나타낼 수 있도록 했다. 아울러 다른 이용자들과 실시간으로 협업한 것을 프레젠테이션으로 만들 수도 있다. 대표이사 겸 창업자인 마리아노 수아레즈 바탄은 Mural.ly의 사업이 '비주얼 아이디어 구현의 GitHub가 되는 것'이라고 말하고 있다. Mural.ly가 초기부터 제공했던 것 중 하나가 바로 비즈니스 모델 캔버스이며, 계산 기능은 제공되지 않는다.

요한 때에 선택할 수 있지만, 여러 사람이 상호작용으로 협업을 이룰 수 있게 하는 기존 프로그램은 거의 없다. 이런 상황은 급격히 변화하고 있는데, 비즈니스 모델 캔버스 앱은 공동 작업을 지원한다. 헝가리에서 만들어졌으며 주목받고 있는 프레젠테이션 소프트웨어인 프레지(Prezi)도 마찬가지 기능을 지원하며, 매월 수백만 명이 사용하고 있다. 메모판 형식의 벽화 제작 플랫폼으로서 프레지와 경쟁 관계라 할 수 있는 Mural.ly도 마찬가지다. 이것들은 모두 이용자가 다른 사람에게 전자우편을 보내 초대한 뒤 일종의 비주얼 디스플레이를 함께 만들 수 있게 한다. 새로운 응용 프로그램들은 대단히 넓은 가상 디스플레이를 제공하지만, 컴퓨터 화면을 통해 접속할 경우에는 작업하는 그룹 전체가 한목에 바라볼 수 있는 개괄적인 사고를 제공하지 못하며 방에서 종이 템플릿을 이용해 얻을 수 있는 효과에 아직은 못 미친다. 아마 조금 더 기다리면 이러한 부분들이 해결되리라 본다.

제10장. 의사 결정의 방

큰 그림을 이용해서 의사 결정하기

지금까지 우리는 여러분의 상상력이나 문서 작업을 도와줄 그래픽 도구들의 시각적인 활용법을 다뤄 왔다. 하지만 우리 인간은 삼차원 공간에서 살고 있다. 그래서 회의 공간을 시각적인 환경으로 조성하면 놀랄 만한 일이 일어나게 된다. 큰 그림으로 생각하기의 관점에서 보면, 다루는 그림의 크기가 정말 클 때에 그것을 이용한 상상력이 더 뛰어난 시각적 경험을 만들어 준다고 한다. 조직의 리더인 여러분이 그러한 효과를 어떻게 경험하게 될지 지금부터 한번 살펴보기로 하자.

상황의 전체를 다 이해해야 바람직한 의사 결정이 가능하다

리더십의 많은 부분은 사람들이 조직을 위해 뛰어난 결과를 만들어 낼 수 있도록 이끄는 데에 초점이 맞춰져 있다. 이것은 상황의 전체를 아우르는 큰 그림을 유지하면서 다음 단계에 무엇을 할지 발 빠르게 결정하기 위한 절차다. 이러한 의사 결정은 이끄는 조직의 성격에 따라서 다르지만 대부분은 여러분 혼자서 해야 하는 때가 많다. 하지만 간혹 대단히 중요한 사항이나 조직 구성의 선정 등에 대해서는 의사 결정 과정에서 다른 사람들이나 팀이 함께 참여하게 해야 한다. 리더는 의사 결정은 빠르게 하고 그 적용은 서서히 해야 한다. 때로는 더 빨리 적용하기 위해서 사전에 모든 사람이 역할에 맞게 제대로 움직일 수 있도록 미리 시간을 넉넉히 써야 한다. 이 점은 기획에 관한 확실한 이론 중의 하나로 전해지고 있다. 의사 결정의 수준이 더 뛰어난 경우라면 계획의 적용이 빨리 될 수 있다. 물론 최종 의사 결정은 리더인 여러분이 하겠지만, 그러기 위해서는 다른 사람의 의견을 잘 들어보는 것이 중요하다. 의사 결정의 방을 이용하면 큰 도움이 된다.

경영진을 위한 의사 결정의 방

대부분의 임원 회의실은 시각적인 표현을 하기에 대단히 적합하지는 않은 편이다. 의사 결정의 방은 시각적인 디스플레이들을 보여 주도록 고안된 공간이다. 아래 그림은 그로브의 회의실 중 하나를 세컨드 라이프를 통해 삼차원의 가상공간 모의실험처럼 만든 모형이다. 여러분은 전략적 비전 수립 모델이나 그래픽 가이드 등이 벽에 붙어 있음을 발견할 수 있다. 이것들은 전자적인 시스템을 통해 웹 콘퍼런스 등을 이용하면 원격지에 있는 사람과 같이 공유하고 논의할 수도 있다. 게시된 그래픽 템플릿들과 마찬가지의 것들이 회의 탁자에도 워크시트 및 온라인 그래픽 템플릿으로 제공된다.

가상의 의사 결정의 방

가상으로 업무를 집행하는 일반적인 방식은 컴퓨터를 이용한 웹 콘퍼런스를 통해 소통하며, 시각화를 위해서는 그래픽 태블릿을 이용하는 것이다. 여기에서 지금까지 언급된 모든 그래픽 템플릿이나 과정들은 이런 가상 업무 환경에서 사용이 가능하다. 하지만 그것들 각각이 가지는 크기 제한으로 인해 현실의 방에서 수행하는 의사 결정에 비해 전반적인 면을 두루 생각하게 하는 데에는 다소 부족한 점이 있다.

최근 들어 많은 회사들이 신속한 의사 결정을 돕기 위해 특별한 환경을 제공하기 시작했다. 이런 환경들은 시각화를 위한 공간도 충분하고 정보 통신 환경 등 기술적인 조건도 뛰어나다. 게다가 이러한 곳에서 퍼실리테이션을 도와주는 사람들은 다양한 종류의 혁신, 기획, 문제 해결 절차 등에 능숙하다. 만일 여러분의 조직이 이러한 환경에 있다면 그 환경이 기능하는 방식을 찾는 특별 회의를 개최하기에도 좋을 것이다.

기억의 극장을 만들라

의사 결정의 방은 전통적인 공연장과 관련이 있다. 인쇄술이 발명되기 이전부터 대부분의 정보와 지식은 말을 통해 구전되어 왔다. 공연장이나 극장에서 대중 앞에 행하는 연설이나 프레젠테이션은 일반인들이 이야기나 문화적인 교훈을 잘 기억할 수 있게 하는 중요한 수단이었다. 종교 기관도 이런 목적에서 시각적 상상력을 활용했다. 연극 무대에서도 그리스인은 다른 종족과 구분해서 반대편에 따로 모임으로써, 그리스인의 차별적 우월성을 상징했다. 연극에서 일종의 전지적인 인물은 항상 무대 한쪽을 차지하며, 풍자적이거나 희극적인 일은 무대 반대편에서 일어난다.

회의를 예로 들어보자. 여러분은 참가자들이 차트를 꾸미던 회의실에 등장한다. 사람들은 해당 차트가 사라졌더라도 원래 자리에 그것이 있는 것처럼 행동하는 경우를 본 적이 있는가? 인간은 다량의 정보를 받아들일 때 두뇌 속에 기억의 극장을 만들어서 기억한다. 사실 이러한 기법은 암기력 대회에 나가려는 사람들이 열심히 하던 훈련이기도 하다. 의사 결정의 방은 엄밀히 표현해서 그와 유사한 도구다. 의사 결정의 방은 모두가 함께 기억하고 있는 공유 기억의 극장을 형성하고, 사람들에게 다각적인 관점에서 대상을 볼 수 있게 도와준다.

다음 쪽에는 그로브의 전략적 비전 수립 모델의 초기 형태가 수록되어 있다. 마치 방 안에 놓인 것처럼 그려져 있다. 예시로 든 해당 그림의 경우, 오른쪽 벽은 미래를 향한 방향이 된다. 그 반대로 왼쪽 벽은 과거가 되고, 현재 취해야 할 행동들은 앞쪽 및 가운데 벽에 묘사했다. 여러분은 벽을 U자 형태로 된 테이블처럼 배치해서 연상해 볼 수도 있다.

의사 결정 놀이

의사 결정의 방은 선택 또는 결정이란 부분에 초점을 맞춘 곳이다. 의사 결정이란 여러 가지 대안 중에서 하나를 선택하는 행위를 통해 나타나게 된다. 잠재적이거나 명확한 이유 또는 기준은 늘 존재하기 마련이다. 시각적 의사 결정의 방은 선택을 위한 기준이나 대안들 모두를 가시화해서 의사 결정의 우선순위에 따르는 선택을 할 수 있도록 한다는 점이다.

이것을 설명하기 위해 좋은 은유는 컴퓨터용 스프레드시트다. 그것이 발명되기 전까지 회계 및 재무 관련 인력들은 수많은 시나리오를 매번 일일이 손으로 다 계산해야만 했다. 특정 요소를 바꾼다는 것은 모든 작업과 계산을 처음부터 다시 해야 한다는 의미였다. 전자 스프레드시트를 이용하면서 분석 전문가들은 다양한 시나리오를 쉽게 만들어 볼 수 있게 됐다. 또한 '만일 이런 일이 일어난다면'이란 아이디어를 실험해 보거나 특정한 요소가 변화할 때에 미치는 영향 등을 무척 손쉽게 파악할 수 있게 됐다. 이런 유의 실험은 디자이너들이 시제품화하는 단계와 유사하다. 그래픽 템플릿과 붙임쪽지, 그리고 이것들이 놓인 의사 결정의 방은 의사를 결정하는 과정에서 관련된 사람 모두가 이런 종류의 실험을 수행해 볼 수 있는 커다란 스프레드시트 같은 환경을 제공한다.

뉴욕에 위치한 대형 은행의 마케팅 담당 부사장은 이와 같은 방법을 사용해서 이백만 달러의 비용을 절감할 수 있었다. 그는 일방적으로 비용을 절감하라고 명령하고 싶지 않았다. 그래서 약 열다섯 명의 직속 부하 직원들에게 방법을 찾기 위한 이틀간의 회의에 참석하게 했다. 회의장 중심에는 예산이 필요한 조직 내 모든 부서들을 표시하는 대형 디스플레이가 놓여졌다. 그것은 엄밀하게 말해서 조직도가 아니라 서로 관련 깊은 단위 조직들끼리 가까이 연결된 상자들을 나열해서 모아 놓은 것에 가까웠다. 각 단위 조직들을 대변할 회의 참석자들에게는 붙임쪽지가 주어졌고, 거기에 그들의 예산과 비용을 각각 적을 수 있게 했다. 이런 방식은 회의 참석자들에게 자금이 어떻게 흘러가는지 마치 비주얼 맵처럼 시각적으로 볼 수 있도록 해주었다. 일단 각 단위 조직들의 관심사를 시각화하고 난 뒤, 모든 사람은 해당 맵을 고려하면서 협상을 하고 다양한 방안에 대해 논의했다. 무척 힘

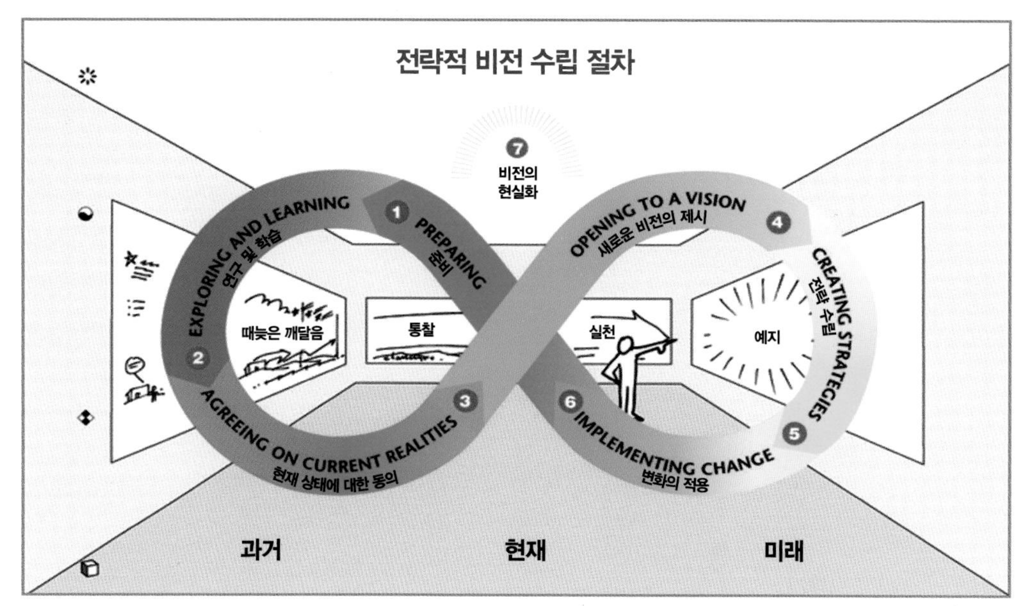

전략적 비전 수립 모델의 맥락

전략적 비전 수립 모델의 초기 형태는 의사 결정의 방과 유사한 환경의 그림이 포함되어 있었다. 그것에는 각각 과거(왼쪽), 미래(오른쪽) 및 현재(가운데)를 의미하는 벽이 자리 잡고 있었다. 리더는 이러한 벽면들을 다양한 차트에 지속적으로 사용해서 모든 사람이 기획이나 의사 결정 과정의 다양한 요소들을 연관 지을 수 있는 '기억의 극장'을 만들 수 있다.

든 회의이기는 했지만 이 회의의 리더인 부사장은 자신의 목적을 이뤘다. 그뿐만이 아니라 모든 사람이 각 상황을 이해하고 지지하겠다는 결심을 하도록 만들었다. 만일 의사 결정의 방과 같은 환경을 제공하지 않았다면 그는 비용 절감 목표를 받아 적게 하거나 그의 직속 부하 직원 몇 명만 데리고 그 계획을 만들었어야 했을 것이다.

포트폴리오 결정 과정

일반적인 방식은 호텔이나 세미나실 같은 곳에 임시로 의사 결정의 방을 만드는 것에서 시작한다. 한 첨단 기술 업종의 회사는 연구 개발 포트폴리오의 기획 과정을 이러한 방식으로 진행했다(Portfolio란 2절지 크기의 자료인 folio 또는 그 폴더를 부르는 이름이다. 이것은 흔히 회사에서 제공하는 제품이나 서비스의 모음을 의미하는 은유로 사용된다). 포트폴리오에 넣거나 뺄 것의 결정은 리더들의 중요한 몫이다. 이런 중요한 것을 심사숙고하는 데에는 의사 결정의 방이 대단히 유용하다. 여기에는 포틀랜드 지역에 위치한 대형 기술 회사의 연구 개발 부문 리더가 이끈 회의를 묘사한 그림이 있다. 그는 연구 개발 부문장이 이듬해 예산안에 대해 조정하고 합의하기를 바라고 있었다. 그는 무척 노력하는 리더였고, 혼자서 예산안을 결정할 수도 있었다. 하지만 그는 그 예산안에 대해 관련된 사람들 모두가 고민하고 동의하기를 바랐다. 마치 위의 사례에서 보여 준 마케팅 담당 부사장처럼, 그는 예산안 확정 회의를 하기로 결심했고, 회의는 다음과 같이 진행됐다.

임시 의사 결정의 방

다음 그림은 기술 개발 회사의 회의를 위해 호텔에 임시로 꾸민 의사 결정의 방을 묘사한 것이다. 이 회사는 이듬해의 연구 예산을 어떻게 분배할 것인지 결정하기 위한 회의를 가졌다. 이 회의에서는 그로브의 컨설턴트인 롭 에스크리지가 개발한 Sow-Grow-Harvest-Plow 그래픽 템플릿을 이용했다. 연구 개발 부문의 리더는 템플릿에 자신들의 안을 표현했고, 연구 개발 영역의 모든 영역을 아우르는 또 하나의 장표도 만들었다. 다년간의 차트를 활용해서 회의에 모인 사람들이 단계별 진행을 잘 이해하게 했으며, 단계별 예산 배정을 통해 예산안이 충돌되던 몇 가지의 문제를 해결했다.

1. 포트폴리오 영역의 주요 기준 수립

모든 사람이 각각의 구분에 대해 합의하고 나자 Sow-Grow-Harvest-Plow 포트폴리오 템플릿은 의미를 지니게 됐다. 사람들은 이것에 조직의 모든 전략을 연결시켜야 했다. Sow(농사를 짓기 위해 밭에 씨를 뿌리는 것을 상상하라)는 '의미 있는 무언가를 시작하라'는 뜻이다. 어떤 것을 시작해야 좋을지 제대로 알기 위해서는 조직 전체의 목적 등을 다 살펴보고 이해해야 한다. Grow(밭에 뿌린 씨가 결실을 맺기까지 잘 키워야 한다)와 Harvest(잘 키운 농작물처럼 포트폴리오도 추수하여 거둬들이는 단계다)도 마찬가지다. Plow(새로 씨앗을 뿌리기 위해서는 일단 밭을 잘 갈아야 한다)에 해당하는 것이 무엇일지 합의하는 데에는 많은 토의가 필요했다.

어떤 경우에는 '중단' 또는 '종료'의 의미가 됐지만, 또 다른 경우엔 그것을 잘 다듬으면 '다시 시작'하거나 자원을 '재분배'하는 의미도 되었기 때문이다. 이 네 가지 구분 단계에 대해서는 미리 각각의 의미를 알려 주었다.

2. 사전에 준비한 포트폴리오

리더는 회의 전에 연구 및 개발 관리자들에게 각자의 비용 지출 규모가 포함된 포트폴리오를 가로세로 10센티미터 규격의 양식에 정리해서 참가자들과 공유할 것을 요청했다.

3. 프레젠테이션

연구 및 개발 관리자들은 각자 맡고 있는 포트폴리오에 대해 발표했다. 참여한 사람들의 질문에 대답하며 모든 사람이 이해하고 난 뒤에 그 포트폴리오 종이를 벽에 붙였다.

4. 공동의 포트폴리오

모든 사람은 함께 조직 전체의 포트폴리오를 만들었다. 공동으로 만든 이 포트폴리오는 개별적으로 준비해 온 각각의 포트폴리오들로부터 도출된 것이다.

위의 절차는 만 하루에 걸쳐 수행하게끔 계획되었다. 회의 초반에는 그래픽 퍼실리테이터뿐만 아니라 연구 개발 부문의 리더까지 확실히 느낄 정도로 이듬해를 위한 포트폴리오 합의에 문제가 많았다. 여러분은 그 이유를 알 수 있는가?

즉흥적일 수 있도록 준비하라

의사 결정은 저절로 되는 것이 아니다. 다른 여러 가지 요인들과의 관계에 대한 고려와 함께 시기(timing)에 대한 이해가 충분해야 이뤄질 수 있다. 어떤 프로젝트는 몇 년에 걸쳐 이어질 수도 있고, 첫 해에는 아무런 결과를 내놓지 못했기 때문에 그 프로젝트를 평가할 수 없는 경우도 있다. 가능한 모든 정보를 늘어놓고 철저히 분석한 뒤에, 이러한 모든 요인들을 감안해서 제대로 된 의사 결정을 내려야 한다. 연구 개발 프로젝트의 경우, 시간을 염두에 둔 사고방식은 조직의 포트폴리오 템플릿에 힘입은 우선순위 중심의 사고방식과

기획 용어 관점에서 동의에 대한 문제

기획에 관한 일부 용어는 평상시에 사용하는 것과는 다른 의미를 지니고 있어서 사람들을 혼란스럽게 한다. 다음 용어들은 그래픽 템플릿에서 정의되어야 할 뿐만 아니라 일상적인 대화에서도 의미를 확인해야 할 필요가 있다.

비전 : 일반적으로 기대하는 미래 모습을 의미한다. 때론 꿈, 희망, 포부가 비전과 유사한 의미로 사용되기도 한다.

미션 : 종종 조직의 근간을 이루며 변하지 않는 목적성을 의미하곤 한다. 반면에 '큰 목표'를 의미하는 데 사용하기도 한다.

목적 : 목적은 조직이 향하는 커다랗고 전반적인 방향성을 의미한다. 하지만 어떤 조직에서는 목적이란 용어를 목표의 특정한 측면으로 사용하기도 한다.

목표 : 목표란 용어는 종종 개념적이고 개략적인 수준으로 사용되기도 하지만, 반면 목적을 이루기 위해 뒷받침해 주는 상세한 것을 의미하기도 한다.

산출물 : 구체적이고 유형적인 결과물을 의미한다.

측정 지표 : 목표를 달성했는지 사람들이 확인할 수 있도록 하는 것. 목적이 이뤄지고 있음을 의미하는 것이기도 하다.

전략 : 이 용어는 흔히 조직이 목표를 달성하기 위해 취하는 방법을 의미한다. 하지만 때로는 이것이 커다란 목표 자체를 의미하기도 한다.

이니셔티브 : 이니셔티브란 목표의 달성을 위해 추진하는 특정한 프로젝트를 의미한다(역자 주: Initiative는 사실 한국말루 대체하기에 적합한 용어가 아니다. 상황에 따라 주도권, 의안 제출권, 발의권 등을 의미하는데, 목표 달성을 위해 취하는 행동을 종합적으로 아우른다).

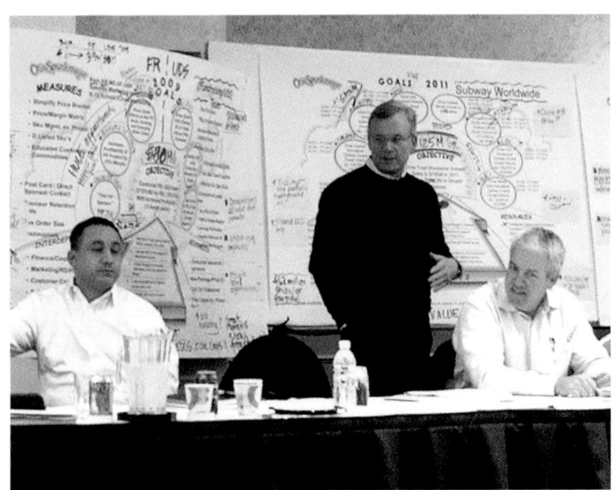

최고경영자는 주요 결정 사항에 맞춰 모든 것이 정렬되기를 바란다

2008년 오티스의 주요 임원은 대표이사 존 스키아보(서 있는 사람)와 CFO 아마드 하마드(사진 왼쪽), 그리고 영업 마케팅 부문 수석 부사장인 제리 리어든 등이었다. 이들의 의사 결정에 의해 회사가 운영됐지만, 그들은 주요 사항에 대해서는 모든 직능조직의 리더들을 다 아우르는 정렬 회의를 가지길 선호했다.

더불어 잘 어우러져야 할 필요가 있다. 이럴 때에 사용할 수 있는 문제 해결 방식으로는 각각의 연구 개발 부서의 채널들과 함께 즉석에서 새 차트를 만들어 몇 년간에 걸친 계획을 정리해 보는 것이 있다. 사람들이 이듬해의 투자에 대해 동의하지 못하는 경우, 리더는 여러 해를 단계별로 전개하는 과정을 통해 이 이슈를 결정하기도 한다.

조직 전반의 방향성을 정렬하기 위한 회의

임시 의사 결정의 방을 이용한 훌륭한 예 중의 하나로, 존 스키아보가 2008년에 이듬해의 연간 사업 계획을 완성한 뒤 오티스의 전체 직능조직들을 소집해서 시행한 정렬 회의(Alignment Meeting)를 들 수 있다. 존은 모든 사람의 우선순위 업무를 한 곳에 모아서 보며 서로 주고받는 영향이나 가치 등은 어떠한지 평가해 보고 싶어 했다. 이것은 개별적인 계획을 꾸미는 것에서 벗어나 최고 경영진들의 의사 결정을 위한 수순이라 할 수 있다(역자 주: 정렬 회의는 조직의 방향성이나 비전, 목적, 목표, 의사 결정된 내용 등을 원활히 이루기 위해 조직 구성원이 모두 같은 방향을 바라보며 노력하게 하기 위한 일련의 활동 중 하나다. 여기에서 사용하는 alignment는 방향성이나 순서, 인원, 자원 등이 전반적인 면에서 잘 정렬된 것을 의미한다).

정렬 회의가 제대로 이뤄질 수 있도록 하기 위해 그는 모든 직능조직의 리더들에게 대형 OGSM 차트를 작성해 오라고 했다. 이것들을 이용하면 기업 전반에 걸쳐 각 직능조직의 이듬해 사업 계획에 반영된 목적, 목표, 전략 및 측정 지표 등을 한눈에 볼 수 있다. 이것들은 본사에서 멀지 않은 호텔의 대형 회의장 벽에 걸렸다. 여러분은 사진에서 차트 위에 붙임쪽지가 붙어 있음을 발견할 수 있을 것이다. 각각의 발표가 이뤄지는 동안, 이런 메모지는 두 가지 목적을 가지고 작성되었다. 그중 하나는 녹색의 메모지에 기록됐는데, 다른 조직이나 경영진이 그들에게 요청한 사항들을 적는 것이었다. 또 다른 하나는 보라색 메모지에 기록됐는데, 이것은 사업의 실행이나 전개와 관련해서 결정해야 할 특정한 사항들을 기록하는 것이었다. 수십 개의 직능조직별 차트를 각각 발표하고 논의하는 데에는 온종일이 걸렸다. 이 회의를 마치게 되면 그 결과로 수십 가지 사업 아이템을 확정하고 그에 대한 의사 결정이 이뤄져야 했다. 회의 막바지에는 다음 사항에 철저히 집중했다.

1. 세 개의 버킷(bucket) 차트가 앞에 만들어졌다(135p 그림 참조). 각각 최고 경영진, 직능별 책임 조직, 그리고 전략팀이라고 이름 붙였다.
2. 직능별 차트에서 정리된 사항들을 적은 붙임쪽지를 촬영한 뒤, 각각의 (의사 결정 대상을 적은) 메모지가 어떤 버킷에 놓여야 하는지 논의했다. 해당 항목에 대해 최고 경영진의 관심이 필요한가? 직능별 책임 조직의

직능조직의 관리자들

모든 직능조직의 리더들은 오티스 정렬 회의에 참석했다. 옆의 사진은 오티스 비전 맵 부근에 앉은 일부 사람들이다. 오티스 비전 맵은 연혁, 비전, 현재의 전반적인 전략 등을 포함하는 스토리맵이다. 오티스 비전 맵은 기획과 관련한 전반적인 분야에서 큰 그림을 제공해 준다.

관심이 필요한가? 아니면 그것에 대해 결정할 특정한 팀이 있어야 하는가? 이러한 세 가지 질문과 해답에 따라 각각의 버킷에 위치시키면 되었다.

3. 한 시간 만에 모든 의사 결정 대상이 되는 항목들은 정리되고, 각각에 대한 책임자가 지정됐으며, 필요한 추진 팀이 구성되었다. 대표이사인 존은 이 활동을 진두지휘했고, 최고 경영진들은 때때로 둘러 모여 의견을 나눴다. 직능별 책임자들의 위치는 강화됐고, 모든 사람들은 이 같은 의사 결정 방식에 동의했다. 모든 것을 한

정렬 회의 템플릿

아래 그림은 무척 단순한 구조의 버킷 차트가 사용되었음을 보여 준다.

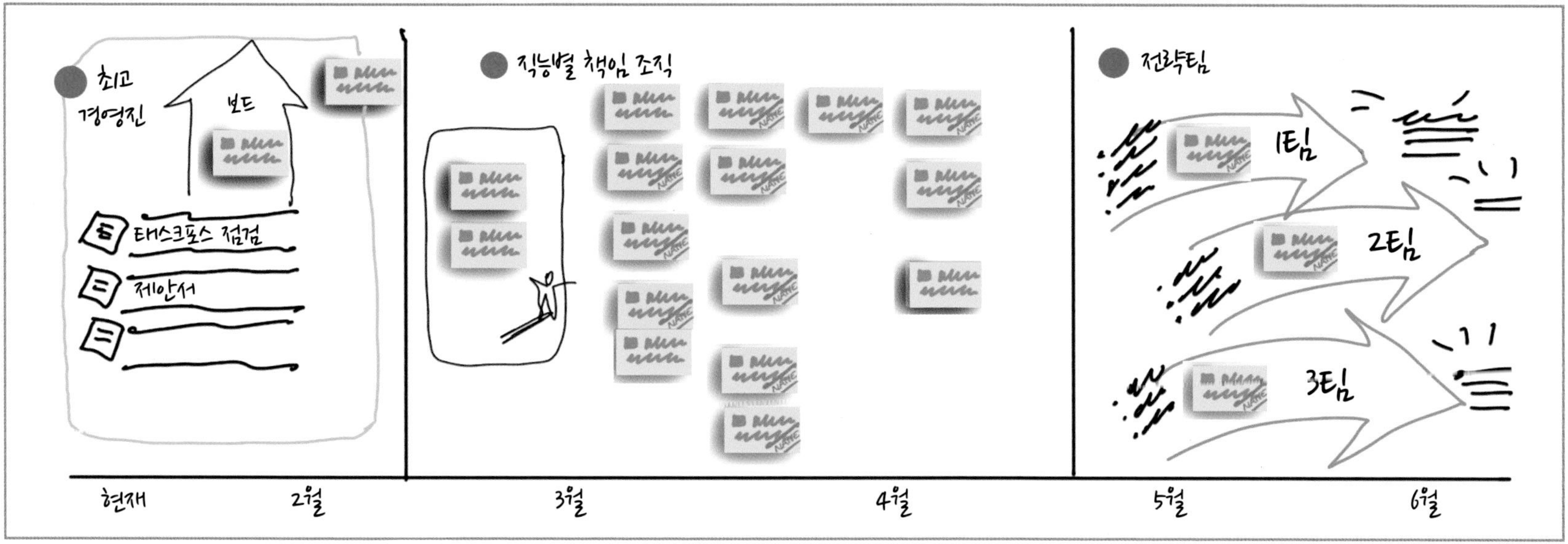

최고 경영진
보드
태스크포스 점검
제안서
직능별 책임 조직
전략팀
1팀
2팀
3팀
현재
2월
3월
4월
5월
6월

곳에 두고 다 바라볼 수 있게 한 덕에 이러한 일이 가능했고, 그 결과는 무척 효율적이었다.
4. 이 회의를 마친 뒤 모든 차트는 디지털화되어 문서에 담겨졌다. 물론 이 문서도 참여한 사람들이 회의 중에 보고 작업했던 바로 그 차트와 무척 흡사했다.

의사 결정은 저절로 되는 것이 아니다. 그것은 다른 여러 가지 요인들과의 관계에 대한 고려와 함께 시기(timing)에 대한 이해가 충분해야 이뤄질 수 있다. 어떤 프로젝트는 몇 년에 걸쳐 이어질 수도 있는 것이고, 첫 해에는 아무런 결과를 내놓지 못했기 때문에 그 프로젝트를 평가할 수 없는 경우도 있다. 가능한 모든 정보를 늘어놓고 철저히 분석한 뒤에, 이러한 모든 요인들을 감안해서 제대로 된 의사 결정을 내려야 한다.

프로젝트 룸 및 빠른 의사 결정 지원

많은 디자인 회사에서 대형 프로젝트 진행을 위해 구축하는 프로젝트 룸은 의사 결정의 방이 가질 수 있는 한 가지 형태다. 겐슬러(역자 주: 유명한 미국의 건축 설계 회사)의 대표이사를 맡았던 에드 프레드릭스는 다음과 같이 말했다. "우리는 항상 프로젝트 룸을 마련해 놓습니다. 프로젝트 전부가 시각적으로 표현되어 있는 것을 볼 필요가 있기 때문입니다." 좀 더 나아가, 그는 그로브와 함께 일했던 겐슬러의 초기 시절에 그 중요성을 알게 되었다고 이야기하곤 한다. 당시에 겐슬러는 프로젝트의 모든 것들을 요약한 대형 그래픽 배너를 만들곤 했으며, 그 안에는 다음과 같은 것들이 담겨져 있었다.

- 주요 요인
- 아이디어
- 목표 및 전략
- 전술
- 로드맵

에드는 다음과 같이 말했다. "기본적으로 말하자면, 그것은 단순화된 프로젝트 룸이었습니다. 우리는 클라이언트 및 디자인 팀과 그 배너에 있는 모든 사항을 살펴보고 모든 사람이 핵심 요소마다 잘 정렬되어 있는지 확인했습니다."
이러한 방식의 효용성을 잘 알려 주는 사실 중 하나는 대규모 컨설팅 회사들이 '신속한 의사 결정' 및 '의사 결정 지원의 가속화'를 자신들의 서비스 중 일부로 판매한다는 점이다. 그들은 비주얼 미팅 전략이 의사 결정 과정에서 모든 사람이 깊이 관여하며 주도권을 가지게 하는 데에 대단히 중요하다는 점을 알고 있다.

많은 인원을 위한 의사 결정의 방

참여하는 인원이 50~60명 이상의 큰 규모라면 원활한 운영을 위해 기술의 도움을 받는 것이 좋다. 코비전은 대규모의 양방향 회의와 관련한 분야에서 선도적인 회사다. 일반적으로 태블릿이나 노트북을 이용하는데, 세 명당 한 대씩의 배분이 이상적이다. 코비전의 소프트웨어는 사용하기에 편리하며, 웹브라우저 기반으로 운영되는 응용 프로그램이다. 이것은 참여자들이 발표자와 의견을 교환하거나 브레인스토밍을 할 때에 사용한다. 아울러 소규모 그룹으로 나눠서 작업하거나 항목들을 정리 · 정렬하거나 표결에 부칠 수도 있으며, 회의 중 아무 때라도 의견 기록을 남길 수 있다. 질문은 회의의 각 단계별로 하게 되며, 그에 대한 의견 교환을 입력할 수 있는 창이 각각의 장치에도 제공된다. 입력된 내용은 모든 사람이 자신의 장치에서 읽을 수 있으며, 이 내용은 회의의 설계에 따라 대형 화면이나 특정한 주제를 가진 팀에게도 표시된다.

코비전의 이러한 방식은 '설명하고 결정하라'는 방식을 지원하고 있으며, 이러한 방식은 앞서 예를 든 연구 개발 부문의 관리자들이나 오티스의 직능조직 리더들이 이미 경험한 것과 같다. 여기에 삽입된 도표는 해당 과정을 설명하는 것이다.

1. 발표를 통해 정보를 공유한 뒤에 질문을 올린다.
2. 참가자들은 테이블별로 5~10분 정도 질문에 대해 논의한 뒤, 그에 대한 답변을 게재한다. 이러한 절차가 완료될 때쯤에는 수백 개의 의견들이 게재되어 모든 사람들이 읽을 수 있게 된다.
3. 주요 관리자들로 이뤄진 주제 팀은 참여할 것에 관한 각각의 아이디어를 읽고 파악해서 모든 사람이 그들의 의견을 알 수 있도록 게재한다.
4. 발표자나 토론자는 주제에 대해 의견을 밝히거나, 경우에 따라 더 많은 사람과 함께 이에 대해 논의한다. 이러한 큰 규모의 타운 홀 미팅에서 나온 의견들은 시각화해서 대형 화면에 표시한다. 그러면 사람들은 자신의 의견이 기록되고 있음을 쉽게 파악할 수 있다.

이러한 아이디어 발상 및 의견의 순환 방식은 몇 차례라도 계속될 수 있다. 코비전의 설립자 레니 린드는 다음과 같이 말한다. "장치는 그저 도움을 주는 도구일 뿐입니다. 모든 참여자들이 에너지를 집중해야 하는 것은 소규모 그룹 단위의 토론과 논의입니다. 소프트웨어는 소그룹의 아이디어를 기록하고 그것이 정제되며 모든 참여자들에게 공유해 주는 도구일 뿐입니다." 코비전은 그로브와 함께 대형 화면에 주제 토론을 기록하는 대규모의 빠른 피드백 및 시각화 과정을 만들었다. 이 방법은 나이키의 사회 책임 경영 계획을 여든 명의 이해 당사자가 모여 검토하는 데에 사용하기도 했다. 또한 이 방법은 캘리포니아 독립 시스템 운영자가 캘리포니아 주에

빠른 피드백을 도와주는 위원회 과정

코비전은 대규모의 양방향 회의와 관련한 분야에서 선도적인 회사다. 다음은 코비전에서 사용하는 입력과 피드백의 순환 단계를 보여 준다. 이 방법을 사용하면 대단히 큰 규모의 사람들이 그보다 작은 규모의 그룹들에서 나온 이야기들을 모으고 정렬할 수 있다. 코비전의 소프트웨어는 소규모의 그룹이 주제나 대상에 대해 신중하게 논의한 뒤 컴퓨터나 태블릿으로 답변할 수 있도록 해준다. 입력된 답변은 회의에 관여하는 모든 사람이 읽을 수 있으며, 그것에 따라 주제가 명확하게 되기도 한다. 타운 홀 미팅에서는 참석한 사람들이 제대로 내용을 이해하고 파악하게 하려고 이것을 사용하기도 한다.

세계 경제 포럼에서 순위를 정한 문제들

2005년 세계 경제 포럼이 열린 스위스의 다보스에는 700여 명의 세계 정상 및 리더가 모여 코비전의 방법을 이용했다. 미국의 대표가 발표 및 진행을 이끌며 이들을 통해 당시 세계가 겪고 있는 주요 문제들이 어떤 것이고 그 순위는 어떤 것일지 알아봤다. 이 회의는 '어려운 선택하기'라는 주제로 이름 붙여졌다. 세 시간가량 모든 사람들은 의미 있는 심사숙고를 했고, 이를 통해 다음과 같이 어려움 및 그 순위에 대한 공통된 의견을 냈다.

1. 굶주림
2. 공평한 세계화
3. 기후변화
4. 교육
5. 중동문제
6. 글로벌 거버넌스

여기에서 선정된 목록은 포럼의 주제별 트랙에 배정되었고, 열띤 논의의 결과는 콘퍼런스 후반의 세션에서 검토되었다.

서 그들의 에너지 그리드를 재설계하는 계획을 백 명 이상의 이해 당사자를 모아 놓고 검토하는 데에도 사용됐다. 에너지 격자 시스템이나 사회 책임 경영 계획의 경우 모두 다양한 요소들을 가지며 무척 복잡한 것이었다. 이것들은 대형 벽화로 내용을 시각화해서 회의에 참석하는 사람들이 이해하기 쉽도록 했다. 그런 다음 코비전은 기획 부서에서 올린 특정한 질문에 대해 심층적인 피드백을 요청했으며, 그것을 통해 합의가 가능한 부분은 합의를 할 수 있도록 했다.

투표를 위한 기타 기술

의사 결정을 지원하기 위한 기술은 무척 빠른 발전과 선택이 요구되는 분야다. 어떤 사람들은 트위터에서 해시태그(#) 기능으로 대규모 회의의 참석자들에게 각 이슈에 대해 의견을 받는 실험을 하기도 했다. 많은 회사들에서는 특별한 키패드나 스마트폰을 이용해서 대규모 집단의 모든 구성원이 빠른 시간 안에 투표에 참여할 수 있는 도구를 내놓기도 했다. 그 결과는 즉석에서 계산되어 근사한 도표와 함께 제공된다. 이런 종류의 도구는 소규모 그룹의 회의에서 큰 그림과 동그라미 스티커를 이용해 의견을 모으듯, 구성원이 많은 대규모 회의에서 빠른 피드백 경험을 제공한다. 여기에서 가장 큰 제약점은 이런 것들이 컴퓨터나 스마트폰의 작은 화면에서만 국한되며, 새로운 정보가 갱신되면 기존에 나타났던 것은 사라진다는 점이다. 복잡한 사안에 대한 의사 결정을 할 때에는 종종 리더가 특정한 정보에 대해 상당한 시간 동안 숙고해야 할 필요도 있다.

실행 지원

일반적으로 의사 결정의 방은 중요 사항에 대해 여러분 및 조직의 하부 리더들이 명확한 결정을 내릴 수 있도록 해준다. 의사 결정 과정에서 여러분이 주목해야 할 것은 '언콘퍼런스(unconference. 역자 주: 참석자가 편안하게 참여하며 자유롭게 논의하고 수행하는 모임의 형태. 회의실에 다 모여 앉아 있는 것의 반대 풍경을 상상해 보라)'의 경향이 늘어나는 것이다. 주로 자유롭게 돌아다니고 개방된 곳에서의 만남을 선호하는 젊은 층에서 나타나기 시작하며, 의사 결정은 무척 역동적이고 즉흥적인 상호작용을 통해 이뤄진다. 이 같은 역동적인 프로세스는 시각적인 의사 결정의 방을 자리 잡게 하는 것부터 참여자들이 의견을 내고 중론을 모으도록 하는 과정에도 도움이 된다. 의사 결정의 절차를 어떻게 하든 간에, 그 다음 단계는 결정된 것을 어떻게 실행에 옮기는가 하는 것이다. 다음 장에서 살펴보게 되겠지만, 바로 이 부분에서 로드맵이나 스토리맵이 쓰이게 된다.

제11장. 로드맵과 비주얼 플랜

중요 시점 및 각자의 역할 확인하기

시각화는 실행을 염두에 두었을 때에 더욱 진가를 발휘한다. 여러분이 참여했던 기획 과정을 떠올려 보자. 기획 초기 단계에서는 가능한 모든 아이디어들이 논의된다. 이때에는 넓고 다양한 관점이 허용된다. 하지만 실행 시기나 완료 시점에 대해 고민하며 달력 위에 그것을 늘어놓게 되면 생각에 쓰이는 에너지는 시각적인 면으로 이동하게 된다.

시계열에 맞춰 활동 정하기

로드맵이란 시계열에 맞춰 행동을 나열하고 정한 차트다. 물론 이 명칭 또한 일종의 은유다. 여러분이 어딘가를 여행하는 것이 아니라면 여기에 쓰인 '로드(road, 길)'는 시간이 흐르며 나타나게 되는 일련의 행동을 의미한다. 대부분의 프로젝트와 프로그램에서 이런 활동의 흐름은 각각 채널로 시각화된다. 어떤 사람은 이 채널을 '수영 레인(swim lane)'이라 부르기도 한다. 이 또한 차도에서 차선으로 구분되어 나뉜 차로와 마찬가지로 수영장에서 수영을 할 수 있게 폭이 마련되어 구분된 길의 이미지를 차용한 은유다. 이를 다시 해석해 보면, 프로젝트는 수상 스포츠처럼 역동적으로 진행되지만 수영 경기장의 레인(또는 강가의 둑)처럼 정해진 범위 사이에서 진행되어야 한다는 의미이기도 하다.

이런 종류의 프로젝트 기획을 할 때에 여러분이 이뤄야 하는 것이 유형적인 경우라면 더욱 목적이 뚜렷해진다. 하지만 여러분이 시행하는 것이 조직의 변화, 새로운 마케팅 전개, 재능 개발을 위한 혁신적인 새 프로그램 등과 같은 것일 경우를 상상해 보자. 그것과 관련된 수많은 요인들을 상세히 설명하거나 표현하기 어려워지고, 그에 따라 마감과 일정에 쫓기게 된다. 만일 여러분이 이런 경우를 겪게 된다면 어떻게 하겠는가?

우선 알려 주고 싶은 것은 일정한 수준의 구조가 이미 여러분에게 유리하게 되어 있다는 점이다. 여기서 소개하고 있는 로드맵 그래픽 가이드를 생각해 보자. 로드맵에는 세 가지 활동 채널이 기본적으로 잡혀 있고, 리더가 집중해서 볼 수 있도록 디자인되어 있다. 이것을 채워 가는 과정은 등산을 하는 것과 다소 비슷하다. 여러분은 산행 도중 특정한 집합 장소와 시간들만 정하면 되는 것이지 그 사이의 모든 상세한 계획까지 다 세울 필요는 없다.

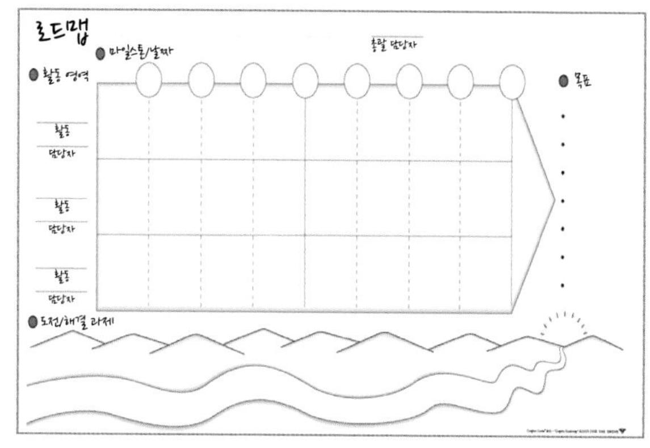

로드맵 그래픽 가이드

로드맵은 달력을 기반으로 다양한 활동 및 실행 채널을 부가해서 구성하는 일종의 도표다. 로드맵이라는 명칭은 그 자체가 은유인데, 그것이 구체적으로 무엇인지 생각해 보려 하지 않을 만큼 사람들에게 친숙한 편이다. 마일스톤(milestone)이란 것은 역사적으로 본다면 마을을 표시하기 위해 세운 돌을 의미한다. 이렇게 사용하던 명칭이 이제는 목표와 목적을 달성하기까지의 과정에서 나타나는 중요한 시점이나 과업을 의미하는 것으로 널리 쓰이고 있다. 인용한 이미지는 그로브의 전략 비전 수립 템플릿 중에 있는 로드맵 그래픽 가이드다. 해당 템플릿은 웹 사이트 www.grove.com에서 확인할 수 있다.

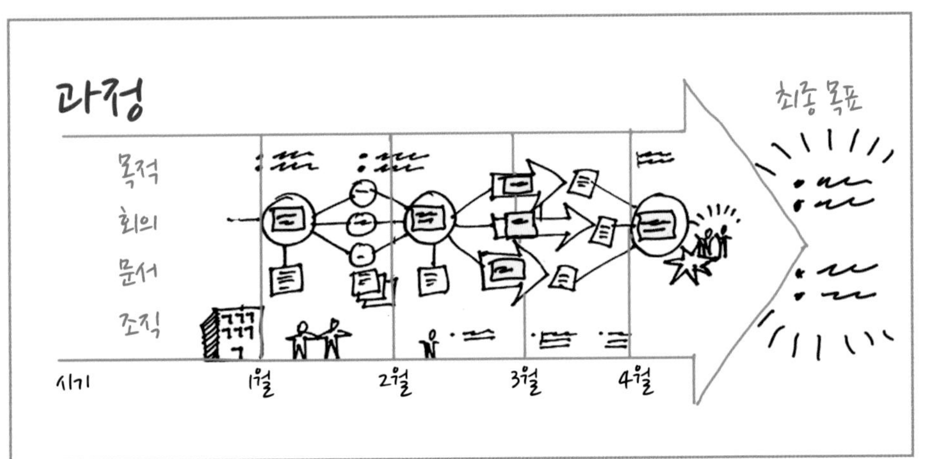

회의를 하다보면 어쩔 수 없이 기획을 해야 하는 일이 발생하기 마련이다. 첫 회의를 마치고 나면 맨 처음에 계획했던 두 번째 회의 및 그 이후의 회의들까지 영향을 주는 일들이 생긴다. 이런 것을 시각적으로 설명하는 것 중엔 인터랙션 어소시에이츠의 마이클 도일이 아코디언 모델이라 이름 붙인 것이 있다. (좌측 그림 참조) 도표는 크고 작은 회의들을 묘사하고 있으며, 시간의 흐름에 따라 그것들이 아코디언의 주름처럼 펼쳐졌다 좁아졌다하며 유연하게 변화한다. 이것은 프로세스 맵이 반영된 형태이며, 바로 제6장에서 개인 차원의 연습을 제안했던 것이다. 로드맵을 시각화하는 것은 상세한 부분까지 생각하도록 도와주기만 하는 것이 아니다. 로드맵은 시점이나 변화가 발생했을 때에, 관련된 모든 사람에게 그에 관한 새로운 내용을 전달할 수 있는 유용한 수단이다.

아코디언 디자인

기획 과정을 관련된 주요 업무들의 발달 과정과 함께 표현한 이런 종류의 맵은 1970년대 후반 인터랙션 어소시에이츠(Interaction Associates)에서 만들어졌다. 이때는 그로브가 IA와 함께 몇 가지의 대형 프로젝트를 진행하고 있던 시기였다. 이제 이러한 방식은 '아코디언 모델'이라는 명칭을 가지고, 과정을 매핑하는 표준 설계 방식 중 하나로 자리 잡았다.

로드맵을 공동으로 완성하기

대형 프로젝트를 시작할 때 사람들에게 그들이 무엇을 해야 하는지 이야기하는 것은 쉬워 보일지도 모른다. 하지만 여러분은 프로젝트가 진행 중인 역동적인 상황에서 사람들을 계속 목표와 업무에 집중하게 하는 것이 얼마나 어려운지 금방 알 수 있게 된다. 특히 프로젝트에 참여한 사람들 간에 중요한 것이 무엇인지에 대한 큰 그림을 제대로 공유하지 않는다면 더욱 큰 문제가 일어난다. 따라서 단계별로 이것을 확인하고, 해당 단계가 완수되면 이룰 수 있는 결과가 어떤 것인지 미리 공유해야 한다. 이것과 관련한 두 가지 방법을 각각 살펴보자. 하나는 사람들이 업무와 목표에 집중하게 하기 위해 그래픽을 이용한 사례다. 또 다른 하나는 공동으로 로드맵을 만들기 위한 회의를 개최한 사례다. 일단 첫 번째 사례부터 살펴보자.

육군 기지를 국립공원으로 바꾸기

미 육군 제6군단의 기지로 사용하던 샌프란시스코 요새는 1988년 미 의회의 폐쇄 예정지 목록에 포함되었다. 앞에서 다룬 헤드랜즈 미술관 사례에서 봤듯이 골든게이트 국립 휴양 지역(GGNRA)은 대규모의 국립공원이다. GGNRA가 만들어지게 된 근거 법령에는 샌프란시스코 요새를 군대에서 더 이상 사용하지 않을 경우, 그 요새도 GGNRA의 일부로 포함된다는 내용이 있다. 이로 인해 갑자기 GGNRA의 리더들은 그들의 역사상 가장 큰 프로젝트를 기획해야만 했다. 국립공원 관리 공단(National Park System)의 입장에서 본다면 GGNRA는 전통적으로 교외나 야생 지대에 위치한 국립공원들과는 성격이 달랐다. NPS의 리더들이 GGNRA를 맘에 들어 하는 이유는 종래와 유사한 형태의 대규모 국립공원이 아니라 실험적인 도시 공원이라는 점이었다. 유물 보전 및 재창조 공단에서 브라이언 오닐을 감독관으로 파견했다. 그는 경험이 많은 혁신가였으며, 개발을 위한 협력적 방법을 지지하고 있었다. 또한 그는 성공적으로 이뤄 냈던 헤드랜즈 미술관의 사례로 인해 시각화에 친숙했다. 그는 NPS에서 변환 기획팀을 이끌고 있는 로저 브라운에게 그로브의 시각적 방법을 이용하라고 추천했다. NPS는 무척 잘 발달된 기획 프로세스를 갖추고 있었으며, 시민들의 의견을 파악하는 것이 그 첫 단계에서 무척 중요했다. 1990년에 프로젝트를 시작하며 관련 지역들을 돌아다니면서 총 여섯 차례의 대규모 비전 구축 회의를 하기로 계획했다. 샌프란시스코처럼 대단히 열성적인 지역사회에서 이 같은 공청회는 무척 힘겨운 일임을 여러분은 우선 알아야 한다. 샌프란시스코 요새는 특별한 사례가 되기에 충분했다. 개를 데리고 산책하는 사람, 윈드서퍼, 자전거 타는 사람, 군 역사학자, 해변을 거니는 사람들, 주변에 거주하는 부자들, 샌프란시스코 시, NPS 등등……. 그곳의 뛰어난 위치는 사람들의 관심을 모으기에 충분해서 이해관계자들 중 극히 일부만을 예로 들어도 이 정도다. 헌병이 사라지면 어떤 일들이 일어날까? NPS는 충분한 돈이 있을까? 해당 비용의 예상 규모는 미국에서 가장 큰 국립공원인 옐로스톤 국립공원의 약 세 배나 됐다. 250여 채의 역사적인 건물들은 복원이 가능할까?

그로브는 어떤 요청들을 받게 될지 예상하기 위해서 해당 프로젝트 전체를 기획하는 것 같은 노력을 들여 충분히 이해해야 했다. NPS는 그들의 전반적인 기획 과정에 대해 설명해 주었다. 그것은 GGNRA의 일반 관리 계획을 수정 갱신하는 쪽으로 방향성을 잡고 있었다. 우리는 만일 어떤 사람이 공청회에서 특정한 건물에 대해 질문을 하면 어떻게 할 것인지 물었다. 그런데 그들은 GGNRA의 일반 관리 계획이 승인된 후에야 그런 질문에 답해 줄 수 있다고 했다. 이어지는 회의에서 NPS에게 기획뿐만이 아니라 관련된 모든 과정 전체에 대해 설명을 요청했다. 이러한 회의들에서 얻은 여러 가지 아이디어와 내용들은 다음 쪽에 있는 대형 로드맵에 묘사되어 있다.

문서 한 장에 정리하기

로드맵은 실제로 전개될 계획을 개념적으로 나타내기로 협의가 됐다. 아울러 모든 사람들은 각 건물에 대한 적절한 답변을 하기 위해 나머지 네 가지 과정도 한 곳에 반영해서 보여야 한다고 여겼다. 로드맵의 초안은 다섯 가지 개별적인 과정의 실행 주체에게 확인받기 위해 회람되었다. 이내가 그들에게는 한 장의 그림으로 표현된

프레시디오 국립공원

프레시디오 비전 공동 연수는 극성에 가까운 이해관계자들로 인해 순탄치 않을 것이다. 대상 부지의 위치가 도시의 북쪽 끝자락에 위치해 있기 때문에 이해관계자들 또한 무척 다양하다. 게다가 샌프란시스코 시와 같이 대단히 영향력 있는 이해관계자들이 많았다(사족: 자료에 쓰인 사진은 지도로서의 진짜 로드맵이다).

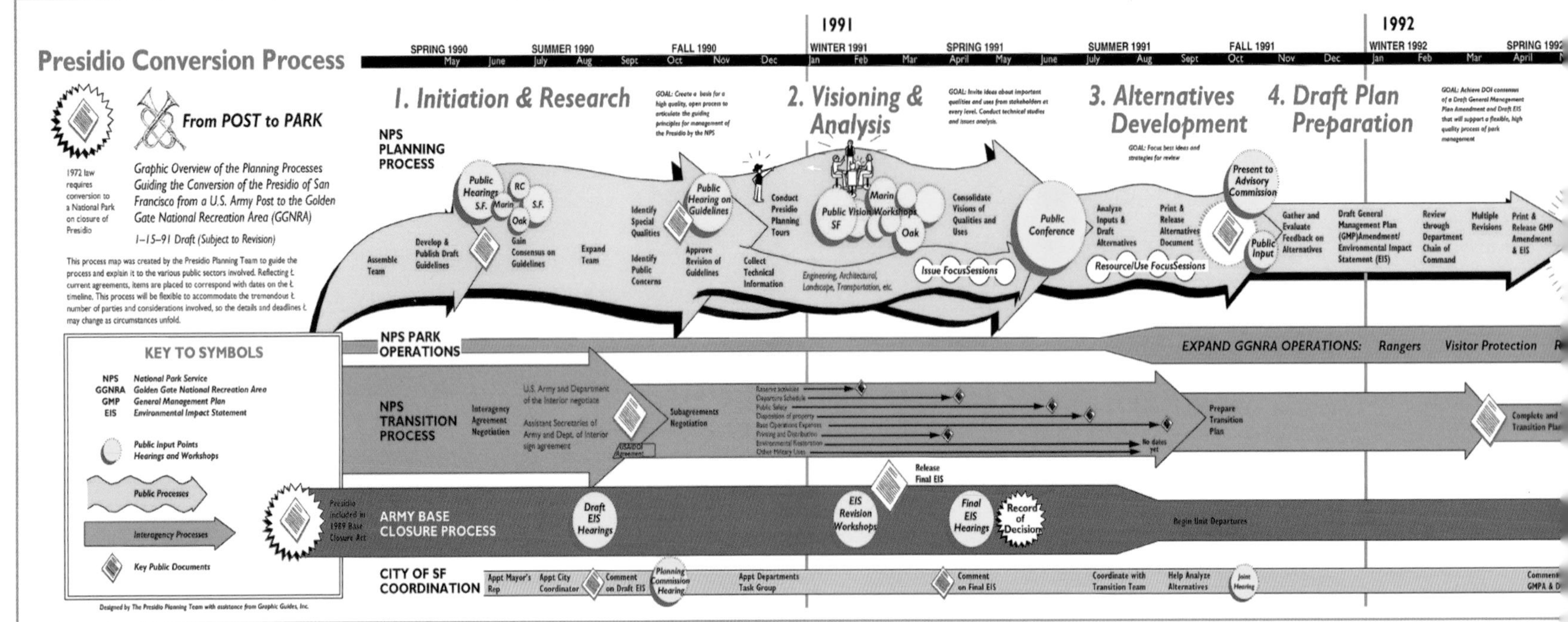

프레시디오 전환 프로세스 맵

이 도표는 프레시디오 군사기지를 국립공원으로 전환하는 데에 관한 다섯 가지 큰 기획 과정을 병렬로 늘어놓은 것이다. 노란색 원은 대중들의 의견을 청취할 수 있는 회의를 의미한다. 파란 부분은 NPS의 기획 과정이다. 녹색으로 칠해진 부분은 프레시디오 국립공원 운영 과정이다. 보라색은 NPS와 육군이 수행하야 하는 과정이며, 갈색은 군사기지 폐쇄 과정이다. 맨 아랫줄은 샌프란시스코 시의 프로세스를 나타낸다.

로드맵을 처음 보는 시기였다. 최종적으로 모든 사람은 맵에서 노란색 원으로 표시된 특정한 공청회들의 강조를 포함한 모든 내용에 합의했다.

이 로드맵은 1.2미터 높이와 7.2미터 폭의 대형 크기로 출력되어 각각의 공청회와 비전 수립 공동 연수 등에 사용됐다. NPS의 리더는 십 분 이내에 전체 과정과 질문들을 살펴볼 수 있었다. 정말 놀라운 성과였다. 모든 사람들은 잘 정리된 과정을 볼 수 있었고 비전 수립 공동 연수가 어디에 필요한지 알 수 있었다. 사람들은 그들의 관심사가 있을 경우 그 향후 과정을 보고 어떻게 참여할 수 있는지 알 수 있었다. 이것들이 배열된 단계가 다소 개념적이라는 것은 문제가 되지 않았다.

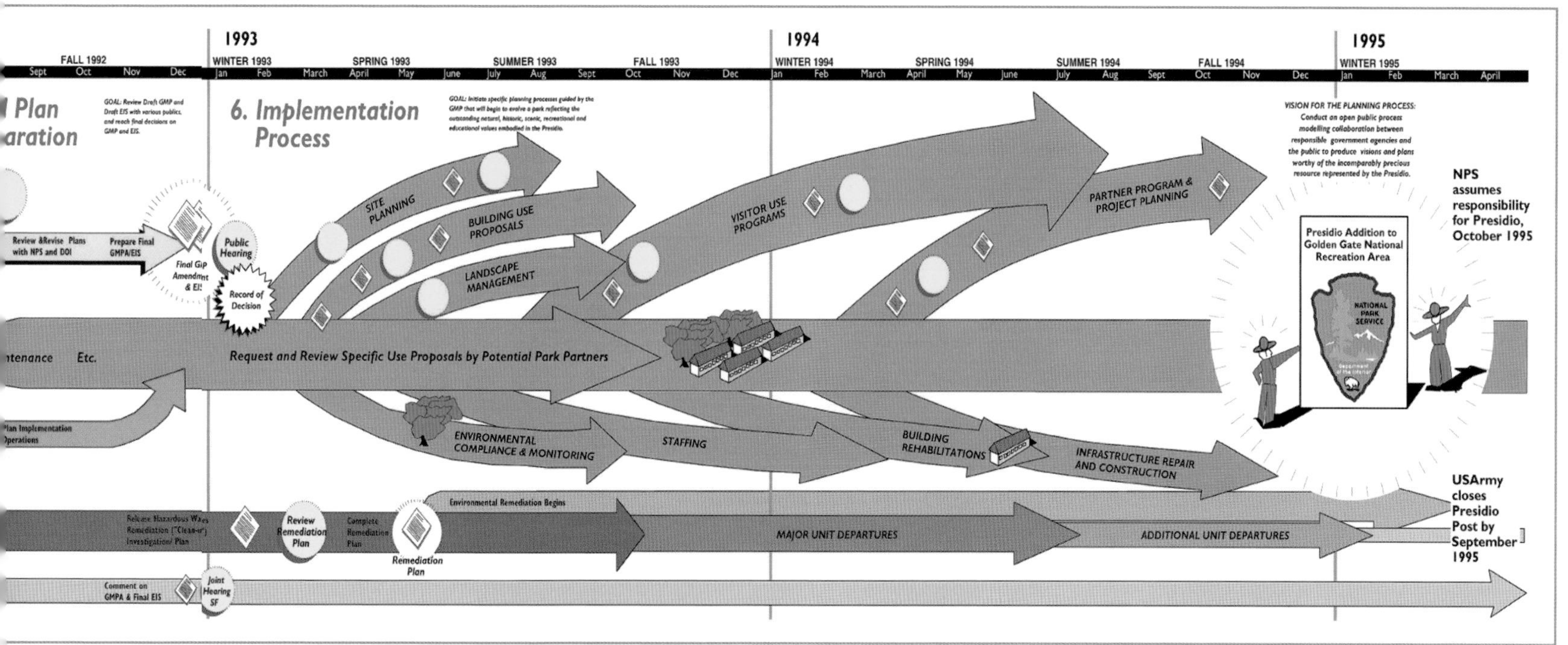

여러분은 각각의 데이터가 띠(혹자는 수영 레인이라 부른다)를 이용해서 표현됐음을 발견할 수 있을 것이다. 이것은 시각적으로 각각의 프로세스가 가진 속성을 보여 주기 위해 의도된 것이다. NPS의 기획 과정은 더 개방되고 유연하게 될 것이기 때문에 파란색 화살표는 물결처럼 표현되고 있다. 녹색으로 표현된 운영 과정은 시간이 흐름에 따라 점점 다양해지며, 가지를 뻗어감에 따라 덜 상세하게 표현된다. 육군의 군사기지 폐쇄 과정은 무척 규제가 많고 형식을 갖춰야 하는 특성이 반영되어 그려졌다. 각각의 띠는 단계별로 필요한 노력의 크기에 따라 폭이 넓어지거나 좁아지게 표현됐다

뒷이야기

프레시디오는 미국 내무부에서 별도의 신탁 재정 지원을 받게 됐다. NPS의 예산 및 비용 관련 절차를 거치지 않는 대신에, 미 의회는 프레시디오 국립공원에게 2013년까지 충분한 재정적 여건을 갖추도록 요구했다. 이러한 성과는 프로젝트 초기부터 개념적인 로드맵이 다양한 업무가 제대로 이뤄질 수 있게 큰 도움을 준 영향과도 관련이 있다. 이런 경우 로드맵은 여러 가지의 변화가 생길 때마다 그것을 반영해야 한다. 신탁 재정에 관한 부분은 이 로드맵의 막바지에 반영되었다.

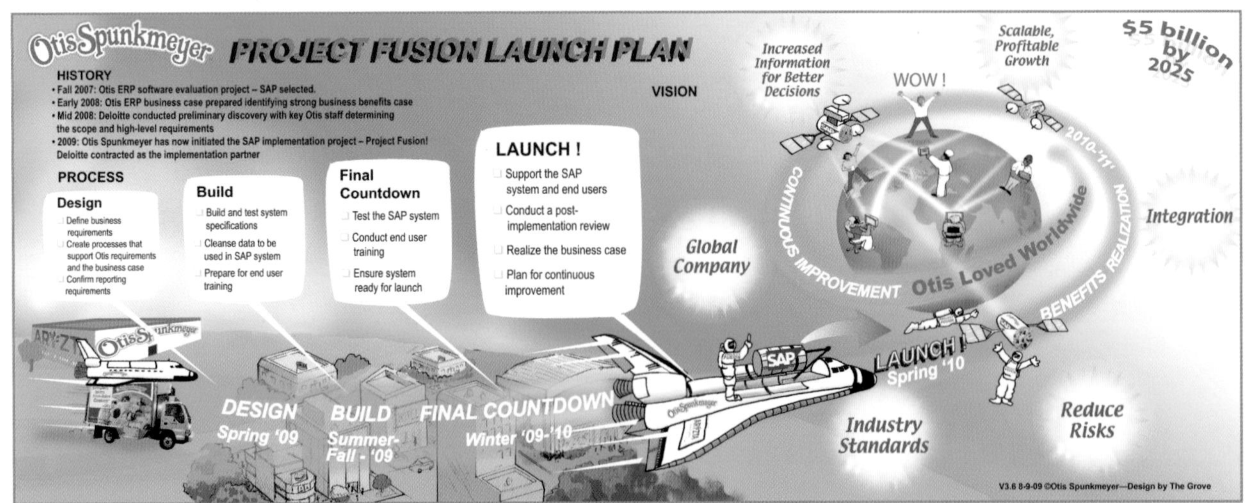

기술 로드맵

이번에 살펴볼 것은 오티스 스펑크마이어에서 2006년부터 2007년까지 대규모 기획 프로세스에 시각화 방법론을 광범위하게 적용한 사례다. 대규모의 기업용 데이터 시스템 적용 시장을 선도하고 있던 오티스의 정보 기술 팀은 시각적 로드맵을 도입하기로 결정했다. 그 목적은 시각적 로드맵을 통해 프로젝트 팀이 업무와 절차에 맞춰 가는 것을 돕고, 다른 동료들에게 이와 관련된 과정 및 기대 효과를 설명하는 것이었다. 여기에서 보여 주고 있는 것이 바로 해당 시각적 로드맵의 최종 결과물이다. 담겨진 내용들은 여러 주 동안 상세 작업을 진행해 온 전문가들과 프로젝트 팀 리더들이 모여서 온종일 진행한 공동 연수를 통해 나왔다. 로드맵 설계를 위한 회의는 참여한 모든 사람들이 상세한 부분까지 의견들을 제시한 뒤, 큰 그림을 이해해야 할 종업원들 대부분의 입장에서 검토되었다. 여기에 사용된 그림들은 프로젝트 팀이 이와 관련된 모든 사람이 얻게 될 이점들을 명확하게 제시하며 이야기를 끌어나갈 수 있도록 마련되었다.

사용할 내용을 만들고 난 뒤, 로드맵 과정은 프로젝트 팀의 많은 내부 소통과 협의를 통해 그 내용을 수정 보완하는 단계로 옮겨 갔다. 사람들은 이 로드맵이 완성되면 그 결과로 모든 사람이 관련 일정을 확인하고 지키리라 기대했다. 여러분이 추측한 바와 같이, 프로젝트 리더들은 이 같은 일이 실제로 일어나게 되자 무척 기뻐했다.

이런 종류의 절차를 진행할 때에 버전(version) 번호를 사용하는 것은 소프트웨어를 업그레이드할 때의 절차와 유사하다. 요즘에는 이처럼 버전 관리를 하는 것이 널리 퍼져 일반화되어 있다. 그래서 사람들은 시각화된 로드맵의 1.0 버전은 다양한 피드백을 통해 개선될 것을 알고 있다.

프로젝트 퓨전 런칭 계획

오티스 스펑크마이어의 프로젝트 팀은 대규모의 기술 적용 프로젝트를 맡게 되었다. 그들은 사람들에게 이것을 통해 얻을 수 있는 이득(그림 오른쪽에 묘사됨), 적용 단계 및 프로젝트의 주요 마일스톤 등을 설명해야 했다. 보기의 그림은 회사의 비전 로드맵을 기반으로 만든 초기 로드맵이다. 이 로드맵에는 오티스의 쿠키 트럭이 글로벌 커뮤니케이션을 강화해 줄 우주선을 발사하는 모습을 그리고 있다. 은유와 그림을 연결한 여러 장의 대형 로드맵은 회사 내부에서 시각 언어를 만들기 시작했다. 그리고 이것은 경영진이 대규모 프로젝트에 대한 직원들의 관심을 유지하는 데에도 무척 효과적으로 사용됐다.

대형 로드맵은 주요 메시지들을 드러내는 데에 도움이 된다

서터 헬스의 경영진은 그들이 추진하고 있는 비전 및 전략 변화에 대해 명확함과 흥미를 부여하고자 했다. 이러한 목적을 이루기 위해 스토리맵 프로세스를 통해 로드맵을 만들었다(더 자세한 것은 다음 쪽을 참조하라). 서터 헬스는 사만오천 명의 종업원이 있는 비영리 기관이다. 이렇게 많은 사람에게 메시지를 드러내기 위해서는 무엇보다도 뛰어난 소통이 필요했다. 여기에 소개된 이미지는 그러한 부분에 초점을 맞춘 것이다. 부수적인 요소들은 이 맵이 소개될 '목적지 2012 관리' 심포지엄의 전략 발표 자료를 도울 수 있도록 사용됐다. 이 행사의 주최에서는 심지어 심포지엄 장소 입구에 나무로 '미래로 가는 다리'를 크게 만들어 놓기까지 했다. 이것은 존 스키아보가 오티스에서 비행기를 탔던 것과 마찬가지로 은유를 현실에 만들어 놓은 것이라 할 수 있다.

서터 헬스 로드맵 및 비전

이처럼 상세하게 제작된 로드맵은 커다랗게 인쇄되어 2천 명가량이 참여하는 경영 심포지움 '목적지 2012'의 주요 요소로 사용되었다. 이 그림은 전략 정보 전시 부스뿐만 아니라 CEO의 기조연설에서도 사용됐다. 이 로드맵은 비전 요소를 오른쪽 부분에 명확하게 표현하고, 왼쪽에는 다리를 은유로 사용했다.

로드맵은 프로젝트를 진행하면서 피드백을 받을 수 있도록 한다

본 장의 마지막 쪽에는 RE-AMP의 연간 전략 실행 프로세스를 정리하기 위해 사용한 로드맵이 크게 인쇄되어 있다. RE-AMP는 지구온난화를 일으키는 에너지 산업체의 오염 물질을 청소하기 위해 모인 미국 중서부 지역의 비영리단체 및 재단법인들의 대형 연합체다. 이 프로젝트의 실행 팀은 필자의 저서 〈비주얼 팀〉에 뛰어난 성과를 거둔 팀으로 소개된 바 있다. 그들은 업무가 제대로 이뤄지고 소통이 원활하려면 시각화 이용이 좋음을 당연한 듯 잘 알고 있었다. 해당 로드맵은 어도비 일러스트레이터로 제작되었고, 그해 말에는 실제 달성한 일들을 반영해서 업데이트했다. 원으로 표현된 회의, 컴퓨터로 표현된 웹 콘퍼런스, 그리고 서로 다른 업무 조직을 표현하기 위해 다양한 색상을 사용한 띠 등의 활용을 잘 살펴보기 바란다.

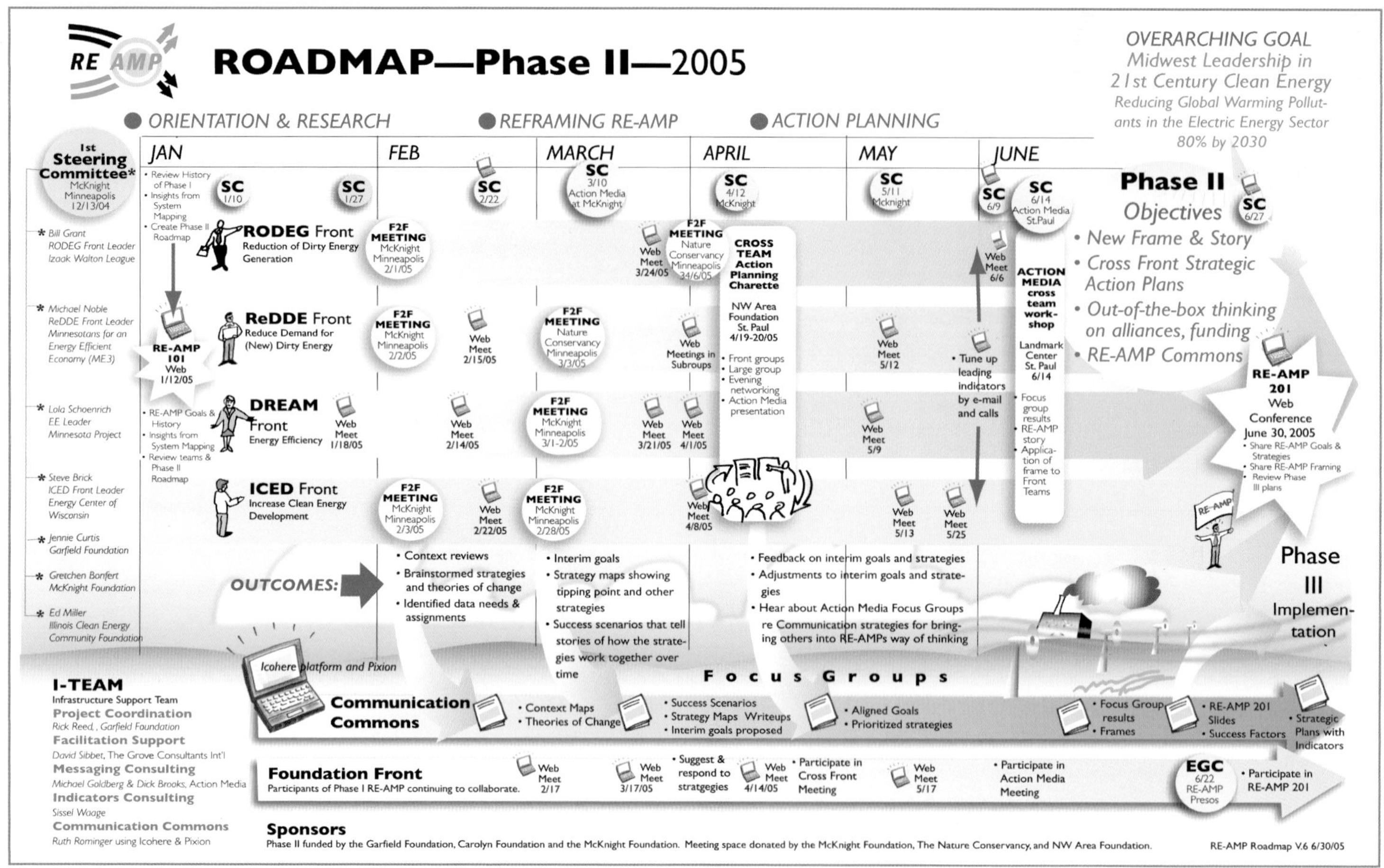

RE-AMP 로드맵

이것은 실제로 2005년에 행한 업무들을 반영한 보고서다. 원은 회의를, 컴퓨터는 웹 콘퍼런스를 나타낸다. 색상이 있는 띠는 업무 조직을 나타내고, 문서 모양은 공개되는 문서를 의미한다. 가운데에 위치한 두 개의 수직 막대는 모든 사람의 업무를 취합하기 위해 여러 조직이 모여서 시행한 회의를 의미한다.

제12장. 그래픽 스토리맵

계획을 조직 문화와 연결하기

그래픽 스토리맵은 이 책에서 소개하는 여섯 번째의 중요 도구다. 그래픽 스토리맵이란 그로브 컨설턴츠 인터내셔널에서 새로운 방향성을 제시하는 주요 내용을 담아 리더가 이야기하는 데에 도움을 주는 대형 그림을 부르는 이름이다. 스토리맵은 글과 그림으로 사람들에게 계획뿐 아니라 문화와 가치를 알려 주어 그들이 하는 일을 의미 있게 한다. 이 책의 제1장은 헬스이스트의 퀄리티 저니를 가지고 전형적인 스토리맵의 사례를 살펴봤다. 로드맵을 다룬 제11장에도 약간의 사례가 더 있다. 이 장에서는 여러분이 리더십 커뮤니케이션을 위한 도구로 어떻게 활용할지를 살펴보려고 한다.

여기에 소개한 스토리맵은 '레드우즈 보호 연맹'란 이름의 비영리단체에서 만든 것이다. 이들은 요즘의 공원 체계와 관련하여 전반적으로 영향을 주고 있다. 이 스토리맵은 이사회와 자문 위원회 간의 업무 영역을 명확하게 하기 위해 상세한 수준으로 만들어졌다. 이 단체에게 레드우즈는 보호하려는 것의 상징에만 머무르지 않고 단체를 어떻게 운영해 나갈지를 상징하는 은유의 역할까지 하고 있다. 이들의 기본 원칙 및 프로그램들을 레드우즈의 이미지와 연계한 것은 완벽하게 뜻이 통했다. 이 경우는 강력하고 가치 있는 은유를 사용한 훌륭한 사례라 할 수 있다.

글과 그림을 대형 맵에 접목하기

다량의 정보를 담기 위해 커다란 벽화를 이용하는 것은 아주 오래전부터 있었던 일이다. 고대 이집트 무덤의 상형문자나 옛 성당의 스테인드글라스 등이 좋은 예다. 하지만 요즘에 볼 수 있는 대형 그래픽 스토리맵과 같이 글과 그림이 큰 벽화에 긴밀하게 접목된 것은 상당히 최근의 일이다. 이것은 스웨덴의 회사 셀레메가 1980년대에 수행한 결과가 발전된 것이라 볼 수 있다. 한 가지 예를 들자면, 그들은 볼보와 함께 자동차 영업 사원들에게 신형 자동차를 교육하기 위한 포스터를 만들었다. 그 포스터에는 신형 자동차가 묘사되어 있었는데, 마치 플라스틱 모델의 조립 설명서와 같이 모든 부분들이 분해도로 그려져 있었다. 하지만 조립 설명서와는 달리 어떤 부품에도 이름이 적혀 있지 않았다. 부품의 이름표는 가장자리를 빙 둘러서 마련되어 있었는데, 영업 사원들은 각 부품과 이름표를 짝지으면서 새 차를 익힐 수가 있었다. 이 과정은 영업 사원들이 해당 정보를 취급해서 익

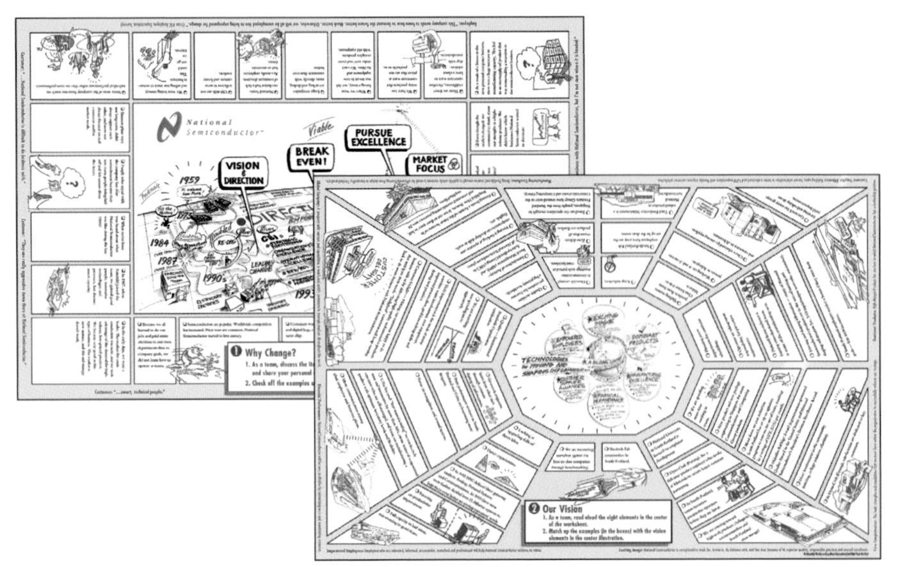

히게 하는 것이 아니라 많은 사람들을 이끌 수 있는 퍼실리테이터를 활용했다. 학습 영역에서는 이러한 접근 방법을 탐구 기반 학습이라고 부른다. 학습 맵은 미국에서 유명해졌으며, 이 명칭은 1990년대에 루트 러닝에 의해 등록됐다. 루트 러닝은 회사들이 그들의 고객, 마켓에 영향을 주는 요인, 그리고 가장 중요한 사항, 사업이 어떻게 수익을 창출할 것인지를 설명하는 데에 포스터를 활용했다. 이러한 비즈니스 모델 맵은 경우에 따라 카드들이나 다른 교재들과 함께 사용되어 사실적이고 연구 중심인 팀 학습 환경을 조성하는 데에 사용됐다(왼쪽의 예제 맵은 이러한 목적에서 만들어진 것들이다).

이 같은 종류의 시각화가 전략을 구축하는 과정에서 리더십을 기반으로 한 스토리텔링을 도와줄 수 있다는 사실을 그로브는 일찍부터 알고 있었다. 비주얼 미팅 방법론을 사용해서 공동으로 이미지를 만들면 스토리맵을 설계하는 과정 자체가 관련된 것을 확실하게 하고, 각자의 역할을 명확히 알게 한다. 그뿐만이 아니라, 이것에서 더 나아가 새로운 아이디어에 대해 확신을 가지게 한다. 자, 이제 몇 가지 사례를 살펴보자. 그래픽 템플릿과 마찬가지로, 이 커다란 시각적 결과물은 공간 구조와 비전 및 계획 요소들 간의 관계를 강조해 준다. 예를 들자면 여기에 소개된 맵이나 뒤에 소개된 요세미티 비전 맵 등이 그런 것이다. 이제 비자의 사례를 가지고 스토리맵이란 도구에 대한 이해를 시작해 보도록 하자.

내셔널 세미컨덕터 학습 스토리맵

내셔널 세미컨덕터의 전환기였던 1990년대에는 수천 명의 사람들이 새로운 비전과 전략을 이해하기 위해 커다란 스토리맵 벽화를 이해해야만 했다. 비전의 각 요소들은 정보의 두 번째 단계에 놓여서 학습하는 팀이 중앙의 이미지와 그것을 연관시켜야 했다. 이러한 연구 학습 방식은 대형 인포그래픽 벽화를 이용하는 방법 중 한 가지다.

비자(Visa Inc.)의 신입 사원 오리엔테이션

1980년대 초반, 비자는 신입 사원들에게 그들의 독특한 연혁을 알려 줘야 할 필요가 생겼다. 1950년대 다이너스 카드의 편의 서비스에서 시작해서 오늘날 수십억 달러의 국제적인 회사가 된 비자. 본사의 수많은 재무 보고서 등에 나온 수익성 도표를 제외하고는 어느 누구도 비자가 성장해 온 이력을 아는 사람이 없었다. 비자가 만들어질 수 있도록 공헌한 사람들의 이야기가 공유되어야만 했고, 특히 미래에 그런 이야기의 주인공이 될 사람을 위해 더욱 필요했다.

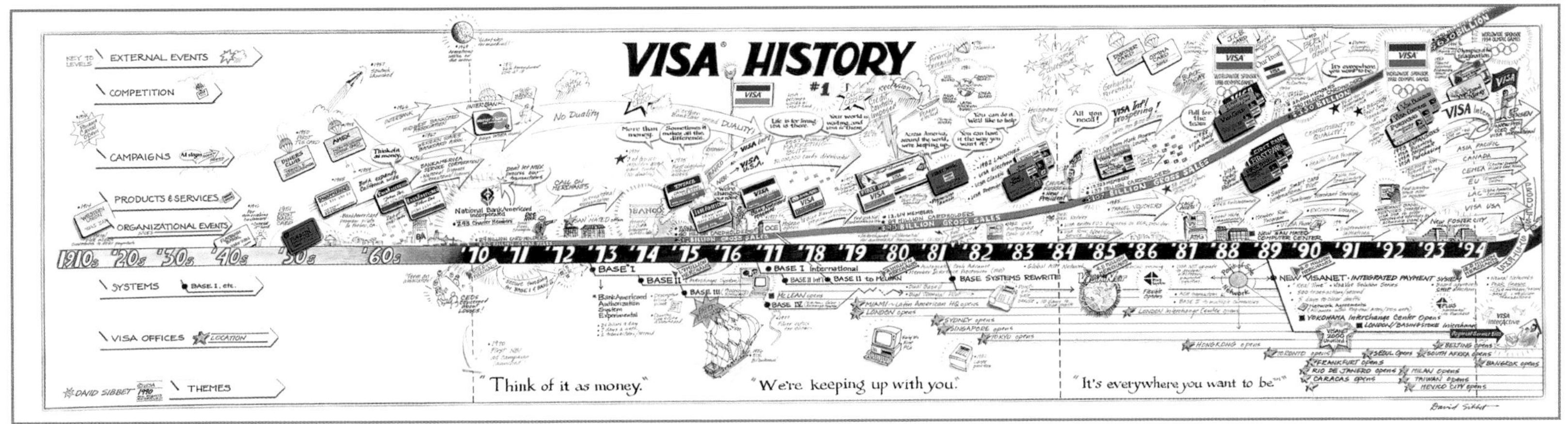

비자 히스토리

비자는 1970년대에 있었던 대형 은행들이 주도한 마스터카드와의 경쟁에서 작은 규모의 은행과 연합해서 성공적으로 이겨 냈다. 비자의 창업자인 디 호크는 회사가 유기적으로 운영될 수 있도록 몇 가지 기본 방침을 세우고 이를 실천하며 회사를 이끌었다. 오늘날 우리는 그것을 디 호크가 부른 바와 같이 카오딕한 형태(역자 주: 카오딕은 혼돈(chaos)과 질서(order)가 섞여서 각각의 특성을 지닌 것을 의미하는 합성어)라 한다. 비자의 경영진은 위와 같은 차트를 1994년에 신입 사원 교육용으로 만들었는데, 그 목적은 누구나 비자의 연혁을 이야기할 수 있도록 하기 위해서였다. 주요 사항들은 차트에 다 표현되어 있었고, 리더의 역할은 그것을 생동감 있게 나누며 이때의 감동을 회사에서 계속 유지할 수 있게 하는 것이었다. 이 스토리맵은 모두 여덟 가지 큰 분야를 잘 정리해서 보여 주고 있으며, 그 각각은 고유의 그래픽적 특성을 가지고 있었다. 대용량 처리 시스템과 해외 지사는 타임라인 아래쪽에 위치하며 실제의 모습을 본뜬 상품 발달 연혁을 보조했다. 다양한 회사의 노력은 화살표에 표현되었고, 마케팅 캠페인은 말풍선 안에 기술되었다. 외부 요인들은 맨 위쪽 공간을 따라서 표기되었다.

스토리맵 작업은 과거에 있었던 일들을 기억하고 있으며 회사를 현재의 모습까지 이끌어 온 경영진과 임원진들이 목록을 만드는 것으로 시작됐다. 이 목록을 만드는 사람에는 최근에 은퇴한 사람들이나 최고 경영층 및 몇몇 신임 임원들도 있었다. 이들은 우선 기억하고 있는 이야기를 공유하기 위한 회의를 가졌다. 이 자리에 모인 사람들이 이야기하는 내용들은 회의실 벽 전체를 빙 두를 만큼 기다란 종이에 다 기록됐다. 그 이야기들 중에는 전산 시스템의 발전과정, 해외 지사, 상품, 마케팅 캠페인, 경쟁사, 각종 사건 사고 등이 포함되어 있었다. 그로브의 컨설턴트인 래니 라일리는 이 회의에 참석하지 못했던 고위 간부들과 인터뷰를 해서 어떤 내용들이 더 추가되어야 할지 보고했다. 일차 시안이 만들어지고 검토 및 첨언을 위해 비자의 핵심 리더 그룹에 회람되었다. 예닐곱 번쯤 수정된 이후의 스토리맵은 여기서 볼 수 있다.

비자는 이렇게 만들어진 연혁을 높이 1.2미터, 폭 7.2미터의 대형 벽화로 만들었고, 이것을 신입 사원 오리엔테이션 때에 배경으로 사용했다. 주요 리더들은 이 자리에 참석하기 위해 그다지 많은 준비를 하지 않고도 생생하고 의미 있는 이야기를 해줄 수 있었다. 그들에게 필요한 모든 내용들은 벽화에 다 있었기 때문이다. 참가자들은 이 세션을 기억할 수 있도록 작게 인쇄된 히스토리 맵을 받았다. 그리고 비자의 주요 회원사 및 파트너들은 명절 선물로 이 스토리맵 액자를 선물받기도 했다. 비자 스토리텔링 세션은 무척 성공적이어서 비자는 그들의 히스토리 맵을 그 이후에도 두 차례 갱신했다. 가장 최근에 갱신된 비자 히스토리 맵은 다음 쪽에 나와 있다.

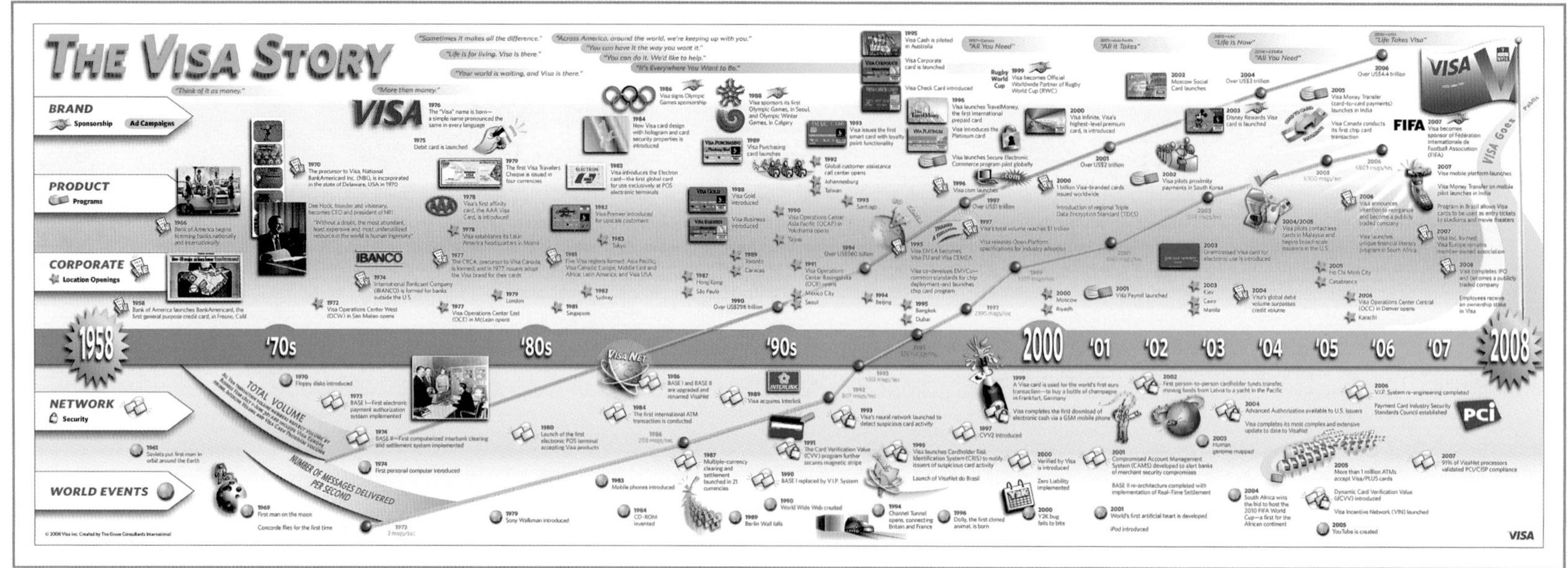

확장된 비자 히스토리

2008년에 비자는 그들의 스토리맵을 더 확장된 것으로 만들기로 했다. 그것은 어도비 일러스트레이터로 작성되어 이전의 스토리맵에서 볼 수 있던 손으로 그린 그림이나 카드 등이 더욱 멋지게 개선됐다. 이것은 대형 포스터와 소형 포스터로 인쇄되었는데, 그 두 가지는 같은 목적을 지니고 있었지만 약간은 다른 스타일을 띠고 있었다. 새로운 히스토리 맵을 만들면서 수록되는 내용이나 메시지만큼이나 전반적이고 시각적인 느낌이 중요하게 고려되었다. 비자는 사람들이 이것을 이용해서 많은 것을 전파시킬 수 있기를 희망했다.

문화와 연관시키는 것은 중요하다

조직이나 회사에 관한 사실 중 하나는 조직 그 자체만으로는 사람들에게 큰 의미를 주지 못한다는 것이다. 레드우즈 보호 협회나 비자 같은 경우도, 만일 여러분이 그 조직과 관련이 있거나 그 조직에 대해 관심을 가지고 있지 않다면 그곳은 여러분에게 별로 중요하지 않다. 사실이라는 것은 스토리텔링을 통해 재해석되는 경우에 생명력을 가지게 된다. 이와 비슷한 관점에서, 리더는 현재의 전략에 충실한 사람을 높이 쓰며, 반대로 그렇지 않은 사람을 무시한다.

만일 여러분이 모든 임원들에게 신입 사원들과의 자리나 외부 회의 또는 웹 콘퍼런스에서 조직의 연혁에 대한 이야기를 잘 할 수 있도록 대본을 만들어야 한다면, 그것이 제대로 유지되게 하기 위해서만도 무척 많은 직원들이 필요하게 될 것이다. 하지만 임원들이 그림의 형태로 표현된 주요 이야기에 대해 동의하고 중요한 기호나 아이콘을 문화와 연결할 수 있다면, 그것으로 모든 사람들이 잘 정리해서 말할 수 있는 스토리텔링의 배경이 만들어지게 된다. 여러 해에 걸쳐 이러한 방법은 다양한 종류의 조직들에서 대단히 성공적이었다.

요세미티 국립공원의 우선순위 선정

돈 뉴바커는 우선순위에 대해 논의할 때 모든 사람의 참여가 얼마다 중요한지 이해하고 있는 비주얼 리더의 훌륭한 사례라 할 수 있다. 그는 요세미티 국립공원의 최고 감독관이며, 미국 국립공원 관리 공단(NPS)의 인재 중 하나다. 그는 포인트 라이스 국립공원에서 요세미티 국립공원으로 옮겨왔고, 그전에는 프레시디오 국립공원의 기획자로 근무했다. 그는 프레시디오 국립공원에 근무할 때에 브라이언 오닐과 함께 시각화를 활용한 업무를 경험했다.

다른 대형 국립공원과 마찬가지로 요세미티도 군대 영향을 많이 받은 조직 문화를 가지고 있었다. 그 이유 중 하나는 많은 국립공원 경비대원 및 직원이 군대 경력을 가지고 있었기 때문이다. 계급과 규율이 무척 강조되고 소중히 여겨졌다. 돈 뉴바커는 젊고 협력을 중시하는 리더였다. 그는 그의 지부 책임자들이 업무 지시를 그냥 따르는 것이 아니라 업무의 우선순위에 대해 이해하고 동의하기를 바랐다. 이를 이루기 위해서는 그들을 이 논의에 관여시킬 수 있는 적절한 절차가 필요했다. 돈 뉴바커는 전략 비전 스토리맵을 만들기로 했다.

우선 그의 직속 부하들이자 요세미티 국립공원의 주요 기능을 책임지고 있는 여덟 명의 관리자부터 시작했다. 그들은 이틀간에 걸쳐 요세미티 국립공원의 연혁, 현재 상황 및 대두되는 주요 이슈, 그리고 미래 비전에 대해 살펴봤다. 요세미티 국립공원도 다른 국립공원들과 마찬가지로 기본 계획과 목표가 있었으며, 이것에 대해 논쟁할 필요는 없었다. 당장 직면한 이슈로는 자원의 축소와 고객들의 요청 증가가 예상되는 향후 오 년간 요세미티 국립공원에서 중요한 일은 어떤 것들이 있느냐 하는 것이었다. 이 당시 요세미티 국립공원은 이미 연간 방문객이 사백만 명을 넘었고, 이러한 방문객을 맞이할 수 있는 한계에 다다르고 있었다.

요세미티 국립공원 지도부

요세미티 국립공원의 최고 감독관 돈 뉴바커는 그 휘하의 리더들을 이틀간의 공동 연수에 모아서 향후 5년을 위한 비전을 함께 만들고 우선순위를 정했다. 그들은 이미 조직의 전반적인 목표 및 그들의 장기 일반 관리 계획에 대해 잘 알고 있었다. 하지만 단기 및 중기 업무에 대한 우선순위를 잡는 것은 쉽지 않았다. 점점 많은 사람들이 국립공원에 찾아오고 있었지만 가용 자원은 계속 줄어들고 있었다. 추구할 방향이 명확하지 않았기 때문에, 돈 뉴바커는 업무 중요도를 파악하고 우선순위를 정렬하는 것에 조직의 모든 정보를 집중했다. 뒤에 요세미티 국립공원 지도부의 리더들이 그래픽 메타포를 사용하여 만든 커다란 비전 스토리맵이 게재되어 있다. 이 비전 스토리맵은 이후에 이뤄지는 부속 회의들에서 지부 책임자들이 해당 회의에 관여할 수 있도록 만들어졌다.

모든 관리자들이 관여하고 역할을 맡게 하기

뒤이어 수행한 지부 관리자들 및 전체 관리자 대상의 회의들을 통해 다음 쪽에서 볼 수 있는 비전 맵이 완성됐다. 비전 맵에 사용한 문장이나 단어, 이미지들까지도 토의와 논의의 대상이 되었다. 각각의 기능 영역은 논지를 명확히 하기 위한 아이콘이 필요했다. 이용한 이미지는 사진을 사용하지 않고 공원 내의 다양한 생태계를 조합한 것이었다. 요세미티 공원의 상징이라 할 수 있는 밸리 플로어에 대한 오마주도 포함되었다. 몇 가지 예를 보며, 맵을 좀 더 자세히 살펴보자. 오른쪽 끝에는 그리즐리 자이언트 세쿼이아 나무가 있다. 왼쪽 끝에는 엘 캐피탄의 커다란 화강암 봉우리가 있다. 이 두 가지 상징의 높이는 거의 비슷하다. 이것은 카리스마 넘치는 화강암 봉우리 및 자이언트 세쿼이아로 상징된 다양한 생태계, 이 두 가지에 대해 이들이 균형 잡힌 관심을 가지고 있음을 의미한다. 또한 공원의 혁신을 의미하기 위해 위험 방지 인공 화재(Controlled Burn, 역자 주: 대형 화재의 위험이 있을 만한 곳을 미리 관리 하에 인공적으로 화재를 일으킨 뒤 소화시켜서 실제 화재가 일어날 때에 탈 수 있는 것을 조절하는 위험 방지 방법)를 실시하는 사람을 묘사했다.

지부 책임자들에 대한 교육

돈 뉴바커는 요세미티 비전 및 5개년 계획에 대해 30여 명의 지부 책임자들이 조언과 제안을 행할 수 있게 했다. 위의 사진에서도 그런 모습을 볼 수 있다. 그는 모든 사람을 비전에 초점이 맞춰진 특별 회의에 참여하도록 이끌었고, 각 지부의 책임자들이 좀 더 상세한 실행 계획을 수립하도록 도왔다. 회의가 끝날 때면 비전 맵은 붙임쪽지로 뒤덮일 만큼이 됐고, 모든 사람의 역할과 책임 등이 명확해질 때까지 여섯 차례 수정을 거쳤다.

실행 계획 및 비주얼 플랜

계획한 큰 그림을 바라는 목적에 맞게 정착되도록, 기능 영역의 모든 리더들은 각각 주요 부문의 명확한 실행 계획을 세우는 일에 참여했다. 그들은 공동으로 만든 보고서 템플릿을 활용했다. 조직 내 커뮤니케이션 디렉터인 톰 메데마의 지도에 따라, 참여자들은 인쇄 또는 디지털 형식으로 된 비주얼 실행 계획을 차근차근 만들고 이미지 및 사진을 추가했다. 이들의 노력은 국립공원 관리 공단의 주목을 받게 되었고, 아울러 요세미티 국립공원이 해당 분야에서 경쟁력을 가질 수 있게 했다.

전체 기획 작업은 여섯 달이 걸렸고, 그 계획은 아직도 실행 중이다. 요세미티 국립공원 지도부의 일부는 다른 국립공원으로 옮겼고, 새로운 사람들이 왔다. 만들어 놓은 스토리는 계속 되풀이해서 이야기됐다. 하지만 이제 요세미티의 맵에는 가치, 이슈, 비전, 우선 실행 과제 등이 더 포함되어 있다. 스토리맵은 문자 그대로 요세미티 국립공원의 미션을 묘사했다. 그 미션은 다음과 같다. "요세미티의 서비스 정신으로 세상을 감동하게 한다."

이러한 방법이 성공하자, 커다란 강 유역에 자리 잡은 투올로미 및 머세드 지역의 공원 기획에도 유사한 기법을 활용하게 되었다. 이런 종류의 기획에서는 시민들의 참여가 무척 중요한 부분이다. 그래서 공청회의 모든 내

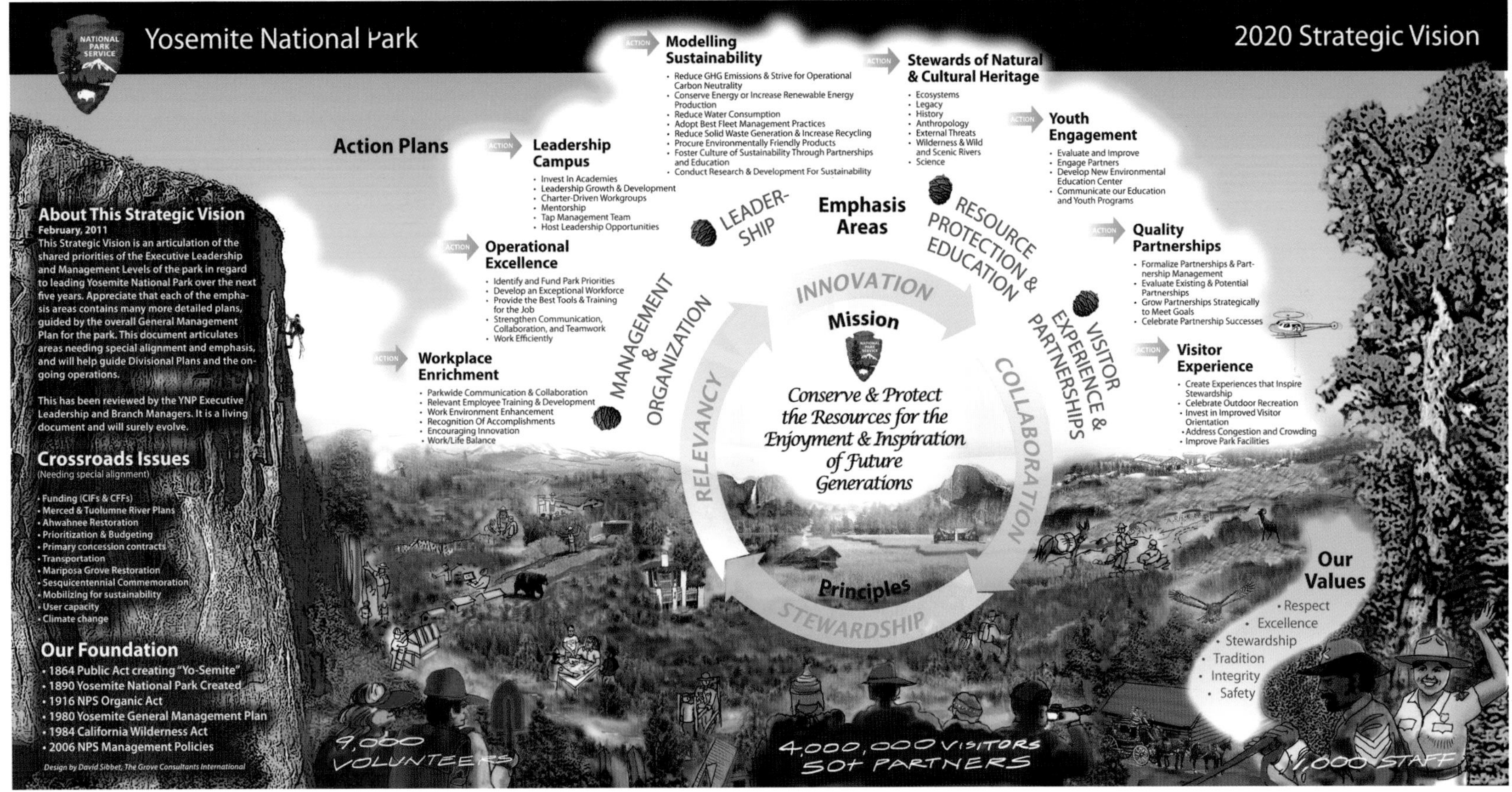

용은 비주얼 데몬스트레이터가 기록하게 하고, 공원 관계자들은 모두 시민들의 의견을 청취했다. 다양한 대안들과 아이디어가 공유되었고, 물론 시각적으로도 평기되었다. 자연 자원과 관계된 기획에서 비주얼 미팅은 이제 검증된 도구가 됐다.

NATIONAL PARK SERVICE
Yosemite National Park
2020 Strategic Vision
Action Plans
ACTION
Modelling Sustainability
• Reduce GHG Emissions & Strive for Operational Carbon Neutrality
• Conserve Energy or Increase Renewable Energy Production
• Reduce Water Consumption
• Adopt Best Fleet Management Practices
• Reduce Solid Waste Generation & Increase Recycling
• Procure Environmentally Friendly Products
• Foster Culture of Sustainability Through Partnerships and Education
• Conduct Research & Development For Sustainability
Stewards of Natural & Cultural Heritage
• Ecosystems
• Legacy
• History
• Anthropology
• External Threats
• Wilderness & Wild and Scenic Rivers
• Science
Leadership Campus
• Invest In Academies
• Leadership Growth & Development
• Charter-Driven Workgroups
• Mentorship
• Tap Management Team
• Host Leadership Opportunities
Youth Engagement
• Evaluate and Improve
• Engage Partners
• Develop New Environmental Education Center
• Communicate our Education and Youth Programs
Operational Excellence
• Identify and Fund Park Priorities
• Develop an Exceptional Workforce
• Provide the Best Tools & Training for the Job
• Strengthen Communication, Collaboration, and Teamwork
• Work Efficiently
Quality Partnerships
• Formalize Partnerships & Partnership Management
• Evaluate Existing & Potential Partnerships
• Grow Partnerships Strategically to Meet Goals
• Celebrate Partnership Successes
Workplace Enrichment
• Parkwide Communication & Collaboration
• Relevant Employee Training & Development
• Work Environment Enhancement
• Recognition Of Accomplishments
• Encouraging Innovation
• Work/Life Balance
Visitor Experience
• Create Experiences that Inspire Stewardship
• Celebrate Outdoor Recreation
• Invest in Improved Visitor Orientation
• Address Congestion and Crowding
• Improve Park Facilities
Emphasis Areas
LEADERSHIP
RESOURCE PROTECTION & EDUCATION
MANAGEMENT & ORGANIZATION
VISITOR EXPERIENCE & PARTNERSHIPS
INNOVATION
RELEVANCY
COLLABORATION
STEWARDSHIP
Mission
Conserve & Protect the Resources for the Enjoyment & Inspiration of Future Generations
Principles
About This Strategic Vision
February, 2011
This Strategic Vision is an articulation of the shared priorities of the Executive Leadership and Management Levels of the park in regard to leading Yosemite National Park over the next five years. Appreciate that each of the emphasis areas contains many more detailed plans, guided by the overall General Management Plan for the park. This document articulates areas needing special alignment and emphasis, and will help guide Divisional Plans and the ongoing operations.
This has been reviewed by the YNP Executive Leadership and Branch Managers. It is a living document and will surely evolve.
Crossroads Issues
(Needing special alignment)
• Funding (CIFs & CFFs)
• Merced & Tuolumne River Plans
• Ahwahnee Restoration
• Prioritization & Budgeting
• Primary concession contracts
• Transportation
• Mariposa Grove Restoration
• Sesquicentennial Commemoration
• Mobilizing for sustainability
• User capacity
• Climate change
Our Foundation
• 1864 Public Act creating "Yo-Semite"
• 1890 Yosemite National Park Created
• 1916 NPS Organic Act
• 1980 Yosemite General Management Plan
• 1984 California Wilderness Act
• 2006 NPS Management Policies
Design by David Sibbet, The Grove Consultants International
Our Values
• Respect
• Excellence
• Stewardship
• Tradition
• Integrity
• Safety
9,000 VOLUNTEERS
4,000,000 VISITORS
50+ PARTNERS
1,000 STAFF

요세미티 비전

위의 그림은 서른여 명의 각 지부 책임자들 및 요세미티 국립공원의 관리자들이 확인하고 승인한 최종 비전 맵이다. 여기에는 지역별 실행 계획 등을 강조하고 내부 계획을 묘사하기 위해 다양한 색상이 사용됐다.

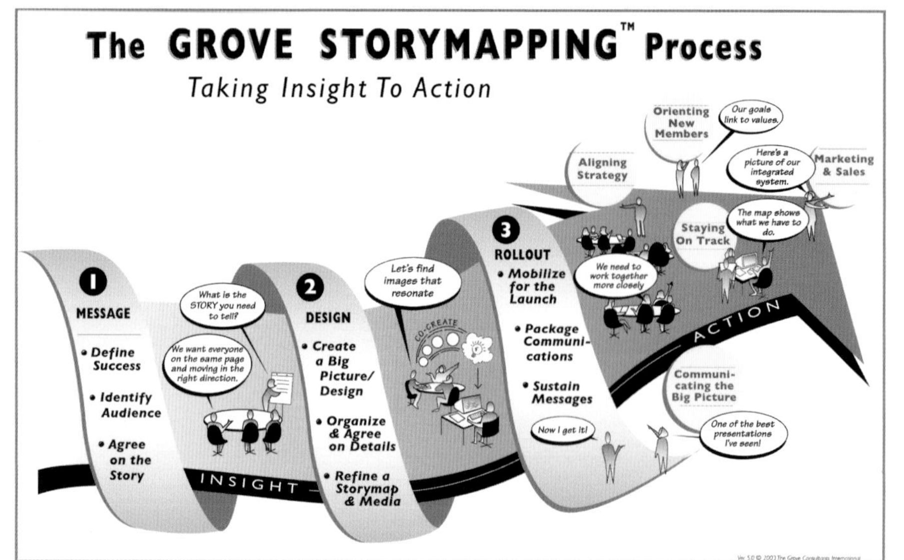

스토리매핑 프로세스 맵

그림은 그로브의 스토리매핑 프로세스를 설명하는 스토리맵이다. 푸른색 화살표는 조직에서 계속 진행되는 업무들을 의미한다. 그 주변을 감싸는 나선 모양의 띠는 스토리맵 그래픽을 만드는 과정이다. 스토리맵은 메시지를 만드는 것에서 시작한다. 그 다음에 디자인을 하고, 맨 마지막으로 그것을 의사 전달 과정에 사용한다. 이것의 장점은 화면 오른쪽 노란색 원에 나열되어 있다. 각각의 세부 단계는 나선 띠 안에 목록으로 기재했다. 말풍선은 그 과정에서 사람들이 할지도 모르는 이야기를 적어 놓은 것이다.

스토리맵 프로세스의 적용

만일 여러분의 조직에 스토리맵 기법을 적용해 보고자 한다면 다음을 참고하라.

1. 메시지 개발 : 이 부분은 여러분 및 경영진들이 무엇을 이야기하고 싶은지 결정하는 것이다. 이 과정을 통해 누가 그 이야기를 듣게 되는 사람인지, 그리고 이 메시지를 만들 때에 누구와 함께 하면 좋을지 명확히 하게 된다. 경영진 또는 이 과정에 참여하도록 선택된 사람들은 메시지를 전하게 될 개괄적인 이야기를 만들고 합의하게 된다. 그것은 아마도 여러분이 완성한 어떤 계획이거나, 또는 사람들과 소통해야 하는 새 비전이나 전략일 것이다. 또한 여러분은 특정한 계획이 아니라 조직의 역사, 고객들의 관심 사항, 시장 현황, 또는 비즈니스 모델 등을 얘기하고 싶을 수도 있다.

2. 개념 설계 및 최종 디자인 : 일단 이야기하려는 것이 명확해지면 거기에 적합한 그래픽 메타포를 찾아야 한다. 전반적인 디자인은 그 다음에 할 일이다. 이 단계는 다양한 이해관계자들을 끌어 들이기에 적합하다. 그래픽 묘사를 다루는 일은 참여한 모든 사람들이 조직을 전체적인 시스템의 시각에서 바라보기 시작하게끔 도와준다. 이뿐만이 아니라 경영진이 이끌기도 하고 지원하기도 해야 하는 조직의 문화적인 특성에 대해서도 생각하게 도와준다. 이것이 바로 헬스이스트가 퀄리티 저니 프로세스를 통해, 그리고 요세미티 국립공원이 전략 비전 맵 개발을 통해 이룬 것이다.

통상적으로 이 단계에서는 협업 방식으로 일을 할 줄 아는 정보 디자이너의 참여가 필요하다. 그들은 내부의 디자인 팀과 함께 다양한 예제들을 검토하고 조직에게 가장 적합한 것을 찾아낸다. 내셔널 세미컨덕터에서는 〈스타 트렉〉의 은유가 종업원들에게 효과적이었고, 레드우즈 보호 협회에서는 그런 대상이 레드우즈 숲이었다. 헬스이스트에서는 열성적인 간호사의 모습이 채택되었다. 일반적으로 디자이너가 몇 가지 개략적인 스케치 시안을 제시한 뒤, 내부 디자인 팀과 함께 적합한 모습과 느낌을 가지게 할 수 있는 방법들을 찾아보게 된다. 여러분은 시안을 컴퓨터로 만들지 또는 손으로 그릴지 정해야 할 것이다(손으로 그린 경우에는 검토 과정에서 더 많은 상호작용을 할 개연성이 있으며, 컴퓨터로 만드는 경우에는 더 그럴싸하게 보인다는 특징이 있다).

일단 콘셉트를 승인하고 나면 모든 내용을 담은 상세 작업물들이 스토리맵 초안에 들어가게 된다. 지금부터 진행되는 단계는 다른 사람들이 참여하게 된다. 명확한 정리가 중요하다면 검토 회의를 더 많이 하는 것이 좋은 방법이다. 일반적으로 일단 디자인(때로는 구조라 부르기도 한다)이 잡히고 나면, 상세한 부분 또는 장식적인 내부의 변화는 여러 차례 회의와 검토를 통해 결정되기 마련이다. 여기에 관여한 사람이 많으면 많을수록 나중에도 일이 잘 진행될 수 있다. 들어갈 내용과 디자인이 다 정리되고 나면 최종 스토리맵이 완성된다.

3. 공개 : 스토리맵을 담은 대형 벽화는 종종 명확한 소통 캠페인, 또는 롤아웃(rollout, 공개)에 많이 사용된다. 이것은 경영진이 직원들과 검토한 결과로 만들어진 것이다. 그 검토 결과에는 어떤 것이 설득력 있는지, 그리고 어떤 것이 더 보완되어야 하는지 등에 대한 피드백들도 포함된다. 대규모 연례 조회에서 비전 및 전략 발표를 더 효과적으로 하기 위해 공개될지도 모른다. 이것의 활용처와 활용 방식 등은 무궁무진하다. 흔히 이 스토리맵과 연관된 소통이 따르기 마련이다. 조직에서는 스토리맵을 더 상세히 설명하기 위해 자세한 설명과 그림, 사례 등을 담은 서적을 만들기도 한다. 핵심 경영진은 이것을 설명하기 위한 비디오를 만들기도 한다. 또한 부가적인 설명을 링크한 스토리맵 이미지를 온라인에 공개하는 것도 일반적이다. 이러한 링크들은 이미지에 포함되어 커서가 해당 위치 위에 올라오면 팝업 정보가 나오는 형식으로 만들어지기도 한다.

이런 종류들은 지속적인 소통이 대단히 중요하다. 만일 여러분이 이 맵을 조직의 사고와 관련된 소프트웨어라 생각해 본다면, 처음에 나온 최종본은 컴퓨터 소프트웨어의 버전 1.0과 마찬가지인 셈이다. 만일 이것을 이듬해에 여러 가지 변화와 조직 내의 요구 사항 등을 반영한 버전 2.0으로 내놓는다면, 여러분은 조직 전체에 걸쳐 활발히 논의된 비전, 방향성, 가치 등에 대해 상당 부분 지원하기 시작할 수 있을 것이다. 이러한 변화는 빠르고 약한 절차가 아니라 느리고 강력한 절차에 의해 이뤄질 수 있으며, 그 영향력은 막강할 수 있다.

다음 쪽에는 내셔널 세미컨덕터의 비전 맵이 사례로 나와 있다. 이것은 길 아멜리오가 대표이사로 있던 시절 사년 동안에 걸쳐 꾸준히 갱신되었다. 이들의 비전은 당시 종업원들에게 조사한 바로는 전 세계에 걸쳐 95%의 인

스토리맵의 진화

다음 세 가지 그림은 어느 대기업의 공공 정책 센터에서 그린 스토리맵이 변화하는 것을 보여 주고 있다. 여기에서 가장 중요한 부분인 정보의 흐름이 어떻게 묘사되고 진화해 가는지 잘 살펴보라.

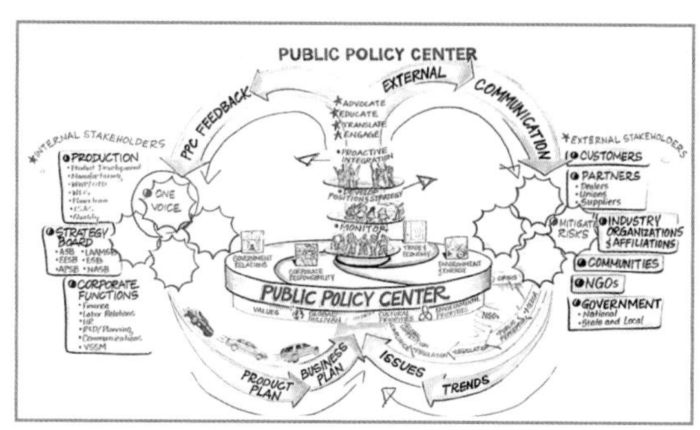

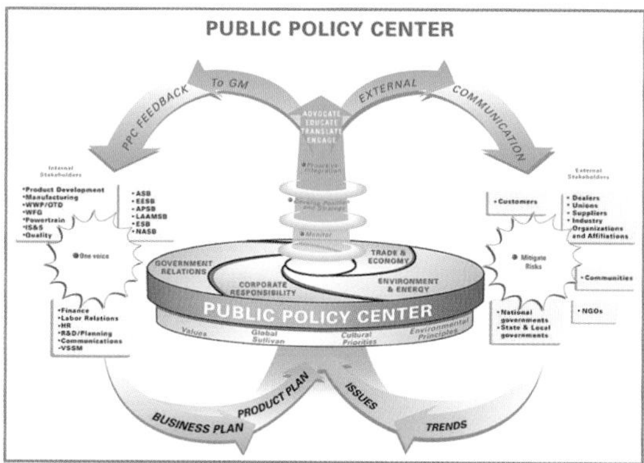

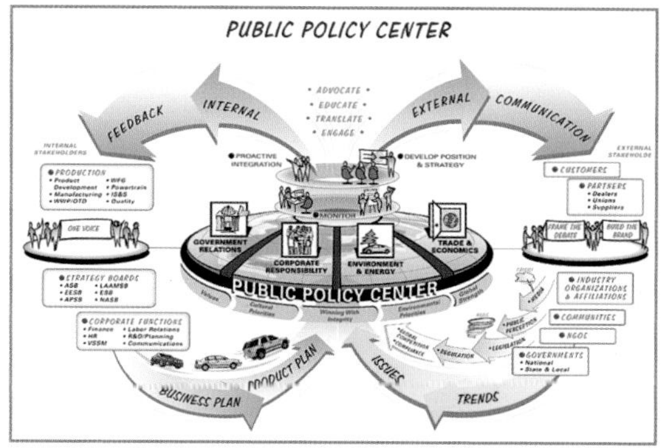

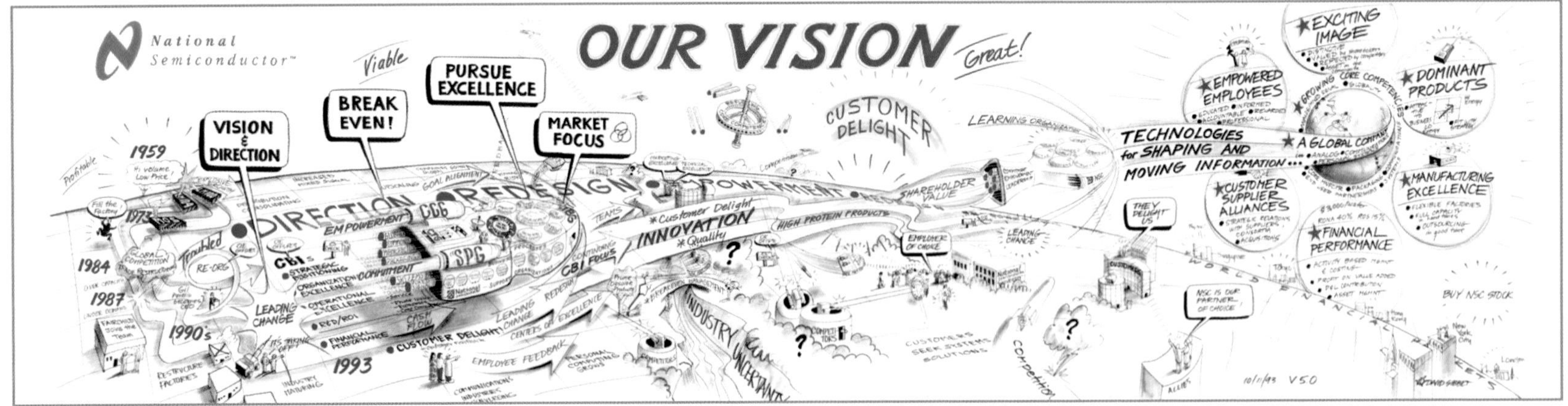

내셔널 세미컨덕터 비전

내셔널 세미컨덕터의 길 아멜리오와 변화 관리 팀은 1990년대 초반에 있었던 전환기를 이끌어 가기 위해 대형 스토리맵을 활용했다. 연례 스토리맵에는 리딩 체인지 공동 연수에서 얻은 것들을 반영했을 뿐만 아니라 진행 중인 업무 단계도 그림으로 표현했다.

지도를 가지고 있었다. 내셔널 세미컨덕터의 변화 관리 팀에는 무척 창조적인 내부 커뮤니케이션 리더인 마크 레빈이 있었다. 그는 잡지의 기사, 비디오, 사례 연구 등에 이 그래픽 비전 맵을 연계했다. 대여섯 명의 다른 변화 관리 팀원들은 회사 내부에서 행한 많은 전략 비전 회의 등을 이끌면서 시각적으로 일하는 법을 배웠다. 이후에 그들은 다른 첨단기술 회사들로 옮겨가서 시각적으로 일하는 법을 지원하고 전파했다.

제13장. 비디오 및 가상 시각 매체

이동전화 영상, 태블릿, 애니메이션 및 파노라마 화면 등

일곱 번째 설명할 비주얼 리더를 위한 강력한 도구는 근래에 온라인 커뮤니케이션, 교육 등에서 풍부한 멀티미디어와 애니메이션을 제공할 때에 두루 쓰이는 미디어들이다. 역사적으로 본다면 이런 종류의 매체는 대부분 관리자들의 손이 미치지 않는 범위에 있었고, 비용이 많이 들었다. 하지만 이제는 그렇지 않게 되었다. 여러분이 일상생활에서 볼 수 있듯이, 시각화 혁명은 이 분야에도 폭발적으로 일어나고 있다. 이번 장에서는 여러분이 선택할 수 있는 것들에 대해 큰 그림의 수준에서 이해할 수 있도록 도와줄 예정이다. 일단 비디오부터 시작해서 온라인 회의에서 사용하는 가상적인 시각화 매체들, 애니메이션이 되는 화이트보드 비디오, 그리고 가상적인 설정에 의해 펼쳐지는 파노라마 화면에 대한 가능성까지 살펴보겠다. 이어지는 제4부에서는 여러분이 리더로서 이런 도구들을 어떻게 잘 응용하고 조직이 바른 선택을 할 수 있는지에 대해 알아볼 예정이다. 일단 이러한 매체들이 어떤 것을 할 수 있는지부터 알아보도록 하자.

비디오의 폭발적인 증가, TEDx

TED(for Technology, Entertainment, & Design) 콘퍼런스는 유명세를 타면서 각 지역별 TEDx 콘퍼런스를 라이선스하기 시작했다. 해당 화면은 한 달 이내에 벌어지는 전 세계의 TED/TEDx 행사를 보여 주고 있다.

메시지 전달 및 교육에 활용하는 비디오

적절한 내용의 짧은 영상은 널리 이용 가능하며 비싸지 않고 세련된 도구로써 교육과 메시징 분야에 변화를 만들고 있다. 영상을 조직에서 어떻게 활용할 수 있는지에 대해서는 날로 늘어가는 TEDx 현상에 비춰 예견해 볼 수 있다. 만일 그 현상이 어떠한지 모르고 있다면 여기에 있는 스마트폰 화면을 들여다보기 바란다. 지도 위에 나타난 기호들은 한 달 이내에 전 세계에서 벌어지는 TEDx 행사를 나타낸다. TEDx 형식을 취한 행사들은 급격히 증가하고 있으며, 이러한 현상은 리더들이 소통을 위해 비디오를 당연한 듯 활용할 시기가 얼마 남지 않았음을 나타낸다.

TED는 정보 디자이너인 사울 우르먼이 기술, 연예 오락 및 디자인 분야에 종사자하는 그의 친구들을 위해 1984년에 주최한 행사로부터 시작됐다. 이 행사는 인기를 얻게 되었고, 해당 분야의 사람들에게 엣지 있는 행사로 받아들여지며 계속 이어지게 됐다. 사울은 많은 것을 요청했고, 모든 사람은 그보다 더 많은 것을 얻었다. 18분짜리 발표 형식은 더 발전해서 매년 그 해의 주제를 선정하고 50명의 연사를 초대

TEDx 산타크루즈

이 사진은 2012년 9월에 미국 산타크루즈에서 개최된 TEDx Santa Cruz의 주제 이미지다. 이 행사에서는 기술, 소통, 지식 및 조직 분야에서의 개방성에 대해 논의했다. 자기조직화 특성을 가지고 있는 웹은 행사의 은유가 되었고, 시스템이 자체 규제로부터 자유로워지면 무척 풍요롭게 될 것이라는 느낌을 많은 사람에게 전달했다. 물론 반대 의견들도 무척 많았다. 왜냐하면 자연은 그 자체가 재난을 겪은 뒤에도 계속 성장하는 특성이 있으나 불필요한 재생산이나 항상성 유지를 하지는 않기 때문이었다.

하는 수준까지 성장했다. TED는 너무나 유명해졌고, 시작된 지역인 미국 캘리포니아 주 몬터레이 지역 뿐 아니라 다른 곳에서도 이와 연계한 작은 규모의 위성 행사들이 열리게 됐다. TED에 참여하는 사람과 발표자들이 워낙 뛰어난 덕에, 이 행사는 점점 커져갔다. 〈비즈니스 2.0〉의 저자인 크리스 앤더슨은 2001년에 그의 비영리 재단을 통해 TED를 인수했고, 이것을 더욱 새로운 수준으로 발전시켰다. TED는 '널리 퍼질 만한 생각'을 모토로 삼고, 모든 발표를 온라인에 무료로 공개했다. 더 나아가서 2009년에는 TED의 형식을 취한 행사를 개최하고자 하는 지역이나 단체 등에게 TED 사용을 허가하기 시작했다. 이것을 TEDx 콘퍼런스라 부르며, TED와 마찬가지로 모든 발표는 영상으로 기록되어 온라인에 공개된다.

영상은 저렴한 비용으로 양방향 참여를 가능하게 만들었다

산타크루즈 대학에서 비주얼커뮤니케이션을 가르치다가 은퇴한 데이비드 워렌 교수는 TEDx 형식을 만들었다. 또한 그는 TEDx 산타크루즈 행사 조직 위원회를 이끌었던 것을 '평생 최고로 신나는 일'이었다고 말한다. TEDx 산타크루즈는 2011년에 처음 제안됐는데, 300석 규모인 카브리요 대학 강당의 자리가 완전히 매진되어 그를 깜짝 놀라게 했다. 더 넓은 장소에서 개최한 이듬해 행사에는 참관자들만 해도 350명 이상이 됐다. 그는 TEDx의 의무 사항인 행사 영상 촬영을 위해 당시에 사용한 비용이 약 8000달러라고 했다. 스물다섯 명의 연사를 초청했으니까, 강연자 한 사람당 320달러가 든 셈이다. TEDx 콘퍼런스의 놀랄 만한 성장을 도울 수 있던 원동력 중의 하나는 라이브스트림에서 모든 TEDx 콘퍼런스 영상의 온라인 스트리밍을 무료로 제공한 점이다. 또한 TED는 기획자들이 TEDx 행사를 잘 치를 수 있도록 잘 꾸며진 매뉴얼을 제공하고 있다. 데이비드 워렌에 따르면 TEDx 산타크루즈는 내부의 네 개 팀 및 외부의 열 개 팀이 일 년간에 걸쳐 준비했고, 50여 명의 자원봉사자들이 행사를 도왔다고 한다. 영상이란 것이 다소 수동적인 오락 매체로 보일 수도 있겠지만, TED 및 TEDx에 관련된 사람들 간의 네트워크는 새로운 형식으로 공유하거나 생각하는 모임을 만들어 가고 있다. TED 및 TEDx는 온라인에 영상을 공유해서 지속적인 반응과 의견이 발생하게 함으로써 영상 매체를 상호작용하게 만들고 있다.

시각화는 TED의 큰 특징이다

2008년에 오토데스크사는 퍼셉티브 픽셀사와 제휴해서 TED 행사에 초대형 터치스크린을 제공했다. 퍼셉티브 픽셀은 투표 결과나 대화형 맵 등 다양한 화면들을 텔레비전에서 보여 줄 때에 사용하는 대형 터치스크린을 만드는 회사다. TED 행사에서 50명의 발표자가 행한 모든 강연은 와콤 태블릿을 이용해서 기록됐다(아래 사진 참조). 사흘간에 걸쳐 이뤄진 행사에서 각 발표자마다 평균 열여섯 장씩의 그림이 그려졌다. 이것은 모험에 가까웠지만 모든 사람이 어떻게 소통을 하는지 무척 잘 보여 줬다. 발표한 모든 내용을 열심히 듣고 다음과 같이 발표자의 시각화에 대한 관행적인 영역을 발견하게 됐다.

1. **간략한 슬라이드 이미지** : 가장 많이 사용하는 형식은 풍부한 스토리텔링을 도와주는 무척 깔끔하고 간결한 슬라이드 프레젠테이션이다. 이것을 어떻게 제작하는지에 대한 지침은 낸시 두아르테의 저서 〈슬라이드올로지〉를 참고하기 바란다. 〈슬라이드올로지〉는 첨단 내용을 담고 있으며, 낸시의 회사는 애플을 위한 프레젠테이션을 제작한다.

2. **시연 영상** : 발표자가 실험을 보여 주려 하거나 특정한 현상이 미치는 영향을 증명하고자 할 때에 주로 영상이 이용된다. 많은 발표에서는 영상 속에 또 다른 영상이 들어있기도 하다.

3. **플립 차트를 이용한 발표** : 어떤 발표자들은 플립 차트나 화이트보드에 두어 가지 간단한 그림을 그리며 이야기를 한다. 이런 경우엔 주로 심리 모델과 같은 것들을 주제로 다루었다.

4. **컴퓨터 시뮬레이션** : 유명한 사례 중 하나는 한스 로슬링의 유명한 데이터 시각화 프레젠테이션이다. 그는 시간이 지남에 따라 국가와 삶의 수준이 변화하는 관계를 시각화했다. 그는 거대한 x축 및 y축 뒤에 서서 이 축에 원을 확대하거나 이동하며 그것을 설명했다.

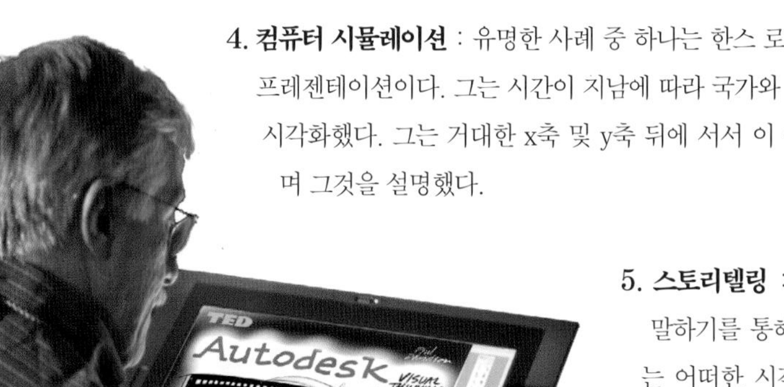

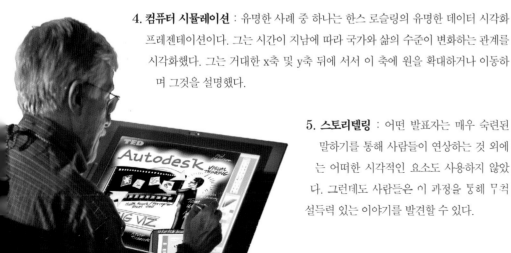

5. **스토리텔링** : 어떤 발표자는 매우 숙련된 말하기를 통해 사람들이 연상하는 것 외에는 어떠한 시각적인 요소도 사용하지 않았다. 그런데도 사람들은 이 과정을 통해 무척 설득력 있는 이야기를 발견할 수 있다.

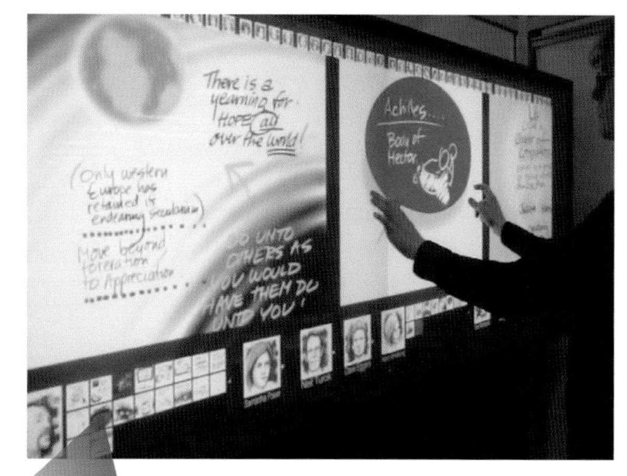

TED에서의 대형 시각화

2008년에 오토데스크, 퍼셉티브 픽셀 및 그로브는 팀을 이루어 빅비즈 시연 부스에서 TED 발표를 기록했다. 우리는 오토데스크에서 만든 스케치북 프로 소프트웨어와 퍼셉티브 픽셀이 이 행사를 위해 만든 프로그램이 구동되는 초대형 터치스크린을 시각화 도구로 사용했다. 그림이 완성되어 저장되면 미리 그려 놓은 발표자 얼굴 옆에 보이게 된다(위 사진 아래 부분 참고). 그것을 터치하면 관련된 모든 그림이 화면에 나열된다(사진 아래 부분 왼쪽 참조). 나열된 그림 중 하나를 터치하면 자동적으로 중앙 화면에 크게 확대되어 나타나게 된다(사진 가운데 부분 참조). 이 화면을 이용하면 그 그림들의 이동, 정렬뿐 아니라 군집화, 회전 및 크기 조정까지도 가능했다. 마치 오늘날 영상 회의실이 큰 회사마다 있는 것처럼, 이런 종류의 상호작용적인 대형 화면은 향후 십 년 내에 다양한 조직에서 쓰이게 될 것이다. 이 행사의 영상을 보고 싶으면 그로브 영상 라이브러리(www.grove.com/site/ir_vid.html)를 살펴보기 바란다.

유튜브

유튜브는 웹상에 무료로 영상을 올릴 수 있는 서비스다. 유튜브는 비디오 혁명을 보여 주는 선도 지표 중 하나이기도 하다. 2012년 중반 구글에서 발표한 바에 따르면, 유튜브에는 매 일 초마다 한 시간가량의 영상이 올라온다. 예순 시간 상당의 비디오가 매 분마다 올라오는 이 업로드 비율은 구글이 2007년에 발표한 자료와 대비했을 때에 열 배 증가한 것이다. 이것을 하루 분량으로 환산하면, 하루에 8만 6천4백시간 분량의 비디오가 유튜브에 올라온다는 의미가 된다. 유튜브에서 그래픽 퍼실리테이션에 관한 자료를 검색하면, 방금 올라온 비디오들이 많음을 발견할 수 있다. 아래 사례로 든 이미지는 스페인 빌바오에 있는 월드 카페에서 올린 것인데, 월드 카페에서 그래픽 리코딩이 어떻게 지원되는지 설명하는 것이다. 그로브는 이들에게도 많은 영향을 끼쳤는데, 토미 나가이로드는 월드 카페의 창립자인 후니타 브라운의 집에서 그래픽 리코딩을 수행했다.

6. 지도 및 도표 : 많은 발표자들은 데이터를 제시하고 관중들이 패턴을 발견할 수 있도록 그룹 그래픽스 키보드에 설명된 다양한 형식을 이용한다.

눈에 띄는 점은 이 책에서 설명하는 종류와 같은 대규모의 파노라마 시각화가 없었다는 점이다. 비록 TED가 놀랄 만한 현상임에는 분명하지만, 아직까지는 방송의 형식을 기반으로 하고 있다. 게다가 TED 행사에서 시각적인 것을 이용할 때에 함께 창작하는 부분은 아직 나타나지 않았다.

필수 교육 매체로 빠르게 바뀌고 있는 비디오

샐먼 칸은 온라인 교육 분야의 변화를 이끌고 있는 또 한 명의 비주얼 리더다. 그의 방식은 그가 그린 그림을 화면 캡처해서 그것을 가지고 저렴하게 비디오를 만드는 것이다. 샐먼은 원래 투자 상품의 펀드매니저였는데, 어린 사촌 동생에게 수학을 가르치기 위해 혼자서 만든 비디오를 온라인으로 올리면서 이 분야에 관여하게 됐다. 가족을 위한 보충 학습에서 시작한 이것은 칸 아카데미로 발전하게 됐으며, 그가 지은 책에 의하면 3400편 이상의 비디오가 온라인에서 무료로 제공되고 있다. 여기에서는 수학뿐 아니라 컴퓨터, 예술 등 다양한 분야를 배울 수 있다. 타임지의 온라인 기사에 의하면 이제 샐먼 칸의 직업은 비영리 기관인 칸 아카데미를 운영하는 것이다. 칸 아카데미에 관한 그의 향후 확장 계획은 더 많은 강좌를 제공하고, 더 많은 강사진(아직까지 모든 비디오는 칸이 직접 설명하고 있다)을 충원하며, 영어뿐 아니라 세계적으로 많이 통용되는 다른 언어로 번역하는 것 등이다.
애니 폴은 2012년 11월, 타임지에 다음과 같이 게재했다.

> 칸 아카데미에 의해 실현된 진정한 혁신은 거의 주목받지 않은 상태에서 이뤄져 왔다. 수준 높은 지식이 믿을 만한 곳에서 만들어지고 접근 편한 방식으로 제공되는 것. 이것은 혼자서 학습하는 사람들의 새로운 황금기를 열어 주고 있다. 칸 아카데미뿐 아니라 미국의 상위 대학들도 온라인 교육을 무료로 제공하고 있다. 칸의 모교인 MIT는 2천개가 넘는 교과 과정의 강좌를 인터넷에 무료로 제공하고 있다. 하버드, 예일, UC 버클리, 존스 홉킨스 및 카네기 멜런도 이러한 무상교육에 참여하고 있는 우수 교육기관이다. 지난 8월에는 스탠포드 대학에서 일반인이 무료로 참여할 수 있는 인공지능 강좌를 개설했다. 접수를 시작한 지 며칠 되지 않아 무려 7만 명 이상이 해당 강좌를 수강 신청했다. 이 강좌를 맡았던 두 명의 교수는 그들의 강의가 샐먼 칸

의 사례를 연구하고 그로부터 얻은 깨달음을 전파하기 위한 것이라고 이야기했다. 칸 아카데미의 비디오 강좌는 기초적인 수학부터 시작해서 대학 수준의 수학, 생물학, 화학 등까지 이르고 있다.

칸 아카데미의 업적은 데이비드 워렌과 산타크루즈 TEDx 공개 프로그램이 끼친 영향이 어떤 것인지 알려 주는 한 사례다. 물론 이것은 인터넷의 덕을 많이 봤다. 하지만 시각화와 비디오 없이는 이러한 결과를 가져올 수 없었으리라 말할 수 있다. 그렇다면 이런 것들이 기업에서는 얼마쯤 지나야 표준으로 자리 잡게 될까? 덴버에서 개최되었던 최근의 ASTD(American Society for Training and Development) 콘퍼런스에서 살펴본 바에 의하면 기업 교육도 점진적으로 이 방향을 향해 변화하고 있다. 이미 유튜브에는 여러분이 생각하는 거의 모든 것의 방법들을 알려 주는 비디오를 찾아볼 수 있다. 이와 같은 도움은 일을 할 때에도 마찬가지로 받을 수 있다. 많은 인력 개발 및 재능 개발 전문가들은 이미 다양한 리더들로 하여금 영상을 이용하도록 만들고 있다. 샐먼 칸이 영상을 만들기 위해 일상생활에서 흔히 볼 수 있는 기술들을 이용한 점은 흥미로운 일이다. 여기 사진에도 그는 연필과 노트패드를 가지고 직접 시연을 하고 있다. 디지털 비디오로 촬영해서 유튜브에 올리는 것은 이러한 종류의 영상 공유 방식 중 극히 일부다.

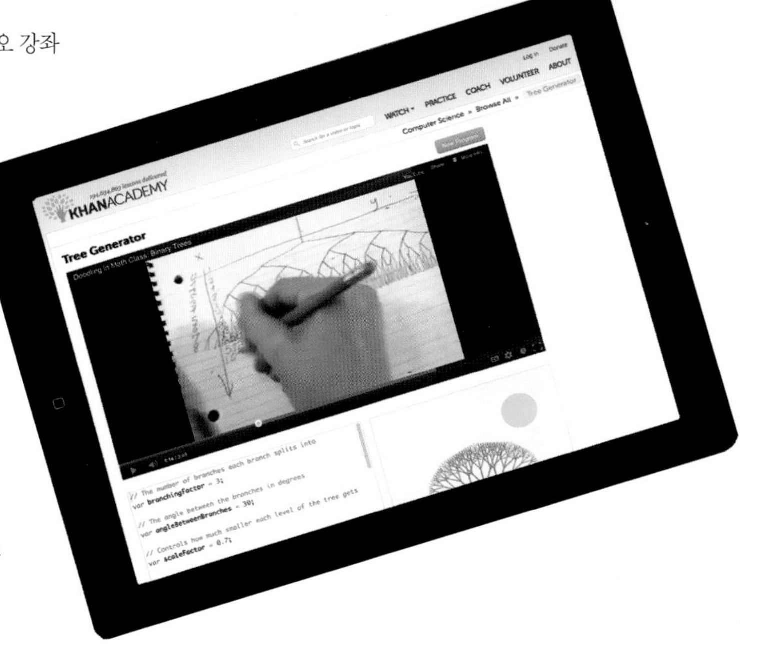

칸 아카데미

칸 아카데미는 3400개의 강좌를 온라인에서 무료로 제공하고 있다. 사진에 보이는 것은 바이너리 트리(이진 트리)를 어떻게 그리는지 샐먼 칸이 보여 주고 있는 장면이다. 샐먼 칸은 MIT 및 하버드에서 학위 네 개를 취득했고, SAT의 수학 부분에서 만점을 받은 바 있다. 그는 몇 해 전에 헤지 펀드의 투자 상품 펀드매니저를 관두고 온라인으로 수학과 과학을 가르치는 일을 시작했다. 그는 위의 사진에서 볼 수 있듯이, 자신의 집에서 컴퓨터와 태블릿 및 그가 직접 그린 그림을 촬영한 비디오 등을 활용해서 강좌를 만들었다. 그가 설립한 칸 아카데미를 통해 그는 전 세계의 약 8500만 명 이상의 사람들을 가르쳤고, 온라인 교육에 대해 사회에서 재조명하는 데에 큰 기여를 했다.

애니메이션 되는 그래픽 리코딩으로 만든 영화

영국의 RSA 애니메이트가 화이트보드 위에서 애니메이션 되는 그래픽 리코딩을 선보인 뒤로, 시각화를 통해 이야기를 강조하기 위한 이 기법은 인기를 얻게 되었고 오늘날에는 수많은 커뮤니케이터들이 이 방법을 이용하고 있다. 이 방법은 몇몇 상업광고에 이용되기도 했고, 이제는 통상적인 리더십 커뮤니케이션에도 새로운 도구로써 사용될 정도다. 사실 이것은 무척 오래된 전통 애니메이션 방식의 한 갈래다. 그리고 이러한 방식은 전통적으로 이용하던 영상을 사용하는 것보다 특별한 프레젠테이션을 하고자 할 때에 고려되곤 한다. 그래픽 리코딩 영화(또는 일부는 화이트보드 무비라 부르기도 한다)는 종이나 화이트보드 위에서 일러스트 작업한 것을 보여 준다. 그리고 컴퓨터를 이용한 후작업으로 그리는 속도를 빨리하거나 특수 효과를 넣기도 한다.
그로브의 레이첼 스미스는 색칠할 때에 사용하는 '브러시' 앱을 애니메이션에 활용하는 방법을 개발해 냈다 (162p 참조). 브러시는 한 줄 한 줄 그린 그림의 매 단계를 기억하고 되풀이해 준다. 이것을 활용해서 영화를 제작하면 그림을 그리는 손이 나타나지 않는다. 대신 설명이 진행됨에 따라 작은 픽토그램과 글자들이 화면에 계속 나타나게 된다.

그래픽 리코딩 영화는 영화가 상영되면서 다른 상호작용을 하지 않고 널리 그 내용을 보여 주기 위한 분야에 많이 사용된다. 그리고 그래픽 리코딩 영화는 강력한 시각화를 이용해서 다양한 분야에서 각각의 것들이 서로 어떻게 연결되고 연관 맺게 되는지 역동적으로 보여 주며 이해를 도와준다. 단순한 그래픽 이미지는 이야기책 같은 느낌을 준다. 또한 이것은 듣는 이들의 상상력을 자극하며, 애니메이션을 사용하지 않았던 기존의 다른 방법들에 비해 다양한 에너지를 창출하고 관심의 수준을 높여 준다.

그래픽이 강화된 원격 화상회의

원격 화상회의는 양방향 비디오 이용의 증가를 보여 주는 좋은 사례다. 원격 화상회의란 용어는 두어 개의 화면을 이용해서 먼 곳에 떨어진 상대방을 마치 회의 탁자 바로 너머에 있듯 만들어 주는 기술에서 유래했다. 특히 같은 팀처럼 서로 알고 있는 사이에서는 원격 화상회의 때 상대방의 모습보다 업무 자체에 집중하게 하는 것이 더 유용하다는 점에서 가상 시각화가 보완적인 성격에서 대두되고 있다.

원격 화상회의실은 무척 비용이 많이 들며, 슬라이드 프레젠테이션에 맞춰 설계되어 있다. 원격 화상회의에서의 통상적인 시각적 활용이란 여러 명이 함께 슬라이드를 작성하거나, 특정 슬라이드 페이지에 어떤 사람이 의견이나 아이디어를 입력하거나, 또는 어떤 페이지를 변경하는 것 등이다. 이런 활동은 그 회의의 목적이 슬라이드 프레젠테이션을 함께 다듬거나 메시지를 조율하는 것이라면 적합하다. 하지만 아이디어를 주고받거나 생성하는 단계에서는 이 같은 방법이 효과가 없다. 이 경

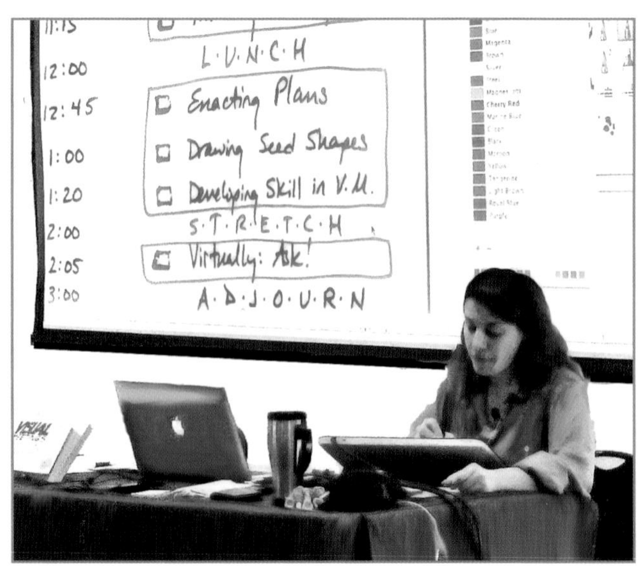

태블릿이 가져온 혁신

레이첼 스미스는 아이패드용 앱인 브러시를 응용해서 그래픽 리코딩 애니메이션을 제작한다. 브러시 앱을 이용해서 그림을 그리면 그 순서를 앱이 파일에 기록하고 그것을 비디오 편집 프로그램으로 내보내는 방식을 사용한다. 위 사진은 그녀가 애니메이션 제작을 위해 화면을 스케치하는 장면이다. 이러한 방법을 이용하면 종래의 방식으로 돈을 많이 들여 후처리 작업을 해서 비디오 만드는 것을 피할 수 있다. 레이첼은 또한 와콤 태블릿으로 웹 콘퍼런스에서 가상 시각화에 성공했다. 오른쪽 사진에서 볼 수 있듯이 그녀는 장비를 활용해서 비주얼 미팅의 의제를 기록하고 있다.

우에는 그래픽 태블릿을 이용한 적극적 시각화가 큰 도움이 된다. 그래픽은 프레젠테이션이 나타나는 것과 같은 채널과 화면에서 보여 줄 수 있기 때문에 그 채널 또는 다른 채널을 이용하면 된다. 일부 기관에서는 원격 화상회의실을 스마트 보드를 적용해서 꾸며 놓은 곳도 있다. 이것을 활용하면 다양하고 풍부한 비디오 및 그래픽 활용이 가능하지만, 아직 일반화되어 있지는 않다.

최첨단 원격 화상회의실과는 달리, 대부분의 웹 콘퍼런스 서비스는 영상을 무척 잘 지원한다. 스카이프는 태블릿을 컴퓨터에 연결하면 실제로 그림을 그리고 있는 화면을 보여 주는 화면 공유 기능을 제공한다. 이 기능은 상호작용을 지원하지는 않지만 시각적인 것임은 분명하다. 하지만 태블릿을 활용해서 기록하고 공유하려 할 때에 화상 채팅 기능이 켜져 있으면 잘 안 된다. 이러한 점은 다른 웹 콘퍼런스 플랫폼에서도 비슷하다. 어도비 커넥트는 이러한 점을 고려해서 설계되었기 때문에 그래픽과 비디오 모두가 켜져 있어도 상당히 잘 작동한다. 여러분이 배우는 데에 거부감을 갖지 않는다면, 신기술을 이용해서 상당히 많은 것을 해낼 수 있다. 필자는 일본 제2위 광고회사인 하쿠호도의 보이스 비전 팀과 유명한 웹 콘퍼런스 서비스인 고투미팅을 이용해서 웹 회의를 했던 적이 있다. 우리는 회의에 참여한 사람의 비디오카메라를 통한 이미지를 화면 상단에서 볼 수 있었다(164p 사진 참조). 화면의 이미지는 해상도가 낮았지만 우리는 쉽게 상대방의 몸짓과 얼굴에 나타나는 표정을 알아볼 수 있었다. 나는 샌프란시스코에 있었고 그들은 도쿄에 있었으며, 우리는 통역이 있었지만 일본팀 사람들이 영어를 많이 알아서 내 이야기의 상당 부분을 이해하고 있었다. 우리는 금세 상대방의 몸짓이나 표정을 가지고도 많은 것을 알아차릴 수 있게 됐다. 어떤 면에서는 가까이에 있는 사람들보다 멀리 떨어진 사람의 얼굴을 이런 회의를 통해 더 쉽게 볼 수 있었다.

다른 핵심 도구들도 온라인에서 효과가 있을까?

앞부분에서는 사람들 간에 직접 만나서 하는 회의의 다양한 사례들을 살펴봤다. 사람들을 한데 모을 수 있다면 그들의 참여도나 큰 그림을 바라보는 생각 등이 잘 되리라는 점은 의심할 나위가 없다. 하지만 최근에는 원격지에 떨어져 있는 사람들도 많고, 많은 조직들이 가상 업무를 권장하고 있다. 다행히 온라인으로 업무를 진행할 때에도 뛰어난 시각적 가치를 전달할 수 있는 방법들이 많다.

7. **의미가 있는 은유** : 잘 만들어진 영상과 활기찬 대화는 핵심 비전, 전략 실행 계획 또는 변화 단계를 현실로 이끌어 낼 수 있으며 주목할 수 있는 요인이 된다. 포스터 인쇄물과 마찬가지로 사람들의 주목을 끌 수 있으

기본적인 원격 화상회의실

원격 화상회의는 한 곳 또는 여러 곳을 고품질의 영상으로 연결하게 되며, 스크린에 화상회의를 하는 다른 사람들의 모습이 함께 제공된다. 위 사진에서 볼 수 있듯이, 그림은 별도 모니터에서 공유하게 된다. 위 사진은 이러한 원격 화상회의에서 그래픽 리코딩을 대화형으로 활용하는 모습을 보여 주는 사례다.

하쿠호도 보이스 비전 팀

하쿠호도 보이스 비전 팀은 그들이 시행한 집중 고객 조사의 결과를 도쿄에 있는 클라이언트에게 어떻게 시각화해서 보고할지에 대한 논의를 온라인에서 했다. 인용한 사진은 웹 콘퍼런스 서비스인 고투미팅을 이용해 모든 사람이 온라인으로 연결된 모습이다. 참석자들의 모습이 나타나는 위쪽 화면은 상당히 커서 모든 사람이 논의를 하며 실시간으로 피드백을 줄 정도였다. 논의할 때에는 화이트보드를 공유하거나, 사진에서처럼 오토데스크 스케치북 프로 소프트웨어로 만든 노트를 함께 봤다. 팀의 리더인 오오타카 카요는 2000년대 초반에 몇 차례 필자의 전략 비전 수립 연수에 참여한 적이 있다. 그 이후로 그는 소셜 미디어에서 시각화를 활용한 업무의 추진이 새로운 가능성을 열어 줄 것이라고 믿게 되었다.

려면 다른 소통과 차별화가 필요하다. 대형 벽화는 새롭고 신선한 경우에 효과적이다. 애니메이션이 되는 그래픽 리코딩 영상도 마찬가지 영향력을 가진다. 이러한 분야에서 진화하고 있는 첨단 형식은 다양한 매체와 은유, 메시지들을 참가자들이 함께 나눌 수 있는 온라인 포럼을 이용하는 것이다. 앞 쪽에서 본 보이스 비전 팀이 하쿠호도에서 진행하는 업무 방식이 그러하다.

8. **비주얼 미팅** : 온라인 비주얼 미팅은 프로세스 설계 회의처럼 시각화가 업무의 주된 영역일 때에 대단히 효과적이다. 창의적인 논의와 재미있는 피드백을 주고받으면서, 모든 사람의 아이디어는 시각적으로 설명이 이뤄진다. 하지만 사람들이 이야기하는 것을 그저 그래픽으로 기록하기만 한다면, 다양한 매체에 익숙한 Y세대들에겐 재미없는 회의가 될 것이다. 휴렛팩커드의 비주얼 리더인 비비안 라이트는 다음과 같이 말한다. "온라인 회의는 라디오 같아야 해요. 지속적으로 변화하고, 참여를 유도해야 하죠." 그녀는 참가자들이 내용을 채울 수 있는 화이트보드나 빈칸 채우기 같은 것을 좋아한다. 또한 간단한 그래픽 템플릿(165p 그림 참조)도 즐겨 사용하는데, 그것을 이용해서 참가자들과 대화를 끌어낸다. 만일 여러분이 이런 기법에 익숙하지 않다면, 웹 미팅에서 이 부분을 잘 이끌어 줄 사람을 회의에 참여시키는 것도 리더의 역할 중 하나다. 양방향 웹 콘퍼런스를 꾸려 가려면 상당한 준비가 필요하다. 온라인 비주얼 미팅은 어떤 것을 설계할 때, 또는 정렬이 필요한 주요 의사 결정 회의의 경우에 대단히 유용하다.

9. **그래픽 템플릿** : 간결한 그래픽 템플릿은 온라인에서 하는 회의에 효과적이다. 타임라인, 4박스 격자, 맵, 순위 척도 등은 실시간으로 그리기에도 무척 쉽다. 만일 여러분이 팀원들이 하는 제안을 잘 듣고 있음을 보여주고 싶다면 이런 도구들이 많은 도움이 될 수 있다. 또한 그래픽 템플릿을 사전에 배포하고 개인이나 소규모 팀 단위로 그것을 채워 오라고 할 수도 있다. 그렇게 된다면 온라인 회의는 그들 각각이 어떤 아이디어를 가지고 있는지 공유하고 그것을 한데 모으는 자리가 될 것이다.

10. **의사 결정의 방** : 의사 결정의 벽을 가상적으로 꾸미는 것은 아직도 쉽지 않은 일이다. 여러분이 웹 콘퍼런스를 통해 할 수 있는 것은 즉각적인 피드백을 얻기 위해 투표하는 정도일 뿐이다. 회의를 잘 이끌어서 정보들에 번호가 매겨지고 각각의 선택 범위에 대해 모두가 이해하게 된다면, 그것들에 점수를 주거나 순위 매기기를 해볼 수 있다. 이것은 서로 얼굴을 마주보고 하는 회의에서 스티커를 가지고 하는 투표와 비슷한

종류의 피드백을 제공한다. 향후 입체 환경 기술이 발전하게 된다면 실제 현실의 회의실과 같은 효과를 줄 수 있는 가상적인 의사 결정의 방이 만들어질 수 있을지도 모르겠다.

11. 로드맵 : 진도 확인을 위한 회의는 종종 온라인이나 전화를 이용해 개최되기도 한다. 이런 회의에서는 기본적으로 업무나 실행 과제 등을 명기한 목록이나 스프레드시트를 사용하지만, 그래픽 로드맵을 활용하는 것도 무척 효과적이다. 필자의 저서 〈비주얼 팀〉에는 로빈 멜처가 오티스 스펑크마이어의 인사팀과 회의를 하며 로드맵을 사용하는 사례가 나온다. 오티스의 인사팀은 전 세계에 두루 퍼져 있었고 그녀는 웹 미팅을 통해 회의를 하며 연간 계획의 로드맵을 살펴보곤 했다. 이 웹 미팅에는 그래픽 퍼실리테이터가 동참해서 그들이 논의하는 항목들의 확인을 도와줬다(166p 컴퓨터 화면 참조). 그녀는 모든 사람에게 무척 활발하게 질문과 피드백을 줬다. 인사팀은 이 회의를 통해 이듬해 사업 계획에 반영돼야 하는 항목들을 브레인스토밍하기도 했는데, 이런 회의를 마치고 나면 그녀 및 팀원들은 이듬해의 사업 계획에 대한 로드맵 초안을 만든 뒤에 또 웹 미팅을 개최해서, 모든 사람이 의견을 제시하고 새로운 아이디어로 업그레이드되며 새로 수립한 계획에 확신을 가지게 했다.

12. 그래픽 스토리맵 : 대형 그래픽 벽화를 이용하는 조직이 점점 늘어나고 있다. 이것은 리더가 비전이나 회사의 방향성을 공유할 때의 유용한 보조 도구로 사용하거나 직원들이 회사의 계획과 목표를 익히게 할 때에 많이 사용된다. 이 같은 리치 그래픽은 화면에 적용할 때에 또 하나의 레이어를 둬서 특정한 영역에서는 세부 정보가 나오게 할 수도 있다. 만일 여러분의 계획에 대한 스토리맵을 만들려고 한다면 정보 기술 담당자가 이것의 온라인 버전을 양방향으로 만들 수 있는지 파악하기 바란다. 기술적으로는 당연히 가능한 부분이지만, 기술적인 면뿐만 아니라 그것을 담당하는 사람도 그 방법에 대해 명확히 알고 있어야 한다. 스토리맵의 내용에 대해 많은 대화와 논의가 이뤄져야 한다면 온라인으로 이를 수행하는 것이 유용하다. 온라인으로 검토하고 의견을 기록하게 하면 훨씬 더 많은 사람이 최종 결과물에 자신이 영향을 끼쳤다고 생각하게 된다. 태블릿 형태를 띤 컴퓨터를 이용해 함께 설계하고 디자인하는 것이 가능해지고 있다는 점을 염두에 두기 바란다.

그래픽 웹 템플릿

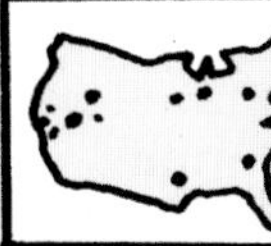

지도

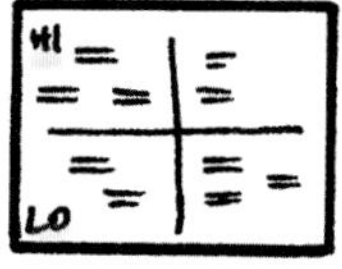

4박스 격자

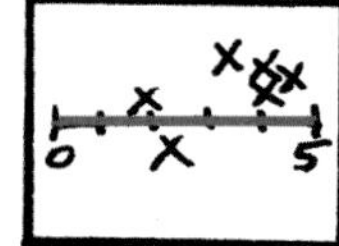

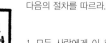

순위 척도

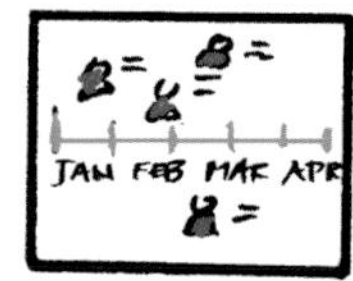

타임라인

대부분의 웹 콘퍼런스 소프트웨어는 참가자들이 화이트보드에 내용을 입력할 수 있게 지원하고 있다. 그런 다음에는 여러분이 단순한 그래픽 템플릿을 만들고 참가자들에게 그들의 커서를 이용해서 입력한 정보를 정렬하게 할 수도 있다.

각자 여러 가지 일들을 따로따로 하게 하지 않고 모든 사람이 기여하며 관련 맺게 한다면 모든 사람은 집중해서 더 많은 것을 주고받게 될 것이다.

다음의 절차를 따르라.

1. 모든 사람에게 이 회의의 목적과 목표를 설명하라.
2. 웹 콘퍼런스 소프트웨어에서 지원하는 도구를 써서 사람들을 참여하게 하라.

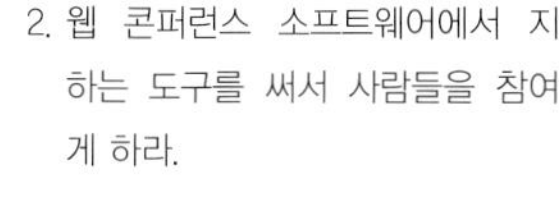

3. 간결한 그래픽 템플릿을 그려라.

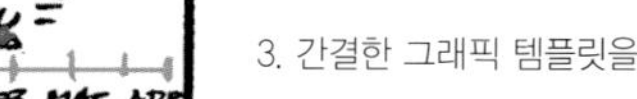

4. 모든 사람이 거기 들어갈 내용들을 올리고 그것을 정렬하게 한 뒤 그 의미에 대해 논의하라.

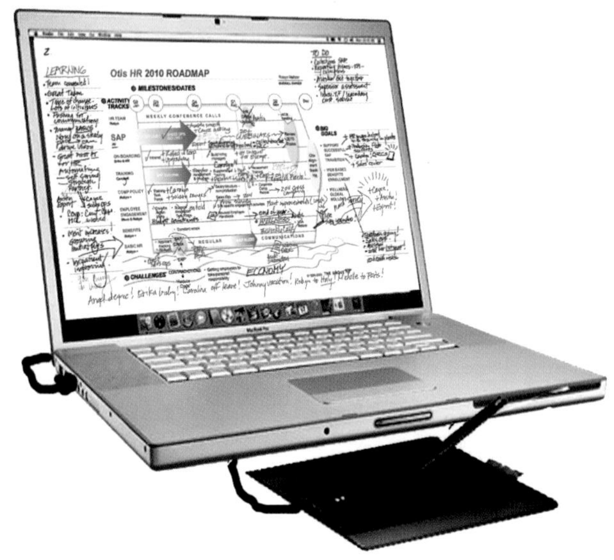

온라인 로드맵

화면에 인용한 그림은 오티스 스펑크마이어의 인사팀이 웹 콘퍼런스를 통해 2010년 연간 계획 로드맵을 검토할 때에 작성된 일부분이다. 원본 문서는 그로브에서 만든 로드맵 디지털 그래픽 가이드를 이용해서 제작되었다. 그것을 스케치북 프로에서 불러온 다음, 회의가 진행되는 동안에 나온 내용들은 와콤 태블릿으로 기록했다. 인사팀의 리더인 로빈 멜처는 이듬해의 계획에 대해 명확한 아이디어를 가질 수 있게 되었고, 해당 회의는 약 한 시간 반가량 소요됐다.

13. 비디오 및 가상 시각 매체

여기 제13장은 바로 이것들에 대해 다루고 있다. 뒤에 나올 그림처럼 서로 연결된 네 개의 스마트보드를 이용해서 작업을 한다고 가정해 보자. 이 장비를 활용해서 영상, 대화형 시각화 매체, 작업 도면 및 조직에서 이용 가능한 모든 종류의 정보에 편하게 접속하는 것이다. 이것은 기술 개발 회사가 꿈꾸고 추구하는 미래의 모습이며, 리더인 여러분이 미리 준비해야 할 것이기도 하다.

가상 환경에서의 리더십 개발

비비안 라이트는 영상 및 온라인 시각화를 무척 비중 있게 여긴 비주얼 리더다. 휴렛팩커드(HP)의 재능 있는 젊은 관리자였던 그녀는 1980년대 초반에 보이스에서 있었던 그룹 그래픽스 공동 연수에 참여했고, 그 후로 유능한 그룹 그래픽스 전문가가 되었다. 그녀는 샌프란시스코 베이 에어리어의 사무실로 옮겨 왔고, 이곳에서도 동료들이 협력하고 계획을 지킬 수 있도록 많은 창의적인 방법들을 제공하는 내부 관리자가 되었다. HP에서 가상 근무를 강조하게 되면서, 그녀는 온라인 회의 및 공동 연수를 담당하는 부서의 리더가 되었다. 그녀는 현재 HP의 글로벌 파이낸스 조직의 기업 교육 담당 임원을 맡고 있으며, 현재 역할은 미래에 통상적이 될 근무 방식의 선도적인 혁신을 이끄는 것이다.

여러 해 전에 그녀는 영상 기반의 리더십 개발 교육 회사와 팀을 이뤄서 웹을 이용한 지도를 시도해 봤고, 그 결과는 놀라웠다. 참여자들은 온라인 코치와 함께 열심히 훈련하고 역할 놀이를 하며 평가를 받았다. 이뿐만이 아니라 그들은 토의를 하기도 했고, 강의 영상과 대본도 받아서 봤다(참고로, 참가자들 중 상당수는 영어를 제2외국어로 하는 사람들이었다).

비비안은 다음과 같이 말했다. "가상 환경에서 무언가를 하려고 한다면, 일단 현실에서 검증된 것부터 적용해야 합니다. 또한 참여자들이 영상 강의를 들을 때에 집중할 수 있게 해야 합니다. 그렇지 않으면 그들은 다른 일을 하거나 전자 우편을 작성하고 있을 겁니다. 참가자들이 콘텐트를 함께 만들 수 있게 하면 더욱 좋습니다. 그렇게 하면 여러분이 시키지 않더라도 그들이 집중하게 할 수 있습니다."

그녀는 참가자들 중 한 그룹의 사례를 들려 줬다. 불평불만이 많은 사람들의 모습을 배우들이 연기해서 영상을 만든 다음, 참가자들이 그것을 보게 하고 역할 놀이를 하게 했다. 자원자들은 카메라 앞에 서서 불만이 많은 사람의 역할을 수행했다. 그 역할을 마치자마자 화면에서 배우가 나와 그러한 불만과 관련된 문제에 대해 이야기를 나눴다. "정말 엄청난 반응을 불러왔어요."라고 비비안은 알려 줬다.

가상 환경에서의 리더십 개발은 이제 HP 파이낸스의 모든 부서에서 이용하고 있으며, 다른 사업 부문까지 퍼져 가고 있다. 위 사진에서 볼 수 있는 것과 같은 스마트 보드가 이런 종류의 교육에 함께 사용되는 것을 상상해 보자. 이런 종류의 양방향 화이트보드는 컴퓨터에서 이용할 수 있는 모든 종류의 매체를 다 지원하므로, 마치 대형 자료를 이용한 교육과 비슷할 것이다.

삼차원 인터페이스

아래 사진은 HP 파이낸스의 커리어 비전 포털이다. 이것은 회사 재무 직군들을 대상으로 한 콘퍼런스 행사를 위해 특별히 마련된 3차원 인터페이스를 갖추고 있다. 마치 초기의 세컨드 라이프가 진화된 것을 보는 듯한 이런 종류의 디지털 공간은 태블릿을 통해 이용이 가능하고, 온라인을 통한 가상 소통 기능을 이용할 수도 있다. 많은 사람들은 기업의 교재가 전자책이나 다른 종류의 디지털 형식으로 바뀔 것이라 여기고 있다. 이 같은 이용 환경은 비디오, 토론, 검색, 그래픽 리코딩 기록 및 수많은 매체들도 마찬가지로 지원하게 될 것이다.

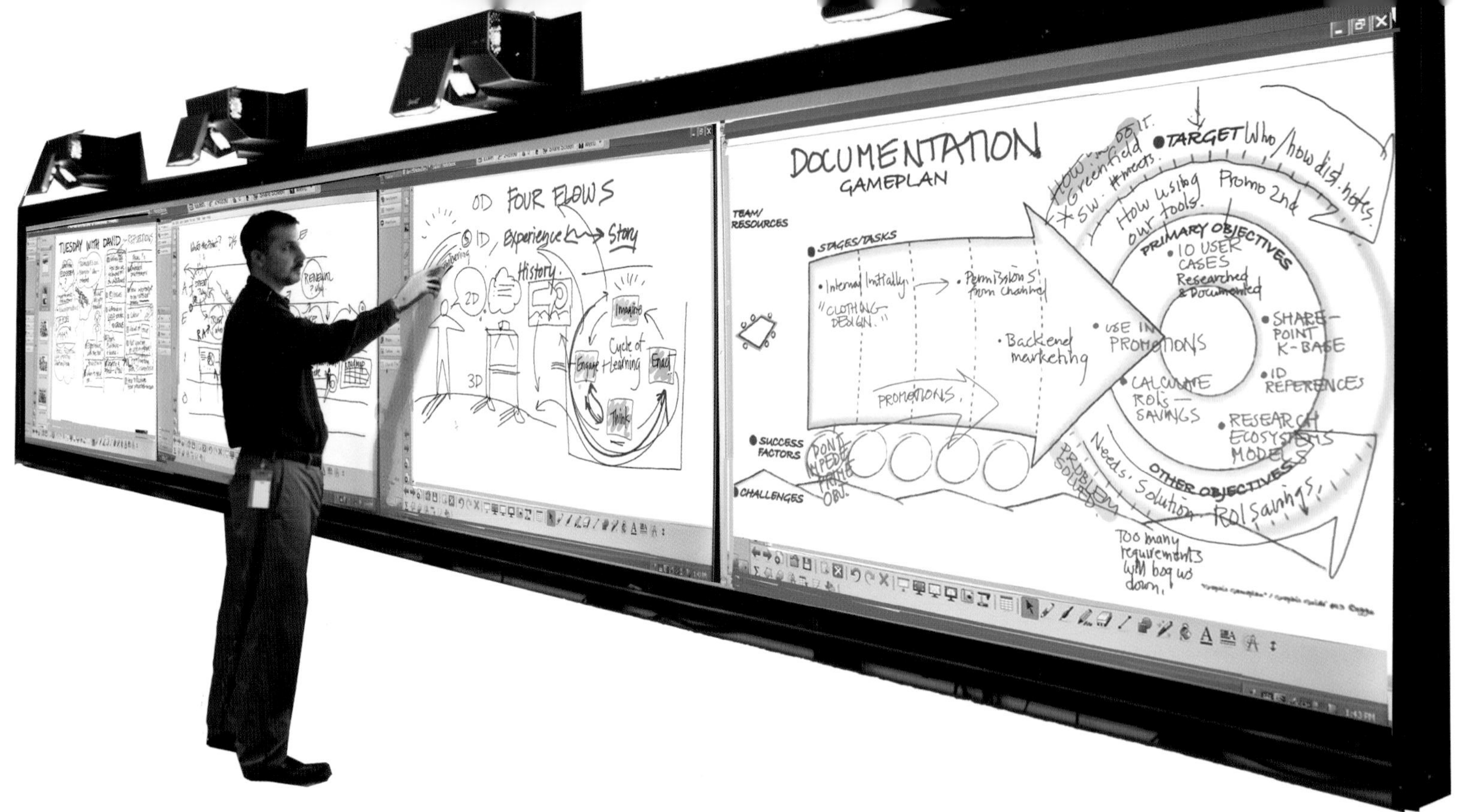

희망

캐나다 캘거리에 위치한 스마트 테크놀로지의 에밀리오 버나베이가 넉 장의 스마트 보드를 이용해서 이미지를 나란히 놓은 파노라마 화면을 어떻게 활용하는지 보여 주고 있다. 이것은 컴퓨터가 가진 장점과 벽이 가진 큰 그림의 수용 능력 양쪽을 다 가졌다는 면에서, 향후에 나타날 수 있는 환경에 거의 근접한 시스템이라 할 수 있다.

다음 장에서는 현재 가능한 시각화를 통해 여러분이 어떤 이점을 얻을 수 있고, 미래의 시각화에 대해 어떤 것을 준비해야 할지 살펴보겠다.

다음 장의 그래픽 개요를 통해 살펴볼 수 있듯이, 여러분 선택의 폭은 엄청나게 넓다.

제4부.

뉴 미디어

아리가또
고자이마스!

리더십이란 언제, 어디서나
발휘할 수 있는 것?

제4부. 뉴 미디어

제14장. 기술과 시각화

여러분은 소통을 위한 매체 선택을 어떻게 하는가? 시각적 작업을 지원하는 것에는 무엇이 있는가? 이런 것들을 선택하기 위해 따져볼 때에 필요한 사항은 무엇일까? 또한 이런 조건들이 만나면 사람들이 더욱 시각적으로 일할 수 있는 걸까? 이를 위해 리더인 여러분이 수행하고 지원해야 하는 역할은 사람들이 집중할 수 있게 하고, 협력적인 방법으로 업무를 수행할 수 있게 하며, 이뤄야 하는 목표를 향한 에너지의 집중을 흩어지게 하는 파편화와 혼돈을 줄이는 것이다.

제15장. 버추얼 리더십

현재 이용 가능한 가상 소통 수단들 중에서 무엇을 선택해야 좋을지 집중 조명한다. 리더인 여러분은 변화의 과정에서 명확한 소통을 해야 할 필요가 있다. 또한 방향성이 흔들려서도 안 되고, 다른 사람들이 바른 것들에 관심을 가지게 해야 하며, 주요 메시지가 확실히 전달되게 해야 하고, 모든 사람이 업무에 관여하며 확신을 가지게 해야 한다. 분산된 환경에서 이러한 일을 이루기는 무척 어렵지만, 그래도 몇 가지 우수 사례들이 있다.

제14장. 기술과 시각화

적합한 도구의 활용

여기서는 휴대용 컴퓨터, 태블릿, 스마트폰 등의 사진으로 시작해 봤다. 우리 모두는 이러한 신기술, 그리고 소위 뉴 미디어라 부르는 것들에 직접적으로 영향을 받고 있다. 이번 장에서는 실리콘 밸리의 첨단 기술에 둘러싸인 환경과 새로 나타나는 것들에서 얻을 수 있는 원칙 및 사례 등을 다룰 예정이다. 중요한 점은, 잘 알고 있어야 할 필요는 있지만 특정한 것만을 맹신해서는 안 된다는 점이다. 소위 디지털 네이티브 세대가 아닌 사람들 중에는 얻을 것과 잃을 것에 대한 주관을 가진 부류도 있다. 선택 가능한 모든 매체들을 훑어보고 그것들 각각에 대해 시각화에 도움이 되는 점과 그렇지 못한 점을 살펴보도록 하자. 일단 이러한 개괄적인 접근은 특정한 소프트웨어에 관한 이야기가 아니라 비주얼커뮤니케이션을 위한 매체 및 플랫폼에 관한, 좀 더 상위의 개념임을 명심하도록 하자. 본 장에서는 점점 증가하고 있는 네트워크 및 가상 공간상의 효과적인 리더십 발휘를 위해 여러분이 사용할 만한 몇 가지 아이디어를 살펴보도록 하겠다.

'소규모로 빨리' vs '대규모로 천천히'

비주얼 리더십에 힘을 더해 줄 핵심적인 도구로써 지금까지 소개한 많은 것들은 모두 최소한 '이해 단계' 만큼이라도 큰 규모로 천천히 하라는 것이었다. 비주얼 퍼실리테이션에 익숙한 리더들은 비주얼 미팅의 방법을 이용하면 사람들의 참여도와 이해도를 깊게 하며 실행 단계에서 일과 사람이 제대로 정렬됨을 잘 알고 있다.

하지만 뉴 미디어의 세계는 대규모로 느릿느릿 진행되지 않는다. 오히려 점점 더 작은 규모나 단위로 더 빨리 움직이는 듯 보인다. 스포츠 경기 등 대형 행사가 열릴 경우 그 텔레비전 중계 화면은 다양한 시각적 효과로 넘쳐난다. 이러한 프레임 컷 또는 화면 전환 효과들 중 상당수는 빨리감기와 같은 역할을 해서 화면 이미지들이 우리 마음속에 깜빡이기 시작한다. 우리의 두뇌는 형태를 인식하는 쪽으로 발달되어 있기 때문에 그림이나 음악, 시점 등에 변화를 주면 우리가 계속 몰입할 수 있게 한다. 하지만 빨리 변화하는 이미지나 지속적으로 변경되는 내용들은 투입해야 하는 많은 비용에 비해 특별히 더 뛰어난 점을 보여 주지는 않는다. 광고 그래픽은 이미 우리가 알거나 우려하는 것을 되풀이하며, 매력적이라는 편견을 주입한다. 광고 방법을 지도하는 웹 사이트는 논란의 여지가 있을 수 있는 것이 포함되는 경우에 청중을 집중하게 만드는 것은 매우 신중해야 한다고 알

4단계 플로와 미디어

미디어라는 것은 사람들이 다수의 타인과 소통하기 위한 수단을 의미하기도 한다. 다양한 종류의 매체에 대해 고려하고자 할 때에 다음의 네 가지 플로를 염두에 두기 바란다.

☐ **주목** : 내가 하는 이야기가 사람들의 시선을 붙잡아서 집중하게 만드는가?

☐ **에너지** : 내 이야기가 사람들에게 매력적으로 느껴지고 있는가? 사람들이 진짜로 공감하게 할 수 있을까? 사람들의 흥미를 끌고 감동을 주는가? 활력이 있는가?

☐ **정보** : 내가 이용하는 매체는 내가 알리고자 하는 것에 도움이 되거나 저해가 되는가? 일정한 규모를 필요로 하는가? 개괄적으로 큰 그림을 봐야 하거나, 또는 반대로 깊숙이 들여다봐야 하는가? 변화하는 움직임을 반영해야 하는가?

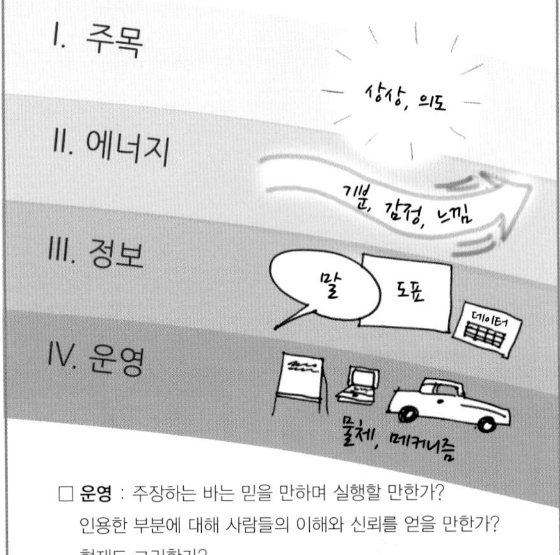

☐ **운영** : 주장하는 바는 믿을 만하며 실행할 만한가? 인용한 부분에 대해 사람들의 이해와 신뢰를 얻을 만한가? 현재도 그러한가?

려 준다. 그렇다면 이것을 어떻게 다뤄야 할까? 조직의 리더로서 참석해야 하는 자리 중에는 최근 유행하는 것들이 잘 먹히지 않는 곳들도 있다.

선택 가능한 것을 상상해 보자

이어지는 여섯 쪽에는 21세기 초반, 즉 현재 많은 조직에서 사용하고 있는 매체들의 개요를 시각적으로 다루도록 하겠다. 비교표에는 비주얼 리더십의 관점에서 본 각각의 장단점을 나열했다. 사실 어떤 것은 단순한 매체 채널이고, 또 다른 것은 플랫폼으로 분류하는 것도 있다. 여기에서 표현하는 플랫폼이란 명칭은 다양한 종류의 콘텐트를 지원하는 환경을 의미한다. 웹 콘퍼런스 서비스나 인터넷 전화 서비스 같은 것이 그런 종류의 플랫폼이다. 유튜브나 트위터, 웹 사이트 또한 마찬가지다.

다른 유형의 매체로서 다양한 플랫폼에서 이용할 수 있도록 시각화해 주는 특정한 도구들을 들 수 있다(기술만 복잡한 것이 아니라 매체나 시각화도 마찬가지다). 예를 들어 프레젠테이션 소프트웨어는 영상이나 그래픽 리코딩, 또는 템플릿들을 다루는데, 이 또한 각각 매체로 볼 수 있다. 앞으로 나타날 뉴 미디어는 디지털 기술의 지원을 받을 것이다. 만일 이러한 것들 중에 어떤 것이 조직에 가장 적절한지 그 방향성을 제시해야 한다면 여러분의 관점에서 각각에 대해 어느 정도는 알고 있어야 한다.

이런 매체들의 느낌과 진화는 어떻게 알 수 있나?

아마 여러분은 본능적으로 다음에 이어지는 여섯 쪽을 살펴봤을지도 모른다. 그것들은 일부러 훑어보기 쉽게 고안되었으며, 그것을 통해 조직이 당면한 것들을 일별하는 경험을 가질 수 있도록 설계됐다. 이용할 매체의 선택은 무척 신중해야 한다. 하지만 때로 기술 중심의 회사들은 전 직원이 신제품 개발에 너무나 바쁘다는 이유로 유통 채널을 매체로 선택하기도 한다. 새로운 매체는 조직 내에서 꾸준히 제시되고 제안된다. 그뿐만이 아니라 각각의 매체들 또한 그 고유의 기술과 이용자 규모를 바탕으로 해서 계속 진화하고 있다.

여러분은 어떤 매체를 이용하는가?

제시된 여러 가지 매체 유형 중 여러분이 잘 활용할 수 있도록 충분히 이해하고 있는 것은 무엇인가? 어떤 것이 여러분의 리더십 목표에 적합할 것인가? 다음의 내용과 각각의 설명을 읽어 보고 그중 여러분에게 가장 적합하거나 여러분이 고려해야 할 점과 유사한 것이 무엇인지 생각해 보기 바란다.

1. 각 매체에 관한 여러분의 경험에 대해 생각해 보라. 여러분이 이용하기에 어떤 것이 가장 편리하고 효과적이었는가? 각각에 대해 여러분이 0점에서 10점까지 점수를 주도록 한다. 10점이 '완벽하게 편리했음'을 의미한다.
2. 여러분이 더 큰 조직과 소통해야 하는 경우를 상상해 보라. 그들이 선호하는 순위를 매겨보라.
3. 여러분의 조직에 대해 생각해 봤을 때, 직원들이 활용하기에 좋은 매체는 어떤 것이 있는가? 각 매체별로 연상되는 직원이 있는가?
4. 청중의 관심을 받고 주목을 끌 수 있도록 다른 소통과 차별화해야 하는 이유에 대해 생각해 보라. 이런 관점에서 볼 때에 가장 적합한 매체는 어떤 것인가?

가장 일반적인 양방향 매체

	1. 전화, 원격 회의	2. 전자 우편, 메일링 리스트	3. 문자메시지	4. 화상회의
	탁상용 전화기 및 휴대용 전화기	이메일(첨부 파일 포함)	스마트폰 및 컴퓨터 메시지	현실을 흉내 낸 다양한 종류의 비디오
	장점 + 대부분의 상황에서 이용 가능 + 빠름 + 친근함 + 어디에서나 이용 가능함	**장점** + 높은 이해도 + 신속하고 전 세계 어디에서나 통용됨 + 보관 가능 + 시각적 자료를 첨부할 수 있음	**장점** + 무척 빠름 + Y세대들이 선호함 + 회의 중에도 읽을 수 있음 + 사진 붙임이 가능	**장점** + 실제 회의와 비슷한 느낌 + 화이트보드 기능이 제공 되기도 함 + 기록, 보관이 가능
	단점 – 직접적인 비주얼 지원 수단이 없음 – 시각적인 소통을 위해서는 자료의 사전 배포가 필요함 – 충성도 편차가 큼	**단점** – 과도하게 사용됨 – 자주 무시될 수 있음 – 비인간적임 – 시각적 보조 자료들은 열어 봐야 함	**단점** – 기록, 보관이 쉽지 않음 – 글자 수 등의 제한이 있음 – 대부분의 내용은 시각적인 것이 아님	**단점** – 고비용 – 설치 및 설정이 까다로움 – 제한된 시각적 도구의 사용
용도	신속한 팀 회의, 협상, 통보, 방송	직원들과 통상적으로 소통할 때	빨리 확인할 수 있음	출장 경비 절감
경험치	1-2-3-4-5-6-7-8-9-10	1-2-3-4-5-6-7-8-9-10	1-2-3-4-5-6-7-8-9-10	1-2-3-4-5-6-7-8-9-10
선호순위	RANK 1-24 ☐	RANK 1-24 ☐	RANK 1-24 ☐	RANK 1-24 ☐

다른 종류의 양방향 매체

매체 종류	5. 비주얼 미팅	6. 웹 콘퍼런스	7. 양방향 화이트보드	8. 웹 포럼	9. 온라인 팀 공간
비주얼 아이콘					
설명	오프라인 및 온라인 그래픽 퍼실리테이션	무료 및 유료 플랫폼	대규모 및 소규모의 협업 솔루션	온라인 사이트를 이용하여 글과 의견을 올림	자체 서버 또는 외부 서비스 이용의 경우 모두 포함
장점	**장점** + 이미지 고취 + 이야기를 들어주고 있다는 느낌을 가지게 함 + 큰 그림에 대한 생각을 도와줌 + 회의 기록에 대해 참여인원이 검증	**장점** + 슬라이드, 채팅, 화이트보드, 투표 등이 가능 + 이해도가 상당히 높음 + 기록, 보관이 가능함	**장점** + 다양한 입력 수단 + 기록, 보관이 가능 + 디지털 잉크 기술을 활용한 화면 겹침 + 화면을 연결하여 파노라마를 만들 수 있음	**장점** + 자발적인 참여 + 기록, 보관이 가능함 + 이미지 붙임 가능	**장점** + 모든 정보가 한 곳에 있음 + 보고서들이 보관됨 + 멀티미디어 수용 가능 + 대규모 조직의 경우 전담하는 IT 인원이 있음
단점	**단점** – 종이나 태블릿이 필요 – 기본적인 시각적 형태 등에 대한 이해가 필요	**단점** – 컴퓨터가 필요함 – 기초적인 수준 외 그림은 어려움 – 기술 지원이 필요	**단점** – 학습 곡선 – 이용자의 활용 능력이 중요함 – 그래픽 도구가 제한되어 있음	**단점** – 시각적인 기능에 제약이 있음 – 바라는 반응을 얻기까지 시간이 오래 걸림 – 참여자들의 용기를 북돋아 줄 필요가 있음	**단점** – 사람들이 이용하도록 만들어야 함 – 실시간으로 회의할 수 없음 – 시각화 정보를 주고받기엔 화면 크기가 제한됨
용도	참여, 호응 및 집중 유도	출장 경비 절감, 기획안이나 방법론에 대한 검토	이미지의 공동 디자인, 설계, 작업	의견 수렴	프로젝트의 조정 및 조율
경험치	1-2-3-4-5-6-7-8-9-10	1-2-3-4-5-6-7-8-9-10	1-2-3-4-5-6-7-8-9-10	1-2-3-4-5-6-7-8-9-10	1-2-3-4-5-6-7-8-9-10
선호순위	RANK 1-24 ☐	RANK 1-24 ☐	RANK 1-24 ☐	RANK 1-24 ☐	RANK 1-24 ☐

제작 기간이 오래 걸리는 시각 매체

매체 종류	10. 프레젠테이션 슬라이드	11. 벽화 및 스토리맵	12. 영상 및 영화	13. 계획안 및 보고서	14. 화이트보드 애니메이션
비주얼 아이콘	PowerPoint Template		VIDEO HD	POSSIBILITIES	POSITIVE FEEDBACK LOOP BETWEEN PEOPLE AND PL
설명	모든 종류의 프레젠테이션 소프트웨어 및 인쇄 배포물	대규모 그래픽 차트 및 벽화 등	비공식 및 공식 제작 모두 포함	단방향의 인쇄본 및 PDF 보고서 등	그래픽 리코딩 애니메이션이라고도 부름. 빠르게 기록한 그림.
장점	**장점** + 어디에서나 가능함 + 개개인이 능동적으로 시각화를 할 수 있음 + 편리한 템플릿 + 인쇄 기능	**장점** + 사람들의 참여 및 기억이 쉬움 + 큰 그림을 담을 수 있음 + 두드러짐 + 만드는 과정에서 업무나 역할의 정렬이 가능함	**장점** + 카메라는 휴대하기 용이함 + 동작을 기록할 수 있음 + 감정 표현을 기록할 수 있음 + 매우 시각적임	**장점** + 유형적이며 튼튼함 + 색상 및 시각적 요소를 담을 수 있음 + 기록, 보존이 가능함 + 읽기에 편리함	**장점** + 이목을 집중하게 할 수 있음 + 음성 언어와 시각 언어를 결합 + 상상력을 자극 + 관련성을 잘 보여 줄 수 있음
단점	**단점** – 과도한 사용 – 양방향적이지 않음 – 화면 형태에 제한이 있음	**단점** – 제작 시간이 오래 걸림 – 작은 크기의 화면에 맞지 않음	**단점** – 단방향 – 시각적인 내용이 화면 전환으로 인해 사라짐 – 제작 기술이 필요	**단점** – 제작에 시간이 오래 걸림 – 단방향 – 휴대하기에 무거움	**단점** – 제작하기 어려움 – 단방향 – 화면 전환으로 인해 이미지가 오래 남지 않음
용도	생각을 빨리 정리하고자 할 때	리더의 이야기를 보조하기 위함	열정과 확신을 심어 주고자 할 때	중요한 정보를 남기기 위해	주목 끌기, 비주얼 씽킹의 촉진
경험치	1-2-3-4-5-6-7-8-9-10	1-2-3-4-5-6-7-8-9-10	1-2-3-4-5-6-7-8-9-10	1-2-3-4-5-6-7-8-9-10	1-2-3-4-5-6-7-8-9-10
선호순위	RANK 1-24 ☐	RANK 1-24 ☐	RANK 1-24 ☐	RANK 1-24 ☐	RANK 1-24 ☐

매체 종류	15. 조직 블로그	16. 대화 기반 네트워크	17. 친구 기반 네트워크	18. 인트라넷	19. 영상 및 사진 공유
비주얼 아이콘					
설명	기관 웹 사이트의 블로그 등	트위터 및 대화 기반 네트워크	페이스북 및 유사 사이트	조직 자체를 위한 소셜 네트워킹 시스템	시각적인 요소에 최적화된 수많은 사이트들 포함
장점	**장점** + 쉬운 업데이트 + 시각적 요소 삽입 용이 + 다른 정보와 연결할 수 있음	**장점** + 빠름 + 모바일 및 세계적 이용 + 웹 사이트 연결 가능 + 해시태그(#) 기능	**장점** + 잘 알려져 있음 + 사진이나 링크를 삽입하기 편리함 + 다른 소셜 네트워크와 연계하기 쉬움	**장점** + 사적임 + 자연스러운 조직 지원 + 검색 용이	**장점** + 이미 구축되어 있음 + 시각적인 부분이 강화됨 + 영상을 지원함 + 검색이 가능함 + 다른 사이트로 연결할 수 있음
단점	**단점** – 제한되는 상호작용 – 작은 크기의 화면에 맞는 그래픽 – 기술 지원 필요	**단점** – 입력 글자 수 제한 – 이미지는 주로 링크로만 제공 – 참조, 인용하기 어려움	**단점** – 너무 대중적임 – 특정 목적에 집중하기 어려움 – 데이터 관리가 어려움	**단점** – 집중하기 어려움 – 구축 비용이 많이 필요 – 기술 지원 필요	**단점** – 이미지들이 대중적인 것임 – 선택 가능한 경우의 수가 너무 많음 – 양방향성이 떨어짐
용도	개인적인 차원에서 실행하는 다수 대상의 소통	사람들에게 특정 웹 사이트를 알려 주려 할 때, 회의를 보조할 때 등	흔치 않은 대상까지 접근하고자 할 때	비공식적이며 사적인 네트워킹을 촉진할 때	영상 및 시각적인 정보를 국제적으로 공유하려 할 때
경험치	1-2-3-4-5-6-7-8-9-10	1-2-3-4-5-6-7-8-9-10	1-2-3-4-5-6-7-8-9-10	1-2-3-4-5-6-7-8-9-10	1-2-3-4-5-6-7-8-9-10
선호순위	RANK 1-24	RANK 1-24	RANK 1-24	RANK 1-24	RANK 1-24

매체 종류	20. 전자 학습	21. 전자책	22. 앱	23. 게임 및 시뮬레이션	24. 가상현실
비주얼 아이콘					
설명	장치 종류와 무관하게 스스로 학습할 수 있는 모든 것들을 의미함	전자책 및 대화형 도서	스마트폰과 태블릿	게임, 데이터 시각화 및 시연 등	3D 대화형 환경
장점	**장점** + 편리성 + 진도나 속도를 조절할 수 있음 + 영상 및 기타 멀티미디어를 삽입할 수 있음 + 학습 지원	**장점** + 링크와 레이어 지원 + 시각 정보의 양방향성 + 휴대가 간편함 + 재생산 비용이 저렴	**장점** + 간편함 + 양방향성 + 게임 같은 느낌의 디자인 + 다른 사이트로 연결할 수 있음	**장점** + 복잡 미묘한 시각적 역동성의 표현 + 양방향성 + 몰입	**장점** + 몰입하기 쉬운 비주얼 + 삼차원, 움직임 + 휴대 용이 + 업데이트가 쉬움 + 다른 매체로 연결할 수 있음
단점	**단점** – 제작 비용이 많이 필요함 – 컴퓨터에 의존해야 하는 부분이 있음 – 기술 지원 필요	**단점** – 표준이 아직 정립되지 않음 – 대화 형식을 설계하고 구축하는 데에 비용이 많이 필요함	**단점** – 제작이 어려움 – 비싼 가격 – 기기 간 호환성의 복잡함	**단점** – 고비용, 기술 중심 – 컴퓨터 기반 – 사람의 반응이 적음	**단점** – 직관적이지 않은 인터페이스 – 특정 소프트웨어를 이용해야 함 – 비인간적일 수 있음
용도	구조나 관계, 서열 등에 대해 생각해 보았는가?	학습을 위하여 휴대가 간편한 보조 수단을 제공	젊은 직원들의 참여율을 높임	일반적이지 않은 경험에 접근	전통적이지 않은 소통으로의 초대
경험치	1-2-3-4-5-6-7-8-9-10	1-2-3-4-5-6-7-8-9-10	1-2-3-4-5-6-7-8-9-10	1-2-3-4-5-6-7-8-9-10	1-2-3-4-5-6-7-8-9-10
선호순위	RANK 1-24 ☐	RANK 1-24 ☐	RANK 1-24 ☐	RANK 1-24 ☐	RANK 1-24 ☐

모바일을 이용한 시각적 협업의 시대가 오고 있다

새로운 미디어에 대한 개요를 소개하고자 하는 시도 그 자체가 사실은 위험하다. 왜냐하면 변화 속도가 너무나 빠르기 때문이다. 이 책이 인쇄소로 넘겨질 무렵, 뮤럴리(Mural.ly)라는 이름의 클라우드를 이용한 협력적 시각화 도구가 나타났다. 이것은 프레지와 유사한 종류였지만 훨씬 더 뛰어난 줌이 지원되는 프레젠테이션 도구였고, 게다가 클라우드 기반이었다. 프레지와 뮤럴리는 모두 타인을 초대해서 벽화나 프레젠테이션을 함께 만들 수 있는 기능을 제공함으로써 미래의 협업이 보여 줄 수 있는 가능성을 예견하게 했다. 실제로 프레지를 만든 사람들은 대화형 비주얼 미팅에 프레지를 활용하고 있다.

앞에서 다룬 각각의 종류별 매체는 그 안에서도 많은 변화를 일으키고 있다. 다음의 몇 가지 사례들을 살펴보자.

- 전자 우편은 1990년대 초반부터 인기를 얻기 시작했다. 이제 전자 우편이 제공하는 기능은 모든 소셜 네트워크 사이트에 기본적으로 내재되어 있고, 클라우드로 옮겨가고 있는 중이다. 혹자는 전자 우편이 문자메시지와 트위터를 선호하는 젊은 세대들에게 시대에 뒤떨어진 것이 돼버렸다고 한다. 문자메시지가 널리 퍼짐에 따라 대화 기능도 진화하고 있다. 새로 나오는 어떤 앱들은 사진을 이용하는 데에만 중점을 두기도 하고, 어떤 앱은 디지털 잉크로 주석을 달 수 있게 해주기도 한다. 각각의 모든 변화는 그에 맞춘 행동의 적응을 필요로 한다.

- 9/11 사태 이후의 미국에서의 여행 제한과 2008년도의 범세계적인 경제 위기는 많은 조직들이 업무 가상화를 고민하게 했다. 이 같은 점은 웹 콘퍼런스 매체의 발전을 촉진했다. 스카이프는 웹 콘퍼런스 서비스를 무료로 제공하며 범용적인 부분에서 널리 퍼지게 됐다. 유료 서비스들은 특수한 목적에 맞춘 고성능의 서비스를 제공하게 되었다.

- 혹시 텍스트 기반의 컴퓨터 화면이나 인터넷이 언제쯤 그래픽 유저 인터페이스(GUIs)로 바뀌게 되었는지 기억하는가? 최근에는 터치스크린 기술과 프레지 같은 선도적 서비스들 덕에 화면 줌이 가능한 이용자 인터페이스(ZUIs)가 빠르게 진화하고 있다. 프레지는 유럽에서 만들어진 프레젠테이션용 프로그램인데, 그림의 아주 세밀한 부분까지 확대해서 보여 줄 수도 있고, 사전에 설계한 것이든 수동 설정이든 프레젠테이션 경로를 지정할 수도 있다. 크로노줌은 타임라인의 줌을 가능하게 해주는 프로그램이다. 뮤럴리(Mural.ly)는 줌 기능과 함께 프레젠테이션을 만들 수 있고 자료를 가져다 붙일 수 있는 기능을 제공한다.

만일 여러분이 흥분이나 기대 등 어떤 감정을 느낀다면, 여러분의 직원들도 마찬가지로 그렇게 느낄 것이다. 그것이 바로 이 영역에서 리더십이 필요한 이유다.

포트폴리오 문제처럼 매체 다루기

많은 제품과 서비스를 가지고 있는 조직에는 전략적인 용어로 '포트폴리오 문제'라는 것이 존재한다. 매체를 통해 일이 진행되게 하는 경우에도 여러분은 명백하게 이 같은 종류의 곤경에 빠지게 된다. 여러분이 해야 할 일은 우선순위를 결정하는 것이다. 하지만 이것은 특정한 하나의 플랫폼을 지정하는 것보다 훨씬 더 복잡한 일이다. 여러분은 모든 사람이 사용하기를 기대하는 도구를 선택할 때 무척 신중해야 한다. 어떤 것이든 더욱 효과적이려면 기술 개발과 행동의 변화가 필요한데, 아마도 이것이 새로운 기술을 잘 활용하는 데 가장 어려운 부분일 것이다. 플랫폼을 선택하는 것은 건물의 기초를 다지는 것과 같다. 기능이 너무 제한되어 있다면 사람들이 시각적인 것을 받아들이게 하기 위해 추가적인 것들을 계속 덧붙여야 할 것이다. 반대로 기능이 너무 복잡하다면 사람들은 그것을 배우기 위한 시간을 내려 하지 않을 것이다.

대규모의 인프라를 결정해야 하는가?

어떤 종류의 이용 기반은 조직 전반에 널리 퍼져 있는 경우가 있다. 젊은 리더인 여러분은 이것에 영향을 주지는 않지만, 때로는 이 기반을 업그레이드해야 하는 조직의 일원이 될 수도 있다. 조직 환경은 점점 웹 사이트, 영상, 기록 자료의 보관, 포럼 등 이 책에서 설명하고 있는 많은 종류의 디지털 미디어를 수용하게 될 것이다. 그것들 중 대부분은 아직까지 줌 기능을 제공하거나 커다란 크기의 그래픽을 지원할 수 있게 개발되진 않았지만, 어쨌든 지속적으로 진화하고 있다. 예시된 것과 같은 형식의 포트폴리오 템플릿의 평면은 다양한 선택의 폭을 가지게 된다. 여러분은 모든 사람들에게 표준화된 프로그램을 이용하겠는가, 아니면 각자가 자신의 입맛에 맞는 것을 고르게 하겠는가? 오픈 소스 소프트웨어를 이용하겠는가, 아니면 여러분에게만 맞춰 개발하겠는가? 점점 증가하는 데이터 보안 문제에 대비하기 위해 네트워크 내외부 모두에 방화벽을 설치하겠는가? 이러한 질문들에 더하여 가장 핵심적인 질문은 "얼마나 안정적인가?"일 것이다.

표준화는 다양한 응용프로그램을 활용할 가능성을 열어 준다

1990년대 후반, 휴렛팩커드사의 정보 기술 부문은 삼십 년간의 연혁과 성과를 살펴보기 위해 리더들을 소집했다. 돌이켜 봤을 때에, 그 그룹이 이해할 수 있었던 가장 중요한 것은 인프라 수준의 리더십과 어플리케이션 수준의 리더십에 차이가 있다는 점이었다(여기에서 표현한 인프라 또는 인프라스트럭처는 이제는 무척 일반화되어 사용하는 플랫폼의 의미다. 어플리케이션은 인프라를 기반으로 작동하는 프로그램을 의미한다). 1970년대 중반은 메인 프레임 컴퓨팅 환경

매체 포트폴리오 연습

팀원들이 적절한 비주얼커뮤니케이션 정렬에 참여하게 하는 가장 좋은 방법은 여러분과 함께 미디어 포트폴리오를 결정하도록 하는 것이다. 다음의 과정을 따르라.

1. 소속 부서의 전략과 목표를 검토하고, 어떤 부분에서 소통과 협력을 해야 하는지 살펴보라.
2. 여러분의 포트폴리오가 가질 평면을 결정하라(아래 그림에 일부에 대한 제안이 있다).
3. 붙임쪽지를 활용해서 여러분이 이용하고자 하는 매체의 종류를 표시하라(이 책에 나온 매체별 소개 등을 참조하는 것도 방법이다).
4. 그것들을 아래 그림과 같은 매트릭스에 놓고 정렬하라.
5. 표준으로 삼을 매체, 그리고 다른 팀을 위한 선택적인 매체 대안을 결정하라.
6. 각 선택안에 대한 장단점을 파악하라.
7. 여러분이 선택한 것을 우선순위에 따라 타임라인에 표기하라.

	모든 사람들이 사용할 표준	추가 가능한 선택안
오픈 소스		
조직에 특화된 것		

이 미니컴퓨터를 버리던 시기였고, HP는 시장에서 무척 활동적이었다. 물론 무척 다양한 대안들이 있었지만 HP3000은 그중에서도 독보적인 제품들 중 하나였다. 휴렛팩커드는 자체적으로 이것을 표준 기반으로 삼았다.

여러분이 다룰 수 있는 인프라다운 결정

창의성이 어플리케이션 프로그램이나 업무에까지 이를 수 있게 하기 위해 인프라와 플랫폼을 제대로 갖춰야 한다는 이론은 시각화를 어떻게 지원할지에 대한 여러분의 선택에도 마찬가지로 적용된다.

☐ 회의를 준비하는 데에 에너지 낭비가 적도록 하기 위해 공유하는 달력을 이용하는가?

☐ 웹 콘퍼런스를 하는 데에 기술적인 부분에서 쓸데없는 에너지를 낭비하지 않도록 비디오와 양방향 그림 그리기 기능을 지원하는 믿을 만한 웹 콘퍼런스 플랫폼을 이용하는가?

☐ 보고 자료의 겉모습이 얼마나 그럴싸한지 경쟁하는 게 아니라 계획들을 상호 비교하고 조직 전체를 생각할 수 있도록 공통된 보고 양식 템플릿을 만들었는가?

☐ 보존 및 검색 등에 쓸데없는 시간을 낭비하지 않도록 하기 위해 각종 그래픽에 대해 태그 및 버전 번호에 대한 표준을 만들었는가?

☐ 누가 무엇을 언제 어디에서 했는지 알아내기 위해 쓸데없는 노력을 낭비하지 않도록, 자주 업데이트되는 중요한 사항들을 소통하는 기본 방식 등을 서로 이해하고 동의하고 있는가?

물론 이 밖에도 무척 많은 기회가 표준화를 통해 유연성을 지원하게 된다. 쓸데없는 시간 낭비는 정상적이지 않다. 모든 것은 여러분의 목표를 명확히 아는 것에서부터 시작해서 흘러가게 된다.

미디어는 메시지다

지난 20세기에 유명한 미디어 비평가였던 마샬 맥루한은 "미디어가 메시지다."라는 말로 유명하다. 미디어가 반드시 메시지라고만 이야기할 수 있는 것은 아닐지 모른다. 하지만 어쨌든 간에 미디어는 일종의 메시지이기도 하다(역자 주: 많은 사람들이 '미디어가 메시지다'라는 맥루한의 표현에 대해 이야기하고 있는데, '미디어 = 메시지'라는 공식이기보다 '미디어는 메시지 같은 것'이라는 의미의 은유적 표현으로 해석하는 편이다).

- 만일 여러분이 소셜 미디어에 전혀 관여하지 않고 있는데 젊은 직원들이 조직을 마음에 들어하는 것이 중요하게 된다면, 여러분이 소셜 미디어에 전혀 관여하지 않고 있음이 메시지다.
- 여러분의 일이 직원들에게 각각의 업무 절차가 어떻게 이뤄지는지 이해시키고 그것을 개선하는 데에 참여하게 하는 것인데 해당 절차들을 시각적으로 보여 줄 수 있는 방법이 없다면, 프레젠테이션 소프트웨어를 회의에서 사용하는 것은 단지 여러분뿐이라는 것이 메시지다.
- 반면, 여러분이 시각적으로 업무를 수행하며, 더 큰 규모로 양방향적이며 협력적으로 업무가 이뤄지게 할 수 있다면, 그것이 바로 메시지다.
- HCL 테크놀로지는 내부 블로그에 게시된 글에 대해 리더들이 적극적으로로 응답함으로써 그 회사가 직원 중심의 철학을 가졌다는 것을 보여 주는 중요한 상징을 가지게 되었다. 얼마나 자주 내부 네트워크나 매체에 여러분이 등장하는지도 일종의 메시지다.
- 헬스이스트의 리더들처럼 리더가 모든 직원이 같은 방향을 향하고 있음을 보여 주고자 하며, 그 방향을 설명하기 위해 공통된 비주얼 스토리맵을 이용할 때, 그 자체가 메시지가 된다.

제15장. 버추얼 리더십

명확하고 효과적인 소통

버추얼 리더십이란 것이 세상에 존재할까? 미디어 도구들이 여러분을 관리하는 게 아니라 여러분이 새로운 미디어 도구들을 관리하게 될 때에 어떤 것들이 가능한지 살펴보도록 하자.

부표와 비콘의 역할을 하는 리더

여러분 및 휘하의 리더들은 당연히 업무와 관련된 전반적인 부분에서 방향성을 제시해야 한다. 자율적으로 업무를 추진하는 환경이거나 심지어 일인 기업이라 하더라도, 리더십은 방향성을 확실히 제시해서 가치와 조건을 만족시켜야 한다. 다시 말하자면, 목표가 어떤 종류이든 간에 조직 전체가 그것에 집중하도록 해야 한다. 또한 어떤 미디어를 이용하든 간에 여러분과 연결된 사람들에게 신뢰를 심어 줄 수 있는 방법을 알아야 한다는 의미이기도 하다.

무적(霧笛, foghorn : 농무 경적 또는 경적이라고도 부른다. 짙은 안개가 끼었을 때에 자신의 배나 차 부근에 접근하는 다른 것들에게 주의를 주기 위해 사용)이라는 것을 아는가? 안개 낀 연안에서 무적 소리를 들어본 사람이라면 짙은 바다의 역동적인 조건들을 잘 알고 있을 것이다. 또한 이런 경우 배들은 운항을 위해 부표(buoy)와 비콘(beacon : 수로 표지. 뱃길을 안내하는 일종의 신호등)이 필요하다는 것도 알고 있을 것이다. 이 같은 점은 조직 내의 직원들에 대해서도 마찬가지로 적용된다. 배를 실제로 운항하는 것은 선원들이지만, 선장이나 항해사는 어디로 가야할지 알아야 한다. 여러분은 안개처럼 자욱한 정보들 속에서 모든 사람을 바른 방향으로 이끌기 위해 믿을 만한 신호를 만들어내는 방법을 알고 있는가?

방향성의 제시로 신뢰를 얻어라

워렌 베니스는 1980년대부터 리더십에 관한 유명 저서를 썼다. 1985년에 그는 〈워렌 베니스의 리더와 리더십〉을 출간하기에 앞서 샌프란시스코의 커먼웰스 클럽에서 유명 리더 아흔 명에 대한 연구 결과를 발표했다. 워렌의 연구 결과에 따르면 이 리더들은 모두 네 가지 특성을 가지고 있었다(아마 여러분은 4단계 플로와 그것을 연결해서 연상했을지도 모른다).

어떻게 하면 안개가 자욱한 가능성의 바다에서 부표의 역할을 할 수 있을까?

1. **잡음에 동요하지 말라:** 다른 일들이 벌어지고 있더라도 무적은 주의를 집중하게 한다. 주요 메시지는 두드러져야 한다.
2. **지속적이고 리듬감 있는 신호를 이용하라:** 부표와 비콘은 설정된 리듬에 따라 신호를 반복하고, 모든 사람은 그것을 믿을 수 있다.
3. **간결하고 명확한 메시지를 사용하라:** 부표나 비콘은 복잡하지 않다.
4. **여유 있게 준비하고 다양하게 활용하라:** 연안이나 만(灣)에서는 배를 유도하는 신호와 일정 수준의 위치 확인을 위한 신호를 다르게 구분해서 사용하고 있다.

혼돈을 뚫고 지나가려면 기술이 아닌 다른 무언가에 집중할 필요가 있다. 리더인 여러분이 하고자 하는 더욱 중요한 것에 집중하라. 사실 그것이 어떤 의미를 초래하게 되는지 근본적으로 재검토할 필요가 있을 수도 있다.

1. **비전:** 그들은 가능성에 대한 강렬한 이야기에 감동했다(이 같은 점은 의지의 중요성이나 개인의 목표 의식과도 관련이 있다).

2. **개인적인 신뢰:** 그들은 타인들뿐 아니라 자신에게도 긍정적인 시각을 가지고 있었다. 그들은 모두 자신이 상대하는 사람들을 깎아내리는 적이 없는 '피플 챔피언'이었다(비주얼 리스닝은 이런 기본자세를 형성하는 데에 도움이 된다).

3. **의미의 전달:** 그들은 정보 전달에 앞서 그것이 어떤 의미가 있는지 해석했다(이것은 여러분이 사용하는 은유와 모델에 대한 다른 사람의 이해가 중요함을 의미한다).

4. **명확한 입장:** 사람들은 리더가 가고사 하는 방향을 알고 싶어 한다. 그래야 반일 여러분이 입상을 바꾸더라도 그들이 미리 알아차리고 변화를 따를 수 있다. 사람들은 불확실성이 많은 천재를 보면 불안해한다(예컨대 기반을 선택할 때에도 명확하고 일관되게 하는 것이 중요하다는 점을 알려 준다).

워렌은 그의 강의에서 이 네 번째 특성을 '일관성'이라고 불렀는데, 책이 출간된 이후에는 이것을 '입장'으로 바꿨다. 일관성이란 단어를 볼 때에 워렌도 부표 이론에 동의하고 있음을 알 수 있다. 만일 직원들이 여러분 및 중간 리더들을 신뢰한다면, 그들은 여러분이 하는 요청에 일관성 있게 따라야 한다. 이렇게 되게 하려면 잡음 및 과도한 매체의 입방아를 없애야 한다. '입장'이라는 용어는 더욱 바람직한 선택으로 보이는데, 어느 정도 유연한 느낌까지 담겨져 있다. 하지만 일단 뭔가를 변경하려 한다면 예고뿐만 아니라 각 단계별로 진척될 때마다 계속 알려 줘야 한다. 그래야 새로운 입장에 사람들이 훨씬 잘 맞춰 갈 수 있다. 또한 이 같은 이야기들은 여러분이 매체를 어떻게 이용하느냐에 대해서도 마찬가지로 살펴봐야 한다는 의도가 담겨 있다.

의향이 뉴 미디어 사용에 미치는 영향

혼돈을 뚫고 지나가려면 기술이 아닌 다른 무언가에 집중할 필요가 있다. 리더인 여러분이 하고자 하는 더욱 중요한 것에 집중하라. 사실 그것이 어떤 의미를 초래하게 되는지 근본적으로 재검토할 필요가 있을 수도 있다. 정보와 지식에 접근하기 어려웠던 과거에는 리더십의 큰 부분이 자신의 일을 수행할 사람들을 이끄는 것이었다. 관리자는 직원을 고용하고, 그들을 발전시키고, 목표를 설정하고, 성과를 요구하며, 때론 보상과 처벌을 하기도 했다. 조직은 기름이 잘 쳐진 기계처럼 작동해야 한다고 관리자들이 생각하던 때가 있었다. 그래서 그들은 과학적인 관리 방법을 적용해서 일자리에 맞는 적절한 사람을 배치하기도 했다.

그러던 시절은 이미 오래 전에 사라졌다. 사용할 수 있는 정보는 이제 폭풍처럼 많고 시장 상황은 더욱 역동적으로 바뀌었다. 그래서 어떤 일이 벌어지고 있는지는 홈 오피스에서 일하는 사람들이 가장 마지막에 알게 된다. 이제는 리더십의 역할이 이전과 반대 방향으로 바뀌었음을 많은 조직에서 발견하고 있다.

HCL 테크놀로지의 종합적 투명성

2008년 미국 캘리포니아 주의 해프문베이에서 개최된 게리 해멀의 '관리의 미래에 투자하기' 콘퍼런스에 나타난 비닛 나야르는 경영의 이단아처럼 보였다. 이 콘퍼런스는 현재 경영을 맡고 있는 30여 명의 생각 깊은 경영인을 한곳에 모이게 해서 기술에서처럼 경영에서도 어떻게 하면 혁신적일 수 있을지 탐구하는 자리였다(필자의 저서 〈비주얼 팀〉의 마지막 장에 이 이야기가 상세히 나와 있다. 관심이 있으면 〈비주얼 팀〉을 읽어 보기 바란다). 비닛은 뉴 미디어를 이용하는 경영이 얼마나 다를 수 있는지 잘 보여 주는 사례와도 관련이 있다. 그는 HCL의 총체적인 투명성 문화와 '직원 우선'이라는 철학을 실천하고 있다. HCL은 인도에서 가장 빨리 성장하고 있는 디지털 IT 서비스 제공 회사 중 하나다. HCL은 2008년에 아시아에서 최고의 고용주에게 수여하는 '휴잇 최고의 고용자 상'을 수상했다. 5만 5천 명의 전 직원은 모든 사람이 볼 수 있도록 자신의 360도 평가를 온라인에 게시하는데, 여기에는 개인적인 의견은 남겨지지 않고 전반적인 평가가 기록된다. 비닛은 도움이 필요한 부서에서 다른 팀으로 업무 요청(이를 티켓이라 부른다)을 온라인으로 할 수 있는 시스템을 소개했다. 이 시스템에는 모든 응답이나 반응이 다 게시되는데, 이를 통해 다른 부서에서 각각의 요청에 대해 얼마나 빨리 응답했는지 모든 직원이 알 수 있다. 여러 종류의 혁신 중에는 어떤 직원도 질문할 수 있도록 한 블로그도 있다. 이 질문에 대한 대답은 반드시 이뤄져야 하며, 응답자의 이름도 함께 밝히도록 되어 있다. 당시 게시물은 약 3천 5백 건이 있었다. 비닛은 HCL의 연간 성장률이 약 40%에 달한다고 밝혔다. 그는 "투명성은 신뢰를 형성합니다. 직원은 회사의 가장 소중한 자원이며, 투명한 경영을 통해 여러분은 직원의 신뢰를 얻을 수 있습니다."라고 이야기했다.

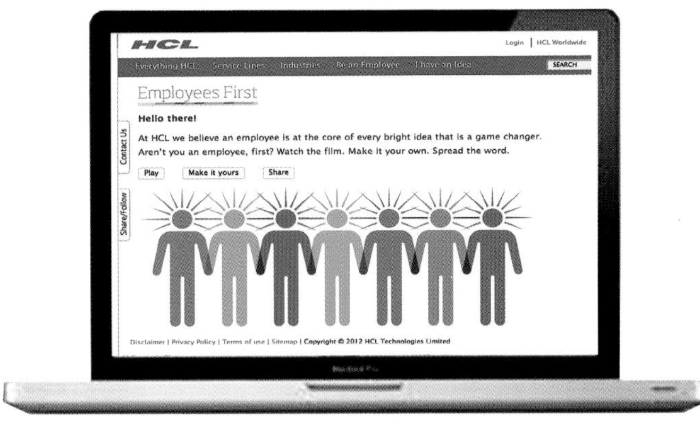

HCL 테크놀로지

인도에서 급성장하고 있는 IT 서비스 회사인 HCL 테크놀로지는 직원 우선의 정책 및 주요 의사 결정에 대한 근본적인 투명 경영을 원칙으로 하고 있다. CEO인 비닛 나야르는 더 많은 네트워크로 연결될 미래 조직에서 버추얼 리더십의 본보기 같은 역할을 하고 있다.

노드스트롬 백화점 관리자의 현장 지원

뉴 미디어가 직원들을 정렬하고 고무시키는 과정에 도움이 될 것이라는 가설이 지배적이다. 하지만 미디어 자체는 그러한 부분에서 아무런 차이를 만들지 않는다는 점을 알아야 한다. 여러분의 의도와 의지가 가시적인 행동을 통해 나타날 때 변화가 만들어진다.

직원들에게 힘을 실어 주는 데에 디지털 기술이 반드시 필요한 것은 아니다. 여러분이 리더로서 직원들과 어떻게 상호작용하느냐가 궁극적으로 가장 중요하다. 베시 샌더스는 노드스트롬 백화점의 젊은 부사장이자 총괄 관리자였다. 그녀는 노드스트롬이 신입 사원에게 지향하는 역삼각형 모형의 관계를 실제로 경험했다. 그 역삼각형 구조의 맨 위에는 고객이 있었고, 관리자는 일선 현장에서 고객과 접하며 일하는 직원들을 지원해 주는 위치에 있었다. 이러한 구조에서 일선 현장 직원들은 고객과 회사에게 좋은 결과를 가져다주기 위해 무엇이든 할 수 있어야 했다. 모든 난관을 극복하고, 그녀는 로스앤젤레스 지역의 노드스트롬을 선정해서 그러한 관계를 현실화했다. 이것은 노드스트롬에 대한 직원의 기여도나 고객의 충성도에 긍정적인 영향을 주는 폭풍 같은 현상의 시작이었으며, 해당 점포는 대단한 성공을 거뒀다. 그녀의 저서 〈전설적인 서비스: 평범한 행동, 놀라운 성과〉를 읽어 보면 고객을 소중히 여기게 하는 것이 얼마나 훌륭한 사업 결과를 만들었는지 잘 나와 있다. 뉴 미디어가 직원들을 정렬하고 고무시키는 과정에 도움이 될 것이라는 가설이 지배적이다. 하지만 미디어 자체는 그러한 부분에서 아무런 차이를 만들지 않는다는 점을 알아야 한다. 여러분의 의도와 의지가 가시적인 행동을 통해 나타날 때 변화가 만들어진다. 비비안 라이트는 다음과 같이 언급했다. "대부분의 관리자는 그들의 역할을 뒤집어서 바라보지 못합니다. 만일 역할을 뒤집어서 볼 수 있다면, 관리자들은 컨설턴트처럼 행동하며 직원들을 자원봉사자처럼 대할 것입니다. 조직 전체의 힘을 증가시키기 위해 노력하는 상황에서 개인의 역할이 살아남게 됩니다. 팀의 전력을 증가시키기 위해 노력하면, 그 노력의 대가를 팀에게 돌려주게 됩니다."

자문의 기회를 대화형으로 이끌어 가기

여러분이 협력 또는 자문의 방향으로 접근하게 된다면 뉴 미디어에 영향을 받는 환경이 무척 혼란스럽다는 점으로 인해 대단히 큰 기회를 만나게 될 것이다. 여러분이 적합한 도구들이 갖춰진 환경에서 소통을 지원하게 된다면, 이것을 사람들에게 자신 스스로 생각하고 결정하며 문제 해결 능력을 길러 줄 수 있는 기회로 여기게 해서 참여하게 하라. 직속 부하 직원들이나 다른 이해관계자들에게 여러분이 업무를 수행할 때에 적합한 환경을 찾아내는 것을 돕도록 하라. 여러분이 할 수 있는 몇 가지 방법 중에는 다음과 같은 것들도 있다.

□ **웹 사이트 공동으로 설계하기 :** 바람직한 조직 내부용 웹 사이트, 블로그 또는 포럼 등을 갖추기 위해 그것을 디자인하고 근사한 결과를 제공할 외부 회사를 고용하는 대신, 디자인 과정에 여러분과 직원들이 참여해

야 한다고 주장하라. 만일 여러분의 디자이너가 그런 방식으로 업무를 수행하지 않는다면, 디자인할 다른 사람을 찾으면 된다. 직원들은 자신이 인터페이스 설계에 참여해서 만든 사이트를 반드시 사용하게 되어 있다.

□ **스토리맵과 비주얼 플랜 함께 만들기 :** 헬스이스트의 사례는 리더가 직원들의 관심을 적절히 활용해서 퀄리티 저니 맵에 무엇이 들어갈지 정한 것을 보여 줬다. 이것은 해당 방법이 조직 전체를 결합하게 만드는 것을 보여 주는 뛰어난 사례다. 매번 맵이 개정될 때마다 사람들은 내부에서 중요한 의견을 교환할 수 있는 기회를 가졌다. 그저 최종본만 제시해서는 안 된다.

□ **팀 룸 환경 조성하기 :** 정보의 중앙화 및 프로젝트 관리 자원 등에 관해 여러분이 팀을 위해 할 수 있는 선택은 무척 많다. 단 하나의 수단을 선택하고 그것을 의무화하기보다는 현업 팀들이 관여해서 여러 가지를 시행해 보고 그중에서 추천하게 하라. 여러분과 리더들은 현업 담당자들에게 각기 주어진 것과 제약 조건 등에 대해 제대로 소통할 필요가 있다. 조직 내의 다른 부서와 함께 일을 하게 하는 것도 중요할 수 있는데, 이때에 여러분은 그것이 설계와 기획의 기준에 속한다고 명확히 밝혀야 한다. 여러 가지 제약 조건은 혁신의 친구라고도 할 수 있다. 사람들이 어떤 것에 대해 할 말이 있다면, 그것이 실제로 발생하는 경우도 생길 것이다.

디자인 씽킹

디자이너들은 프로토타입을 만들거나 콘셉트를 도출할 때에 종종 여럿이 팀으로 함께 작업하곤 한다. 그로브의 그래픽 가이드는 이런 형태로 사고하는 방식을 일반적인 회의에서도 응용할 수 있게 도와준다. 여러분의 매체 개발에 대해'디자인 씽킹' 적으로 접근하고 그것을 함께 작업해서 모든 사람이 수용하게 해보면 어떨까?

□ **의사 결정의 방 함께 기획하기 :** 그것이 가상 환경이든 대면 상태이든 간에 중요한 회의를 치르기 위한 환경을 여러분이 지정하기보다는 주변의 사람들과 함께 생각하도록 하라. 그들이 의사 결정의 방에 대한 의견을 표현하는 것이 의사 결정의 방을 이용하는 시작이 될 수 있다.

□ **영상 활용 권장하기 :** 매체에 대해 잘 알고 있는 직원들에게 중요한 아이디어나 학습 내용을 전달하기 위해 비디오 영상을 만들도록 하라. 그들이 고객을 인터뷰하고 영상 보고서를 가져오게 하라. 파트너들을 인터뷰하게 해보라. 여러 가지 도움을 줄 수 있도록 내부용 '유튜브'를 만들어 보라. 또한 많은 사람이 촬영할 수 있

도록 별다른 어려움 없이 영상 장비를 이용할 수 있어야 할 것이고, 몇 가지 영상 후처리 소프트웨어에 대한 사용법 교육도 있어야 할지 모른다. 일단 만들어지고 나면 정말 놀라운 접근성을 보일 것이다. 여러분이 이것을 어떻게 시작하는지에 대한 방법을 알 필요는 없다. 하지만 이러한 것이 조직에서 일반적으로 일하는 방식이 아니라면 여러분이 최고 책임자로서 이끌어나가야 할 필요도 있다. 또한 여러분은 영상 촬영 장비나 디지털 영상의 보관 수단 등을 마련하기 위해 사전에 비용을 지출해야 할 수도 있다.

재건, 공동 창작, 변혁은 사람들의 광범위한 참여가 없이는 이뤄질 수 없다. 또한 그들은 그저 참여만 하는 것이 아니라 과정, 문화적 가치 및 기타 조직 생활에서 중요한 요인들에 대해 이해하고 있어야 한다.

협업은 꼭 필요한가?

모든 도구는 목적에 맞춰 설계되는 경향이 있다. 하지만 도구란 설계한 사람이 전혀 예상치 않았던 용도로 다양하게 이용될 수 있기 마련이다. 이 책에서 설명하는 종류의 시각화는 협력과 이해를 돕고, 여러분이 달성하고자 하는 것에 대한 이야기를 잘 퍼뜨릴 수 있게 한다. 그것을 통해 타인들이 더 큰 노력으로 여러분을 도울 수 있는 방법을 찾을 수 있게 해준다. 생명체는 일부가 아닌 모든 세포에 DNA를 심는다.

한편, 마찬가지 도구를 가지고 협업적이지 않으며 집중적이고 목표 지향적인 환경을 만들기 위해 사용할 수도 있다. 그러한 활용은 고성장 조직에서 가능한데, 심지어 전문적이고 제도화된 어떤 조직에서는 결과를 얻기 위해 기계처럼 일하게 하는 방식으로 이용하기도 한다. 여러분이 힘 있는 우두머리라면 협력에 많은 공을 들이지 않고 조직을 정렬하는 도구로 매체를 사용할 수도 있다. 해고 외에 다른 대안이 없는 상황이라면 직원들은 일자리가 지속되길 바랄 것이고 시키는 대로 할 것이다.

그러나 재건, 공동 창작, 변혁은 사람들의 광범위한 참여가 없이는 이뤄질 수 없다. 또한 그들은 그저 참여만 하는 것이 아니라 과정, 문화적 가치 및 기타 조직 생활에서 중요한 요인들에 대해 이해하고 있어야 한다. 만일 리더가 지시하는 대로 무조건 따르게 해서 성공한다고 하더라도, 이런 경우에는 조직 구성원들이 자신의 능력을 100% 다 발휘하지 않고 의지의 일부를 남겨 두게 된다. 리더십에 관한 많은 글들에 의하면, 조직 구성원에 대한 이해와 참여, 존중을 기반으로 한 리더십은 그들이 능력을 십분 발휘할 수 있도록 한다.

지식 기반을 구축하고 비주얼 리더로서 실행하기

여러분이 직원들의 집단 지성을 들여다보는 데에 관심이 많으며 그들에게 더 많은 조언을 해주며 배워 가는 리더가 되고 싶다고 가정해 보자. 이럴 경우 어떻게 시작해야 할까? 다음에 몇 가지 시나리오들이 제시되어 있다. 이 사례들은 상세한 부분들을 결정하기 위한 디자인 회의를 협력적으로 수행하는 데에 초점을 맞추고 있다.

스마트 보드

스마트의 브리짓 소프트웨어를 이용하면 최대 64대의 스마트 보드, 태블릿 및 컴퓨터를 한꺼번에 연동할 수 있다.

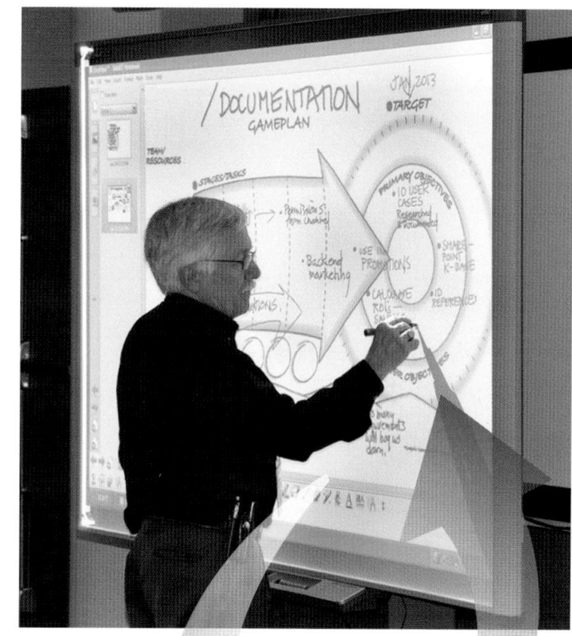

□ **영상 친화적인 웹 콘퍼런스 서비스의 지원 :** 어도비 커넥트는 영상을 많이 사용할 수 있도록 설계된 웹 콘퍼런스 서비스의 한 예다. 이것은 회의에 참여한 사람들이 자신의 웹캠으로 회의를 하면서 속도의 저하 없이 공동으로 그림을 그리거나 시각화를 수행할 수 있음을 의미한다. 상대적으로 스카이프는 무료이기는 하지만 이처럼 동시에 웹 콘퍼런스 및 시각화 협력을 지원하지 않는다. 만일 확실한 비주얼 웹 콘퍼런스 환경을 갖추고 있다면, 여러분의 부서는 그것을 이용해서 시각화를 시작할 것이다.

□ **그래픽 퍼실리테이터들로 이뤄진 조직 내 핵심 그룹 육성 :** 어떤 조직이든 그림 그리기와 기록하기를 좋아하는 검은 펜 인간형이 있기 마련이다. 만일 여러분이 내부 직원들 중 일부를 훈련하는 데에 투자한다면 연간 사업 계획의 수립이나 특정한 문제 해결을 위한 공동 연수 등 시각적인 면이 크게 도움이 될 수 있는 회의에서 비주얼 미팅을 실시할 수 있다. 여러분은 그들이 커다란 크기의 종이, 마커, 디지털 카메라 등 업무나 회의를 기록하고 공유할 수 있는 도구를 갖출 수 있게 해줘야 할 것이다.

□ **양방향 화이트보드 네트워크에 투자 :** 스마트 테크놀로지는 PC, Mac 및 태블릿과 스마트 보드를 연결해서 각각 상호작용이나 그림 그리기를 할 수 있게 하는 '브리짓'이란 소프트웨어를 개발했다. 이것을 구매하기 위한 투자 예산은 약 일만 달러에서 일만오천 달러 사이 정도다. 조직이 협력해서 설계하고 디자인해야 한다면 이것을 이용하는 것도 좋은 방법이다. 여러분이 리더로서 조직이 이것을 설치하게 하려면 사전에 몇 가지 계획을 수립해서 실행에 옮겨야 할 수도 있다.

□ **비전과 전략을 보여 주는 스토리맵 작성 :** 다음 단계에 대한 비전과 전략을 가지고 있다면 슬라이드를 멀리 놓고 커다란 그래픽 벽화를 만들어 보라. 이 벽화를 완성하기 위해서 내부 및 외부의 정보 디자이너들과 함께 일을 수행해야 한다. 또한 메시지를 개발하기 위해 퍼실리테이터와 함께 일을 해야 한다. 여러분은 이것에

관여하는 사람들이 전체적인 형태를 잡으며 그래픽 작업을 하는 것을 보면서 놀라게 될 것이다(12장 참조).

□ **온라인 팀 룸의 시험 가동:** 원거리에서 일을 해야 하는 팀을 골라서 그들의 중요한 문서, 일정, 타임라인 및 기타 프로젝트에 관련된 것들을 한곳에 모아 놓을 수 있도록 하라. 여러분이 약간의 훈련에 투자할 경우, 조직 내의 다른 부서에서 잘 복제해서 사용할 수 있는 사례를 만들 수 있을 것이다. 팀원들로 하여금 다양한 방법과 옵션에 대해 함께 연구할 수 있게 하라(필자의 저서 〈비주얼 팀〉은 이런 종류의 일과 도구에 대해 많은 정보를 다루고 있다).

□ **비주얼 서밋의 개최:** 대규모로 전체가 다 모이는 자리를 만드는 것은 조직에서 중요한 일이며, 또한 종종 필요한 일이다. 이런 자리는 많은 사람을 한곳에 모아서 새로운 계획을 알린다거나 신입 사원이 조직 문화에 익숙해지게 하거나 또는 사람들 간의 관계를 돈독하게 하려고 할 때 등에 쓰인다. 모든 사람이 현업에서 잠시 떠나 비주얼 히스토리를 꾸며 보고 현재의 문제점이나 변화의 원동력을 탐구하고 비전을 가지게 하며 우선순위를 설정하게 하는 비주얼 서밋을 개최해 보라. 헬스이스트의 퀄리티 저니 맵 작성을 위한 회의가 바로 이 같은 종류의 회의다. 이러한 설정은 여러분에게 실질적인 아이디어의 무대를 만들 수 있게 해준다.

□ **사례 연구 비디오의 제작:** 비디오카메라를 구입하라. 그리고 업무에 관련된 인터뷰, 설명, 주요 모델과 프레임워크 등을 담은 비공식적인 영상을 만들어 다른 사람들에게 알릴 팀을 찾아 이를 수행할 수 있도록 격려하라. 이것이 저장되거나 스트리밍을 하는 데에 필요한 것, 또는 이와 관련해서 외부 업체와 계약해야 할 것이 있다면 IT 부서 사람들에게 도움을 받도록 하라. 여러분은 저렴한 비용으로 비디오를 편집하거나 이러한 일에 관심 있는 내부 인력을 교육할 업체를 찾아야 할 수도 있다. 이 과정에서 일련의 장비 비용 지출이 발생할 수도 있다. 영상 편집은 많은 용량의 하드디스크와 성능 좋은 컴퓨터가 필요하다. 노트북 컴퓨터를 이용할 경우에 메모리를 충분히 장착하고 외장 하드디스크를 이용하면 된다.

□ **통상적인 일반 회의에서 OARRs 차트를 사용:** 여러분이 생각하는 결과물, 의제/순서, 역할 및 규칙에 대해 시각적으로 기록하는 습관을 들이도록 하라. 또한 이것이 일회성이 아니라 계속됨을 확실히 알게 하라.

그래픽 퍼실리테이터와 함께 작업하기

전문적인 그래픽 퍼실리테이터는 통상적으로 회의를 이끌고 시각적으로 기록하는 사람들이며, 여러 명이 진행하는 절차를 시각적으로 설계할 수 있도록 도와준다. 그래픽 퍼실리테이터들과 함께 작업을 할 때에는 다음 내용들을 따르도록 하라.

1. 일단 두세 명의 그래픽 퍼실리테이터에 대한 정보를 확보하고, 그들에게 작업했던 샘플을 요청하라.
2. 그래픽 퍼실리테이터의 경험 수준, 도움을 줄 수 있는 방법론, 그리고 여러분이 그래픽 퍼실리테이터에게 바라는 역할 등을 중심으로 일단 전화 인터뷰를 하라. 그는 경청을 잘하는 사람인가? 여러분의 산업군에서 관련된 일을 했던 적이 있는가?
3. 여러분이 바라는 해당 회의의 OARRs를 명확히 하기 위한 초기 설계 회의를 가진다.
4. 회의 도중에 발생할 수도 있는 특정한 사항에 대해 그래픽 퍼실리테이터에게 어떻게 대응할지 물어보라. 그리고 어떠한 것들을 확인할 경우에 그래픽 퍼실리테이터가 관여하는 수준에 대해 여러분이 바라는 점을 명확히 하라.
5. 디자인 세션이나 회의에서 여러분 자신이 최종 결과물에 대해 요청하는 사람임을 명확히 하라.
6. 시간을 효율적으로 사용하기 위해 퍼실리테이터가 의제 및 순서에 대해 관리하는 역할을 맡게 하라. 그래픽 퍼실리테이터는 여러분을 목적하는 곳까지 잘 이끌어 줄 것이다.
7. 회의를 마친 뒤에 여러분이 받기를 바라는 문서에 대해 명확히 해야 한다. 단순히 디지털 사진만으로 충분한가? 아니면 각각을 글자로 입력한 문서가 필요한가? 퍼실리테이션을 할 때에 다른 사람이 추가적으로 더 관여하기를 바라는가?

□ **기획 회의에서 그래픽 템플릿의 이용:** 기획 과정에서 다양한 단계를 시각화할 수 있는 그래픽 템플릿을 사용하라. 우선순위를 보여 주는 요약 벽화를 만들고 그것이 온라인으로 공유되며 물리적으로도 업무 공간에 게시될 수 있게 하라. 그리고 최종 그래픽 작업에 대한 검토를 첫 순서로 해서 다음 기획 과정을 시작하라.

소셜 네트워크의 도전

리더는 무척 바쁘다. 대부분의 리더는 소셜 네트워크를 사용할 시간이 충분치 않다. 하지만 리더가 효율적으로 소셜 네트워크를 이용할 수 있는 방법들도 있다. 여러분이 소셜 미디어에 대해 잘 모르거나 현재 이용 방법이 효율적이지 않다고 여긴다면, 여기에 별도로 요약해 놓은 내용을 숙지하기 바란다. 그로브는 고객과 동료가 시각화 영역, 특히 전략적 촉진과 관련이 되거나 여러 명이 협력해야 하는 것, 그리고 협력을 도와주는 것과 관련된 것은 무엇이라도 큰 관심을 가지고 있음을 알고 있다. 이러한 주제에 초점을 맞추어, 우리는 정기적으로 트위터, 페이스북, 링크드인(직종 중심의 소셜 네트워크)을 통해 주제와 관련된 온라인 리소스, 잡지 기사, 도서, 관련 그래픽 등을 게시하고 있다. 대략 한 주에 두서너 개의 글을 정기적으로 발행한다. 여러 소셜 네트워크에 동시에 동일한 게시물을 올릴 수 있는 응용 프로그램을 사용하면 시간은 그리 오래 걸리지 않는다. 만일 동료가 특정한 문서나 웹 사이트를 언급하거나 인용한다면, 그 링크를 우리의 네트워크를 통해 보낼 수 있다. 그런 작업을 하는 데에는 일 분도 채 걸리지 않는다. 소셜 네트워크에 글을 올리는 것은 사람들이 찾는 가치의 차이가 무엇인지 알아내고 집중하는 일이다.

만일 비디오의 사용을 좋아하는 리더라면, 직원들이 봤으면 하는 중요한 영상을 소셜 네트워크를 이용해서 보여 줄 수 있다. 비전을 전달하기 위해 큰 벽화를 이용하는 것을 좋아한다면, 여러분은 그것을 PDF 파일로 전자 우편에 첨부할 수 있다. 여러분이 블로깅을 즐긴다면, 자신이 작성한 블로그 링크를 소셜 네트워크를 통해 공유할 수 있다. 전문가들이나 중요한 아이디어를 선택할 수 있는 능력을 가진 사람을 많이 알고 있다면 그것은 여러분에게 큰 선물이 된다. 이것들은 소셜 네트워크에서 활동할 때에 초점을 맞춰야 할 부분일 수 있다.

말콤 글래드웰은 그의 저서 〈티핑 포인트〉에서 새로운 아이디어를 이루는 데에 차이를 만드는 세 가지 유형의 리더를 설명했다. 각각 커넥터, 메이븐, 세일즈맨이라 부른다. 상황이 역동적일 때에는 적절한 시간에 일들이 퍼질 수 있게 하기 위해 약간의 노력만 있으면 된다.

소셜 네트워크 이용 지침

소셜 네트워크는 무척 번잡하고 다양하다. 심지어 회사 내부용으로 마련된 것도 비슷하다. 부표 효과를 만들고 사람들이 관심을 가질 수 있도록 다음의 원칙들을 따르라.

1. **집중** : 게시물에 대해 명확한 목표/목적을 정하라. 그것이 회사의 계획인지, 절차인지, 일반 지식인지 등에 따라 달라질 수 있다.
2. **빈도** : 사람들이 이해할 만한 빈도를 결정해야 한다. 게시 주기를 어떻게 할 것인가? 매일? 매주? 매월? 양의 많고 적음보다는 꾸준하게 변치 않는 것이 더 중요할 수 있다.
3. **간결성** : 게시물이 초점에서 벗어나지 않게 하라. 트위터를 이용한다면 포럼이나 블로그와 달리 글자 수 제한이 있는 만큼 더욱 간결해야 한다.
4. **링크** : 소셜 네트워크 플랫폼의 장점 중 하나는 바로 링크의 제공, 즉 다른 정보로 곧장 가게 할 수 있는 점이다. 여러분이 리더로서 소셜 네트워크에 게재할 때에 링크를 이용해서 관련 문서 정보를 제공할 수 있으며, 이것을 통해 모든 사람은 중요한 부분에 대해 방향성을 유지할 수 있게 된다.
5. **연관성** : 여러분의 게시물이 사람들이 수행하고 있는 과업과 관련이 있거나 그것에 도움이 될 수 있도록 하라. 여러분은 리더이기 때문에 행동이 두드러지게 보일 수밖에 없다. 여러분이 더 보고 싶은 것들이 무엇인지 강조할 수 있도록 하라.
6. **인정** : 소셜 네트워크는 진행 중인 일들을 빛나게 해줄 수 있는 작은 스포트라이트와 같다. 긍정적인 강화를 통해 변화를 만들라.

- **커넥터**는 아는 사람이 많은 사람이다.
- **메이븐**은 제시된 주제에 대해 가장 잘 알고 있으며 생각의 리더십을 따른다.
- **세일즈맨**은 다른 사람들을 동참시킬 수 있는 능력이 있고 아이디어를 설명해 주기 좋아하며 설득하는 사람이다.

뉴 미디어의 팬들은 연계 및 네트워크의 확장을 통해 집단적 의미 형성이 가능한 시기에 들어섰다고 믿고 있다. 사실에 입각한 정보가 문자 그대로 모든 사람들의 손끝이 닿는 곳에 있다는 점에 대해서는 논란의 여지가 없다. 스마트폰을 가지고 있다면, 그것으로 인터넷에 곧장 접속할 수 있기 때문이다. 하지만 일종의 정보 이용 방법을 안다는 것이 결과적으로 지식을 의미하는 것일까?

여러분은 이러한 유형의 리더 중 하나일지도 모른다. 도움이 되는 것은 여러분이 보완할 것과 연결하고, 함께 하며, 중요한 아이디어에 대해 주변의 관심을 만드는 것이다. 만일 여러분이 세일즈맨 유형이라면, 그것을 증폭시키기 위해 중요한 아이디어를 커넥터에게 보내도록 하라. 메이븐 유형이라면 세일즈맨 유형의 사람들을 규합해야 할 필요가 있다. 가장 기본이 되는 원칙은 다른 사람들이 신뢰할 수 있는 확실한 정체성을 온라인에 구축하는 것이다.

네트워크 안의 지식

뉴 미디어의 팬들은 연계 및 네트워크의 확장을 통해 집단적 의미 형성이 가능한 시기에 들어섰다고 믿고 있다. 사실에 입각한 정보가 문자 그대로 모든 사람들의 손끝이 닿는 곳에 있다는 점에 대해서는 논란의 여지가 없다. 스마트폰을 가지고 있다면, 그것으로 인터넷에 곧장 접속할 수 있기 때문이다. 하지만 일종의 정보 이용 방법을 안다는 것이 결과적으로 지식을 의미하는 것일까? 그리고 그것들에 우리의 시각화 기능들을 사용하는 경우, 우리가 사물의 시스템이나 상호작용을 이해하는 데에 얼마나 도움이 되는가? 소통에 있어서 속도와 간결성은 공동으로 비주얼한 업무를 수행하는 조직이 이해하기에 충분한 지원이 되지 못한다.
이 책의 마지막 장에서 변화를 선도하는 인간의 도전을 다시 살펴보게 된다. 만일 여러분이 어떤 종류의 신기술을 구현해 본 경험이 있는 사람들과 이야기하게 된다면, 그들은 행동이나 규범, 태도에 변화를 만드는 것이 기술을 변경하는 것보다 훨씬 더 어렵다고 할 것이다. 이 문제에 대해 가까이 살펴보도록 하자. 그리고 비주얼 리더가 어떻게 그것에 대처할지 알아보자.

제5부.

조직변화 이끌기

외부의 도전과제
정렬되지 않고
비효율적인 워크플로
내부의
도전과제
현재 상태
이것들은 뭐지?
내 생각엔 변화 과정의
구성 요소인 것 같아.
미래 상태

제5부. 조직 변화 이끌기

제16장. 변화의 필요성을 기대하게 하기

정의에 따르면 변화와 변환은 여러분을 조직 내에서 새로운 우선순위, 새로운 행동을 시행하도록 안내할 것이고, 새로운 과정을 적용할 수 있게 할 것이다. 이런 일이 어떻게 일어나는지에 대해 아무런 안내가 없는 경우, 모든 사람은 혼란에 빠지게 된다. 이 장에서는 스토리맵 방식을 이용해서 변화의 단계를 예측하기에 유용한 프레임워크를 알려 준다.

제17장. 번데기 효과

조직에는 인식, 감정, 폭넓은 기능들을 가진 사람들로 가득 차 있고, 얼마나 많은 변화를 얼마나 빠르게 이룰 수 있느냐에 대한 실질적인 제약 조건도 많다. 우리는 이 책의 마지막 장에서 비주얼 리더십의 핵심에 대해 탐색하려 한다. 그것은 바로 조직이 바뀌게 하기 위해 여러분이 만들어 가야 할 신뢰의 조건에 대한 것이다. 애벌레가 자라 나비가 되는 비유를 빌어서 우리는 비주얼 리더십이 어떻게 거대한 도전에 대처할 수 있게 도와주는지 살펴볼 것이다. 또한 리더인 여러분이 어떻게 하면 조직 구성원들이 재미를 느끼게 하고 그들의 비주얼 IQ와 시각적 능력을 개발하는 데에 도움을 줄지에 대해서도 살펴보도록 하겠다.

제16장. 변화의 필요성을 기대하게 하기

비주얼 도구들을 업무에 활용하기

지금까지 우리는 여러분과 조직의 비주얼 IQ를 높여 줄 수 있는 다양한 도구와 방법들을 살펴봤다. 이러한 도구와 연습들은 특정한 기획이나 문제 해결 과정의 일부로 오랜 시간 동안 사용해야 실제로 내재화가 가능하다. 앞에서 다룬 도구와 방법들은 조직에 변화가 필요할 때에 무척 중요한 수단이 된다. 본 장에서는 이 책에서 다룬 도구와 방법들이 실제 상황에서 어떻게 역할을 하는지 알아보도록 하겠다. 여러분이 대규모 조직 변화에 관여하고 있거나 계획하고 있을 경우에 어떤 일들이 벌어질지 살펴보도록 하자.

다음 쪽에는 변화 과정이 진행되는 일반적인 단계와 그 사이에서 일반적으로 하게 되는 활동, 도구 등을 묘사한 그래픽 프레임워크가 있다. 이것은 물론 일반적인 맵이며, 부가적인 설명과 함께 스토리맵으로 쓰일 수도 있다. 하지만 이 경우에 여러분의 조직은 영토가 된다. 이러한 아이디어가 실현되게 하려면 이 책에서 소개한 도구들을 실제로 활용하고, 소개한 프레임워크를 시발점으로 삼아서 여러분만의 스토리맵을 만들어야 한다. 그 시작은 무척 간단하다. 그저 여러 장의 종이를 가져다가 서로 다른 단계를 나타내도록 나눠서 늘어놓기만 하면 된다. 이 책에 있는 설명을 읽어 가면서 일반적인 묘사들을 여러분에게 해당하는 것들로 해석해 보도록 하라. 이와 같은 과정을 과거에 있었던 변화 과정에 비춰 볼 수 있고, 향후에 해보고 싶은 변화 과정에 대입해 볼 수도 있다. 어떤 경우에도 여러분이 포함하거나 생각하는 것은 여러분이 다루고 수행해야 하는 특정한 상황, 변화의 목표, 그리고 자원 등이 될 것이다.

변화 과정에서 예측 가능한 패턴의 시각화

변환의 프레임워크는 대형 컨설팅 프로젝트에서 기준점을 제공하는 데 필요했던 종류의 맵이다. 여기에는 일의 완성에 대한 여러 가지의 가정으로 이뤄진 진화 모델이 반영됐다. 실제로는 설명이 있는 점검표처럼 쓰인다. 제5장에서 우리는 이런 종류의 더 수준 높은 맵인 지속 가능 조직 모델을 살펴본 바 있다. 그 목적은 어떠한 형태의 조직을 선택할까 하는 것이었다. 변환 모델은 이런 조직 변화를 어떻게 시현할까 하는 부분을 상세하게 살펴보기 위한 것이다. 여러분은 현재의 조직이 활력과 효율성을 잃었다고 느끼거나 더 효율적이어야 한다고 여기기 시작할 때에 이런 변환 모델에 따른 절차를 밟기 시작할 것이다.

미래 상태
무엇보다 중요한 목표
격려와 동기부여가 될 수 있는 미래의 비전을 강력하게 심기
이러한 도구를 사용하도록 안내하려면 명확한 목표를 가져야 해.
그럼 지금 우리가 어디에 있는지 확인하고 시작하자.

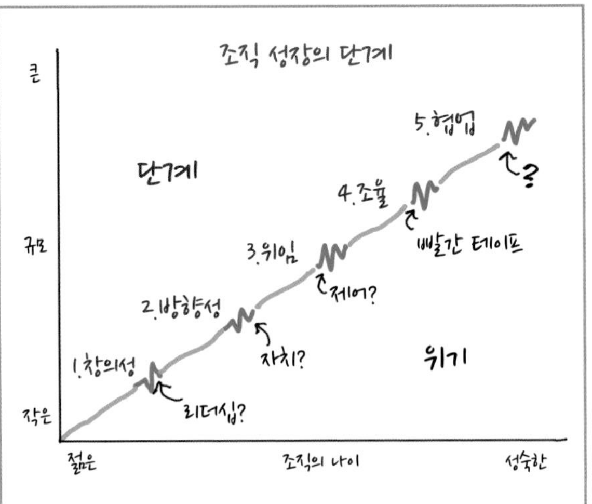

그레이너 성장곡선

조직의 성장 단계에 대해 '혁명적인 변화 기간에 영향 받는 일련의 진화적 발달'로 보는 견해가 많다. 래리 그레이너는 1970년대에 이와 같은 그림과 아이디어로 유명해진 사람이다. 지속 가능 조직 모델은 이 그림에서 볼 수 있는 것과 유사한 패턴을 가지고 있다. 이와 같은 패턴을 마음속에 잘 담아두도록 하라. 그것은 여러분이 이끌어갈 더 많은 특정 변환 과정에 나타나게 될 것이다. 조직의 변환 모델을 시간상으로 펼쳐진 혁명기 중 한 지점이라고 생각해 보면 유사한 패턴이 적용됨을 알 수 있다. 도약을 한 뒤에 통합의 시간을 갖고, 또 다시 도약한 다음 통합하는 것을 상상해 보라. 물론 여러분의 특정한 여행은 다 다르고 동일하지 않겠지만 말이다. 이런 종류의 개념 모델은 여러분의 관심을 유도할 수 있다. 하지만 그것이 특정한 상황에서 고유한 패턴을 지속적으로 바라보게 할 수는 없다.
(역자 주: 빨간 테이프는 과도한 규제 등 의사 결정에 지장을 주는 행위를 의미하는 관용적 표현)

통찰력을 현실에 반영하기

조직을 변화하게 하는 데에는 다양한 요인들이 영향을 미칠 수 있다. 다음 중에 해당되는 것이 있는가?

- □ 여러분의 조직은 다음과 같은 창업 기업 단계인가? 시장에 내놓아야 할 서비스나 제품에 집중해야 하거나, 매출을 만들어 내야 할 무언가가 필요하거나, 또는 현금 흐름을 뒷받침해 줄 새로운 상품이 필요한 스타트업?
- □ 빠르게 성장하고 있는 조직에 속해 있어 행복하기는 하지만, 시장을 선도하기 위해 차별화된 서비스나 상품이 필요한가?
- □ 여러분의 조직은 전문 조직이지만 제품/서비스 혼합과 성과가 바람직하지 않은가?
- □ 여러분은 줄여서 효율을 높여야 할 조직을 이끌고 있는가?
- □ 여러분의 조직은 절차를 대단히 중시하지만 그 자체가 업무의 발목을 잡는 부분이 일부 있고, 다른 조직과의 협력 등을 통해 더욱 혁신적이고 창조적인 조직으로 변화할 필요가 있는가?
- □ 여러분이 해야 할 일을 더 잘 해내야 하고, 동기부여 및 능력 개발의 수준을 높여야 할 필요가 있는가?
- □ 여러분의 리더십에 위기나 도전을 맞고 있는가? 어쩌면 당신은 모든 것을 스스로 할 게 아니라 더 많은 관리자를 양성해야 할 필요가 있는 것이 아닐까?

이러한 각각의 상황에 대해 그 변화를 추진하게 하는 방법은 일단 시작하는 것이다. 우리가 완전한 변화 단계를 거치는 동안, 그리고 비주얼 리더십의 다양한 도구와 방법론들이 각 단계에 적용되는 동안에 어떤 움직임이 일어나는지 잘 지켜보도록 하라. 명심해야 할 점은, 사람들에게 낡은 생각을 버리는 데에 필요한 시간을 주거나 심도 깊은 대화를 할 수 있게 하거나 개념적이지도 않고 명확하지도 않은 것을 들어주는 데에 시간을 들이는 것처럼, 시각적이지 않은 요인도 대단히 중요하다는 점이다. 각 단계를 설명하는 그래픽은 일반적으로 각 단계별로 맞게 되는 특성들을 명시하고 있다. 함께 제공하는 글자들은 도움이 될 만한 도구를 검토한 내용들이다. 그림 전반에 퍼져 지나가는 여러 가지 빛깔은 어떠한 변화 과정에서도 계속 진행되어야 하는 업무의 플로를 의미한다. 그래픽 설명은 조직의 변화가 강물처럼 흐르는 유체적 특성을 반영해서 일부러 동적으로 만들었다.

1. 변경 요청의 시각화

여러분에게 닥친 위기가 어떤 것이든 간에 그 원인은 내부 및 외부의 도전 과제가 얽힌 조합일 것이다. 이것의 시각화는 필요한 것을 이해하기 위한 첫 단계다. 다음은 이 단계에서 할 수 있는 것들의 일부다.

□ **변화 과정의 사전 안내 :** 지속 가능 조직 모델 또는 그레이너 프레임워크를 팀원들과 공유하라. 변화 과정이 시작되면서 일어나기를 바라는 관련 사항들도 공유하라.

□ **문제 탐색 및 인터뷰 :** 여러분이 생각하는 변화에서 일어날 수 있는 내부 및 외부의 도전 과제들을 나열하라. 고객, 다른 회사 및 내부의 인력들을 인터뷰해 거시적 관점에서 어떤 일들이 일어나고 있는지 감지할 수 있는 감각을 개발하라. 직원들을 대상으로 한 설문 조사를 살펴보라. 의사 결정 회의에서 그것을 시각적으로 비교하고 대조할 수 있도록 그래픽 템플릿을 선정하고, 그 내용을 여러분에게 다시 보고하며 도와줄 직원을 찾으라.

□ **범위 설정 회의의 주관 :** 일단 여러분이 생각하는 변화에 대한 초안을 만든 뒤, 다른 사람들의 도움을 받아 그것을 매핑하라. 경영진 및 이해관계자들이 당신의 아이디어를 받아들이게 하려면 얼마나 많은 투자를 해야 하는가? 여러분이 기대하는 것을 직원들이 바라볼 수 있게 하려면 얼마나 많은 노력을 들여야 하는가? 시각화된 범위 지정 세션을 통해 이러한 이슈들을 끌어내어 문제 제기하라. 그와 동시에 변화 관리팀의 활성화를 시작할 수 있을 것이다.

□ **그래픽 히스토리 맵 제작 :** 조직의 역사와 변화의 뿌리에 대해 긴 관점에서 바라보라. 사례에서 다룬 비자 맵처럼 조직의 것을 만들고, 사람들에게 핵심 가치, 과거의 변화 및 모범 사례 등에 대해 대화를 나누게 하라. 이러한 세션 중 어느 하나에서, 무엇보다 중요한 목표를 극도로 가시화해서 폭넓은 공감대를 형성할 수 있게 하라.

① 변화에 대한 요청

· 변화의 필요성
· 일부는 변화가 필요함을 느낌
· 시대에 뒤떨어진 사고는 주변 상황에 의해 도전을 받음
· 원하는 미래 상태를 좀 더 명확하게

정렬되지 않고
비효율적인 워크플로

· 변화 프로세스 사전 안내
· 문제 탐색 및 인터뷰
· 범위 설정 회의의 주관
· 그래픽 히스토리 맵 제작

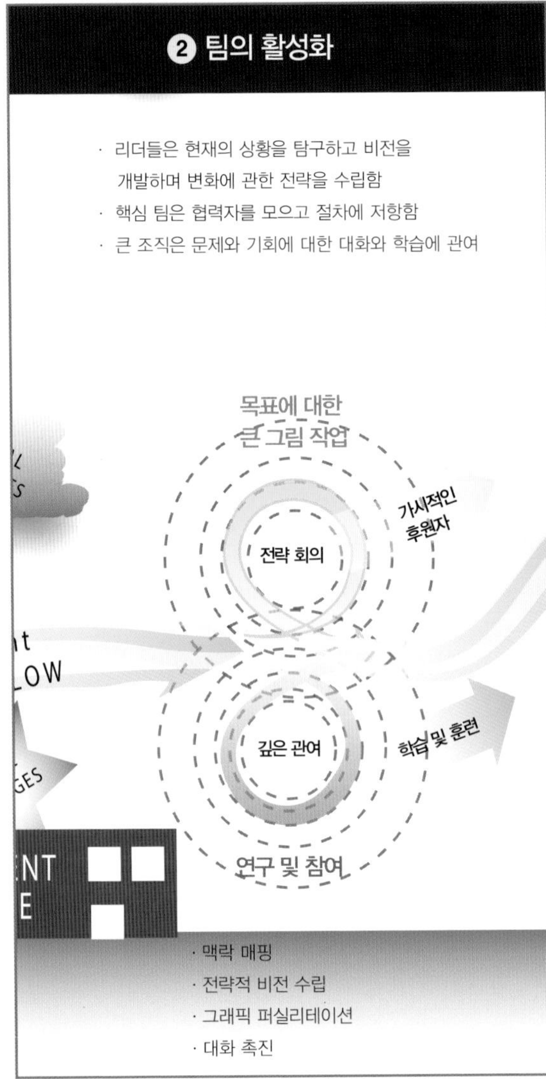

2. 팀의 활성화

만일 변화를 위한 공동의 노력이 필요하다고 여긴다면, 같은 방향을 바라보며 여러분을 도와줄 수 있는 리더들이 필요하다. 저항을 극복하는 데에는 눈에 보이는 리더십이 필수적이다. 그래픽은 여러분에게 전략 회의 및 범위 설정 회의 등을 통해 큰 그림 수준에서 조직이 몇 가지 일을 추진하게 하고, 동시에 낮은 수준에서 계기를 구축하기 위해 조직 내부까지 깊이 들어가도록 제안하고 있다. 개별적으로 필요한 사항들과 함께, 여러분이 이용할 수도 있는 몇 가지 도구들은 다음과 같다.

□ **맥락 매핑 :** 이미 확인된 이슈에 대해 다시 한 번 살펴보고, 변화의 요인을 도출하라. 상관관계를 보여 주는 큰 차트에 그것들을 매핑하라. 이것은 내부 및 외부의 요인들을 연결해 볼 수 있게 해준다.

□ **전략적 비전 수립 :** 임원진 또는 전략 기획이나 경영 기획팀이 전략적 비전 수립의 모든 과정을 마칠 수 있도록 하라. 그 과정에는 연혁, 현황, SPOT 분석, 비전 수립, 잠재적인 주요 단계 및 실시 계획 등의 검토가 포함된다. 이 단계에서는 여러 관점에서 큰 그림을 보는 것이 무척 중요하다.

□ **그래픽 퍼실리테이션 :** 비주얼 미팅 방법을 이용해서 회의 내용과 의견들을 기록하라. 변화 과정에서 사람들의 의견을 존중해 줄 필요가 있다. 사람들의 이야기를 경청하면 나중에 그들이 여러분의 이야기를 경청할 수 있는 기회를 만들어 준다.

□ **대화 촉진 :** 이 시점에서 여러분의 노력이 사람들에게 느낌으로 전달되고 개인적인 친분 관계 수준에서 연결되기를 바랄 것이다. 그래픽 세션은 항상 실시간 대화를 지원해야 한다. 변화에 관한 새로운 아이디어는 경청하는 과정에서 나타난다.

이 단계가 얼마나 오래 걸릴지, 얼마나 많은 회의와 개별적인 대화가 필요한지는 경우에 따라 각기 달라진다. 평등한 조직 문화에서는 경영진과 조직 전반에 걸쳐 수없이 많은 회의와 논의가 이뤄질 것이다. 계층적인 문화를 가진 조직에서는 경영진에게 더 많은 에너지를 집중해 줄 것이고, 그들의 핵심 그룹은 변화에 필요한 모든 일에 최선을 다해 진행할 것이다.

3. 비전과 노하우 테스트

조직의 핵심 업무는 변화 과정 속에서도 지속돼야 한다. 또한 여러분은 전략 회의에서 도출된 비전과 주도권을 시험하고 강화해야 할 필요가 있다. 과업의 빠른 완수는 역동성을 유지하는 데에 도움을 준다. 여러분 및 다른 주요 리더들은 변화 과정을 가시적으로 지원해야 하며, 여러분은 스태프 그룹과 다른 자원들을 내부적으로 활용할 수 있도록 해놔야 한다. 여러분이 할 수 있는 명시적인 일에는 다음과 같은 것들이 있다.

☐ **리더십 지도 :** 여러분과 다른 리더들이 왜 변화해야 하고 조직의 비전은 무엇인지에 대해 이야기하는 것을 연습하면 무척 도움이 된다. 사람들은 변화를 위한 프레임워크에 대해 알고 싶어 한다. 많은 조직에서는 리더가 설명할 수 있을 만한 시점에 맞춰 변화 과정에 대한 스토리맵을 개발할 것이다.

☐ **퍼실리테이션 및 팀 훈련 :** 다수의 회의와 웹 콘퍼런스에도 변화가 필요하다. 비주얼 미팅 방법에 능숙하고 팀 역동성에 대해 충분한 이해를 가지고 있는 내부 팀을 육성하는 것은 무척 중요하다. 큰 조직에서는 경영진이 종종 변화 관리팀에게 해당 절차를 이끌도록 권한을 위임하기도 한다. 변화 관리팀은 시각적인 방법론을 실천하면서 배울 수 있게 된다.

☐ **체험 훈련 :** 여러분이 할 수 있는 범위 내에서 프로젝트를 시작하라. 그러면 사람들은 새로운 행동 양식과 태도를 경험하게 될 것이고, 그것은 변화를 촉진하게 된다. 나이키에서는 새로운 과정을 시험해서 국제 구매 조직에 큰 변화를 가져온 팀이 자신들이 얻은 교훈들을 다른 팀과 공유했다. 헤드랜즈 미술관에서는 가시적인 활동들이 재정 지원을 받는 데에 필수적이었다.

☐ **액션러닝(Action-learning) 설계 :** 여러분과 관리자들이 특별 전담반이 필요하다는 점에 대해 명확히 알고 있다면, 액션러닝의 형태로써 젊은 리더들에게 맡기도록 하라. 이 팀들이 기획 단계부터 시각적인 도구를 사용하게 하고, 보고 또한 그래픽으로 하게 하라. 그러면 그들이 배운 것을 여러분이 공유하는 데에 도움이 될 것이다.

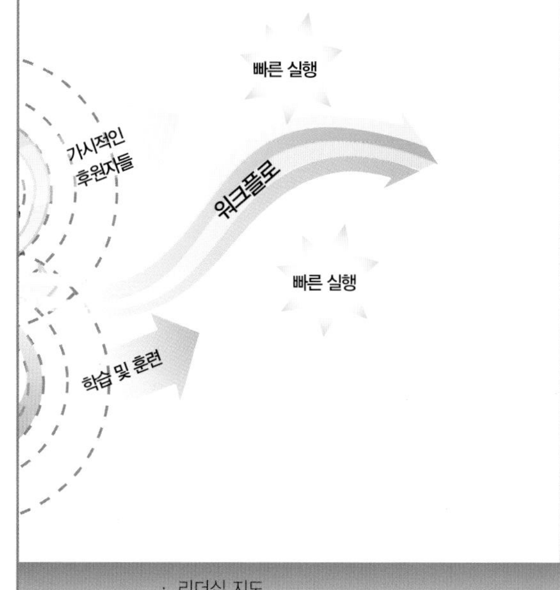

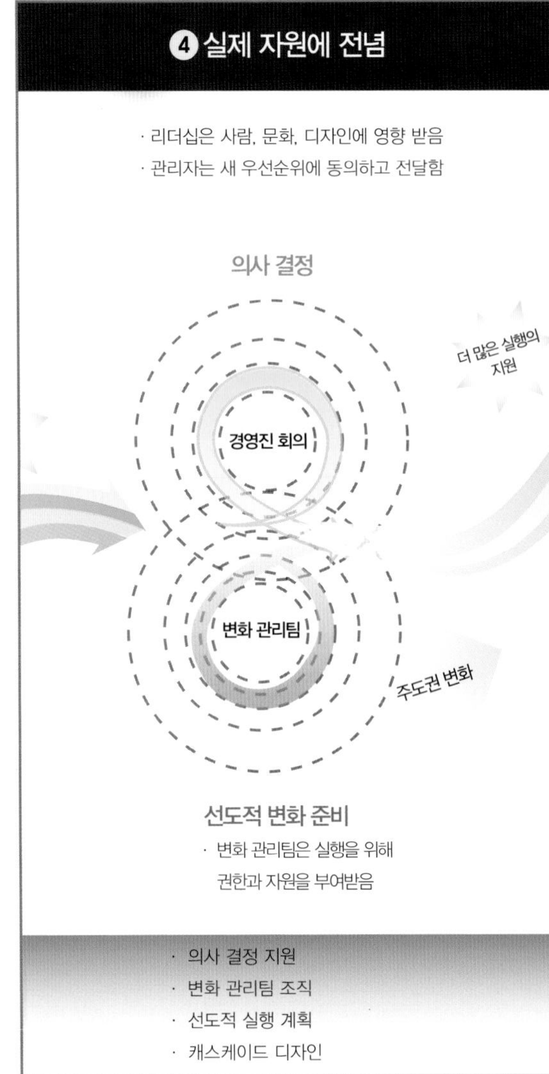

4. 실제 자원에 전념

언젠가는 조직이 변화의 방향으로 완전히 전환하고 단순한 파일럿 테스트를 넘어서 프로젝트로 확대해야 할 시점이 찾아오게 된다. 이것이 바로 프로세스 이론과 지속 가능 조직 모델에서 설명하는 변곡점이다. 이러한 상태가 되려면 일반적으로 잘 조율된 시각적 과정을 통해 최고 경영층 집단과 조직 전체에 변화가 생겨야 한다. 존 스키아보가 진짜 비행기를 타고 이륙하게 된 사례를 잘 떠올려 보라.

- □ **의사 결정 지원 :** 이 시점에서는 진정한 의사 결정의 방을 준비하는 것이 의미가 있다. 의사 결정을 도와주는 도구를 의사 결정 과정에 도입해서 등급이나 순위를 매길 수 있도록 하라. 여러분이 만드는 노력의 규모는 기술적인 면이 강할 것이며, 조직에 전념하기 위한 단계로 대형 컨설팅 회사를 고용하게 될지도 모른다. 의사 결정의 대상은 신제품 생산 설비에 대한 투자나 새로운 시장 진입 등이 될 수도 있다. 또는 여러분의 비즈니스 모델을 다시 고민하기로 결정해야 할지도 모른다. 어떤 수준의 의사 결정을 하든 간에 여러분은 자신이 상당한 이해관계가 있다고 느끼는 사람들에게 의존해야 할 것이다. 변화의 명분과 이점을 지속적으로 강화해야 한다.
- □ **변화 관리팀 조직 :** 조직 전반에 걸쳐서 활동하는 변화 관리팀을 구체적으로 조직하고 업무를 부여하는 것이 이 단계에서 일반적인 전략이다. 대규모 기술 도입의 경우에는 전문가들로 이뤄진 프로젝트 팀이 필요한 절차를 정의하는 데에 도움을 줄 것이다. 아울러, 사람들을 훈련하고 변화에 대비하며 큰 의사 결정에 관련한 다른 특수 업무를 수행할 특별팀들도 필요하다.
- □ **선도적 실행 계획 :** 선행팀은 그래픽 템플릿을 이용해서 비주얼하게 보고하는 과정을 통해 명확하고 정렬된실행 계획을 상호간에 유지할 수 있다.
- □ **캐스케이드 디자인 :** 이 단계에서 취해야 할 행동의 한 가지 유형은, 관리자들이 새로운 비전과 전략을 명확하게 공유하도록 하고 조직의 피드백을 요청하는 것이다. 이 같은 행동은 이미 종래에 소규모로 수행됐을 수 있다. 앞의 사례에서 살펴본 캘리포니아 AAA의 스토리맵은 전화 상담실에서 사람들에게 과정을 설명할 수 있도록 했다.

5. 증폭 및 정렬

변화의 추진력을 제공하기 위한 가장 효과적인 방법 중 하나는 바람직한 방향으로 변화하고 있음을 강조하고 지원해 주는 것이다. 그것이 바로 노스 아메리칸 툴 앤 다이에서 톰 멜론이 냉장고상을 통해 보여 준 것이다. 이는 성과를 나타낸 선행팀을 부각시키는 내부 소통과 일맥상통한다. 무엇보다 중요한 것은 여러분과 경영팀이 실행하는 것들이 같은 목표를 향하고 있어야 한다는 점이다. 변화 프로젝트가 실패하는 가장 일반적인 이유는 경영진이 일치되는 지원을 해주지 못했기 때문이다. 변화의 관성 유지는 변화를 일으키는 데에 들어가는 노력보다는 훨씬 적게 든다. 방향을 바르게 보지 못하면 서로 다른 메시지를 표현하는 실수가 쉽게 일어나 버린다. 조직이 나아가야 할 방향을 따르지 않는 힘 있는 관리자 한 명은 조직 전체의 변화 과정을 망칠 수 있다.

- □ **스토리맵 벽화 :** 이것은 리더들 및 다른 사람들이 과정을 만들어갈 때나 중요한 논의를 할 때에 같은 것을 바라볼 수 있도록 하는 대단히 효과적인 방법이다(제12장 참조).
- □ **변화의 로드맵 :** 변화가 진행되는 도중 혼란에 빠졌을 때, 로드맵은 일의 순서를 파악할 수 있도록 도움을 주는 중요한 역할을 한다(제11장 참조).
- □ **프로세스 맵 작성 :** 조직에 관한 변화 대부분은 시간이 지남에 따라 일을 수행하는 방식도 바뀜이 포함되어 있다. 이런 관점에서 변화를 그래픽으로 묘사하고 분석하며 특정 절차를 개선할 특수 목적팀을 이용하라.
- □ **과정 재설계 :** 변화를 개시할 때에 어떠한 절차를 여러분이 제시했든지 간에 그것은 실제 상황에서 발생하는 것들에 따라 진화하기 마련이다. 만일 여러분과 관리팀이 전략 차트, 비전, 프로세스 맵 등을 반복해서 적용한다면, 사람들은 여러분이 잘 구성된 방법으로 변화 과정을 이끌어 가며 대응하고 있다고 여길 것이다. 또한 이렇게 하면 문제들이 발생함에 따라 더 많이 지휘하게 됨으로써 여러분이 계속 배우는 자세로 리더십을 유지하는 데에 도움을 준다. 다양한 스토리를 통해 여러분이 조직의 모든 부분에서 조직 변화의 DNA를 얻게 되면 더욱 많은 혁신과 즉흥적인 변화를 경험하게 될 것이다.

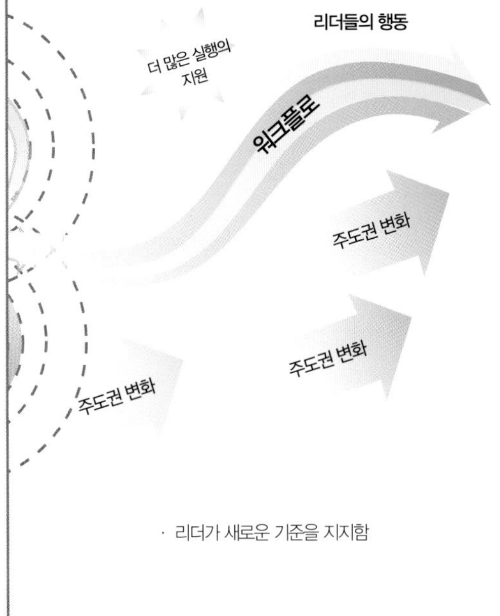

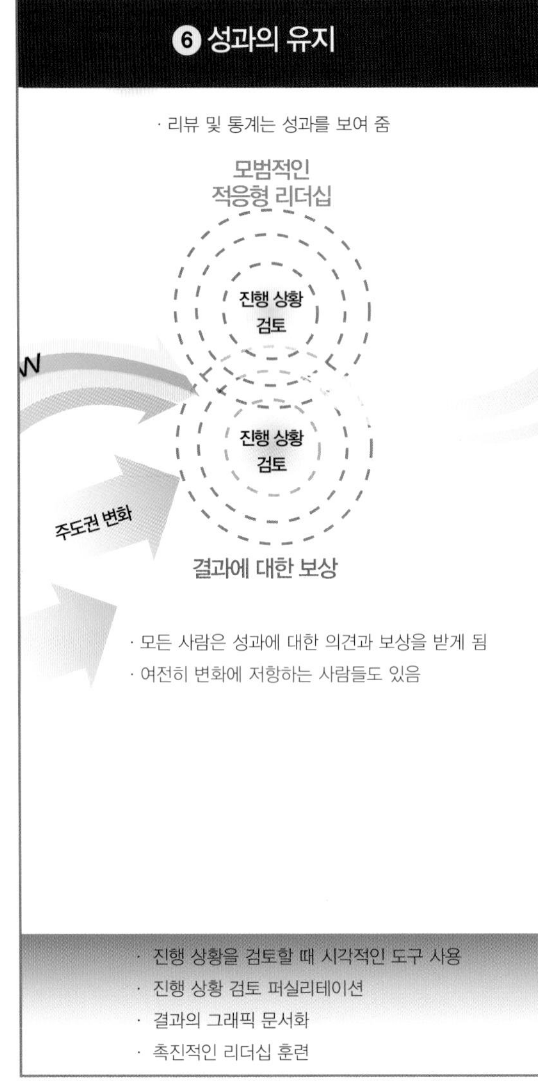

6. 성과의 유지

변화가 자리 잡기 시작하면 여러분은 그것을 지지하고 인정해 주는 쪽으로 행동이 바뀌어야 한다. 변화의 핵심은 새로운 행동 양식과 방향성이 조직 전체에서 받아들여지는 데에 있다. 각 단계마다 진행 상황을 검토하고, 조직이 바람직한 요인들에 관심을 가질 수 있게 하는 것이 리더의 역할이다. 이때가 되면 다른 사람들도 그들이 투입한 노력이 가시적이고 유형적인 결과로 나타나는 것을 볼 수 있게 된다. 이 단계에서 여러분이 어떤 활동을 해야 하는지 다음을 확인하라.

- □ **진행 상황을 검토할 때 시각적인 도구 사용 :** 프로젝트의 진행 상황을 시각적으로 공유할 수 있도록 가상적인 플랫폼을 제공하라. 프로젝트 진척 사항을 확인하기 위한 템플릿 설계를 권장하라. 이것들은 여러분뿐만 아니라 다른 사람들도 일들이 어떻게 진행되는지 알 수 있게 해준다.
- □ **진행 상황 검토 퍼실리테이션 :** 비주얼 미팅 전략을 구사할 수 있는 퍼실리테이터를 투입해서 진척 상황을 검토하는 데에 도움을 주게 하라. 그렇게 하면 중요한 역할을 하는 팀이 리더들에게 지지받고 있다는 느낌을가지게 되며 핵심적인 프로세스가 계획대로 이뤄지게 된다. 실험과 혁신을 장려하는 환경이라면 실수를 저질러도 받아들일 수 있어야 한다. 만일 관리자가 결과에 대해 압박을 받고 있다면, 효율적이고 효과적인 그룹 프로세스에 초점을 맞추는 퍼실리테이터의 도움으로 균형을 맞출 수 있을 것이다.
- □ **결과의 그래픽 문서화 :** 전체 조직, 투자자 및 후원자들에게 진행 상황에 대해 정기적인 피드백을 제공하는 것은 매우 가치 있는 일이다. 정기적으로 영상 메시지를 게재해서 꾸준히 소통할 수 있게 하라. 그리고 주요 스토리맵들의 전략을 업데이트하라.
- □ **촉진적인 리더십 훈련 :** 조직 전체가 충분히 변화를 향해 움직이게 되면 더 많은 지원 영역에서 리더의 역할이 필요하다. 지금까지 변화에 반응할 수 있는 적응형 조직 환경을 구축하기 위해 열심히 노력했다면, 이제여러분은 단지 시각적인 도구의 제공이 아니라 관리자들이 제대로 훈련과 지원을 받고 있는지 확인해야 한다.

7. 새로운 문화의 창조

'문화는 전략을 이긴다'는 찰스 오라일리의 말이 맞다면, 여러분의 변화가 새로운 문화로 자리 잡게 되는 것이 궁극적으로 바람직한 모습일 것이다. 이것은 새로운 방식으로 업무를 진행할 수 있게 일상적으로 지원해야 한다는 의미로 해석할 수도 있다. 변화 과정에서 얻은 교훈들은 이제 지속적인 교육과 인재 개발 프로그램, 재능 관리 방법, 여러분과 다른 리더들이 일반 회의와 특별 회의를 하는 방식 등에 통합되어야 한다. 다음의 예를 살펴보라.

- ☐ **학습 과정의 정리 :** 휴렛팩커드에서 분사한 애질런트 테크놀로지의 IT 부서가 휴렛팩커드의 모든 비즈니스 시스템을 애질런트로 복제해서 옮기는 데에는 꼬박 삼 년이 걸렸는데, 이것은 지금까지 시도된 비슷한 과정 중에서 가장 큰 규모였다. 이러한 노력에 감사를 표하기 위해 애질런트는 이 과정을 초대형 스토리맵으로 만들고 그것을 이룰 수 있게 한 모든 사람의 이름을 다 기록했다. 이런 방법으로 학습 과정을 정리하면 수고한 사람들에 대한 감사와 축하의 의미가 훨씬 더 커진다.
- ☐ **축하 행사 :** 변화를 극적으로 보여 주는 아주 특별한 행사를 준비하면 이와 관련해서 수고한 사람들에게 대단히 큰 의미가 된다. 이것은 소규모의 변화에서도 마찬가지로 적용이 가능하다. 밀리켄 카펫은 변화에 기여가 많은 팀과 사람들을 명예롭게 해주는 공유 집회를 잘하기로 유명하다. 경영진이 중심이 되어 진행하는 이 행사는 참여한 사람들에게 마치 아카데미상을 받는 듯한 느낌을 가지게 한다. 이 같은 면은 종업원의 기본자세가 핵심 차별화 요소인 노드스트롬처럼 서비스와 제품을 다양한 사람들 대상으로 제공하는 조직에서 특히 중요하다.
- ☐ **학습 시스템 개발 :** 조직에서 수행하는 교육 및 능력 개발 등에 새로운 문화를 반영하게 하면 그 변화에 직접적으로 관여한 직원들뿐 아니라 새로 조직에 합류하는 직원들에게도 자연스럽게 전파될 수 있다.
- ☐ **사례 연구 :** 역사를 그래픽으로 표현하면 긴 과정과 학습으로 얻은 것들을 흥미로운 방식으로 반영할 수 있다. 또한 이것은 완료된 지 얼마 안 된 사례를 비디오, 이야기책 및 다른 매체 등에 적용할 수 있게 도움을 주는 도구가 된다.

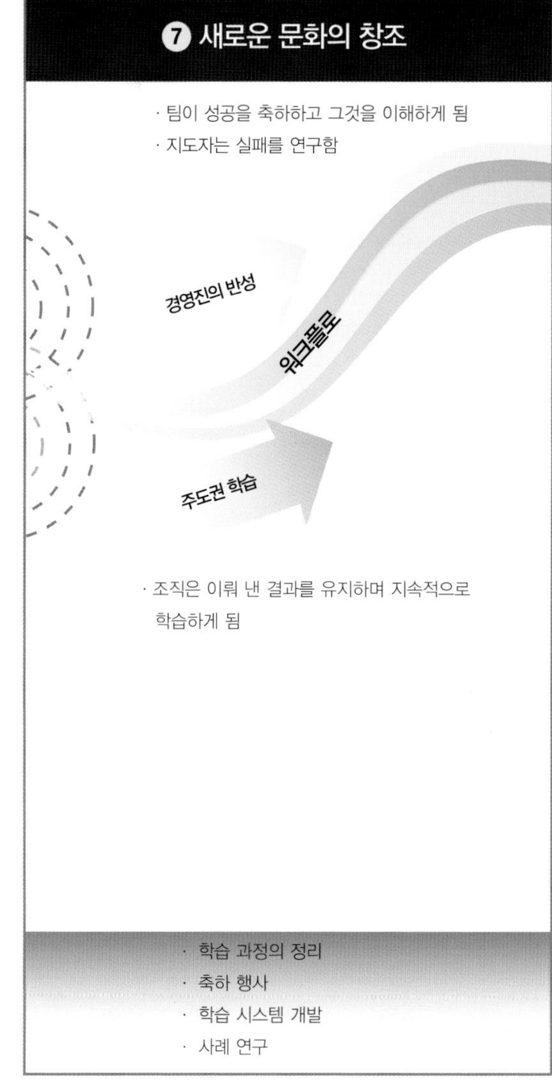

⑦ 새로운 문화의 창조
· 팀이 성공을 축하하고 그것을 이해하게 됨
· 지도자는 실패를 연구함
경영진의 반성
워크플로
주도권 학습
· 조직은 이뤄 낸 결과를 유지하며 지속적으로 학습하게 됨
· 학습 과정의 정리
· 축하 행사
· 학습 시스템 개발
· 사례 연구

전체의 해석

여기에 지금까지 설명한 전체 과정을 한 장으로 담은 그림이 있다. 이 시점에서 여러분은 이런 종류의 생각을 위한 시각적 프레임워크는 이 책 맨 앞에서 예를 든 피아노와 음악의 관계처럼 실행을 통해 현실화되어야 함을 상기해야 한다. 피아노의 건반은 실질적인 하모니 및 손가락의 크기 등에 근거해서 논리적으로 배열되어 있다. 하지만 그것을 통해 연주되는 음악은 끊임없이 변화한다. 각 단계들은 되풀이될 수도 있다. 어떤 것은 늘어날 수도 있고, 어떤 것은 축소될 수도 있다. 이것이 바로 불협화음 및 하모니가 된다. 변화의 맵을 기반으로 일을 진행할 때, 여러분은 이러한 시각적 모델도 일종의 정신적인 악기로 해석하게 될 것이다. 아울러 이해할 수 있는 것을 신뢰하는 방법과 주변 상황을 억지로 끼워 맞추면 안 됨을 배우게 될 것이다. 여러분이 비전 및 변화 과정을 설명하는 벽화를 만들 때에 사람들은 맵과 현실 간의 이분법을 경험하게 될 것이다. 실제 상황은 맵에서 묘사하는 것과 똑같이 돌아가지 않는다. 여러분이 생각과 행동 사이의 관계에 대해 설명하고 말하는 법을 알아야 하는 이유다.

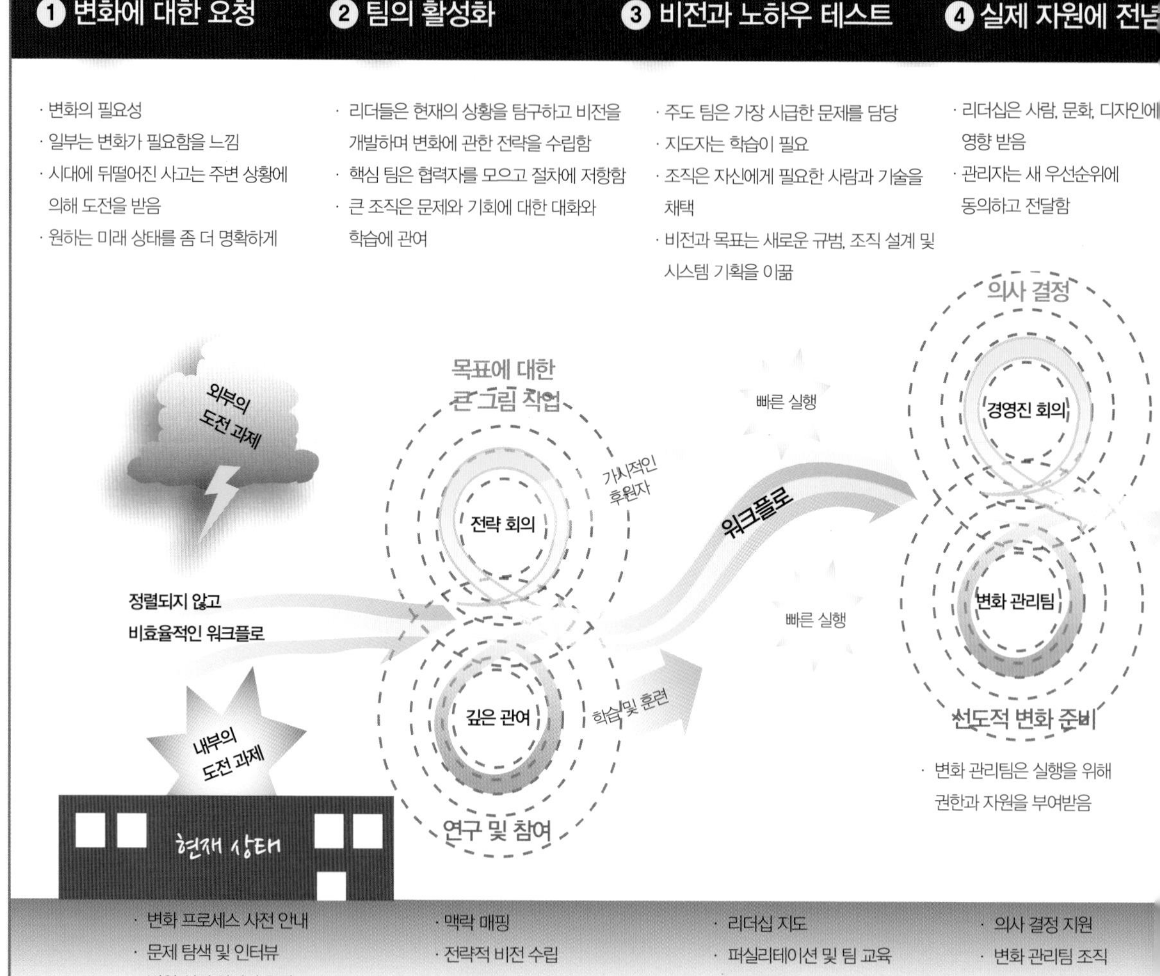

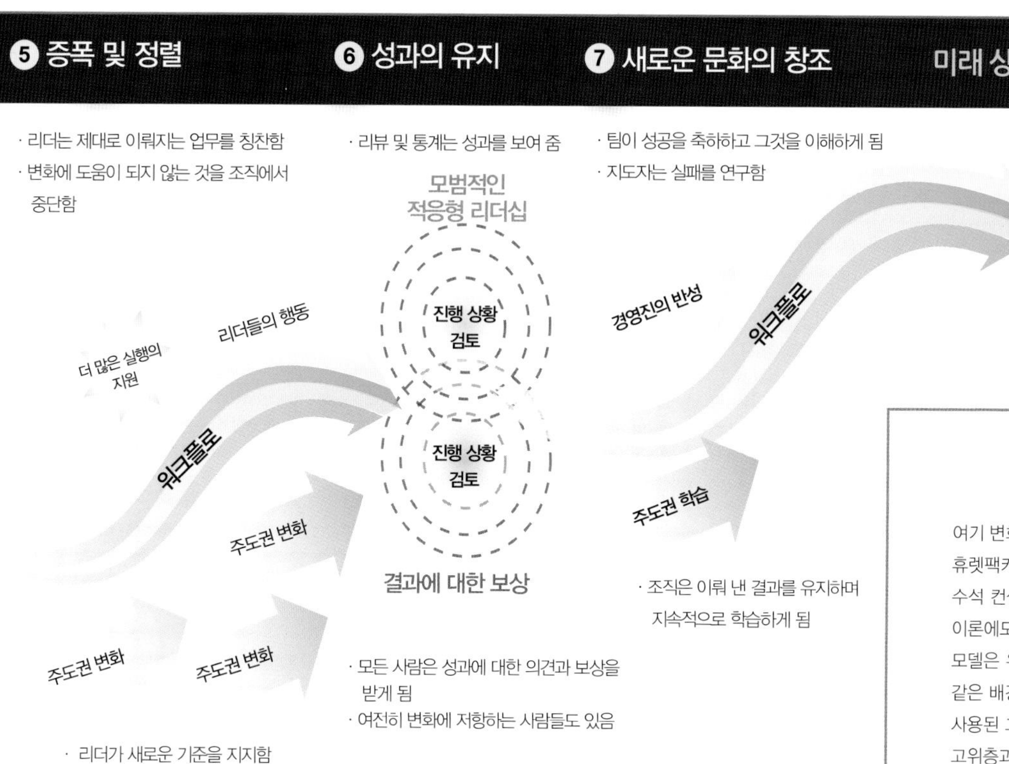

5 증폭 및 정렬
6 성과의 유지
7 새로운 문화의 창조
· 리더는 제대로 이뤄지는 업무를 칭찬함
· 변화에 도움이 되지 않는 것을 조직에서 중단함
· 리뷰 및 통계는 성과를 보여 줌
· 팀이 성공을 축하하고 그것을 이해하게 됨
· 지도자는 실패를 연구함
모범적인 적응형 리더십
진행 상황 검토
진행 상황 검토
결과에 대한 보상
리더들의 행동
더 많은 실행의 지원
워크플로
워크플로
경영진의 반성
주도권 변화
주도권 변화
주도권 변화
주도권 학습
· 조직은 이뤄 낸 결과를 유지하며 지속적으로 학습하게 됨
· 모든 사람은 성과에 대한 의견과 보상을 받게 됨
· 여전히 변화에 저항하는 사람들도 있음
· 리더가 새로운 기준을 지지함

미래 상태

무엇보다 중요한 목표

격려와 동기부여가 될 수 있는 미래의 비전을 강력하게 심기

그로브 조직 변형 모델

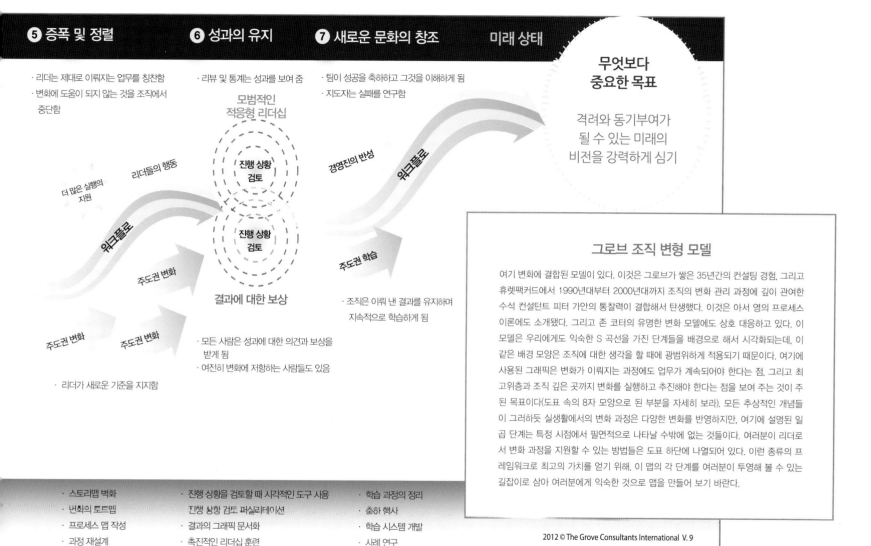

여기 변화에 결합된 모델이 있다. 이것은 그로브가 쌓은 35년간의 컨설팅 경험, 그리고 휴렛팩커드에서 1990년대부터 2000년대까지 조직의 변화 관리 과정에 깊이 관여한 수석 컨설턴트 피터 가안의 통찰력이 결합해서 탄생했다. 이것은 아서 영의 프로세스 이론에도 소개됐다. 그리고 존 코터의 유명한 변화 모델에도 상호 대응하고 있다. 이 모델은 우리에게도 익숙한 S 곡선을 가진 단계들을 배경으로 해서 시각화되는데, 이 같은 배경 모양은 조직에 대한 생각을 할 때에 광범위하게 적용되기 때문이다. 여기에 사용된 그래픽은 변화가 이뤄지는 과정에도 업무가 계속되어야 한다는 점, 그리고 최고위층과 조직 깊은 곳까지 변화를 실행하고 추진해야 한다는 점을 보여 주는 것이 주된 목표이다(도표 속의 8자 모양으로 된 부분을 자세히 보라). 모든 추상적인 개념들이 그러하듯 실생활에서의 변화 과정은 다양한 변화를 반영하지만, 여기에 설명된 일곱 단계는 특정 시점에서 필연적으로 나타날 수밖에 없는 것들이다. 여러분이 리더로서 변화 과정을 지원할 수 있는 방법들은 도표 하단에 나열되어 있다. 이런 종류의 프레임워크로 최고의 가치를 얻기 위해, 이 맵의 각 단계를 여러분이 투영해 볼 수 있는 길잡이로 삼아 여러분에게 익숙한 것으로 맵을 만들어 보기 바란다.

- 스토리맵 벽화
- 변화의 로드맵
- 프로세스 맵 작성
- 과정 재설계

- 진행 상황을 검토할 때 시각적인 도구 사용
- 진행 상황 검토 퍼실리테이션
- 결과의 그래픽 문서화
- 촉진적인 리더십 훈련

- 학습 과정의 정리
- 축하 행사
- 학습 시스템 개발
- 사례 연구

새턴의 변혁

1988년 제너럴 모터스는 미국에서 수십 년 만에 처음으로 새로운 자동차 생산 공장을 세웠다. 아울러 이 공장에서 근무할 삼천 명의 신임 근로자들에게 새턴의 역사와 비전을 교육해야 할 필요가 생겼다. 예시된 스토리맵은 존 웨이건드가 제공한 것인데, 그는 새턴의 사장인 스킵 르포브와 함께 일했던 조직 담당 수석 컨설턴트였다. 존은 이러한 변화의 역사에 동참하려는 리더라면 미래를 향한 대화에 참여하리라는 것을 알고 있었다. 세 차례나 되풀이된 회의와 몇 가지 내부 논의를 통해 해당 스토리맵이 만들어졌다. 파란색 띠는 경영에 관한 연혁을, 노란색 띠는 현장에 관한 연혁을, 빨간색 띠는 엔지니어링, 오렌지색 띠는 마케팅, 그리고 녹색 띠는 재정과 관련한 연혁을 상징한다. 위아래로 기복이 있는 띠와 길은 자신감의 시기와 위기 등을 상징하며, 각각 해당하는 이야기들을 가지고 있다. 이 벽화는 무척 효과적이어서 새턴은 삼 년 뒤에 스토리맵을 또 만들자고 의뢰할 정도였다.

현실은 대단히 역동적이다

이번 장에서는 일반적인 개념과 도구들을(하지만 여러분의 특정한 상황에 알맞기를 바라며) 다른 조직에서 있었던 실제 변화 사례들과 함께 살펴봤다. 여기에 그림으로 소개된 GM 새턴의 초기 역사는 현실에서 조직의 변환이 무척 역동적이고 복잡하다는 것을 알려 준다. 이 스토리맵은 스무 명의 새턴 창립자들과 내부 변호사, 그리고 최고 경영진 및 종업원들과의 회의에 따른 결과다. 새턴 내부의 조직 담당 컨설턴트였던 존 웨이건드는 이 맵의 벽화를 내부적으로 활용해서 최고 경영진들과 종업원 리더들이 테세시 주의 스프링힐에 새 공장을 세워야 한다는 목적과 비전에 합의하는 대화를 이끌어 내도록 했다.

새턴의 진화는 위기와 즉흥적인 대응의 연속이었고, 그것은 스토리맵에서 색깔 띠들이 널뛰기를 했다가 부드러웠다 하는 것으로 표현됐다. 오르락내리락하는 패턴은 마치 음악 작곡을 연주용 건반의 비례적이고 함축적인 조화 구조로 표현하듯 각 단계의 높낮이를 반영해서 표현했다. 새턴은 새로운 종류의 제조업 문화를 성공적으로 정착시켰고, 그 후에 GM에 전달되어 재흡수되었다. 이것은 변화에 대해 자명한 이치가 있다면 모든 것들이 변화하게 될 것이라는 점을 반영한다.

제17장. 번데기 효과

변화를 위한 제반 여건의 조성

이 책의 전반에 걸쳐 흐르는 테마는 여러분이 특정한 부분에서 업무를 수행할 때에 조직을 전체적인 시스템으로 생각하는 것이 주는 가치에 대한 것이다. 시각화, 특히 대규모의 시각화, 그리고 적절한 심리 모델은 이러한 가치를 실행에 옮겨 수행할 수 있게 하는 중심이 된다. 여러분과 직속 부하 직원들이 이러한 작업을 수행할 수 있는 유일한 사람들이라면, 여러분은 기본적으로 명령하고 조종하는 방식이나 상명하달식의 리더십에 의존할 수밖에 없다. 만일 조직 전체에 새로운 수준의 시각적 능력을 갖추게 한다면, 마치 생명체에 있는 DNA처럼 조직에서의 주요 지식을 널리 전파할 수 있는 기회가 놀랄 만큼 늘어나게 될 것이다. 이런 일이 가능할까?

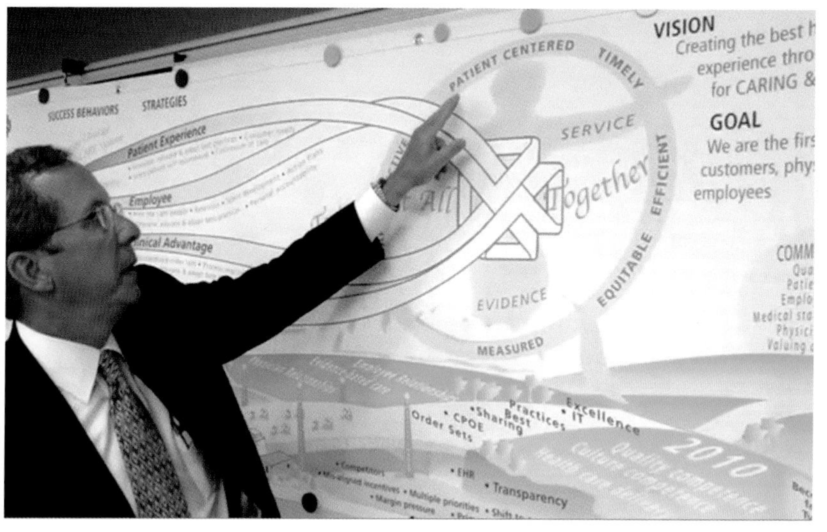

모든 것을 한곳에 엮기

헬스이스트의 퀄리티 저니 맵은 최고 의료 품질 담당 임원인 크레이그 스벤슨이 하나의 통합된 시각으로 이야기할 수 있게 했다.

"헬스이스트의 매듭 형태 로고는 이러한 것들이 어우러짐을 의미합니다. 퀄리티 저니 비전의 네 가지 전략, 간호 정신을 상징하는 이미지, 증거 기반 의학의 상징, 밖을 향해 펼치는 보호와 배려의 팔, 커다란 Q에 명시된 스스로를 측정하기 위한 여섯 가지 품질 기준. 이것들이 서로 엮여서 이야기를 함께 만드는 거죠." 크레이그는 말한다. "우리는 2010년 목표를 달성했어요!"

헬스이스트에서는 스토리맵이 어떤 차이를 만들었는가?

크레이그 스벤슨은 2005년 헬스이스트 퀄리티 저니 과정(제1장 참조)을 시작할 때에 최고 의료 품질 담당 임원의 역할을 수행한 의사다. 그는 모든 과정에 참여했고, 리더로서 그 과정을 계속 수행했다. 자, 그렇다면 비주얼 리더십이 차이를 만들었을까? 크레이그는 다음과 같이 말한다. "물론이죠. 무척 많은 곳에서요."

1. 사람들을 한데 모으다 : "비주얼 리더십은 사람들이 뭔가에 참여하거나 공동으로 작업하기 위해 한 방에 모일 수 있게 했어요. 우리의 문화유산을 이해하기 위한 조직 차원의 기억을 모을 때에도, 우리의 현 상태가 어떤지 확인할 때에도 그랬죠. 우리가 어디를 향해 가야할지 동의하기 위해서도 모였어요. 이러한 관습은 토론의 장을 만들어 줬고요. 그리고 그것은 정말 믿을 수 없을 만큼 대단히 가치가 있었죠."라고 크레이그는 말했다.

2. 공통 언어 : "우리의 과거, 현재 및 지향하는 것에 대해 단 한 장의 그림으로 볼 수 있게 했죠. 우

리는 '도전의 강'에 대해 이야기할 수 있었고, 잔디밭에 우리를 있게 하는 것이 무엇인지, 목표를 향해 앞으로 나아가거나 변화를 만들기 위해서 어떤 길이 필요한지 이야기 할 수 있었습니다."

3. **좌뇌로 생각하도록 유도:** "무척 많은 의료계 사람들은 대단히 분석적이며 숫자를 중시합니다. 그래픽 이미지는 마치 라일락 향기가 영향을 미치듯이 유용한 기억과 은유를 이용하게 했어요."

4. **소통의 효율성 및 유연성:** "그림 한 장만 있으면 5분짜리든 한 시간짜리든, 그 설명을 들어야 할 청중에 맞춰 적절하게 이야기할 수 있습니다."

5. **비디오 배경:** "우리는 내가 퀄리티 저니에 대해 설명하는 걸 비디오로 촬영했어요. 그리고 그것을 모든 사람들이 보고 의견을 낼 수 있도록 인포넷에 올려놨죠."

헬스이스트의 품질 담당 임원인 크레이그는 품질에 대해 책임 있는 리더들로 이뤄진 가상의 품질 연구소를 이끌고 있다. 매핑 회의를 통해 그들은 경영이 네 가지 전략에 맞춰져 있음을 확실히 알게 됐다. 매핑 회의가 있기 전에는 경영진이 2010년 품질 목표를 설정하려 하면 크레이그와 팸은 진척도를 어떻게 측정하는지 결정하느라 골머리를 앓았다고 한다. 하지만 매핑 회의를 한 후에 그러한 부분은 명확하게 해결됐다. 그들은 비전맵에서 보여 주는 네 가지 주요 전략인 환자의 경험, 직원에 대한 경험, 임상 효과, 그리고 운영 효율성에 대해 측정해야 했다. 그리고 그 목표를 달성했다.

"우리는 요즘 신임 대표이사와 향후 5년을 바라보고 있죠." 2012년 가을, 크레이그는 말했다. "그리고 우리는 팸이 만든 차트를 사용하고 있어요! 어떻게 하면 우리 전략을 그래픽 형태에 심어 넣을 수 있는지에 대해 비슷한 대화를 해왔었죠. 퀄리티 저니 과정 덕에 이것을 효과적으로 수행하려는 더 많은 의지, 그리고 열망까지 생겼어요."

크레이그는 자신을 '지극히 좌뇌형인' 의사로 설명한다. 그는 그래픽에 대한 자신의 반응에 깜짝 놀랐다. "그것을 이용하면 더 분석적으로 될 수 있음을 알아냈죠."라고 크레이그는 말했다. "나는 지극히 좌뇌형인 사람이 그렇지 않은 사람들보다 우뇌를 이용해서 생각하는 것을 배우는 데 더 뛰어난지는 잘 모르겠어요." 이에 대해서는 아직 연구 결과가 없다. 하지만 크레이그의 사례는 이 같은 방법이 지극히 분석적인 사람부터 인상주의적인

숫자로 나타난 결과

헬스이스트 케어 시스템의 퀄리티 저니 맵을 만드는 과정에서 모든 사람은 어떤 것을 측정해야 할지 합의하게 됐다. 그들은 해당 항목을 측정했고, 그 결과로 그들이 2010년에 트윈시티 지역의 품질 벤치마크를 달성했다고 자신 있게 이야기할 수 있었다.

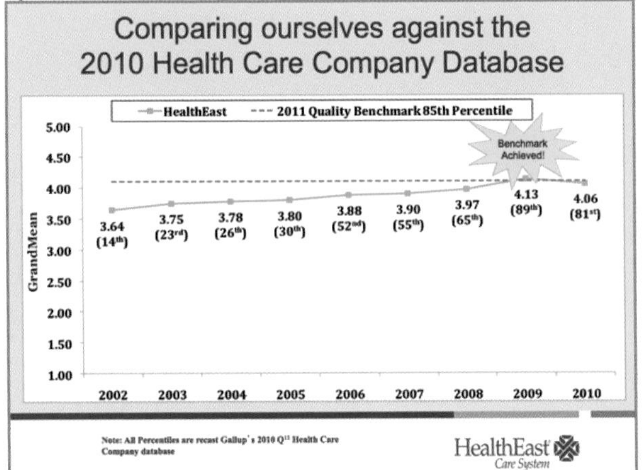

이것은 그들이 2011년 이사회에 보고한 슬라이드 중 한 장이다. 2011년 이사회는 새로운 십 년 동안의 계획을 준비하기 위해 소집되었다.

사람들까지 아주 넓은 이용자 범위를 가지고 있음을 시사하고 있다.

시각적 기획이 문화로 자리 잡게 된 헬스이스트

팸 헐은 헬스이스트의 전략을 이끄는 사람으로서 퀄리티 저니 과정의 결과물을 꾸준히 시각적으로 이용했다. 팸과 그녀의 동료 베시, 그리고 수잔은 능숙한 그래픽 퍼실리테이터가 되었고, 비주얼 플래닝 템플릿의 고급 사용자가 됐다. 그들은 더 나아가 전체 조직을 위해 그로브 그래픽 가이드의 사용권을 얻어 인포넷에서 이용할 수 있게 했다. 비록 그림 실력은 아직 기초 수준이라고 스스로 말하지만 팸은 시각화에 숙달되었고, 조직 전체는 이들이 기획한 방법을 활용하고 있다.

팸 헐
헬스이스트 전략개발 이사

□ **비주얼 회의 :** "이제 단순한 의제만 제시되는 회의는 어떤 회의라도 참석하지 않습니다."라고 팸은 말한다.

□ **스토리매핑 :** "베데스다 병원은 퀄리티 저니 맵을 템플릿으로 삼아서 자신들만의 퀄리티 배너를 만들었어요. 거기에 그 병원 고유의 모든 아이디어들을 다 담았어요."

□ **그래픽 템플릿 :** 그래픽 템플릿들은 모든 사람이 인포넷을 통해 이용할 수 있으며, 기획 등에 쓰이고 있다. "우리는 그 템플릿 모두를 다 사용해요. 그리고 SPOT 템플릿처럼 마치 진단을 내리듯 매우 강력한 것들을 찾아낼 수 있었어요."

□ **비디오 :** 그레이그만 퀄리티 맵에 대한 이야기를 비디오로 만들어서 인포넷에 올린 것이 아니다. 신임 대표이사인 캐서린 코레이아는 격주 간격으로 비디오를 올리고 있다. "그녀는 심지어 회의 도중에 일어나서 플립 차트로 다가가 그림을 그리기도 했어요."라고 팸이 알려 줬다.

□ **프로세스 맵 :** 헬스이스트의 비즈니스 프로세스 개선 팀은 그들에게 주어진 리더 지침과 함께 그래픽 템플릿을 사용한다. 그들은 미래 상태를 명확히 하거나 린(LEAN) 분석의 결과를 알려 주기 위해 만다라 등을 이용한다.

□ **환자들의 경험 경청 :** "우리는 환자들에게 그들이 경험한 것들을 레고 블록을 나열해서 만들어 달라고 해요. 그런 다음 그것을 환자가 경험한 것들에 대한 이야기로 번역하죠."라고 팸은 말한다(역자 주: 레고시리어스플레이 LEGO SERIOUS PLAY를 활용하는 것도 하나의 방법이 된다. 레고시리어스플레이를 이용하면

성공적인 비주얼 리더 팸 헐

"이 일을 시작할 때 나는 검토 의견을 받아야 할 스무 쪽의 전략 문서를 발송하는 그저 글머리표 같은 사람이었어요." 팸 헐은 이야기한다. "나는 논리적인 의견을 받을 겁니다. 이제 그들은 나를 '서클 레이디'라고 부르죠. 그래픽 없이는 아무 일도 할 수 없을 거예요."

다음은 그녀가 얻은 것들 중 일부다.

□ **참여** : "우리에겐 조직의 비전과 목표에 합치된 7천 명이 있어요."

□ **전략의 명확화** : 그녀는 더욱 명확하고 간결하게 생각할 수 있게 됐다.

□ **의미** : 사람들은 그래픽에 반응하면서 머릿속에 있는 이야기뿐 아니라 마음속에 있는 이야기도 공유한다.

□ **잊히지 않음** : 사람들은 회의에서 그림을 가리키며, 그들이 무슨 말을 하는지 잘 알게 됐다.

헬스이스트의 비주얼 리더십 관행

다음은 헬스이스트에서 찾을 수 있는 우수 사례이며, 여러분이 조직에 적응하기에 가장 좋은 것들이다.

□ **변화를 위한 활성화** : 비주얼 미팅 방법론을 활용해서 변화의 필요성 및 달성해야 하는 비전에 대해 충분한 만큼의 리더십을 확보하라.

□ **변화 로드맵 작성** : 그저 비전과 추구 가치만 가지고 있는 것으로는 충분하지 않다. 특정한 마일스톤과 주도권을 설정하고 비주얼한 방식으로 표현해서 사람들이 효율적으로 자주 참고할 수 있게 해야 한다.

□ **실행에 초점 맞추기** : 특정한 그룹이 그들 스스로 시각적인 절차를 밟아서 결과를 내보게 하라. 헬스이스트는 베데스다의 퀄리티 배너와 비즈니스 과정 개선을 실행하게 했다.

□ **리더십 의지의 확인** : 어떤 종류의 과정이나 새로운 도구를 사용하든 간에 그것이 조직의 표준 절차와 다르다면, 최고 경영층이 여러분이 추진하는 것을 지원하는 모습이 눈에 보이도록 드러나게 하라.

□ **진행 사항의 명확한 평가 및 소통** : 성공의 지표를 결정하고 그 진척 상황을 시각적으로 소통하라.

□ **시각화 도구의 제공** : 템플릿과 지침을 만들어서 내부의 기획자들이 쉽게 이용할 수 있게 하라.

□ **양방향 매체의 사용** : 헬스이스트의 인포넷은 그들의 내부 소통 시스템의 핵심적인 부분이다. 직원들은 누구나 공유 비디오 및 시각적인 기획 문서에 대해 의견을 개진할 수 있다.

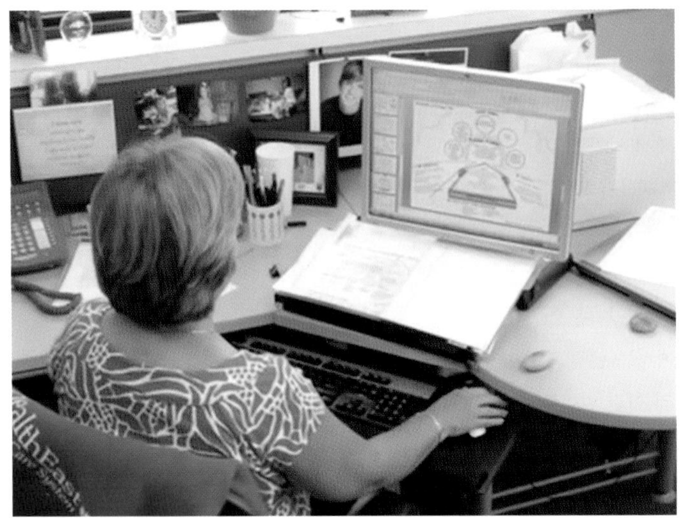

비주얼 플랜의 준비

팸 헐은 이제 통상적으로 비주얼하게 업무를 수행한다. 이를 위해 템플릿을 이용하기도 하고, 때로는 직접 그리기도 한다.

훨씬 더 많은 표현과 의미를 모으고 전달할 수 있다).

□ **비주얼 IQ :** 크레이그와 팸은 자신의 생각에 진정으로 일어난 변화들을 서로 알려 준다. 이들은 분석 능력을 증폭시키는 과정에서 그들 자신과 다른 사람들의 경험을 이야기한다. 그래픽을 활용하면 집중도와 명확성을 높여 준다. 또한 그래픽은 상관관계를 볼 수 있도록 해준다.

팸과 크레이그 모두에 따르면, 헬스이스트에서 비주얼 리더십이 자리 잡을 수 있게 된 데에는 경영층의 전폭적인 지원이 있었기 때문이라고 한다. 팸은 성과가 이뤄지는 과정을 보고, 그 결과를 경험하며, 권위 있는 사람들이 새롭게 일하는 방식을 승인하는 것을 사람들이 볼 필요가 있다고 이야기한다. 헬스이스트의 경우에 팸과 크레이그는 그러한 경험을 할 수 있었다. 베데스다 병원의 대표이사, 구급 치료 병원들, 의료 부문 최고 임원, 그리고 헬스이스트의 대표이사까지 이들 모두에게 일을 추진하는 것에 대한 확신을 심어 줬다. 이제 효과적인 프레임워크를 만들고 변화를 돕기 위한 방법들에 대해 좀 더 일반적인 시각에서 살펴보도록 하자.

번데기의 은유

변화에 대해 생각하고 글을 쓰는 사람들의 커뮤니티 사이에서는 조직이 변화를 어떻게 달성할 수 있는지를 알려 주는 이미지로 나비를 들고 있다. 여러분이 잘 알고 있듯이 나비는 애벌레에서 시작한다. 애벌레는 궁극적으로 변화하게 될 나비와는 몸통 일부에서 약간의 유사성이 있기는 하지만 무척 다른 생물처럼 생겼다. 생물학적 변태가 발생하는 방법은 애벌레가 번데기가 되어 단단하게 바뀌는 번데기 외피에 들어가는 단계에 있다. 생물학자들에 따르면, 애벌레의 세포는 느슨하게 되고 나중에 스프처럼 형태가 없어진다고 한다. 이런 상태에서 성충 세포라 부르는 세포가 나타난다. 생물학적 방향성에 의해 이러한 성충 세포는 서로에게 맞는 곳을 찾아 연결되고, 최종적으로는 이전 애벌레 세포를 영양분으로 사용한다.

스프 같은 상태(역자 주: 조직 입장에서는 곤경)인 동안에도 세포를 붙잡아 주는 믿음직스럽고 튼튼한 구조의 역할이 추론된다. 그리고 그것은 오직 이런 일이 생기게 할 수 있는 번데기의 신뢰도 높은 구조 안에서 가능하다. 변태의 과정에서 번데기는 조직에 변화가 이뤄지는 동안 '구조를 붙잡아 줘야 하는' 것을 명확히 보여 주는 계획이라 할 수 있다. 또한 조직의 변화에서 본다면 번데기 외피는 모든 사람이 염원하고 기대하는 것이 이뤄진 뒤의 이미지라 할 수 있다. 물론 이 과정에서 실질적인 시스템, 개인 및 모든 종류가 변화하겠지만, 변화에 영향을 주는 가장 큰 요인은 변화에 대해 사람들이 희망하고 그 계획을 받아들이며 새로운 것에 대한 의지를 공유함에 있다.

2010년 품질 목표를 설정한 뒤, 헬스이스트의 경영진은 그것이 이런저런 품질 관련 과정을 개선하며 점진적인 방법으로 달성할 수 있으리라 여겼다. 하지만 실제로는 퀄리티 저니 팀이 대규모 매핑 회의를 기획할 때까지 조직에는 이렇다 할 변화가 생기지 않았다. 페시, 팸, 크레이그, 수잔 및 다른 사람들이 변화의 범위를 명확하고 꾸준히 강화해 나간 것이 바로 조직의 변화를 위한 번데기 외피를 만든 셈이다. 대화하고 설명하는 과정에서, 변화에 대해 떠올릴 수 있게 된 사람들은 서로를 인식하고 표출하며 모이기 시작했다. 이 같은 일의 대부분은 식사, 소규모 모임, 휴식 등 비공식적인 부분에서 이뤄졌다.

대단히 성공적인 대규모 그룹 퍼실리테이션 방법을 자세히 살펴본다면, 무척 많은 사람들이 변화를 위해 안전한 환경을 만들고자 함을 알 수 있다. 혹자는 이것을 컨테이너라고 부르기도 하며, 또 다른 사람들은 이것을 번데기 껍질의 은유로 이야기하기도 한다. 이것은 해당 단계에 대한 노료 또는 시각적인 표현을 변화 과정에 적용하는 아이디어이기도 하다. 이러한 시각적인 지원이 없다면 무슨 일이 일어나게 될지 상상하기 어렵다. 사람들은 멈춰 서서 리더나 다른 사람들이 그들에게 가야 할 길을 제시해 주길 기다린다. 모두가 아이디어를 공유하고

성충 세포

나비의 변태 은유는 곤충 변태 과정에서 성충 세포의 역할에 대한 과학적 탐구에 의해 나타나게 됐다. 위키피디아에는 다음과 같은 서술이 있다.

성충 세포 또는 성충판은 완전변태를 하는 곤충의 유충이 가진 일부다. 이것은 번데기가 변태하는 과정에서 성충의 일부가 된다. 예를 들어 유충의 몸에 있는 한 쌍의 디스크는 나중에 날개, 다리, 더듬이 또는 성충의 어떤 부분으로 바뀌게 된다. 곤충 성장에 있어서 성충 세포의 역할은 얀 스와머담에 의해 처음 밝혀졌다.

번데기 단계에서 많은 애벌레의 구조는 세분화되고, 성충판을 포함한 성체 구조는 급격히 발달하게 된다. 각각의 성충판은 뒤집히고 길게 늘어지며 그 중앙 부분은 말초 선단부, 날개, 다리, 더듬이 등등으로 변형되고 형성된다. 유충 단계에서 성충 세포는 별도의 구분이 없고 획일적이지만, 변태 과정에서 성충의 일부가 될 운명은 이미 결정되어 있다.

과학자들의 이름 선택에 매력적인 구석이 있다. 세포가 서로를 찾아 새로운 형태를 만들기 위해 연결하는 방법에는 '이미지'와 뭔가 관련이 있을 것 같다. 아서 영의 학생이자 의사인 프랭크 바는 세포막의 아교 세포가 이것을 이어주는 매핑 기능을 하며 외부에서 정보를 전달하는 것을 발견했다.

이해할 수 있도록 해야, 조직 전체가 역동적인 방법으로 새로운 조직 만들기를 시작할 수 있다.

원칙과 간결한 규칙의 힘

하버드 비즈니스 리뷰 2012년 9월호에는 전략에 관한 많은 기사가 실렸다. 그중에는 다른 조직들에서 경험했던 것보다 더 간결하게 전략을 실행할 수 있는지에 대한 글도 있다. 저자인 도널드 설과 캐슬린 아이젠하트는 '복잡한 세상에 대한 간결한 규칙'이란 글에서 이해력을 바탕으로 기획되고 상당히 안정적인 시장에서 수행할 수 있는 계획과 본질적으로 유연성과 순발력이 필요한 계획을 구분했다. 후자인 '본질적으로 유연성과 순발력이 필요한 계획'의 경우, 간결한 규칙은 정교한 계획보다 훨씬 효과적인 전략이 될 수 있다.

어떤 면에서 헬스이스트 및 다른 스토리맵 프로젝트에서 얻은 교훈은 규칙이 어떠해야 하는지 알고 있는 조직에게 비주얼 미팅 프로세스가 무척 효과적이었다는 점이다. 헬스이스트의 경우 퀄리티 저니 맵은 각각의 전략팀에서 가져야 하는 구체적인 행동을 지정했다. 내셔널 세미컨덕터의 사례에서는 아날로그 사업부가 마찬가지 일을 하기로 결정하고 가장 성공적으로 과정을 완수했다. 디 호크는 회원으로 있는 작은 은행 모두가 간결한 규칙 몇 가지에 대해 동의하게 해서 비자를 설립할 수 있었다.

이루고자 하는 변화를 지탱해 주는 것들

애벌레가 유충에서 성충인 나비로 변태해 가는 과정에는 성충 세포가 각자 자신에게 맞는 위치를 찾아가는 스프 같고 은밀하며 복잡한 단계가 자리 잡고 있다. 조직 변화 과정에서는 어떤 구조나 절차가 이처럼 비밀스러운 것을 해줄 수 있는가?

여러분이 조직에 대해 생각할 수 있는 것을 심리 모델의 전체 스펙트럼에 반영하면, 적절한 장소에서 제약 조건에 의해 발현되는 유연성과 선택의 패턴은 어떤 방식으로든 그들 모두에게 나타나게 된다. 이러한 자유와 제약의 상호 의존성은 복잡한 행동을 분석 연구하는 사람들에 의해 확인되었다. 1986년, 크레이그 레이놀즈는 컴퓨터에서 새들의 비행을 모의실험할 수 있는 소프트웨어 프로그램을 개발했다. 그는 이것을 보이즈(Boids)라고 불렀는데, 복잡하며 동적인 체계에서 비행 패턴을 뽑아낼 수 있다는 점은 이것에 매료된 사람들 사이에서 이 프로그램이 상징적인 위치를 차지하게 만들었다. 새의 가능한 모든 비행 패턴을 예상하고 그것을 진짜 새들이 날아다니는 것처럼 나타나게 컴퓨터 프로그램을 만든다고 가정해 보자. 이러한 점은 대규모 조직에 속해 있는 수천 명의 사람들이 유사한 시장, 제품 또는 서비스의 방향으로 '무리 지어' 움직이는 것을 모의실험하는 것과 비슷하다. 하지만 크레이그는 보이즈의 세세한 부분까지 프로그래밍하진 않았다. 대신 그는 날개를 펄럭이며 날아가는 새 모양의 아이콘을 만들고, 유연성의 원동력이라 할 항상성의 구조를 이루는 세 가지 간단한 규칙을 만들었다.

생명체(세포, 식물, 동물, 인류 등)가 어떻게 작동하는지에 대한 연구 중에서 생명체의 작동 순서는 중앙에서 알려주는 것이 아니라 전체적인 역학적 성질에 의해 나타난다는 점이 발견됐다. 또한 이것도 일종의 구조가 확실히 필요하다. 보이즈 사례는 규칙이 간단했다. 하버드 비즈니스 리뷰의 전략 사례에서 보면 그것은 시장, 고객 및 직원의 요구에 철저히 몰입해서 도출한 규칙이다. 헬스이스트의 경우에는 그들이 합의한 퀄리티 저니 맵의 그래픽이 그것을 따르며 영감을 받은 개개인들을 붙잡아 주기에 충분했다.

이 책을 읽으며 어느 정도 이해를 하게 되면, 시각적인 접근이 얼마나 유용한지 설명하라. 아울러 시각적인 환경에서 사람들이 일할 수 있는 간단한 구조를 마련하라. 그리고 여러분이 앞장서서 나아가며 그들이 동참하고 대화하며 헌신할 수 있도록 하라. 사람들이 조직을 생각하고 변화를 그려 보게 되면 시각적인 이미지와 프레임워크들은 마치 디자이너가 서로 다른 콘셉트를 표현하듯 그들도 실행할 수 있게 해준다. 이러한 아이디어가 실행될 때가 되면, 시각적인 것들은 가시적인 행동으로 바뀌게 된다. 사람들은 다른 사람에게 반응을 보이며, 리더십의 규범과 사례들은 강력한 지침이 된다. 이런 면에서 비주얼 리더는 담장이나 태블릿, 컴퓨터 등에 구애받지 않고 움직일 수 있게 된다. 여러분 및 동료 지도자들은 방향을 제시하고 어떤 것에 집중하는 것이 바른지 알려 주는 부표와 무선표지가 된다. 지금처럼 역동적이며 불확실한 시기에는 앞서가는 리더로 보여 주고자 하는 의지, 즉 지시하는 것만큼 경청도 잘하며 말하는 것만큼 탐색과 질문을 하고자 하는 의지가 있는 리더가 최고다.

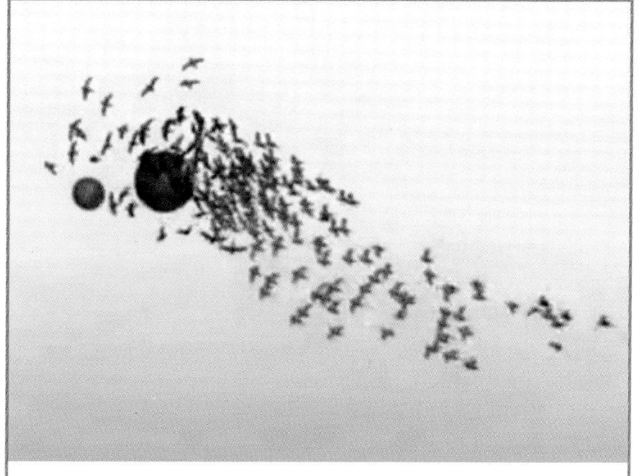

간단한 규칙은 현실을 모의실험할 수 있다

크레이그 레이놀즈의 유명한 보이즈 소프트웨어 프로그램은 인공 생명 분야의 성공적인 모의실험이다. 이것은 세 가지 규칙에 의해 작동한다.

1. **분리** : 주변의 무리들이 뒤엉키지 않도록 한다. 즉, 약간의 간격을 둔다.
2. **정렬** : 주변 무리들과 머리 선을 유지한다. 즉, 속도를 맞춘다.
3. **응집** : 주변 무리들이 움직이는 평균적인 방향을 향해 나아간다. 즉, 무리의 중심을 바라본다.

www.youtube.com/watch?v=GUkjC-69vaw를 열어 보거나 유튜브에서 'Boids'를 검색하면 모의실험을 볼 수 있다.

시각적인 도구는 우리의 근본적인 이야기 본능과 숫자나 기계를 활용해서 계산, 예측을 할 수 있는 능력을 보완해 주는 중요한 역할을 한다. 전체를 구성하는 상세 디테일을 살려 주면서도 우리에게 전체를 보고 감지할 줄 알게 하는 것이 바로 시각화다.

여러 사람들이 왜 이 책의 표지에 빛나는 태양만 있는지 궁금해 한다. 여기에 뭔가가 채워져 있어야 할까? 아마 그래야 할 것이다. 하지만 그것은 필자가 바라건대 여러분의 상상력과 열망이었으면 한다. 각 세대는 그들에게 어떤 것이 가능하고 어떤 것이 필요한지에 대해 공감대를 형성하고, 또 다른 변화를 향해 함께 움직여 가고 있다. 모쪼록 필자가 이 책에서 다룬 도구들로 여러분이 여러분의 세대와 함께 그것을 이루기 바란다.

제6부.

참고 자료

GROVE
The Grove Store
Welcome to The Grove Store
Meeting Facilitation
Team Performance
Strategic Visioning
Personal Development
Our Work
About Us
Ideas & Resources
Shop for new products...
VISUAL MEETINGS
HOW GRAPHICS, STICKY NOTES & IDEA MAPPING CAN TRANSFORM GROUP PRODUCTIVITY

제6부. 참고 자료

제18장. 웹 사이트 및 참고 문헌

이 장에서는 콘텐트와 관련된 웹 사이트 링크와 이 책에 반영된 아이디어들의 저자 관련 정보를 제공한다. 이것들은 여러분에게 유용한 정보를 알려 줄 것이다.

부록

여기에는 간략하게 아서 영의 프로세스 이론에 대한 배경 및 더욱 상세한 내용을 알기 위해서 찾아봐야 할 곳 등을 알려 준다.

제18장. 웹 사이트 및 참고 문헌

링크

리더십에 대한 문헌은 방대하다. 비주얼 리더십에 대해서라면 관련 분야의 표준에 접속해서 알아볼 필요가 있다. 다음은 도구에 대한 안내를 해주는 주요 링크들이다. 이 링크를 활용해서 시스템적 사고, 시각화, 조직 변혁 등에 대한 책의 세부를 파악할 수 있을 것이다.

□ **그로브 컨설턴트 인터내셔널** : 샌프란시스코 프레시디오에 자리 잡고 있는 그로브는 조직 개발 전반에 걸친 컨설팅과 출판을 하는 회사다. 그로브는 창업한 해인 1977년부터 비주얼 미팅 도구를 제공해 왔다. 또한 개인의 비전 수립, 퍼실리테이션, 팀 성과 관리, 비주얼 플래닝 등에서 모든 사람이 시각화의 관점에서 그룹 프로세스를 효율적으로 수행하기 위해 도움이 되는 폭넓은 종류의 그래픽 가이드 템플릿, 리더를 위한 지침서 및 기타 서적을 출간했다. 그로브는 그래픽 퍼실리테이션의 원칙, 전략적 비전 수립, 팀 성과 개발/개선 등의 교육 훈련을 지원하고 있다. 또한 비주얼 미팅과 관련한 모든 용품을 갖추고 있다. (www.grove.com / 페이스북 The Grove Consultants International / 트위터 @TheGroveConsult)

□ **아서 M. 영 / 프로세스 이론** : 이 링크는 발명가이자 우주론자인 아서 영의 업적과 연구, 프로세스 이론에 대한 도서, 그리고 그로브에서 일할 때에 근간이 되었던 사고의 본질 등을 다루고 있는 포괄적인 웹 사이트다. (www.arthuryoung.com)

□ **비즈니스 모델 제너레이션** : 알렉산더 오스터왈더 및 저술에 참여한 수많은 공동 작업자들은 그래픽 템플릿을 웹에서 제공하고 있다. 그들의 베스트셀러인 〈비즈니스 모델 제너레이션〉은 비주얼 미팅 방법론과 비즈니스 모델 분석을 결합하는 방법을 알려 준다.(www.businessmodelgeneration.com)

□ **창조적 리더십 센터** : 창조적 리더십 센터는 학자들에 의해 설립되었으며, 훌륭한 도구, 평가 및 기타 리더십

이 책의 보너스 자료

지속 가능 조직 모델, 보울딩의 사고를 위한 7 프레임워크, 조직 변환 모델 등 이 책에 수록된 것들의 무료 PDF 포스터를 받고자 한다면 www.grove.com/site/visual_leaders.html을 방문하라. 아울러 그로브 스토어 페이지에서 시각화 전문가들을 위한 광범위한 도구들을 찾아볼 수 있다.

관련 서비스들을 제공하고 있다.(www.ccl.org/leadership/index.aspx)

□ **그래픽 퍼실리테이션 센터 :** 피터와 다이앤 듀란은 이곳을 비주얼 프랙티스 혁명에 관한 정보의 집결체로 꾸며가고 있다. 이들은 록스타 서기관이라 부르는 신세대 무리들의 학습 및 네트워킹도 이끌고 있다. (http://graphicfacilitation.blogs.com)

□ **코그니티브 에지 :** 인지과학의 최첨단에 관심이 있는 사람들이라면 데이비드 스노든의 코그니티브 에지에서 관련 분야 최고의 생각들을 발견할 수 있을 것이다. 이곳은 진정으로 복잡한 문제 및 기회에 대한 조직의 지원에 초점을 맞추고 있다.(www.cognitive-edge.com)

□ **코로 공공 정책 센터 :** 코로 센터는 그룹 그래픽스의 온상이었다. 1948년에 설립된 이곳은 일곱 도시에 센터를 두고 경험 기반의 리더십 교육을 하는 선구자적 집단이다. 코로 연구소는 고등학생부터 전문적인 리더들까지 폭넓은 교육 대상을 가지고 있다.(www.coro.org)

□ **코비전 :** 전자적 의사 결정 지원 분야의 개척자인 코비전은 웹 기반의 회의 소프트웨어를 제공한다. 클린턴 글로벌 이니셔티브, 아메리카 스픽스 지역 대담, 많은 조직의 지도자 회의 및 기획 이벤트들이 이것을 이용했다. 이 도구는 전자적 브레인스토밍, 정렬, 군집화, 순위화, 논평 등의 기능을 제공한다.(www.covision.com)

□ **데이비드 시벳 :** 이것은 필자의 블로그인데, 이 블로그를 통해 시각화, 조직 개발, 인식, 기술, 자기 계발 및 정보 디자인 등에 대한 내용을 볼 수 있다.(www.davidsibbet.com 트위터 @DavidSibbet)

□ **디지털 로암 :** 댄 로암의 책 〈생각을 쇼 SHOW 하라: 아이디어를 시각화하는 6가지 방법〉은 간단한 시각화를 사업에 적용했다. 그는 비주얼 씽킹의 왕성한 에이전트 역할을 하고 있다.(www.danroam.com)

□ **두아르테 :** 낸시 두아르테와 그녀의 디자인 팀은 비즈니스 영역에서 가장 혁신적인 프레젠테이션과 커뮤니케

이션을 제공하는 전문가 집단이다. 그녀의 저서 〈슬라이드올로지: 위대한 프레젠테이션을 만드는 예술과 과학〉은 여러분이 슬라이드를 이용하려 할 때 가장 효과적인 프레젠테이션을 만드는 최신의 방법을 알려 준다. (www.duarte.com)

□ **퓨처 팩터 :** 스트래가드의 출판 부문인 퓨처 팩터는 그로브의 덴마크 및 스칸디나비아 지역 파트너다. 이들은 스칸디나비아 지역에 그래픽 템플릿, 비주얼 미팅 재료들, 팀 성과 관련 자료들을 공급한다. (www.futurefactor.dk/en/)

□ **하트랜드 서클 - 모임회사 :** 미네소타 주와 캘리포니아 주에서 성장한 '사상 지도자 모임'은 집단 지성의 장으로 변모하고 있다.(http://heartlandcircle.com/welcome.htm)

□ **아이디어 커넥트 :** 그로브의 전직 직원들이 그로브에서의 경험 등을 바탕으로 고객 학습을 지원하기 위한 도구를 개발해서 제공한다.(http://store.beideaconnect.com)

□ **아이디오 :** 아이디오는 디자인 씽킹이 무엇을 의미하는지 분명히 알려 주는 선도적 회사다. 이들의 혁신적인 프로세스는 비주얼 리더십의 훌륭한 사례다.(www.ideo.com)

□ **이노베이션 게임스 :** 루크 호맨은 기획 및 조직 소통 분야에서 '게임화'를 활용한 선구자다. 그의 사이트에는 그로브의 커버스토리 비전 게임이 있다.(http://innovationgames.com)

□ **미래를 위한 연구소(Institute for the Future) :** IFTF는 독립적인 비영리 연구 집단으로서, 미래에 관해 좀 더 많은 정보를 바탕으로 결정을 내릴 수 있도록 여러 조직들과 함께 일을 하고 있다.(www.iftf.org)

□ **인터랙션 어소시에이츠 :** 인터랙션 어소시에이츠는 그룹 프로세스, 퍼실리테이션, 협력 문화 조성 등에 대한 책을 썼다. 이들의 교육 과정은 무척 뛰어나다.(www.interactionassociates.com)

□ **비주얼 전문가 국제 포럼** : 1995년 소규모의 그래픽 리코더들이 아이디어를 공유하고 서로를 돕기 위한 콘퍼런스를 개최했다. 이 조직은 점점 커져서 이제는 비주얼 미팅 지원에 관심 많은 전 세계의 그래픽 리코더, 퍼실리테이터, 디자이너들의 모임이 되었다. 이들의 웹 사이트에는 다양한 사례들이 가득하다. (www.ifvp.org)

□ **칸 아카데미** : 칸 아카데미는 온라인 학습 및 오픈 소스 교육의 선두 주자다. 이곳에는 과학부터 수학, 역사 등에 이르는 3천3백 개 이상의 강좌가 마련되어 있다.(www.khanacademy.org)

□ **리더십 챌린지** : 짐 쿠제스와 배리 포스너는 그들의 연구를 바탕으로 한 베스트셀러 도서, 평가, 앱 등을 내놓았다. 저서 〈리더(The Leadership Challenge)〉는 제5판이 나오고 있으며, 리더십 관련 베스트셀러 중 하나다.(www.leadershipchallenge.com/home.aspx)

□ **노이란트** : 그로브는 독일 시장에 그로브 템플릿을 공급하기 위해 노이란트와 제휴했다. 노이란트는 비주얼 전문가들에게서 영감을 얻은 대형 휴대용 벽을 비롯해서 모든 종류의 회의 관련 장비와 재료를 생산하고 있다.(www.neuland.biz)

□ **조직 개발 네트워크** : 이 조직은 생명 체계론을 근간에 두고 있다. 1990년대에 많은 학교에서는 조직 개발에 관련한 학위가 만들어지기 시작했고, 그곳에서 배출된 인력들은 이 단체를 통해 네트워크를 형성하고 있다. (www.odnetwork.org)

□ **페가수스 커뮤니케이션** : 페가수스는 응용 시스템 사고에 관심이 있는 리더, 관리자, 컨설턴트 등을 위한 콘퍼런스를 개최한다. 이들의 웹 사이트에는 회원들을 위해 마련된 방대한 자료들이 있다. (www.pegasuscom.com)

□ **조직 교육 협회(Society of Organizational Learning)** : SOL은 MIT의 조직 학습 센터(1991-1997)의 연구를 이어가기 위해 1997년 4월에 설립됐다. 피터 센게는 그의 저서 〈제5경영〉에서 밝힌 다섯 가지 규

율 중 세 가지가 비전 수립, 심리 모델, 시스템 사고라고 이야기한다.(www.solonline.org)

□ **TED :** TED는 기술, 엔터테인먼트 및 디자인의 교차점에 대해 탐구하고 있다. TED의 모토는 '널리 퍼져야 할 아이디어'이며, 면대면 회의, 비디오 및 온라인 매체를 소통에 통합적으로 활용하고 있는 가장 좋은 사례 중 하나다.(www.ted.com)

□ **타임리스 어스 위즈덤 :** 파이어호크 헐린과 펠레 루지는 지구와 자연의 지혜를 우리 시대에 알리기 위해 노력하고 있다. 파이어호크는 뛰어난 비디오 촬영 기술을 가졌으며, 상상력에 의한 이미지 결합의 훌륭한 사례이기도 하다.(www.timelessearthwisdom.com)

□ **토니 부잔 :** 마인드맵의 발명가. 부잔은 비주얼 씽킹을 디자인 외의 다른 분야에서 많은 사람들에게 널리 알린 작가이자 강연가다.(www.thinkbuzan.com/uk)

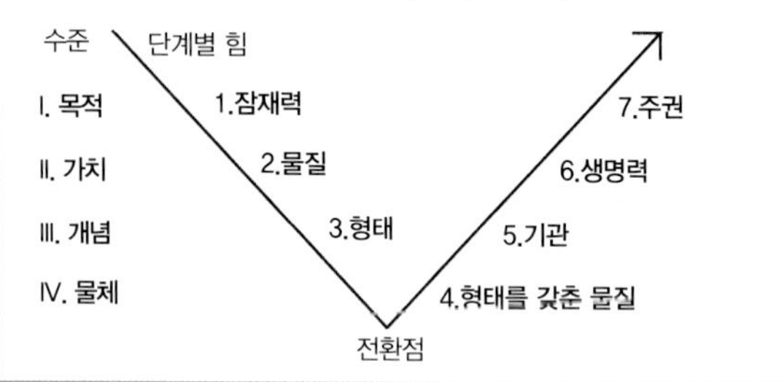

프로세스에서 호의 원칙

- 우주는 목적을 가지고 움직이는 프로세스다.
- 프로세스의 발달은 매 단계마다 발생한다.
- 각 단계는 이전 단계에서 배운 능력을 유지하며 새로운 능력을 개발한다.
- 힘은 순차적으로 진화한다.
- 앞 단계는 자신의 차례 동안 제한에 걸리고, 차례가 다음 단계로 넘어가면 다시 자유를 되찾게 된다.
- 제약의 수준은 호의 양쪽에서 동일하다.
- 프로세스의 단계는 혁신과 반복 사이에서 교차한다.

원환면 패턴

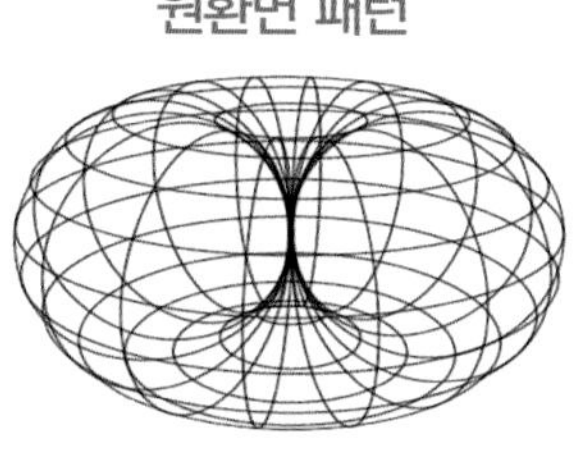

부록

아서 영과 프로세스 이론

아서 영은 수학을 전공했고 1927년에 프린스턴 대학을 졸업했으며, 미국의 저명한 수학자인 오즈월드 베블런에게 상대성이론과 양자역학을 배웠다. 그는 1930년대 초반 보편적인 시스템들이 다른 것과 어떻게 관련 맺는지에 대해 20세기 전반을 풍미한 통일장이론의 일반적인 부분이라 볼 수 있는 통합 이론을 세웠다. 이런 과정에서 그는 세계 최초의 상용 허가 헬리콥터인 벨47의 발명 및 개발에 관여하는 등 1930년대와 1940년대에 걸쳐 여러 가지 뛰어난 성과를 이뤘다. 그는 벨에서 근무하면서 개인 연구를 병행했다. 그는 사물의 통합은 형태와 구조 및 결정 규칙을 연구해서 얻을 수 있는 것이 아니라 프로세스의 본질을 이해하는 데에서 알 수 있다고 믿었다. 그는 모든 것들의 기반에 대해 광자 및 기초적인 분자들이 미치는 영향을 프로세스로 생각했다. 그는 우주의 모든 과정이 빛의 광자가 지닌 잠재력과 분자 수준에서 만들어지는 원인과 결과의 제약 사이에서, 즉 자유와 구속 간에 재생되는 창조적 긴장임을 확인했다. 물질이 분자 수준에서 조합에 관한 규칙을 찾아내게 되면 식물, 동물, 인간의 진화된 구조를 통해 자유를 향해 움직이게 된다. 이러한 순환 구조는 3차원의 원환면 및 2차원의 프로세스 원호의 모습으로 표현할 수 있다.

프로세스 이론은 삶과 의식의 진화에 관한 많은 분야의 연구를 이해하는 데에 도움이 되는 도구들을 통합해서 제공한다. 학생들은 이 이론을 치료 예술부터 국제 관계에 이르는 모든 분야에 효과적으로 적용해 봤다. 아서 영은 기본적인 원리에 대해 연역적으로 접근하고 그의 아이디어를 과학적인 사실과 30년 이상을 인정받아 온 이론들에 합치되는지 검증하는 단계를 통해 자신의 프로세스 이론을 발전시켰다. 그는 자연의 프로세스가 그 결과로 나타나는 형태보다 더 근본적임을 입증할 수 있었다. 그는 자연 속에서 일곱 왕국을 통해 자신을 나타내는 프로세스의 일곱 가지 단계를 밝혀냈다. 과학적인 목적으로 역할을 부여하는 방법을 알게 되면, 실제로 아서 영의 아이디어는 무척 명확하고 합리적이다. '넷으로 나뉘는 자연의 관점', '일곱 단계의 호 패턴'과 이론의 핵심 요소들은 수학, 양자물리학, 화학, 생물학뿐만 아니라 철학이나 종교에도 나타난다. 그가 자신의 철학적인 아이디어를 기하학(사실 기하학뿐만이 아니라 공학적 수식, 철학이나 신화를 통한 확인도 했다)을 통해 나타내고자 했기 때문에, 그의 연구 결과는 이 책에서 다룬 지속 가능성의 선택을 근간으로 한 진화 패턴처럼, 조직에 대해 시각적으로 생각하게끔 한다. 추가적인 정보는 www.arthuryoung.com을 참조하고, 이 이론의 요약이나 정식 포스터는 http://store.grove.com/product_details.html?productid=1을 참고하라.

저자 **데이비드 시벳**

그로브 컨설턴트 인터내셔널의 창업자이자 대표다. 그로브는 전략, 비전 수립, 창의력, 미래의 힘, 리더십 개발, 대규모의 체계 변화 과정 등을 1977년부터 해온 선도적인 회사다. 아울러, 베스트셀러인 〈비주얼 미팅〉 및 〈비주얼 팀〉의 저자다.

그는 1980년대에 애플 컴퓨터의 성장에 참여했고, 1990년에 전환기를 맞을 때까지 내셔널 세미컨덕터에서 변화 관리 경영팀을 이끌었다. 그 이후 여러 해 동안 HP와 애질런트에서 부서와 부문의 전략적 비전 수립을 이끌고 리더십 프로그램의 개발에 참여했으며, 특별한 첫 단계나 변화 관리 프로젝트를 위한 그로브 스토리맵을 설계했다. 현재 나이키와 광범위한 전략 및 변화 관련된 업무를 진행하고 있다. 그와 회사는 샌프란시스코의 프레시디오 지역이 국립공원으로 바뀔 수 있도록 지역사회의 비전 수립 과정과 기획 등을 담당했다. 그는 헤드랜즈 미술관의 발기 이사이자 소로 지속 가능 센터의 거주자로서, 또 공원 공단의 파트너로서 오랜 기간의 경험을 가지고 있다.

그는 기업이나 정부에 관련된 업무뿐 아니라 재단, 비영리 단체, 학교 및 전문 협회 등에 관련된 다양한 일에 참여하고 있다. 그리고 여러 해 동안 임직원들의 휴양, 전략 세션 및 사회적 변화와 관련한 조직 간 프로젝트를 이끌고 있다.

데이비드는 그로브의 통합 과정 컨설팅 도구와 안내서들을 저술하고 디자인했다. 그중에는 그로브의 비주얼 플래닝 시스템, 드렉슬러/시벳/포레스터 팀 성과 시스템, 시벳/르사지 지속 가능 조직 모델, 그로브 전략 비전 수립 과정 및 관련된 그래픽 템플릿, 그로브 퍼실리테이션 시리즈 등이 있다. 데이비드와 그로브는 2007년 조직 개발 부문에서 창조적인 공헌을 한 공로로 조직 개발 네트워크에서 수여하는 회원상을 수상했다.

데이비드는 옥시덴탈 칼리지에서 영어학 석사를, 노스웨스턴 대학에서 언론학 석사를 받았다. 1965년에는 로스앤젤레스 지역의 공공 행정 관련된 연구를 통해 코로 펠로우십 공공 부문을 수상했다. 1970년대에는 8년간 코로 시민 리더십 센터의 전무이사 및 교육 담당 이사로서 젊은 리더들을 위한 체험 기반 교육 프로그램을 설계했고, 1977년에 자신의 기업 관련 컨설팅 회사를 설립했다. 그는 멘로 파크의 미래 연구소의 관계자, 샌프란시스코의 글로벌 비즈니스 네트워크, 조직 개발 네트워크와 비주얼 전문가들의 국제 포럼 및 하트랜드 서클의 생각하는 리더 네트워크의 오랜 회원이다. 그는 현재 코로의 이사회 의장이다.

데이비드는 샌프란시스코에서 시인이자 교사인 배우자와 함께 살고 있다. 더 많은 정보는 www.grove.com 및 www.davidsibbet.com을 보기 바란다.

역자 **박준**

세 곳의 대학에서 세 가지 학문(산업디자인학, 경영학, 법학)을 공부한 박준은 현재 컨설팅회사인 아이피포털의 파트너 겸 이사, 피케이투의 대표이사 및 파크비즈니스랩스의 대표이사이다. 현재 해외 유명 컨설팅기관 여러 곳의 외부 자문역으로 실리콘밸리 등의 해외 업체나 국내 스타트업 · 벤처들의 컨설팅 · 멘토링을 수행하며, 경찰공제회 · 한국도로공사의 자문역 등을 맡고 있다. 또한 SK텔레콤 등의 자문역 · 포럼간사, 포스코벤처파트너스의 아이디어육성캠프 멘토 및 대한민국 프레젠테이션대회의 심사위원 등을 역임했다.

아시아 · 아메리카 · 유럽의 통신사업자 등에서 십여 년을 근무했으며, 다년간 꾸준히 국내에서 몇 곳의 회사를 창업한 Serial Entrepreneur이기도 한 그는 90년대 중반부터 2000년대 초반까지 공중파TV · 라디오 · 케이블TV 등에서 정보화 · 컴퓨터 · 인디넷 관련 프로그램을 진행하며 대중들을 가르치고 백여 편의 기사와 칼럼을 각종 인쇄매체에 게재하고 대학 · 기업연수원 등에서 많은 강의를 한 국내 1세대 웹기획자 · 웹마스터 · 웹디자이너이자 방송인 · 테크라이터 · 강사이기도 하다.

현재는 자신이 맡고 있는 전문 업무와 더불어 공인 레고 시리어스 플레이 퍼실리테이터로서 레고 시리어스 플레이 워크샵을 진행하거나, 비주얼씽킹 · 비주얼미팅 · 비주얼리더십 등의 왕성한 퍼실리테이션 활동도 하고 있다.

데이비드 시베트

비주얼씽킹

1판 1쇄 인쇄 2018년 06월 15일
1판 1쇄 발행 2018년 06월 25일

저자 | 데이비드 시베트 **역자** | 박준
출력,인쇄 | 도담프린팅
발행인 | 손호성 **펴낸곳** | 아르고나인미디어그룹 **일원화** | 북센
등록 | 제 300-2017-124호 **주소** | 서울시 종로구 송월길99, 경희궁자이 2단지 204동 1402호
전화 | 070.7535.2958 **팩스** | 0505.220.2958
e-mail | atmark@argo9.com **Home page** | www.facebook.com/bombomschool

ISBN 979-11-5895-131 3 02320

※ 값은 책표지에 표시되어 있습니다.
※ 〈아르고나인미디어그룹〉은 〈봄봄스쿨〉의 자회사입니다.